笠間書院

浅野三平

Asano Sanpei

▼▼原文&現代語訳▲▲

鬼神論・鬼神新論

原文&現代語訳

鬼神論・鬼神新論

目次

『原文&現代語訳　鬼神論・鬼神新論』正誤表

頁	行	誤―正
iv	凡例　六行目	員―貞
iv	〃　〃	車北大―東北大
9	本文　一行目	悦―恍
9	注　一段一行目	悦―恍
47	訳　十二行目	巫蠱《みこ》―巫蠱《ふこ》
47	注　四段三行目	ミコ。人を惑わす巫女。―フコ。人を惑わすひと。
75	注　二段五行目	琅邪代辞編―琅邪代酔編
80	訳　八―九行目	巫蠱《ふちゅう》―巫蠱《ふこ》
81	注　二段五行目	フコク―フコ
81	〃　〃七行目	フコク―フコ
85	訳　八行目	五雑狙―五雑組
89	注　一段二行目	古学―古字
105	注　二段六行目	おほよそ―あげひく
116	訳　十八行目	上帝は哀を―上帝は衷を
130	訳　四行目	泊まで―泊《いたる》まで
163	注　三段四行目	朝廷―朝庭
181	注　二段二行目	辱―辱き
222	訳　八行目	極地―極致
229	訳　九行目	妄の―妾の
249	注　四段三行目	偉大だ―偉大な
260	訳　十一行目	本朝網目―本朝綱目
287	解説　七行目	逆待―虐待
294	解説　四行目	八衢《ヤナマタ》―八衢《ヤチマタ》

解説……269

跋……303

凡例

一、本書は近世の代表的な霊魂研究ともいえる、新井白石の『鬼神論』と平田篤胤の『鬼神新論』の注、及び現代語訳をなしたものである。上段に原文、下段に現代語訳、見開きの左側に注を配した。

一、底本としては、両書とも架蔵の板本を使った。すなわち寛政十二年刊の上・下二巻から成る『鬼神論』と、文化三年序と文政三年の後記を付す、伊吹廼舎蔵版の『鬼神新論』一巻である。

一、『鬼神論』では、元・亨・利・員の四巻本や、上・中・下より成る三巻本、さらに一巻本（東北大蔵本）などを、また『鬼神新論』では、文化四年写の架蔵本その他の写本を適宜参照した。

一、原文はなるべく底本通りとしたが、読み易いように適宜改行し、『鬼神論』には句読点や濁点を施した。仮名遣いは底本通りとした。付記・補説は、本文より小さい活字で表示し、現代語訳の同箇所は〔　〕で括った。

一、原文の誤記・脱文と思われる箇所はそのままにして、「ママ」と表示した。

一、文中の漢字はなるべく底本通りとしたが、現行の文字に直したものもある。

一、文中の漢文は底本通りに本文に載せ、現代語訳のところで、訓み下し文と現代語訳とを記すことにした。

一、現代語訳はなるべく原文に即した訳にしたが、若干言葉を補って訳したところもある。会話・引用・心中思惟などの部分は、「　」で括った。

一、本書の執筆に際しては、さる平成七年度と同九年度に、日本女子大学大学院で行った演習の成果を、適宜参考にしたことを付記する。

鬼神論

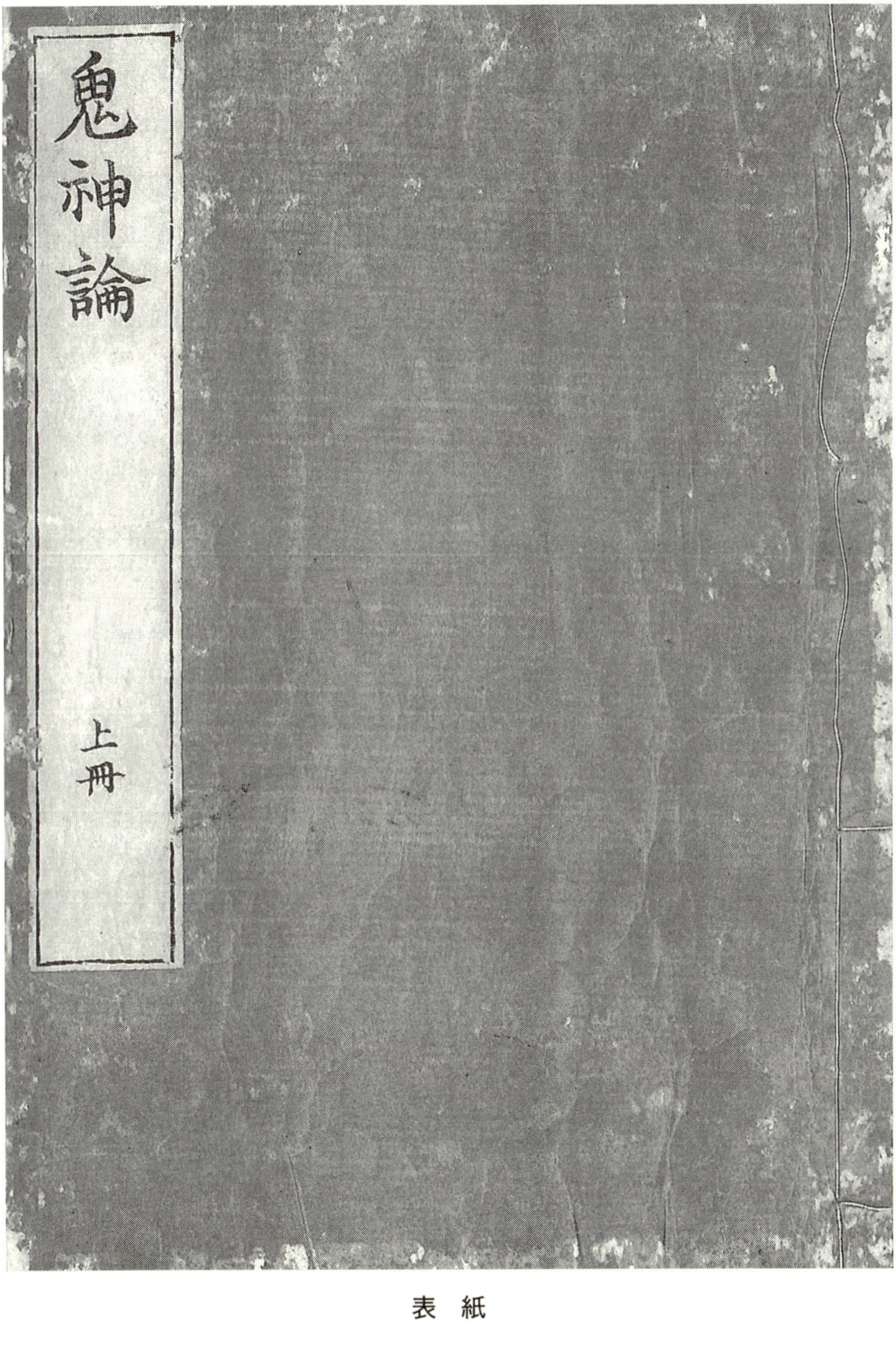

表 紙

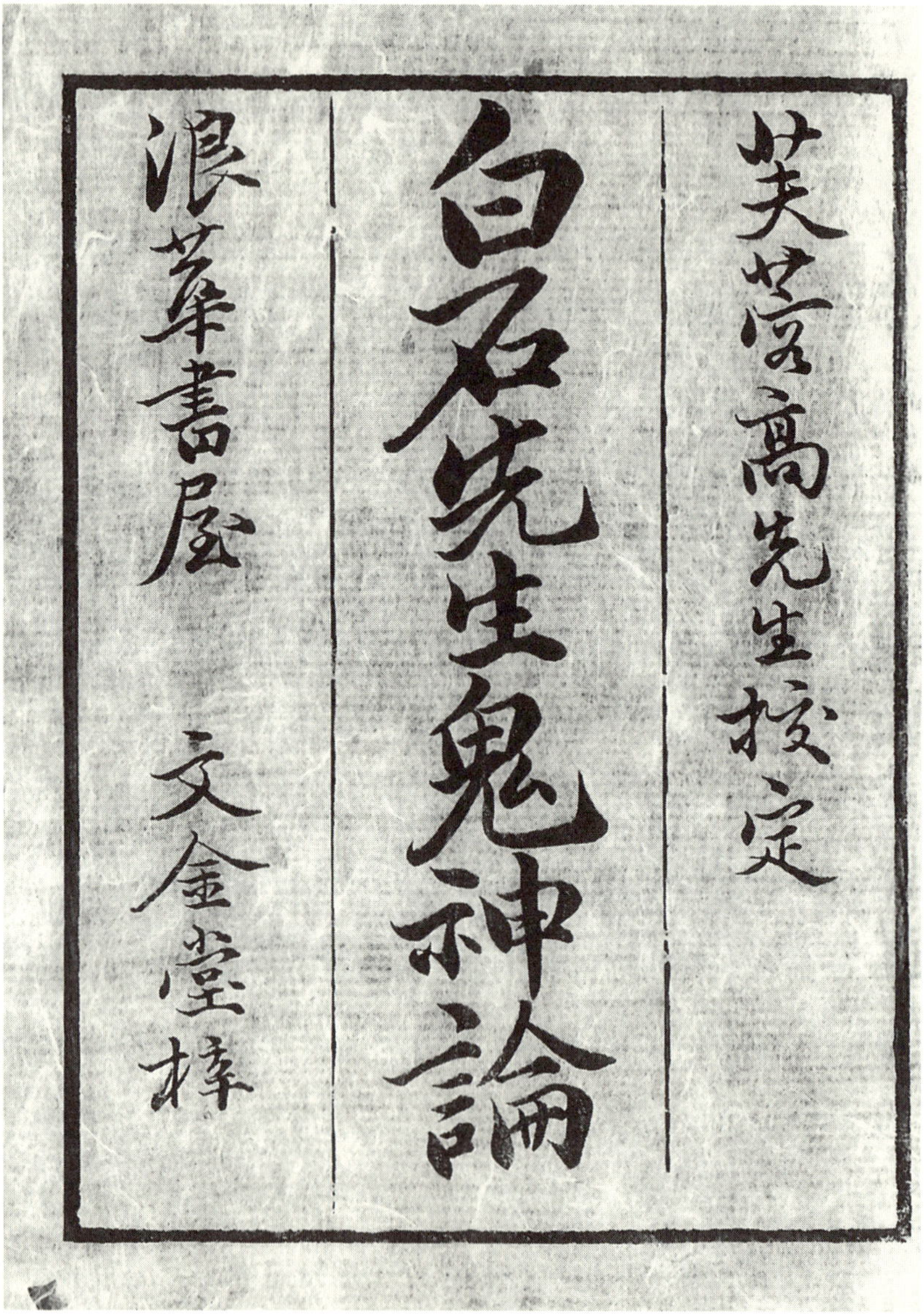
芙蓉高先生校定
白石先生鬼神論
浪華書屋　文金堂梓

見返し

白石先生鬼神論序

夫鬼神之跡恍兮惚兮言之難也尚矣易傳曰陰陽不測之謂神又曰知變化之道者其知神之所爲乎唯神也故不疾而速不行而至中庸曰鬼神之爲德其盛矣乎視之而弗見聽之而弗聞體物而不可遺使天下之人齋明盛服以承祭祀洋々乎如在

白石先生鬼神論序　1

其上如在其左右嗚嗟先聖之教至
矣乎我邦寶正之際白石源公學
該洽博識透洞深著作之富動及瑣
碎其所釋鬼神論一篇能近取譬而
言所難言者也其辭則諄〻說則典、
始則根據經義中則旁引誕異終則
歸納雅正實足發蒙矯譏矣唯是一
時應需小而雜物作者自不爲意私

白石先生鬼神論序　2

淑之徒轉傳騰寫國字糾繆訛誤相
錯殆至不可讀頃日鬻書家某爲鐫
此篇校者某々刻已成吾所知於商
者來劇求叙焉余謂校者所照亦皆
轉傳之物無定本之取正則恐有未
悉考究者乎而余不與爲要之免園
小册自瑕纇固不足掩源公之瑜此
刻足以拯私淑之徒騰寫乃爲叙以

白石先生鬼神論序　3

弁其首云

寛政庚申秋九月望

天山眞逸撰

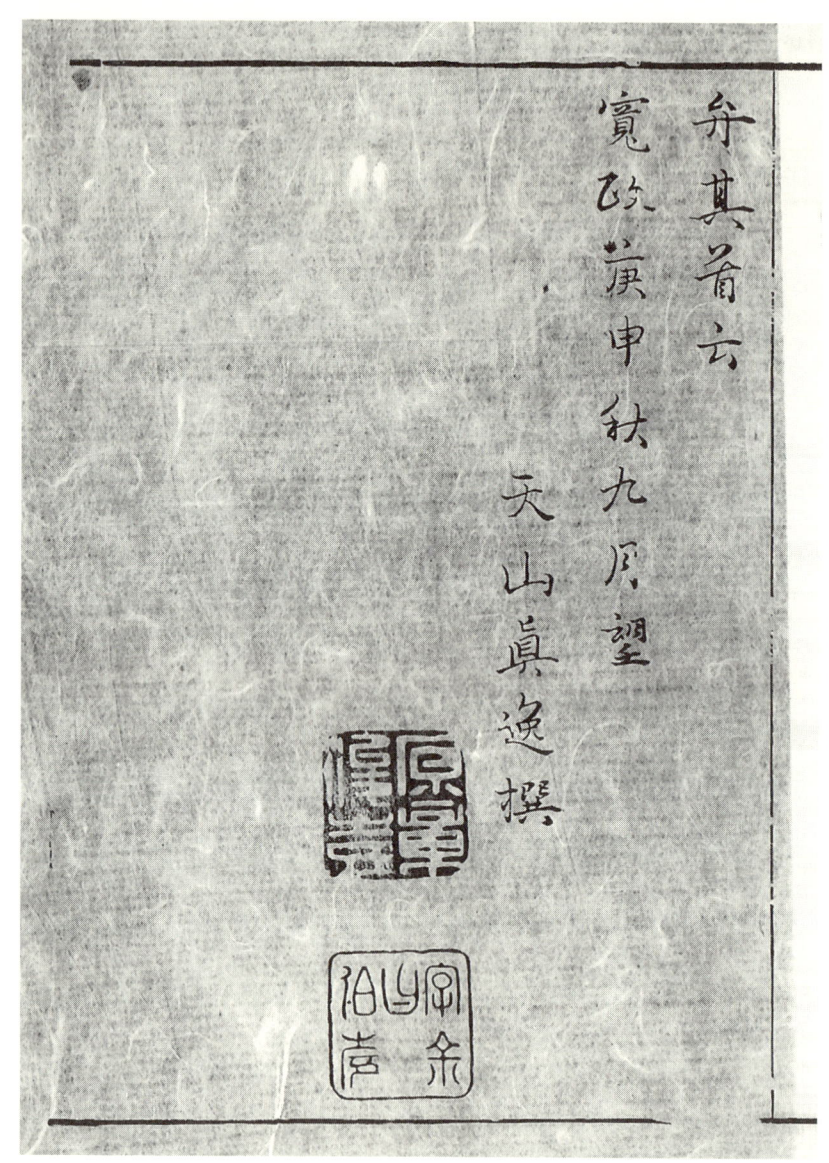

白石先生鬼神論序　4

白石先生鬼神論序

夫れ*鬼神の跡は*悦か*惚か言ひ難きなり。尚、*易伝に曰く、陰陽測れず之を*神と謂ふ。又曰く。変化の道を知る者は其れ神の為す所を知るか。唯神なり。故に*疾ずして速し。行ずして至る。*中庸に曰く。鬼神の徳たるそれ盛んなるかな。之を視るに見えず。之を聴くに聞こえず。物に体して遺す可からず。天下の人を使して*斉明盛服して以つて祭祀を承《あ》げ使む。*洋々呼として其

それ、鬼神（霊魂）のありかについては、ぼんやりして夢の中にいるようで、はっきりせず言いがたいものである。なお、『易伝』で言っている、「陰と陽という二つのものは測り知れない。これを神というのだ。」また言っている、「変化の道を知る者は、それは神のなす所を知っているのだ。ただ神のみだ。だから早くないのに速いし、行かないのにちゃんと到着しているのだ。」また『中庸』に言っている、「鬼神の働きはそれは本当に盛んであるよ。これを見ようとしても見えず、これを聴こうとしても聞こえない。鬼神はすべての物の基となって何も残りはしない。天下の人をして心身を清めさせ、衣服をととのえさ

鬼神—人の霊魂。神霊。**悦**—うっとりする。ぼんやりする。**惚**—夢中になる。**易伝**—漢の京房の著。**神**—天の神。**疾**—早い。病いの意もある。**中庸**—四書の一。天人合一を説く。**斉明盛服**—心身を清め、よい衣服を着ること。**洋々呼**—広くみちみちているさま。

の上に在るが如く、其の左右に在るが如し。嗚《あ》嗟《あ》先聖の教は至るかな。

我が邦宝正の際、白石源公は学は洽博《こうはく》に該し識は淵深に透し、著作の富、動けば瑣砕に及ぶ。其の釈く所鬼神論一篇、能く近き譬を取り、而して言い難き所を言ふ者なり。其の辞則ち諺。其の説則ち典。始則ち経義に根拠し、中は則ち詼異を旁引し、終間は雅正に帰納す。実に蒙を発《ひら》き禨を矯むるに足るか。唯是れ一時の需めに応じ小にして物を弁ず。作者自らを意と為さず。私淑の徒転じ伝へて騰写し、國字糾紛し訛誤相錯し、殆ど読む可からざるに至る。

頃日、書を鬻《ひさ》ぐ家の某為めに此篇を鐫る。校者某々刻已に成る。吾知る所の杉商の者来り劇しく叙を求む。余謂へらく。校者の照する所も亦、皆転じ伝ふるの物にて定本の正きを取る無く、

せて、それから祭りごとをさせるのだ。鬼神は広く満ちみちていて、祭る者の上にいるようであり、その左右にいるようである。」ああ、先人や賢人の教えはこのように先に至り極めているのだ。

わが日本の国で宝永正徳の時に、源白石公は学問はあまねく広く備わり、見識は奥深い所まで達し、著述は豊かで、事をなせばごく細かな所まで及んでいる。その説くところの『鬼神論』一篇は、よく手近かな譬えをとり、しかも言うのがむずかしい所を述べているものである。その言葉はすなわち優しくよい文章であり、その説はすなわちお手本になるよい教えである。初めの部分は、すなわち聖人賢人の著述の趣旨に拠り、中の部分はすなわち怪異を引用し、終わりの間は、上品で正しく結び納めている。実に不明なことを明らかにし、たたりを正しく直すのに充分である。ただこれは、一時の需要に応じてなされたもので小冊子であるが、考えが充分に述べられている。作者自身は気にしないが、白石公に私淑したともがらが、あれこれと転じ伝えて騰写して、文字も入り乱れ、誤りもあちらこちらにあり、ほとんど読めない状態になった。

近ごろ書物を売る家の者が、そのために此の篇を板木に彫った。校訂者は某で版刻がすでにできた。自分の知っている杉商

則ち恐らくは未だ悉くは考究せざるものあらんかと。而して余は与からず。之を要すれば*兎園小冊のみ。*瑕類固《もと》より源公の*瑜を*揜するに足らず。此の刻以つて私淑の徒謄写を拯《すくは》むに足る。乃ち叙と為す。以て其の首に弁じて云ふ。

寛政*庚申秋九月*望

*天山真逸　撰

人がきた。「どうか序文を」と強く求めた。自分は思った。校訂者がよく照合したところも、これ又、皆が転写して伝えたものであって、どれが定本かと、正しいものを採るすべもなく、すなわち恐らく、いまだにその全部は考究されていないものがあろうかと。しかして私は、この校訂には関与しなかった。これを要約して言えば、俗語で書いた小さな通俗書にすぎない。過ちのたぐいはもとより、源白石公の美しい玉を覆うのに足りない。この版刻本はもって私淑するとともがらの伝写するのを、助けるのに足りている。それで序としたのだ。これをもってその冒頭に述べて、このように記したのである。

寛政庚申（十二年）秋九月望（十五日）

天山　真逸　作文

宝正—中国五代の時の呉越の年号であるが、日本では宝永、正徳（一七〇四—一七一五）年間を指している。**源公**—白石は源氏であり、かく称されたか。公は敬称。**洽博**—コウハク。あまねく広い。**該**—そなわる。**識**—見識。知識。**富**—豊かさ。**動**—事をなす。行う。**瑣砕**—ササイ。ごく細かいこと。**釈**—説く。解く。**諺**—やさしい言葉。**典**—教え。手本。**経義**—儒教の教えを説いた経書の趣旨。**詼異**—怪異のこと。**雅正**—上品で正しいこと。**蒙**—はっきりしないこと。暗いこと。**発**—ひらく。あばく。**禨**—キ。たたり。祭り。鬼神の災い。**矯**—正しくする。**弁**—明らかにする。**私淑の徒**—ひそかに敬慕している人たち。**糾紛**—キュウフン。乱れる。**相錯**—あい乱れる。**頃日**—この頃。**鬻**—ヒサグ。売る。**鐫**—カン。彫り刻む。**兎園小冊**—俗語で書いた通俗書。**瑕**—あやまち。**瑜**—美しい玉。**揜**—おおう。**庚申**—寛政十二年。一八〇〇年。**望**—望月の日。十五日。**天山真逸**—不明。安永三年に「悦巌和尚行業記」を出した天山天竜の関係者か。

鬼神論　上

筑後守従五位下源君美*著

鬼神*のことまことにいひ難し。たゞいふことのかたきのみにあらず。聞こと《ママ》またかたし。たゞきくことのかたきのみにあらず。信ずる事またかたし。信ずることの難き事は、これしることのかたきにぞよれる。さればよく信じて後によく聞とし、よく知りて後によく信ずとす。よくしらん人にあらずして、

鬼神《きしん》（霊魂）のことは本当に言いがたいものだ。ただ言うことがむずかしいだけではなく、それを聴くこともまたむずかしいのだ。それもただ聴くことが難しいのみではなく、信じることもまたむずかしい。信じることのむずかしいことは、これを知ること、つまり理解することがむずかしいことによるのである。だからよく信じた後で、よく聴くことにし、よく知りえた後によく信じられるとするのだ。

君美―キンビ。白石の名前。　**鬼神**―霊魂。神霊。

いかでかよくいふことを得べき。いふ事まことにかたしとこそいふべけれ。

　むかしは*子夏《ママ》の、死するもの知ることありや、なしや、といふことを問まゐらせしに、吾死せるがものしることありと云はんには、孝子*順孫の生るを*妨て死せるを*送らむことを恐る。われ死せるが、ものしる事なしといはむは、不孝の子のその親を葬らざらんことを恐る。死せるものの物しる事あらんもなからむも、今の意にはあらず。後にみづからこれを知りなんとぞ、*夫子はこたへ給ひける。これ聞てよく信ずるがかたき故なるべし。

　又、*子路にこたへ給ひしは、いまだよく人につかふまつらずんば、いづくんぞよく*鬼につかふまつらん。いまだ生をしらずんば、いづくんぞよく死をしらんとぞ宣まひたり。これしる事かたきにやよるべき。しかはあれど、よく人につかふることをゑてん

よく知っている人でなくして、どうしてよく言うことができようか。言うことは本当に難しいとこそ言うべきである。

　昔、子夏（貢）が「死んだ者がものごとを知ることがあるのですか。ないのですか。」ということを孔子にお尋ね申しあげた時に、「私が死んだ者はものごとを知ることがあると言ったならば、父祖に孝行する者の生きていくのを妨《さまた》げて、死んだ者を送るであろうことを恐れるのだ。わたしが死者はものごとを知ることがないと言ったならば、不孝な子供がその親が死んでも、葬らないであろうことを恐れるのだ。死んだ者がものごとを知ることがあろうとなかろうと、今すぐ急に答えを出すことでもない。後になればおのずからこれを知ることであろう。」と、孔子さまはお答えになった。これは聞いてよく信ずるのが難しいからであろう。

　また子路にお答えになったのは、「まだ生きている人によくお仕えできなかったならば、どうしてよく鬼（霊）におつかえできましょうか。いまだ生をよく知らなかったら、どうしてよく死を知ることができようか。」と、おっしゃいました。これは知ることが難しいことによっているのだ。そうはいっても、よく人に仕えることができた後には、鬼

後、鬼につかふることをよく知らん。
　生をだに知りなん後は、死をもしるべきものにや。この理をこそ夫子はおしへ《ママ》させたまひけめ。また樊*遅には民の義をつとむ、鬼神を敬して遠さく。これを物しるといふとおしえ《ママ》給ひし。彼此をかよはして見るに、よく人につかふるは民の義を務るなり。鬼神を敬して遠ざくるは、鬼によくつかふるの道にや。このふたつをあはせてこそ、よくしれるとはいふべけれ。礼は生をやしなひ死を送り、鬼神につかふる処なりとぞ。礼には記せり。*礼記
　又、*明にしては*礼樂あり、*幽にしては鬼神ありと

子夏—底本には子夏とあるが、子貢の間違いで孔子の弟子。**順孫**—父祖に孝行する者。『孔子家語』に「孝子順孫ノ生ヲ妨ゲテ以テ死ヲ送ランコトヲ恐ル」とある。**妨**—生きていくのをさまたげる。**送らむことを**—「見送るであろうことを」となるが、四巻本の「死セルニイタルコトヲ恐レ」をとり、死んでしまうがよい。**夫子**—男子の敬称。**子路**—孔子の弟子。**鬼**—死者の魂。幽魂。**樊遅**—孔子の弟子。『論語』「雍也」に「樊遅知ヲ問フ。子曰ク。民ノ義ヲ務メ鬼神ヲ敬シテ之ヲ遠ザク。知ト謂フベシ」とある。**礼記**—礼に関する理論と実際とを記録し編集した中国古代の書。**明にしては**—『礼記』「楽記」に「明ニハ則チ礼楽有リ幽ニハ則チ鬼神有リ」とある。明は昼の明るさだが、ここは現世の意か。**礼樂**—礼節と音楽。**幽**—陰れる、暗いの意味だが、ここは幽界のこと。

神（神霊）に仕えることもよく知りえようか。
　生ということをさへ知った後は、死ということをも知りうるものであろうか。この道理をこそ孔子様はお教えになられたのであろう。また樊遅には、孔子様が「人間として行うべき道を務め、鬼神（神霊）を尊敬して近づかないのが、これを知るというのだ。」と、お教え下さった。かれとこれとの二つを通してみると、よく人に仕えるということは、人間としてなすべきことを務めることである。鬼神（神霊）を尊敬して遠ざけて近寄らないのが、鬼神によく仕える道であろう。この二つを合わせてこそ、よく物ごとを知っているというべきだ。「礼は生きる者を養い、死者を見送り、鬼神に仕える所である」と、『礼記』には記してあるのだ。〔礼記。〕
　また、「現世においては礼楽が有り、幽界においては鬼

も侍り。礼記　幽と明とはふたつなるに似たれど、まことはそのことはりひとつにこそかよふらめ。これによく通ぜばかれにもまた通じぬべき。されば鬼神のことのごときは、*聖賢説きえてはなはだ分明なり。たゞ礼をもってよく熟し読なばすなはち見てん。*紫陽の*朱子のいひけん。さもありなまし。今試に*三礼よりはじめて、*周礼*儀礼礼記を云也。いにしへの聖賢の遺せる言、世々の*儒生の*格しき言などあはせ見て、いかにもしてその名をだにも弁ぜんとするに、それもまたたやすからず。其ことをも聞得んこと猶かたかりぬべし。しりゐむことといかでかは及ぶべき。たゞ其名によりてその義をやもとむべき。

　まづ*天にしては神といひ、地にしては*祇といひ、人にしては鬼といふよし、周礼には見えたり。かくその名異なれど、誠は陰陽ふたつの*気霊なれば、通してはこれを鬼神といふなり。陰陽二つの気といふ

神が有る」と、『礼記』には記してある。〔礼記。〕幽と明とは二つのものであるようだが、本当はその道理は一つに通じるものであろう。このことによく通じたならば、そのことにもまた通じるに違いない。だから鬼神のことのようなものは、聖人賢人が説明しえて非常に明らかである。ただ礼書をもってよく熟読すれば、すなわち見て知れるのだ。と紫陽の朱子が言ったそうだが、さもあろう。今、こころみに三礼よりはじめて、〔周礼・儀礼・礼記を云うのだ。〕古代の聖人賢人の残された言葉や、時代時代の儒学の先達の正しい言葉などを合わせて見て、どうかしてその文字だけでも分かろうとするが、それもまた容易なことではない。このことも聴いて知るのは、いっそう難しいだろう。知りうることがどうしてできようか。ただ文字によってその意味を求めるべきであろうか。

　まず天においては神といい、地においては祇といい、人にあっては鬼ということが『周礼』に見えている。このようにその名前は異なるけれども、まことは陰陽二つの気の霊妙な働きであるから、なかを通しつないで是を鬼神というのである。陰陽二つの気というのも、もともと気である

も、本ト気なるべきか。これ一種の屈めると伸るとにて一元の気の屈伸往来をいふ也。その気凝りて伸るを陽といひ、春と夏とのごときなり。かへりて屈めるを陰といふ。秋と冬とのごときなり。陽のうちまた屈伸あり。陽の来るは伸る也。これ陽中の陽也。陽の帰るは屈る也。これ陽中の陰也。陰のうちまた屈伸あり。陰の来るは屈む也。是陰中の陰也。陰の帰るは伸る也。是陰中の陽也。

かく屈伸往来のおのづからなるを、*二気の良能ともいふなるべし。*張横渠の説なり。たゞし陰陽を鬼神とは云べからず。其屈ると伸るとの、おのづから妙なるを鬼神とはいふなり。さてこそ鬼は陰の霊、神

のだ。これは一種の気の縮むのと伸びるのとであって、〔一つの元である気の伸び縮みして行き来することをいうのだ。〕その気が凝って伸びるのを陽といい、〔春と夏とのようなものである。〕もとへは帰って縮むのを陰という。〔秋と冬との如くである。〕陽の中にまた伸び縮みがある。〔陽が来るのは伸びることである。これが陽の中の陽である。陽が元の状態に戻るのは縮むことである。これが陽の中の陰なのだ。〕陰の中にまた伸び縮みがある。〔陰が来るのは縮むことだ。これは陰の中の陰である。陰の元へ帰るのは伸びることだ。これは陰の中の陽である。〕

このように屈伸往来が自然に作用する働きを、陰陽二気の良い能力とでもいえるのだ。〔張横渠の説である。〕ただし、陰陽を鬼神といってはならない。その縮むのと伸びるのとが、自然に霊妙であるのを鬼神というのである。だからこ

聖賢—聖人と賢人。**紫陽**—山の名。城陽山とも。朱子の別号でもある。**朱子**—南宋の人。徳川時代にはこの人の学問が官学となった。**三礼**—周礼・儀礼・礼記の称。**周礼**—古代の聖賢が著わした儒教の書。官制や職掌にくわしい。周公旦の撰と伝えられる。**儀礼**—法制儀式について記した経書。**儒生**—儒者。経書を学んだ人。**格しき**—正しい。**天にしては**—『朱子語類』「祭義」に「則チ周礼ニ天ニ神ト曰ヒ地ニ祇ト曰ヒ人ニ鬼ト曰フト言フ」とある。**祇**—土地の神。**気**—目に見えない力。エネルギー。精神力。**二気の良能**—『性理字義』下に「鬼神トハ二気ノ良能ナリ」また『朱子語類』に「故ニ張子の曰ク二気ノ良能…」とある。良能は生まれながらにして備わった能力。**張横渠**—北宋の儒者。長安の人で易を学んだ。

は陽の霊とはいひたれ。*礼の注疏　しかるを又、文に対していふ時は、*天神*地祇*人鬼といふことは、天の気は常に伸ぶ。天のめぐり〳〵てやまざる事を云也。　又、気の清明なるものを神といふ、日月*星辰の類これなり。しかも変化のはかるべからざれば、*易に不可測神と言あり。　天にありて神と名づく。地のごときは山そばたち、川ながれ草木生出て、それとあらはししるすべき跡あれば、地にありては祇となづく。祇の字いにしへは示に作れり。*周礼には地示と有。　と見へたり。*示見は*著見の義なるべし。*朱子の説かくの如し。　人にありて鬼といふ事は*鬼のことたる帰なり。鬼と帰と其音近し。　人死しては其魂かならず天にかへる。その魄はかならず地に帰る。魂魄天地にかへるゆゑに鬼と名づく。

古しへの*先王制し給ひし礼には、天下を*しろしめされては、かならず其天神地祇人鬼をまつらせたま

そ鬼は陰の霊、神は陽の霊といっているのだ。〔礼の注疏。〕　それなのに、また、文に対して言う時に、天神・地祇・人鬼ということは、天の気は常に伸びているのだ。〔天がめぐりめぐって止まらないことをいうのである。〕　また、気の清く明らかなものを神といっている。日・月・星のたぐいがこれである。しかも、その変化がはかり知ることができないから、〔『易経』に計り知れないものを神というとある。〕　天にあるものは神と名づけている。地のごときは、山が聳え立ち川が流れ草木が生え出して、それであると、その姿を現してしるしうる跡があるから、地にあるのは祇と名づけているのだ。祇の字は古代では示と作っている。〔『周礼』には地示とある。〕と見えている。示見（示して見えること）は著見（はっきり見えること）の意味なのである。〔朱子の説もこのようなものである。〕　人にあって鬼ということは、鬼のことである帰なのである。〔鬼と帰とはその音が近いのだ。〕　人が死んでからは、その魂（精神）は必ず天に帰り、その魄（肉体）は必ず地に帰ってくる。魂魄は天地に帰るから鬼と名づけるのだ。

古代の立派な天子が制定なされた礼には、天下をお治めになられてからは、必ずあの天神・地祇・人鬼（人の霊魂）をお祭りになされることがある。日月に星、寒い暑い

ふ御事あり。日月星辰寒暑水旱山林川谷丘陵の、よく雲を出し風雨をなせるに至るまで、こと〴〵く祀典にあり。祀典とは祭礼。これ天神地祇をまつり給ふこと也。又、群生のために大社を建、みづからの御為に王社をたて社稷の神をまつる。是土地の神と五稷の神とをまつり給ふことなり。　また、司命中霤国門国行泰属（厲）戸竈の七祀をたてたり。司命の神は人の命をつかさどれる

に大水と日照り、さらに山や林、川や谷、丘陵がよく雲をおこし、風や雨を作るのに至るまで、ことごとく祭祀の典礼（決まり）にある。〔祀典とは祭礼のことで、これは天神・地祇をお祭りなさるということである。〕　また、人民のために大きな社を建てて、みずからのために王の社を建てて、社稷の神を祭られた。〔これは土地の神と五穀の神とをお祭りになられることである。〕　また、帝王は司命・中霤・国門・国行・泰厲・戸・竈の七社を建てられた。〔司令の神は人の命をつかさ

礼の注疏—本文の解釈を注疏という。ただし礼記の注疏にこの言葉はなく、白石の『朱子語類』読解の早合点であると、『日本思想大系』本の注が説明している。**天神**—天の神。あまつかみ。**地祇**—地の神。くにつかみ。**人鬼**—死者の魂。霊魂。**星辰**—星。**易**—陰陽の二気を根本にして研究するのを、易学といい、その研究書が易経である。『易経』に「陰陽測ルベカラズ。之ヲ神ト謂フ」とある。**周礼には**—『周礼』に「大宗伯之職ハ邦ノ天神人鬼地示之礼ヲ建テ掌ル」とある。**示見**—示し見える。**著見**—はっきり見える。**朱子の説**—『朱子語類』三に「天神地祇人鬼地何ニ以ッテ祇ト曰フ、曰ク祇ノ字ハ只是示ノ字ナリ」とある。**鬼のことたる帰**—『爾雅』釈訓に「鬼ノ言ヲ為ス帰ナリ」『礼記』「効特牲」に「魂気ハ天ニ帰シ、形魄ハ地ニ帰ス」とある。**先王**—昔の立派な天子。**しろしめす**—お治めになる。**水旱**—水と陸。ここは大水と日照り。**群生**—人民。**大社**—国土を守る社。東北大本は「六社」とある。**社稷**—シャショク。土地の神と五穀の神。**五稷の神**—稷はきびのこと。しかしここは、米・麦・キビ・アワ・豆の五穀の神のことか。**司命**—人の命を左右する神。**中霤**—チュウリュウ。室の中央のことで、古代に卿大夫の家では土神を祭った。その祭りを中霤という。**国門**—城門の神。**国行**—道路の神。**泰属（厲）**—タイレイ。泰属の属は「厲」か。四巻本・東北大本ともに厲。古代の後嗣のない帝王の霊。**戸**—戸口。**竈**—かまどの神。

也。中霤は堂室の神、行は道の神、泰厲のことは下にみへたり。戸は戸神、竃はかまどの神也。

また、祖*考の御ために七*庿を制*して、春は禘*の祭あり秋は嘗*の祭あり。これ春秋の祭の名なり。諸侯は天をまつることを得ず、唯封*内の山川を祭らる。封内は境*内也。また群生のために国*社を建、みづからのために侯*社をたて、又五*廟五*祀を建らる。五祀は七祀の内二つを減せし也。下また是にならへ。大夫*は三庿三祀、庶士*は二庿二祀、庶人は廟をたつることを得ず、只*その先を寝*にまつりて、一祀をたつる事を得たり。かまどの神をまつるたぐひ。

そもく先王の祀典は、おのく其分の別る所にしたがひて制し給ひしところとぞ見へ《ママ》たり。天子は天地の主、諸侯は一国の主、大夫は一家の主なれば、分限*によりて、其まつるところ、大小の異あるなり。天子は天地に中*し給ひて、天地のあるじにてましませば、天地の気

どるもの。中霤は堂と室、つまり表座敷と住居の神、行は道路の神、泰厲のことは後にみられる。戸は戸口の神、竃はかまど、つまり台所の神である。〕

また、遠い祖先のために七つの廟を定めていて、春には宗廟の祭りがあり、秋には新穀を神に奉る祭りがある。〔これが春秋の祭りの名なのだ。〕　諸侯は天を祭ることができない。ただ領地の内の山や川を祭られるのだ。〔封内とは境の内のことである。〕　また、人民のために国社を建て、自分のために侯社を建て、さらにまた五廟五祀を建てられるのだ。〔五祀は七祀の中から二つを減らしたものである。以下もまたこれに習うのだ。〕　大夫は三廟三祀、庶士は二廟二祀であり、庶民は廟を建てることができない。ただ、その先祖を奥座敷に祭って一祀を建てることができる。〔かまどの神を祭るたぐいのものだ。〕

そもそも古《いにしえ》の聖王の祭祀の典礼は、それぞれがその身分の別れるところに従って、制定なされたところだとみえている。〔天子は天地の主であり、諸侯は一国の主であり、大夫は一家の主であるから、その身分の程度によって、その祭るところには、大・小の区別があるのである。〕　天子は天地の中心であられて、天地の主であられますから、天地の気が自然にお一人の御身によりかかわってくるのだ。だから、その神への慎しみ

をおのづから一人の御身にあづかりかゝりぬ。されば、其誠敬を*極めしらさせ給ひなんには、かの天地の気も爰にあづかり集まりて、*百神おのづからその職をうけたまひぬべし。諸侯は国のあるじとして、その封内の名山大川その気あづかりかゝりける処なれば、其神おのづから*感応し給ふべき理なり。

大夫は家の主なれば、かの五祀の神などが其祭をば感じ給はざらむ。祭法に卿*大夫は三祀とあれど、*王制には五祀を祀ると有。故に両説をたがひにとりて記せり。三祀は戸

敬うのを、極めてよくお知りになさいましたならば、かの天地の気もここにかかわり集ってきて、多くの神が自然にその職、つまり貢物や供え物をすることをお受け下さるに違いない。諸侯は、国の主として、その領内の名山や大きな川の気がよりかかわってくる所であるから、その神も自然に感じてこたえなさるべき道理なのである。

大夫はその家の主人であるから、例の五祀の神などが、どうして彼のする祭りをお受けにならないことがありましょうか。〔『礼記』の「祭法」には、「卿・大夫は三祀」とあるが、同じ『礼記』の「王制」には「五祀を祭る」とあるので、二つの説を相互に採って記した。三祀とは、戸竈・中霤・門行の神をいうの

祖考―死んだ父と祖父。または遠い祖先。**七庿**―庿は廟の古字。天子の七つの廟。始祖一、遠祖二、高祖、曽祖父、祖父に父の七。**制し**―定めて。**禘**―テイ。宗廟の祭り。禘は天子が始祖を始めとして先祖を祭ること。夏・殷の頃は夏の祭り。**嘗**―秋の祭り。**封内**―領地の内。**境内**―域内。さかいの内。**国社**―諸侯が人民のために建てた社。**侯社**―諸侯が自分のために建てた土地の神。**五廟**―始祖・高祖・曽祖父・祖父・父の廟。**五祀**―七祀から戸と竈とを除いたもの。**大夫**―周代の職名で卿の下で士の上の官位。**庶士**―普通の人。東北大本は適士とある。**その先**―その先祖。**寝**―奥座敷。部屋。**分限**―身分の程度。**中し**―中心に。**極めしらさせ**―よくお知りになる。東北大本や四巻本は「極め尽させ」とある。**百神**―多くの神。**感応**―感じ応ずる。信仰心が神仏に通じること。**大夫は三祀**―『礼記』の「祭法」に「大夫ハ三廟二壇ヲ立ツ」とある。**王制には五祀**―『礼記』の「王制」に「大夫ハ五祀ヲ祭ル」とある。

竈中霤門行の神をいふなり。　また、礼に*三年の喪は、父母の喪也。天子より庶人に達ると見えたり。これその尊き卑きが位より異なれ、其親に孝なるべき心は、おなじこゝろなるが為なるべし。

いかなれば其先《キ》をまつるにいたりては、*七世より下つかたたがひにその数を降して、*庶士庶人はわづかに其親をまつるにはとゞまりぬらん。かつは人死して其魂魄、おの〳〵天と地とにかへることを知て、その後子孫是をまつるに至りては、いかにしてか又来りうけ給へる。其理なからんには、古の聖王この礼を制し給ふべからず。まづ、いかなるを*人鬼といひけんかし。

その鬼神といふ事は、礼によりてみる時は此名もと斯人よりぞはじまる。祭儀に見えたり。むかしは*宰我の鬼神の名をとひまゐらせしに、夫子こたへ給ひし事、礼の祭儀・*家語等の文にみえ、*鄭の子産のこ

である。〕また、『礼記』には三年の喪は、〔父母の喪である。〕天子から庶民に達すると見えている。これはそれが尊いとか卑しいなどと位こそ違っていても、その親に孝行するべき心は同じ心であるからなのである。

どうしてであろうか。その先祖を祭ることに至っては、七代より末の方では、互いにその数代も下がると、庶士や庶民は僅かにその親を祭るだけにとどまっているのは。一つには人が死んでその魂魄がそれぞれに天と地とに帰ることを知って、その後に子孫がこれを祭るに至っては、どうしてかまた霊魂がやってきてこれをお受けなされる。その道理がなかったならば、古代の聖王もこの礼を制定し給うべきではない。まず、どのようなものを人鬼（人の霊魂）といったのであろうか。

その鬼神というものは、『礼記』によって見る時は、この呼び方はもともとこのように人から始まっている。〔『礼記』の「祭儀」に見えている。〕昔は宰我が鬼神の名称についてお尋ねいたしましたところ、孔子さまがお答えになられたことは、『礼記』の「祭儀」や『孔子家語』などの文に見えており、鄭の子産の言葉は『春秋左氏伝』に見えている。これらの古い書物に残されている言葉にこそ、鬼神（霊

とばは春秋伝*にみえたり。これらの遺る言にぞ鬼神の義をも求むべき。まづ子産のことば人はじめて化するを魄といふ。既に魄を主として陽なるを魂といふと侍り。うまれ出るはじめ、わづかに父母の気をうけ得て、則むすんで胎*をなす。これ魄すでになれる也。これ易の男女精を交へて、万物化生す*といひし時なるべし。されば朱子も陽はじめてまじはりて、天一水*を生ずる也といへり。又、関尹子*に一を父とす*。かるがゆゑに、すでにして気を父にうく、気は水也とも侍り。その魄稍あつまりて動く

魂）の意味をも求めるべきである。まず子産の言葉に「人が始めて新しいのに生まれ化するのを魄（肉体）という。すでに魄（肉体）を主にして陽となったのを魂（精神）という。」とある。人が生まれ出る始めは、僅かに父母の気を受けることができて、すなわち二つの気が結ばれて人体のもとである胎をなすのだ。これで魄（肉体）がすでにできたのである。〔これは『易経』で、男女が精を混じえて万物が新しく生ずる、といった時のことである。だから、朱子も陽が初めて交わって、天は初めに水を生じるのだ、と言っている。また『関尹子』には一を父とする。そのためにすでに気を父から受ける。気は水であるともある。〕その魄（肉体）がやや集まって動くことがある。

三年の喪—『礼記』の「王制」に「三年ノ喪ハ天子より達ス」とある。**七世**—七代。**庶士**—低い官の人。下士。**人鬼**—人の魂。霊魂。**宰我**—春秋時代の魯の人。孔子の門人。字は子我。『礼記』「祭儀」に「宰我曰ク、吾、鬼神ノ名を聞ケドモ、其ノ謂フ所ヲ知ラズト。子曰ク、気トハ神ノ盛ンナルナリ。魄トハ鬼ノ盛ンナルナリ。鬼ト神トヲ合スレバ、教ノ至リナリ。」とある。**家語**—『孔子家語』のこと。孔子の言行や門人との問答などを記録したもので、十巻二十七篇。**子産**—春秋時代の鄭の大夫。公孫僑のことで子産はその字。**春秋伝**—『春秋左氏伝』のことで、『春秋』の注釈書。三十巻。この書に「子産曰ク、能クセン。人ノ生、始メテ化スルヲ魄ト曰フ。既ニ魄ヲ生ズ。陽ヲ魂ト曰フ。物ヲ用イテ精多ケレバ、則チ魂魄強シ。」とある。**胎**—みごもる。人体のもと。**化生す**—合して一つになり、新しいものがそこから生まれること。**天一水**—『朱子語類』「鬼神」に「陰陽ノ始テ交ル。天ハ一に水ヲ生ズ…」とある。「一」は最初にの意。**関尹子**—関の尹喜の撰した書。**一を父とす**—『文始真経言外経旨』（『関尹子』の別名）に「一ニ父ト為ス。故ニ気ヲ父ニ受ク、気ハ水ト為ス」とある。

ことあり、うごくはこれ陽也。すなはちこれを魂といふ。按るに、これ地二火を生るなるべし。火は陽也。陽はうごく。関伊子に二*を母とす。かるが故に血を母にうく。血は火たりと侍る。されば子産の云ひし処は、これ父母の精血をうけて胎をなす。胎につきていへるなるべし。先儒その説をひとつに集めて、北渓陳氏*の説なり。爰において形すでに生じて、神すなはち智を発すとはいひけり。按ずるに、あはせていへば鬼といひ、魄といふはこれ陰なり。神といひ魂といふはこれ陽なり。わかちていへば精は水なり。神は火也。魄は金なり。魂は木也。陰陽はたゞ升降*のみ。升るものは火也。降るものは水なり。のぼらんとして升ることを得たるものは木なり。くだらんとして降ることを得ざるものは金也。この四つのもの皆土を得てなる事をゑたり。かるが故に易*に天の数五つ、地の数五つ。天一水を生じ、地二火を生じ、天三木を生じ、地四金を生じ、天五土を生ず。土すでに生じて後、地これをなして天七火を成し、地は木を成して天九金を成し、地十土をなすと見へたり。人十月

動くのはこれ陽なのである。すなわち、これを魂（精神）というのだ。〔考えるところ、これは地の二に火を生ずることになるだろう。火は陽である。陽は動く。『関伊子』に二を母としている。このようであるから血を母から受けている。血は火であるとある。だから子産の言ったところは、これは父母に精血を受けて胎（人体の基）となる。人体の始まりについて言ったのであろう。〕先人の儒者たちが、その説を一つに集めて、〔これは北渓陣氏の説である。〕ここにおいて形がすでに生じて神がすなわち知を発した、と言ったのである。〔考えると、二つのものを合わせて言えば、鬼といい魄（肉体）というのは、これは陰である。神といい魂（精神）というのは、これは陽である。区別していうと、精は水であり神は火である。魄は金であり魂は木である。陰陽はただ昇り降り栄え衰えるのみだ。昇るものは火であり、降るものは水である。登ろうとして登ることができえたものは木である。下ろうとして降ることができないものは金である。この四つのものはすべて土を得て成り立つことができるのだ。このようであるから『易経』には「天の数が五つで地の数が五つである。天の一が水を生じ、地の二で火を生じ、天の三は木を生じ、地の四で金を生じ、天の五は土を生じる。土が既に生じて後に地がこれを、すなわち水を作り、天の七で火を生じ、地の八で木を造り、天の九で金を作り、地の十で土をなす。」

にして生れ出ることは、天地生ると成、其数皆備はりて、形も気もともに成て後、うまれ出るにあらずや。既に生れ出てはすなはちやゝ飢寒をしり、*癢痛をしる。されば形すでに生じて、神すなはち智を発するの謂にあらずや。

されば人の知覚は魂に属し、形体は魄に属す。陽は魂に属するが故に、陽を魂とし陰を魄とす。いはゆる魂は陽の神にて魄は陰の神なり。*淮南子の説に出づ。此ふたつの神と云は、猶鬼は陰の*霊、神は陽の霊、霊は字のごとく其あやしき所をさす也。また、気を魂とし精を魄とす。気とは呼吸出入するもの也。いづる息いる息のこと也。耳目の*聡明をば魄とす、耳はきゝ目はみる也。とも侍るなり。已上祭儀の説也。

と見えている。人間が十ヶ月にして生まれ出ることは、つまり、天地が生まれて成り立つものの数が、みな備わっていて、形も気もともにできあがってから、生まれ出てくることではなかろうか。既に生まれ出てきてからは、すなわち少しは飢えや寒さを知ったり、かゆみや痛みを知るものだ。だから、これは形体がすでに生じてから、神（精神）つまり、知を発するという道理によるものではないのか。〕

だから、人の知覚は魂（精神）に属し、形体は魄（肉体）に属するのだ。陽は魂（精神）に属するがために、陽を魂（精神）とし、陰を魄（肉体）とする。いわゆる魂は陽の神（精神）であって、魄は陰の精神である。〔淮南子の説に出ている。この二つの神《しん》というのは、なお、鬼は陰の霊で神は陽の霊である。霊はその字のように、その妖しいところを示しているのだ。〕また、気を魂とし精を魄とする。気とは呼吸し出入りするものである。〔出ていく息、入る息のことである。〕耳目の鋭敏な聡明さを魄とする。〔耳は聴き、目は見るものである。〕ともしてあるのである。〔以上は「祭儀」における説である。〕

二を母とす―同じく『関尹子』に「二ニ母ト為ス。故ニ血ヲ母ニ受ク。血火ト為ス」とある。**陳氏**―宋の陳淳のことで、『北溪字義』の撰者。**升降**―上り下り。盛衰のこと。**天の数五つ**―『易経』「繋辞」に「天ノ数五、地ノ数五」とある。**癢痛**―かゆみや痛み。**淮南子**―前漢の淮南（エナン）王劉安の撰した書。**霊**―精神。または霊妙なこと。**聡明**―耳と目が鋭敏なことから、道理に通じて賢明なことにいう。

*夫子宰我に答へさせ給ひしは、気といふものは神の盛なるなり。魄といふものは鬼のさかんなるなり。鬼と神とを合するは教のいたり也。凡生はかならず死す。死すればかならず土に帰る。かれこれを鬼といふ。骨肉は下りたをれて、陰れて野土と成。その気は上に発り揚りて昭明*薫高悽愴をなす。これ百物の精なり。神の著る也とぞ侍る。これ先人のうまるゝ時より宣ひそめしなるべし。

生けるときに、その嘘吸出入する気といふものは、則死して神といふものゝなをさかむなる物也。盛とはいまだ死せざるときこれ盛なれば也。いける時にかの耳聰目明なる魄といふものは、すなはち死して鬼といふものゝなを盛なるもの也。既に死して後に、かの鬼といひ神といふものを合てまつるは、是聖人のおしへの至りなり。もろ〳〵の*いきとしいけるものは、皆死すれば必らず土にかへる。これを名づけて鬼と

孔子さまが宰我にお答えになられたのは、「気というものは、神《しん》の旺盛なものである。魄というものは鬼の盛んなものである。この鬼と神とを合体することが教えの至りつくところだ。すべての生物は必ず死ぬ。死ねば必ず土に帰る。故にこれを鬼といっている。骨や肉は地に降り倒れて隠れて野の土となる。その気（精神）は上におこりあがって物事が明らかになり、精神は香り高くりりしく凛《りん》然とするのだ。これがすべてのものの精（もと）であって、神霊がなされるものだ。」とあります。このことはまず、人が生まれる時から、仰せられ始めたのに違いない。

生きている時に、その呼吸が出入りする気というものは、すなわち死んでも神（精神）というものが、なお盛んなものなのである。〔盛んというのは、まだ死んでいない時にこの神（精神）が盛んだからである。〕生きている時に、かの耳がさとく目が明らかである魄（肉体）というものは、即ち、死んでからの鬼というものがなお盛んなものである。すでに死んでしまってから後に、かの鬼といい神というものを合わせて祭るのは、これは聖人の教えの最高の極致である。さまざまなこの世に生きているすべての物は、皆死ねば必ず土に帰っていく。これを名づけて鬼とはいっている。

は云ふ。これ精*魄地にかへるなり。鬼は帰なりとはこの儀なるべし。其骨肉のごときは下にたふれて、野の土と朽はてぬ。これ土と朽る物骨肉のみ、かの陰の靈なる魄のごときは地に帰る也。かへるにはあらず。

その気は、魂気なり。上におこりあがりて、是魂気天に升るなり。あるひはてりかゞやけるその光りあり。これ昭明也。今もよの人死するに人たまといふひかりあるものゝ飛ゆくことあり。あるひは蒸し升る処の気あり。これ薫也。人の死する時、其香のかうばしき、又、香のあしき抔有也。或は人として物すさまじく、心いたましからしむる事あり。これ悽愴なり。これら百物の精なり。百物とは人と物とをあはせて宣ひし成べし。精とは精魄の謂にて、すなはち鬼なるか。神のあらはるゝところとなり。神

〔これは魂魄が地に帰るのである。「鬼は帰ることだ」とは、このことなのだ。〕その骨肉のごときは、地に倒れて野原の土に腐り果ててしまう。〔これは土に入って腐るものは、骨や肉のみである。例の陰の霊である魄のごときは、地に帰るのである。かえるというのは、つまり土に朽ちて変わるのではない。〕

その気は、〔魂気（霊魂）である。〕上に起こりあがって、〔これは魂気（霊魂）が天に昇るのである。〕あるいは照り輝いている、その光がある。〔これは照明である。今でも世の人が死ぬと、人魂という光るものが飛んでいくことがある。〕あるいは蒸して昇るところの気がある。〔これが薫である。人が死ぬ時にその香りのこうばしいのや、または香りの悪いのなどがあるものだ。〕あるいは人としては凄じくて、心を痛めさせることもある。〔これが悽愴なのだ。〕これらが百物の精なのだ。〔百物とは、人と物とを合わせて仰せられたのに違いない。精とは精魄の言い方であって、すなわち鬼であろうか。〕神《しん》のあらわれる

夫子宰我に—このことは『礼記』の「祭儀」や、『中庸』の「或問」に出ている。**薫高悽愴**—『礼記』「祭儀」に「薫高悽愴、コレ百物ノ精ナリ、神ノ著ハルルナリ。」とある。薫高は香りが強い。悽愴は凜《りん》然、りりしい。**いきとしいけるもの**—この世に生きているすべてのもの。**精魄**—魂魄のこと。精は魂、心。

とは神魂のいひ成べし。升る神といふ。此事をや云。 爰においていにしへの聖人、その名を制してあきらかに、鬼神とは名づけ給ひしといふことにこそ侍るめれ。子産のいひし所につきて求めなば、いはゆる精気物となれる、易に この生の始めをしり、夫子の宣ひしところにつきて求めなば、いはゆる*遊魂変をなせる、この死の終をもしりなまじ。

さらば鬼神の*情状もしらるべきものにや。鬼神の情状を知るといふは、易にいふ情状は、ありさまなどいふこと也といへども、猶ふかき心得あるべしや。 かれこれを通して考ふるに、人の生るゝ死するとは、陰陽ふたつの気のあつまると散との二つにして、集れば人となり散てはまた鬼神となる。その魂の地に帰るが故に鬼と名づく。その魂は天にのぼりゆく。*ゆくは伸るの謂ひなれば、かるがゆゑに神と名付ぬ。これあつまれる気もと天地の気なる故に、散じてはまた天地にか

所である。〔神とは神魂の言い方であるのに違いない。昇る神をいう。この事を言っているのだ。〕 ここにおいて古代の聖人が、その名前を制定して、はっきりと鬼神と名づけなされた、ということにこそあるようだ。子産の言ったところについて、探し求めたならば、いわゆる精気が集まって物となった、〔『易経』にある。〕 この生の始まりを知り、孔子さまのおっしゃったことについて探し求めたならば、いわゆる遊魂が散って物を変化させた、この死の終わりを理解しうるであろう。

それだから鬼神の様子も知りうるのではないか。〔鬼神の情状を知るということは、『易経』にいう「情状はありさまなどということである。」と言っているが、なお深く理解できることがあろうか。〕 あれこれを通して考えると、人間が生まれるのと死ぬのとは、陰と陽の二つの気の集まると散るとの二つのことであって、集まれば人となり、散ればまた鬼神（霊魂）になる。その魂が地に帰るがゆえに鬼と名づけている。（つまり帰（キ）は鬼（キ）なのだ。）その魂は天に昇っていく。「いく」のは「伸びる」の言い方であるから、この理由によって神（シン）と名づけたのだ。（つまり伸（シン）は神なのだ。）これは集まった気がもとは天地の気であるが故に、散ってはまた天地に帰る。帰るがゆえにこれらと合わ

へる。帰るがゆゑにあはせて、魂をも魄をも合せてかくいふ事にて、これを人鬼ともなづくること、其義前にも云ふがごとし。これをたとふるに、かの河海の水をこの器に盛れるに似たり。盛り得たる時は、かの河海の水この器の内にあるといへども、かの水この水ともに一水なり。器のやぶれぬるにおよびては、亦本の河海の水と成て、此水彼水ともに又一名*なり。

その子孫のまつりを奉ずるにおよびて、かの祖考*の鬼神来り格る*とは、陽燧*をもつて火をとり陰鑑*を以て水をとるがごとし。子孫の精神みな祖考の精神にて、彼此もと一気なれば一気の相感ずる事も、その応またかくのごとし。しかはあれど、天地の間に生れいづる者なにものか、天地の気の生じ出すとこ

せて、〔魂をも魄をも合わせて、このように言うことであって、〕これを人鬼（人の霊魂）とも名づけることや、その道理は以前にも言ったごとくである。これを例えて言うと、あの河や海の水を、この器《うつわ》に盛ったのに似ている。巧く盛り入れた時は、その河や海の水がこの器の中にあるといっても、かの河の水もこの海の水とともに一つの水なのである。器がこわれてしまうと、またもとの河や海の水になって、この水もあの水も、ともにまた同じ一つの水という名のものにすぎないのだ。

その子孫が祭りをしてさしあげるに及んで、かの先祖の鬼神（霊魂）がやってくるのは、陽燧を使って火を採り、陰鑑を使って水を集めるようなものである。子孫の精神はみな先祖の精神であって、かれもこれも、もとは一つの気であるから、一つの気の互いに感ずることも、その応じ合うことも、またこのようなものである。そうはいっても、天地の間に生まれ出たもののうち、いったいどのようなものが、天地の気から生まれでるものでないものがあろうか。

遊魂—肉体を離れた魂。 **情状**—様子。ありさま。 **ゆくは伸るの謂**—ゆくは伸びて行くの意味。 **一名**—一つの名。 **祖考**—死んだ祖父と父のこと。先祖。 **格る**—いたる。くること。 **陽燧**—古代に太陽から火を採った銅製の鐘。 **陰鑑**—古代に月の夜に露の水を集めた器。

ろにあらざる。かの人もこの人も共に一気の生ぜる処なり。たゞまたこの人のみにも限らず、物の人におけるもまた、共に一気の生ぜる処なり。一気よく相感ずることをえてんには、いづれの人物をか感じいたさゞらむ。それにたゞ其祖考*のみならず、その子孫の祭りをうけむとこゝろ得難きなり。

　これをたとふるに、*一貼の薬を見るが如し。薬の性のごときは、あるひは寒あり或は冷あり。あるひは温あり或は熱有。あるひは補ふべく或は*瀉すべく、毒あるあり有ざるあり。かくのごとくそれ等しからず。君となし臣となし*佐使となして、医の薬を合するに、君臣佐使の方といふことあり。合せてこれを一貼として煎ずるに、唯一椀の湯とのみなれり。何れが寒冷、いづれが温熱なることを弁まふべからずとも、これを服するにおよびて、心にゆくべきは心にゆき、肝に行べきは肝にゆく。腎にゆくべきは腎にゆき、

あの人もこの人も、ともに一つの気から生まれたものである。ただ、またこの人のみに限らず、物や人においても、またともに一つの気から生まれでたものである。一つの気が、よく互いに感ずることができたならば、どのような人も物をも感じさせないことがあろうか。それなのに、ただその先祖のみではなく、その子孫の祭りをうけようとするのは、納得しがたいものがある。

　このことを例えてみると、一服の薬を見るようなものだ。薬の性質の如きものは、あるものは寒くあり、あるものは冷たくあり、あるものは温かくあり、あるものは熱くあったり、あるものは補給せねばならず、あるものは吐き出さねばならない。毒のあるものもあればないものもある。このように、どれもそれらは同じではない。君として臣として、さらに補佐や使いとなって、〔医の薬を合わせるのに、君臣佐使の処方ということがある。〕合わせてこれらを一服として、煎じて呑めばただ一椀の湯だけになるのだ。どれが寒いか冷いか。どれが温かいか熱いのかを区別できなくても、この薬を服用するに及べば、心臓にいくべき薬は心臓にいき、肝臓にいくべきものは肝臓にいくものだ。腎臓にいく

*脾肺に行べきは脾肺にゆきて、おの〱その類を以て、相感ずることあやまたざるがごとし。

しからば又人死して、その魂魄のごときは常に天地の間にみち〱て、其気と共に*運行し止ことなし。つゐ《ママ》に尽ることあらざるにや。天地だにその気の如きは*消長あり。人すでに生るゝとして死に帰りぬ。死せる気いかでかつくることなかるべき。彼*七廟より下つかた、寝にまつるにいたるまで、尊きいやしきとその先に祭るに、*世数のたぐひも降ること、いにしへの聖人たちかの君臣の分を明らかにして、上下の礼をさだめ給ひしのみにはあるべからず。かならずふかき理もこそあらめ。されば*子産のいひけん、

のみならず—東北大本「のみ必ず」。**一貼の薬**—一服の薬。貼（チョウ）は薬の包みを数える言葉。**瀉す**—腹の中のものを吐き出す。**佐使**—主な薬と補助の薬とを、君・臣・佐・使の四つに分けて、混ぜ合わせる処方。**脾肺**—脾臓と肺。**運行**—まわる。めぐり行く。**消長**—盛んになることと衰えること。消えることと生ずること。**七廟**—天子七廟のこと。大祖廟を中心にして左右に三廟ある。**世数**—世代の数。親と子の間の数の意もある。**子産の…**—『春秋左氏伝』の昭公七年に「物ノ精ヲ用イテ多キトキハ、則チ魂魄強ク、是レ以テ精爽在テ神明ニ至ル」とある。

べきものは腎臓にいき、脾臓や肺にいくべきものは脾臓や肺にいって、それぞれがその種類によって、互いに感応することを間違えないようなものである。

そうであるから、また人が死んでから、その魂魄のごときものが、常にこの天地の間に満ち満ちていて、その気とともにめぐり行き止むことがないのである。遂に尽きることがないのではないか。天地にすらその気のようなものに盛衰がある。人はすでに生まれる時からして、死に帰えるものだ。死ぬような気がどうして尽きることがなかろうか。尽きるに違いない。かの天子七廟より始めて下々の方の奥の部屋に祭る人々に至るまで、尊い人も卑しい人も、その先祖を祭るのに世代の数のたぐいも時代が下ると、古代の聖人たちが例の君臣の区別を明らかにして、上下の礼を定めなさっただけではなく、そこには必ず深い道理があるのだろう。だから子産も言ったのであろう。物の精を用いることの多い時は、魂魄

物の精を用うることおほきときは、魂魄つよし。爰をもつて精爽*ありて神明*にいたるとは、かゝる理はりにもやかよふべき。およそ魂は気に付て気また形につく。形強ければ気つよく形弱ければ気も又よわし。故に魂は気をもつてつよく、魄は形をもつて強かるべし。

人貴ければ、その勢大にしてその魂つよし。富ぬれば、其養厚して其魂強し。子産のいひし物と云ふは、衣食より始ておよそその泰養*のものを云ふなり。魂魄すでにつよければ、おのづから精爽ありて、精とは神のいまだあらはれざる也。爽とは明のいまだあらはれざる也。其鬼神明にいたるなり。それ貴きこと天子として、富四*海の内をたもたせ給ふ御事は、かの物の精を用ひさせ給ふこと尤おほしといひつべし。聖子神孫七世の後にいたらせ給はんほどは、かの天にますの神上帝*の御傍に左右せさせ給ひぬべし。これ天子の神靈、天に

が強い。ここにおいて精爽、つまり人の魂があって、神明つまり人の心に通じるというのは、このような道理にも通じているのであろうか。およそ一般に、魂（人の成長を助ける陽の気）は、気（万物を生成する根源の力）につき、その気はまた形（体《からだ》）につくものである。形（体）が強ければ万物生成の気も強く、形（体）が弱ければ万物生成の気もまた弱いものだ。だから、魂（精神）は気を持っていて強いし、魄（肉体）は形をもっていて強いのに違いなかろう。

人が尊いならば、その勢いは大きくて、その魂は強い。人が富めば、その養う力は多くなり、その魂（精神）は強いものだ。〔子産が言った。物というのは、衣食から始めておよそ、それを安らかに養うものをいうのだ。〕魂魄（精神と肉体）がすでに強ければ、おのづから精爽があって、〔精とは神（心）のまだ現れないもので、爽とは明（神霊）のいまだ現れないものである。〕その鬼（霊魂）は神明（神霊）に至るのである。その尊いことは、天子としてその富が天下の内を保たせ給うのは、あの物の精（陰陽の気）を用いさせ給うことが、もっとも多いからというべきである。聖王がその子孫七代の後に至らせ給うころには、かの天におわします神が天帝のお傍や、その左右に席をお並べになるのである。〔これは

まして天帝とならび給ふべきといふことなり。　諸侯より下つかたは、おの〳〵その品降るにしたがひて、其富また同じからず。物の精を用ることおのづから多き寡きありて、その魂魄もまたつよきよわきあり。されば其神の在すとも、亦遠き近きの霊なる事はありぬべし。

　かるがゆゑに其先を祭るの礼、七廟より下つかた、乃至その数ひとしからずとこそおぼゆれ。さらばまた宗廟の礼に、大祖*の庿は百世*までうつさず。其余は親すでにつきぬれば、たがひにうつして祧*となし、たとへば五世にて親つく。我より六世の祖の主をば昭穆*のまゝに

天子の神霊が天上にあられまして、天帝とお並びになられるべきだということである。〕　諸侯より下の方は、おの〳〵その官位が下るに従って、その富もまた同じではない。物の精を用いることには、自然に多いのと少ないのとがあって、その魂魄にもまた強いのと弱いのとがある。だから、その神が現れるとしても、それはまた遠かったり近かったりする霊であることはあるうるであろう。

　だからこそ、その先祖をお祭りする礼というものは、天子のなされる七廟より、身分の低い下の方に至るまで、その数が同じではないと思われるのだ。だからまた祖先の宗廟を祭る礼に、始祖の廟はのちのちの世まで移すことなく、その他の廟は親族がすでに無くなっていれば、互いに移して祧とする。〔例えば五代で親族が尽きる。自分より六代の先祖の

精爽—明るくさわやか。魂、精神のこと。**神明**—神智明覚の霊で、精神、霊魂のこと。**泰養**—泰は泰か。安らかに養う。四巻本や東北大本は「奉養」とある。奉養ならば父母または目上の人に仕えて養うこと。なお「日本思想闘諍史料本」は「泰養」とする。**四海の内**—四方の海の内。天下のこと。**上帝**—天帝。造化の神。上古の帝王のことにもいう。**大祖**—始祖。初代の帝王。**百世**—百代。ここははるか後の世のこと。**祧**—チョウ。みたまや。天子が遷主を蔵めておく廟。**昭穆**—廟の順位の名で、二・四・六世は左に列し昭といい、三・五・七世は右に並んで穆といった。

うつして祧となす。祧は遠祖の庿をいふ也。　享嘗*《ママ》（嘗）の祭ありと見えし人死してその気終に尽るに帰しなば、いかでいはゆる大祖のみ百世までも、其神はいたしますらん。又、かの遠しては七世近くしては二世にして、其主すでにうつされたらむ後に、またかの春秋の祭を来り、請たまはむ事もいかにぞや。これある人の禘*の説*を夫子にとひまいらせしに、禘といふは王者の大祭也。王者すでに太祖の庿をたて、又始祖のよりて出給ひしところの帝を、太祖の苗にまつる。太祖を配し給ふこと也。是先王の民にむくひ、遠きを追せ給ふ事是遠くして、なをとほきをまつらるゝ御ことなり。　しらず、其説をしられむもの天下における、それこれを見るごときかとのたまひて、其掌（掌）を指し給ひしと論語*に侍るも、このことわりの尤しりがたき故にこそ侍るらめ。

　されど試にこれを論ぜんに、まづ太祖の廟百世といへども移すべからざらんことは、凡天下国家の君

主を、昭穆のままに移して祧《ちょう》とする。祧は遠祖の廟をいうのである。〕　春と秋のお祭りをしたと見られた人が死んで、その気が遂に尽きて帰ったならば、どうしていわゆる大祖（始祖）のみが、百代までもその神（精神）がお残りになるのだろうか。また、あの遠くて七代、近くて二代でもって、その廟の主がすでに移された後に、またあの春秋の祭りにやって来て、お祈りをお受けなされるのはどういうことなのか。これについて、ある人が禘の祭の意味を孔子さまにお尋ねされたところ、〔禘というのは王者の大祭である。王者はすでに始祖の廟を建てて、また、始祖のよって出で給われた所の帝を、始祖の廟に祭り始祖を置かれ給うのである。これが先王が人民に報い、遠い先祖までさかのぼられ給うことだ。これは世代が遠くなっても、さらに遠い先祖をお祭りになることなのである。〕「私は知らない。その禘の意味を知りえよう者が天下を治めるとしたら、それはこのことを見るようなものだよ」とおっしゃって、その掌《てのひら》を指さしなさいましたと『論語』にありますのも、この道理がもっとも知りがたいためであるのでしょう。

　しかしながら、例《ためし》にこれを議論するならば、まず第一に、始祖の廟は百代になっても、これを移してはならないことだ。この事はおよそ天下国家の君主になられて、百代の始

となりて、百世の太祖として業*を創め、統*を垂れ給ふ御事は、はじめ彼の気をうけ得給ふこと、天にしては高大厚*、地にしては名山大川*の気を聚め給ひ、明*にしては天地山川百神の主となり給ひ、幽*にしては上帝に左右し給ひて、其神ながく日星と共に明らかにおはしますべけれ。一天の下一国のうち、こと〴〵くその徳をおもひ其威に懼れて、いつきまつる心の絶ざらむ程は、その神のます事推ても測るべし。いかにいはんや、其子孫の御身なるを百世といふとも、などその祀*をばたゝせ給ふべき。

次に親*こと〴〵くうつされたまひし主をまつることは、いはゆる祖考*の精神は、おのづからみづから

祖として世の基礎を作られ、血筋を後世にお伝えになられることだ。これらは初めに、かの気を受けられましたことが、天にあっては高く大きく厚く、地にあっては名山、大川の気を集めなされ、現世にあっては天地・山川・多くの神々の主となられ給い、幽界にあっては天帝のお傍近くにお仕えし、その神（精神）は永く太陽や星とともに、はっきりと存在なされていることでしょう。一天のもと、一国のうちのことごとくの人が、その徳を思い、その威力を恐れて、汚れを清めて祭る心がなくならないうちは、その神（精神）が増えるのは、おして知るべきである。だからどうして、その子孫の御身であるのに、長い年月を経たといっても、どうしてその祭りをお止めなさいますことがあろうか。

次に、父とその先祖とを全部他所へお移しなさいました主を祭ることは、いわゆる祖考（死んだ父祖）の精神は、

享嘗の祭―享は春の祭り。嘗は秋の祭りのこと。**禘**―天子諸侯が四季に宗廟を祈る祭り。**説**―教え。解釈。**論語に侍る**―『論語』「八佾」に「子曰ク、知ラズ。其ノ説ヲ知ル者ハ天下ニ於ケル、其レ斯レヲ示スガ如キカト。其ノ掌ヲ指ス。」とある。**業**―基礎。**統を垂る**―血筋を後世に伝える。**高大厚**―高く大きく厚い。**名山大川**―名高い山や大きな川。**明**―現世。**幽**―幽界。冥界。**祀**―祭祀。まつり。**親**―父及びそれ以上の先祖、又は親族のこと。**祖考**―死んだ祖父。ここは先祖のこと。

の精神なり。*謝上蔡の説。我にあるものすぐにあつまれば、すなはち是祖考の来臨なり。*朱子の説。など侍るは、もと此理にやかよふべき。又、爰にその事は小きなれども、大き成理をさとすべき物語の侍る。

ある人のふかくこのみて、*烏骨鶏といふものをかひし者の申せしは、此鶏の毛しろきあり、くろきありまだらなる有。其中に肉と骨との*烏きは薬とするによし。その舌をみるに色黒ければ、かならず肉も骨もともにくろしといひ伝へ侍る。はじめもろこし船にこの鶏をのせて来りしを、雌雄をもとめ得て飼ふに、程なく子を産、その雛毛も形も、みな其父と母とにたがふところあらず。その雛の大きくなりてまた子をうむに、毛と形と似たれども舌の色は、黒からざりしほどにあやしと見る内に、かの舌のいろの変じたるが産める子は、其毛は似たれど、その形は常の鶏のごとくなるが、子をうめるにおよびては、

自然に自分の精神になるのだ。〔これは謝上蔡の説である。〕自分にあるもの（気）が直ちに集れば、すなわち、これは祖考、つまり死んだ父祖のご来場なのだ。〔これは朱子の説である。〕――などとあるのは、もともとこの道理に通じえたからだ。またここに、そのことは小さなことであるが、大きな道理を悟らせうる物語がある。

ある人が大変好きで、烏骨鶏という鳥を飼った人の申すのには、「この鶏には毛の白いのがあり、黒いのもあり、まだらのもある。その中の肉と骨との黒いのは、薬とするのによい。その鶏の舌を見ると、色が黒ければ必ず肉も骨も、ともに黒いと言い伝えております。初めは唐土（中国）の船が、この鶏を乗せて日本へやってきたので、雌雄一つがいを購入することができ、自分が飼ったところ、まもなく子を産んだ。その雛は毛も形もすべてが、その父と母とに違うところはなかった。その雛が大きくなってまた子を産むと、毛と形とはよく似ているが、舌の色が黒くなかったので、妖しいなと思ってみているうちに、かの舌の色の変った鶏が産んだ子は、その毛は似ていても、その形は普通の鶏のようであった。しかし、その鶏が子を産むのに及んでは、つまり四代目には毛も色も形も全部が、本当

毛も色も形もまつたくつねの鶏になりてけり。江南*の橘は江北にうつりて枳*となるも、地気のしからしむるなど、わが国の地気もろこしに異なるが故に、この鶏もかく其性変じてけりとおもひぬ。かくて彼つねの鶏となれるが子をうみて、其子また子を産むに、そのたまごの中より出しをみれば、毛も形も似たるのみにはあらず、其舌の色の黒きまで、初めもろこしよりもとめゐしに、露たがふ所あらず。大にあやしと思ひて、その後つねに試むるに、大やう此定にたがふ事あらずと申き。

魏*の末、漢の長沙王の、呉芮*なり。墓を発きし盗

に普通の鶏になってしまったのだ。江南の橘が江北に移って枳となるのも、地の気のしからしめることなどは、わが国の地の気が中国のとは異なるが故に、このようにこの鶏の性質が変化してしまったのだと思ったものだ。このようにして、あの普通の鶏となったのが子を産んで、その子がまた子を産むので、その卵の中から出たのを見ると、毛も形も似ているのみではなく、その舌の色の黒いところまで、初めに中国から来たのを求めて、自分のにした烏骨鶏というのと、少しも違うところはなかった。自分は非常に不思議に思って、その後は常に子を産ませることを試みたところ、だいたい、この現則（つまり何代かすれば初代のと同じものが産まれること）に違うことはなかった。」と申したのである。

魏の末期に漢の長沙王の、〔呉芮である。〕墓を発《あば》いた盗

謝上蔡―宋の上蔡の人。上蔡学派の祖で、程子の門人。 **朱子の説**―実際には、朱子の門人が質問した時の言葉もある。 **烏骨鶏**―ウコツケイ。骨も皮も黒い鶏。四川省が原産で強壮剤。 **烏き**―「クロ」きと訓むか。烏には、黒いの意味がある。 **江南**―揚子江以南。『周礼』に「橘淮ヲ踰エテ北ニ枳トナル。」とある。淮水（ワイスイ）は揚子江と黄河の間の大河。 **枳**―キ。「からたち、きこく」は中国の語で、場所や状況により、人の性格も変わる譬。 **魏**―周代の国。今の河南省の北部と山西省の西南部を領したが、後に秦の始皇帝に滅ぼされた。 **呉芮**―ゴゼイ。始皇の時の香陽（ハヨウ・今の鄱陽縣）の令。漢の高祖の時、紀元前二〇二年長沙王となる。

の、王の六世の孫*呉綱が容の王に似たるを見ておどろき、漢より魏の末まで四百余年にやおよぶべき。 唐の時、*梁の鄱陽王の、武帝第十の御子蕭*恢の御子也。 墓をひらきし盗の*蕭頴士をみて、王の形容に似たることを語る。王の時をさること百余年斗《ママ》にや。 人の子孫三五世の後、かならず一人の其祖先に似たるものあるといふ事の侍れば、かの鶏の事もうたがふべからず。其烏骨なるが子をうみて、其子また〳〵子をうむ事二三伝の後、はじめの烏骨なるを相せざる事すでに遠くして、やう〳〵に変じてつねの鶏となりて、烏骨の性すでに尽ぬと見へ《ママ》ぬるは、人の祖考の精神既につきぬるに似たれども、忽にまた烏骨なるもの常の鶏より生れ出たるは、また子孫の精神おのづから祖考の精神なれば、子孫その誠敬をつくして、我よりある処の精神あつまれば、祖考の精神来り格る理あるに似たり。

人が、王の六代の孫である呉綱の容貌が、長沙王に似ているのを見て驚いた。〔漢から魏の末期までは四百余年ほどあるのだ。〕 唐の時、梁の鄱陽王の、〔武帝の第十番目の御子である蕭恢の御子である。〕 墓を開いた盗賊が、蕭頴士を見て、鄱陽王の形や姿に似ていたことを語った。〔王の時代が過ぎ去ってから百余年ばかりとか。〕 人の子孫というものは、三代五代もの後で必ず一人は、その祖先に似た者がいるということがありますから、かの鶏のことも疑うべきではない。その烏骨鶏が子を産んで、その子もまたまた子を産むこと二、三世代の後に、初めの烏骨鶏であるのと相似しないことが、もはや遠い前のこととなり、だんだん変化して普通の鶏となり、烏骨鶏の性質はすでに無くなったと見えたのは、人の先祖の精神がすでに尽きてしまったことに似ている。けれども勿ち、また烏骨鶏というものが、普通の鶏から生まれ出てくるのは、これはまた、子孫の精神がそのまま自然に先祖の精神なのであるから、子孫がその誠意敬意を尽くして、自分たちのもつ精神が集まれば、先祖の精神がやってくるという道理に似ている。

昔、漢の武帝の御時に、未央殿の鐘が理由もなく自然に

むかし漢の武帝の御時、*未央殿の鐘ゆゑなくしてみづから鳴ること三日、夜までもやむことなし。みかど此事を問はせ給ひしに、*東方朔奏し対へて、それ銅は山の子にして山は銅の母とうけ給る。陰陽の*気類をもつていふときは、子と母とは相感ずべし。山おそらくは崩るゝ所ありなん。*易に鳴鶴陰にあり、其子こゝに和す、といふも精の至りにぞ侍る。五日のうち、かならずその応ありぬべし、と申けるに、わづか三日の内に、*南都の山くづるゝ事三十余里とぞ奏しける。このゝち、また漢魏の世に、此こと二度あり。いづれも蜀の銅山くづれし時也。今も人家に釜鳴こと事有《ママ》は、此ことわりにぞ侍る。

鳴り出して、三日目の夜まで鳴り止むことがなかった。帝がこのことを尋ねなされますと、東方朔が奏上してお答え申し上げた。「それ、言うではありませんか。銅は山の子（産物）であって、山は銅の生みの母と聞いております。陰と陽から生じた万物をもって言うときには、子と母とは、つまり銅と山とは互いに感応するに違いないのです。母である山が恐らく崩れる所も起こるでしょう。『易経』に『木蔭にあって鶏が鳴くと、見えない所にいる雛が、この時一緒になって鳴く。』というのも、精神が最高に至りつく所なのです。五日の内に必ずその感応があるのに違いありません。」と申しあげたところ、わずか三日の内に南都の山が崩れることが、三十余里の長さに及びました、と奏上しました。〔この後、また漢・魏の時代に、このような山崩れが二度もあった。どちらも蜀の銅山の崩れた時である。今でも、人の家に釜の鳴ることがあるのは、この道理からである。〕

呉綱—長沙王の六世代（実際には十六世代）下の子孫。**梁**—六朝（五〇二〜五五七）の一つ。**蕭恢**—梁の人。武帝の第九子。**蕭穎士**—穎士は鄱陽王のひ孫。『太平広記』や『太平御覧』に、この墓を発く記事がある。**未央殿**—中国古代の漢の宮殿。高祖の時に長安の山に造った、東北大本、四巻本は「未央前殿」とある。**東方朔**—漢の人。武帝に仕えた。**気類**—天地に生じたすべての生物。万物。**易に**—『易経』に「鳴ク鶴陰ニ在リ、其ノ子之ニ和ス」とある。**南都**—河南省南陽県。洛陽の南にあるので、このように称せられた。

　これらの理によく通じなば、其一気に感ずる所は、百世経るとも遠からざる事をしりぬべき。されば礼に、*神は非礼をうけず民は非族を祀らず、といふこと我族類にあらざるが祭らんには、神たとへ其徳をいとはずとも、其饗を享る事あたはず。たとへば陰*鑑を以て火をとらんとし、陽燧*をもつて水をとらんとするに、水火ともに得べからざるごとし。我族類にあらざるは、その気別にして相感ずべきの理おのづから備はらされば也。又、後なきを孝にあらざるの大なるものとする事も、此理り《ママ》に侍る。

　夫子の春秋*をあらはし給ひしに、莒人*滅《ス》レ鄭《ヲ》*と侍るは、まことに莒人鄭の国をうち亡せしにはあらず。莒の公子は、君の子を公子といふ。鄭の君の外孫*なれば、養ふて後としたるなり。穀梁*には、異姓をたてゝ祭にのぞむ。これ滅亡の道なりといひ、公羊*には、莒の女、鄭の夫人となる。鄭の君、夫人の甥をたてゝ子とすと侍り。范甯*が説に

　このような道理によく精通しえたならば、その一つの気の感応する所は、百代を経てもさほど遠くはないことを知りうるであろう。だから『礼記』に、「神（精神）は非礼をお受けにならない。民は親族でないものを祭らない。」ということは、わが親族でないものを祭ったならば、神（精神）はたとえその徳を厭がらなくても、そのもてなしを受けることはできない。例えば、陰鑑（水を集める器）をもって火を採ろうとし、陽燧（火を採る鐘）をもって水をとろうとすると、水も火もどちらもとれないようなものだ。わが親族でないのは、その気が別種のものであって、互いに感応するはずの道理が、自然に備わらないからである。また、後継者のないのは親への不孝の最も大きなものとするのも、この道理にある。

　孔子さまが、『春秋』を著されなさいましたが、その中に「莒人鄭ヲ滅ス」とありますのは、本当に莒人が鄭の国を討って亡ぼしたわけではない。莒の公子〔君主の子を公子という。〕は、鄭の君主の外孫であるから、養子として後継者にしたのである。〔『春秋穀梁伝』には「異った姓の者をたてて祭りの場所に行く。これが滅亡への道である。」といい、『春秋公羊伝』には、「莒の女が鄭の夫人となった。鄭の君は夫人の甥を用いて子とした。」とあります。范甯の説では、鄭の君が外甥、つまり

は、鄭の君外甥*をやしなふて臣とすといえり《ママ》。外孫たるよし晋書*に見えたり。四説異也といへど、異姓をたてゝ後とせし事は一定なり。 先儒この事を論じて、北渓陳氏* 異姓を養ひて後とするは、陽に継ぐ事有る如くなれど、陰にはすでに絶也とはいひけり。

按ずるに、かの鄭は姫*姓の国にして夏*の禹王の御後なり。封をうけし事既に千余年にや及びぬらむ。国小なりといふとも公子公孫*の後、君の臣となるべきものいかでかは無からざらん。しかるにわが愛する所に私して、我神明*の統をみづからたちし事、不

姉妹の子を養って臣下としたといっている。外孫であることが晋書に見えている。これらの四説が異っているとはいっても、異った姓の者をたてて後継者としたことは同じで、一つに決まっている。〕先人の儒者はこの事を論じて、〔北渓陳氏。〕別の姓の者を養って後継とするのは、陽（見える表）では継ぐことがあるようだが、陰（見えない裏）では、すでに後継者が絶えたのだと、言っているのだ。

考えると、かの鄭の国は姫姓の国であって夏の禹王の御後嗣である。領地を与えられてから、すでに千余年にも及ぼうか。国は小さいといっても、公子・公孫の後に君主の臣となれるものが、どうしていないことがあろうか。ところが自分の愛する者に私心をもってしまって、自分の精神

神は非礼をうけず―『春秋左氏伝』には「神ハ非類《ママ》ヲ歆（ウ）ケズ、民ハ非族ヲ社《マツ》ラズ」とある。**陰鑑**―前出。古代月の夜に露を集めた器。**陽燧**―前出。古代太陽から火を採った銅の鐘。**春秋**―魯の史官が作り孔子が手を入れた魯の国の歴史書。**莒人**―キヨジン。山東省にあった周代の国の人。**鄭**―テイ。春秋時代の国名。**外孫**―娘が他家へ嫁して生んだ子供。**穀梁**―『春秋』を解釈した五家の書の一つ。二家は亡びて、左・公・穀を春秋三伝と称した。**公羊**―『春秋』を解釈した五家の一つ。**范寧**―東晋の人。四世紀に活躍した。**外甥**―姉妹が他家へ嫁して産んだ子供。**晋書に**―『晋書』五の「秦秀伝」にある。**北渓陳氏**―陳北渓の『性理字義』下「鬼神」にある。**姫姓**―東北大本は「姒《ジ》（姓）」とする。姒なら姉のこと。**夏の禹王**―中国古代の禹（ウ）王から桀（ケツ）王までの王朝が夏。**公孫**―国主の孫。**神明の統**―神のさだめ。精神の基、血筋。

孝のつみかろかるべからず。いかなれば、夫子のしるし給ふところは、其罪たゞ莒人に似たり。莒人ほろぼすとあるをもつて也。これ莒の君のみづから異姓の国にして、我子をして人の後となせし事、その罪ことにおもき理にこそあるべけれ。古の聖人の罪は其身にとゞまりて、其よつぎにおよび給はざりし事、かの人のよつぎたちなん事を、ふかくおそれ給ひし故なるべし。鄭の伯有*が厲*となりけるを、子産のはからひによりて、かの子良止*をたてゝ大夫*とし、大夫は宗廟をたつべければ也。その祭をつかさどらしめしによつて、其事*すなはちやみぬ。子大叔*その明*を問ひしに、鬼帰する所あればすなはち厲をなさず。これがかの帰することをなすといひしも、又かかる理にやあるべき。人の後たつことは、その罪みづからたちしよりおもきといふ理なり。

又人死して厲をなすといふことは、則後に子産の

の血統をみずから絶ってしまったことで、不孝の罪は軽くはないのだ。どうしてであろうか。孔子さまの記しなさいましたところは、その罪はただ莒人に似ている。〔莒人が亡ぼすとあるのをもって言うのだ。〕これは莒の君主が自ら異姓の国である所へ、わが子をして他の人の後嗣となしたことは、その罪がとくに重い理由であるのだ。古の聖人の罪はその人の体にのみとどまっていて、その後継者までには及ばなかったのは、かの人が世継ぎの絶えてしまうことを、深く恐れられたことによるのに違いない。鄭の伯有が厲《れい》（祟る霊）となったのを、子産のはからいによって、その子の良止をたてて大夫とした。〔大夫は祖先の廟を建てることになっているからである。〕祖先の祭りを行わせたことによって、伯有の祟りがすぐに止んだのである。大叔子がその理由を尋ねたところ、「鬼《き》（霊）の帰るところがあれば、すなわち厲（祟る霊）にならない。このことが、あの帰することをするのだ。」と言ったのも、また、このような道理からでもあろうか。〔人の後継者を無くすことの罪は、みずから後継を絶ったことより重いという道理なのである。〕

また、人が死んで祟るということは、次のようなことだ。すなわち、後に子産が晋の国へ行った時に、趙原子に答え

晋にゆきし時、*趙原子にこたへしことばには見へたり。かの伯有がごときは身すでに鄭の君の後として、*穆公の後也。かの国の*卿となりて政にしたがふこと既に三世、この勢ひさかりに節有て、その魂魄ともに強く、族また大ひ《ママ》なれば、魂魄のよるところ亦*あつし。かくてその死をえざりし。*魯の襄公三十年にころされぬ。その鬼また厲をなしたる也。子産の云ひし、其帰することをなしける。たとへば神*禹の水を治め給ひしに、これをみちびきて海に帰せしめ給ひしには、その災やむに似たり。さてこそ子産は鬼神の情状をよく知れりと、先儒はおほく讃てける。

凡人いのち長くして天年の終れる。又年猶さかん

た言葉に見えている。例の伯有が如きは、わが身はすでに鄭の君主の後継者として、〔穆公の子孫のことである。〕かの国の大臣となって、政治に従うことすでに三代である。その勢いが盛んな時に礼節があり、その魂魄がともに強く、その親族もまた大勢であったから、魂魄のよるところが、また厚いのだ。このようにして彼は死ぬことがなかった。〔しかし、彼は魯の襄《じょう》公三十年に殺されたのだ。〕その鬼（霊魂）がまた祟りをなしたのである。子産の言うに、その帰《き》することをしたのだ。たとえば神のような禹が水を治めなさいますのに、この水を導いて海へ帰させなさいましたので、その災害が止んだのに似ている。だからこそ、「子産は鬼神（霊）の様子などをよく知っている。」と先人の儒者たちの多くが、誉めているのだ。

　凡《およ》そ人は生命が長くて天寿を全うする。また、年齢はなお盛んであるけれど、体は長らく病気に冒されて、遂に死

伯有—鄭の人に殺されたので、その後幽霊となって祟った。**厲**—レイ。たたりをする霊体。**良止**—良が性で名は止。伯有も良が正しい姓。**大夫**—官名で諸侯の下。**すなはち**—即座に。すぐに。**子大叔**—子は男子の尊称で、大叔は春秋時代の鄭の荘公の弟。**明**—理由、わけ。**趙**—春秋時代、晋が三つの国に分列した時の国。趙原子は四巻本、東北大本には趙景子。趙景子なら、趙成で軍の副将。**穆公の後**—鄭の君主穆公の子、去疾の子孫。**卿**—執政の大臣。**あつし**—厚い。多い。大きい。**魯の襄公**—春秋時代の国、魯の国王。**禹**—夏の初代の王。

なれど身久しく病にをかされて、つゐ《ママ》に死せるがごときは其気すなはち散ず。あるひは勇壮の人戦陣にのぞみて戦死し、或ひは暴悪の人*刑戮にあふ《ママ》て*誅殺せられ、或は自ら刎ねあるひはみづから縊れ、或は*冤恨を抱きて*枉げて殺され、罪あらずして殺されたる類也。あるひは*暴疾にあふて忽に死せる。或は婦女のふかく恨み妬みをつゝめる。あるひは僧道の務めて精神をやしなへる。僧*道士などのたぐひ、久しく精神をやしなへば、その気凝りあつまりてたちまちに散ぜぬ也。

　かの富貴権勢の人々の*強死せること伯有がごとき、強死とは病あらずして死するをいふ。皆こと〴〵く死して後、その気散ずることを得ずして、沈魂滞魄なを天地の間にありて、あるひは妖をなし怪をなし、あるひは厲をなし疫をなす。かるがゆゑに、先王の礼に天子は*群姓のために*泰属《ママ》(厲)を祀り給ひ、これ七祀のひとつなり。諸侯は*公属《ママ》(厲)、五祀のひとつ也。

んでしまうようなものは、その気(精神)はすぐ散ってしまう。あるいは勇気があっていさましい人が、戦場に臨んで戦死したり、あるいはひどい悪人が刑罰にあって死刑となり、あるいはみずから首を刎ねて自刃し、あるいはみずから首を吊って死に、あるいは無実なのに怨みを抱いて殺され、〔罪なくして殺されてしまった類である。〕あるいはひどい病気にかかって急死したり、あるいは女性が深い恨み妬みをおし隠しているのや、あるいは僧や道士が仏道につとめて精神を養うのなど。〔僧や道士の類が長いあいだ精神をきたえると、その精神が凝り集まって、急には散らないものだ。〕

　例の富者であり、権力を持った人々が、強死(非業の死)したことは、伯有の死の如きものだ。〔この強死とは病気でなくて死ぬのをいう。〕これらの人は皆、ことごとくの人が死んだ後に、その気(精神・エネルギー)が散ることができなくて、沈んだ魂(精神)、滞った魄(肉体)、つまり沈滞した魂魄がなお天地の間にあって、あるものは妖をなし、あるものは怪をなし、あるいは祟りをしたり、疫病をおこす。この故に先王の礼に、天子は多くの人民のために、泰厲《たいれい》(後嗣のない帝王の霊)を祭られ、〔これは七祀の一つである。〕諸侯は公厲(後嗣のない諸侯の霊)、〔五祀の

大夫は族属《ママ》（厲）、三祀のひとつ也。士庶人は旁親の後なきものをまつる事、みなその鬼の帰する処あらしむる故なるべし。昔本朝にも*八所御靈、*三所御靈をたてさせ給ふ。*尊氏将軍の後に、*徳崇権現をまつられしにて、北条家の亡魂のたゝりやみし事、これらの例にや。

（以上四巻本元集。三巻本上巻）

それ水は至て清けれども、氷をむすぶ時は*明ならず。神至りて明なれども、形をむすぶときは明ならず。氷解ては清にかへり、形散じては明にかへる。これ*譚氏の説也。かるが故に、*覚るは靈ならずして夢

一つである。〕大夫は族厲〔三祀の一つである。〕士や庶民が傍の親族で後継者のないものを祭ることは、みな、その鬼（精神）の帰るところがあるようにしたからに違いないのだ。〔昔、この日本の国でも八所御霊、三所御霊をお建てになりました。足利尊氏将軍があとで徳崇権現を祭られたので、北条家の亡者の祟りが止んだことは、これらの例であろうか。〕

（以上四巻本元集。三巻本上巻）

それ、水は大変清らかであるが、氷を結ぶときは透明ではない。精神は大変透明であるが、形をつくるときは透明ではない。氷が解けては透明に帰り、形が散ってから透明に帰るのだ。〔これは譚《たん》氏の説である。〕だからこそ、目が覚めているのは霊ではなくて、夢の中にいるのが霊であって、生

刑戮—刑罰。罪を罰すること。**誅殺**—罪をせめて殺す。**究恨**—怨恨。うらみ。**枉げて**—マげて。無実なのに。無理矢理。わざと。**暴疾**—急病。ひどい病気。**道士**—道教を信じて長生不死を学ぶ者。**強死**—不自然な死。非業の死。**群姓**—羣姓とも書く。人民のこと。**泰厲**—底本は泰属だが諸本は泰厲。タイレイ。古代の王が人民のために建てた七祀の一。古の後嗣のない帝王の霊をいう。**公厲**—族厲とともに、後嗣のない古の諸侯・大夫の霊魂。**八所御靈**—早良親王ら八人の怨霊を祭る。**三所御靈**—やまたのおろち。藤原忠文。藤原広嗣を祭る。**尊氏**—足利尊氏。新田義貞らと北条氏を滅す。**徳崇権現**—徳崇は義時の法号で、北条氏の怨霊を慰めるため、鎌倉に宝戒寺を建てた。**明**—清くて明るい。透明。**譚氏の説**—四巻本は「漢書ノ説」、東北大本は「譚子の説」とある。漂峭《たんしょう》のこと

は靈に、生るは靈ならずして死せるは靈なり。人死して*厲をなす事はさもありなむ。いける人のあるひは妖をなすこと、死せる人の厲をなす如きはいかにぞや。これよにいふ生靈のこと也。 いはゆるいけるは靈ならずして、死せるが靈なりせば、形は靈ならずして*神は靈なるが為なるべし。しからば、かの生るが妖をなすとは、猶死せるが厲をなすがごとし。死せるが厲をなす。これ其神かたちをされればなり。いけるが妖をなすも、また神かたちをされば也。たゞ死せるものは神永く形を去る。生るものは神明ありて、その形を出入することあるなり。

　たとふるに形はこれ屋舎なり。神はこれ主人なり。神ながくかたちを去るは、ひとたび家をさりて*万里の外に行留る也。*神明に出入するものは、朝に家を出て夕に家に帰るなり。家を去ることの遠き近きは異なりといへども、其家を出でいとなむ業あること

きているのは霊ではなくて死んだのが霊なのである。だから人が死んでから祟る霊になることは、さもありうることであろう。生きている人が、あるいは妖しいことをしたり、死んだ人が厲《れい》（祟る霊）になるごときはどうであろうか。〔これは世にいう生霊のことである。〕いわゆる生きているのが霊ではなくて、死んだのが霊であるとするならば、形体は霊ではなくて、精神が霊であるがために違いない。そうであるならば、あの生きているものが妖しいことをするのは、なお、死んだものが祟る悪霊となるようなものだ。死んだ者が祟る悪霊となる。それは、その精神がその肉体を去ったからなのだ。生きている者が妖しいことをするのも、また、その精神が肉体を去ったからなのだ。ただ違うのは、死んでしまった者は精神が永遠に肉体から去るのだ。生きている者は精神が透明であって、その肉体を出たり入ったりすることがあるのだ。

　例えていえば、肉体はこれ建物であり、精神は、これその家に住む主人なのである。精神が長く肉体から去ってしまうのは、いったんはわが家を去って、はるか遠くの地へ行ってとどまることである。神明（清らかな精神）に出入りするものは、朝に家を出て夕方には家に帰るものなのだ。家を出てから行き先が遠い人や、近い人など異っていると

は、かれこれともに同じきがごとし。されば生るが妖をなすも、猶死せるが厲をなすがごとしとはいふ也。今も世に愚夫愚婦のきはめて、愛執のふかき妬*妒のふかき、あるひは人を慕ひ人を恨て、神仏にいのり、のろひごとするなどの、わがおもふ人うらむる人の、夢とうつゝとの間に見えて、まぼろしのごとく影の如くなる。みな是おろかなる本性の、物ふかくおもひこめしがゆへに、其性うちに凝てその神外に馳する也。これ等のこと、また巫蠱*のことに侍る。巫蠱の事とは、師巫の左道*をもつて人をまどはせる也。師巫は女御子*の師也。左道は邪術也。これ今の法師山*

はいっても、その家を出て営む職業があることは、かの人もこの人も、ともに同じであるようなものだ。だから、生きているものが妖しいことをするのも、なお、死んだ者が祟りをなすがごときものであると言うのだ。今も、この世の愚かな男や愚かな女たちが、きわめて愛の執着の深いこと、嫉妬心の強いこと、あるいは人を慕い人を恨んで、神仏に祈ったり呪いごとをするなどして、自分が思う人や恨む人を、夢と正気の間に見たりして、幻の如く影のごとくになっている。これは皆、おろかな本来の性質が、ものを深く思い込んだがために、その性質が内に凝り集って、その精神が肉体の外へ駆け出してしまうのだ。これらのことは、また巫蠱《みこ》のことにあるのだ。巫蠱のこととは師巫の左道（邪道）をもって人を迷わすものだ。（師巫というのは巫女《みこ》の師である。左道というのは邪《よこ》しまな術である。これは今の法師、

で、仙術を好んだ南唐の泉州の人。『譚子化書』巻一神道に「水ハ至リテ清ケレドモ氷ヲ結ブハ清カラズ、神至リテ明ナレドモ形ヲ結ブハ明ナラズ、氷解ケテ清ニ返リ形散ジラ明ニ返ル」 **覚るは靈ならずして…死せるは靈なり**—ここも『譚氏化書』の、前の文の前にある。「覚ムルハ霊ナラズシテ夢ハ霊ニ、生ルハ霊ナラズシテ死セルハ霊ナリ」（45頁）

厲—レイ。祟りをなす悪霊。**神**—魂。心。精神。**万里の外**—一万里もの、きわめて遠い距離がある範囲の外のこと。**神明**—清らかで明るい心。精神。**妬妒**—トト。妒は妬と同じでねたむこと。**巫蠱**—ミコ。人を惑わす巫女。**左道**—邪道。正しくない方法。**女御子の師**—女巫の師。**山臥**—山に臥す者。山伏。

臥、さらぬ男女などの、人を呪咀するのこと也。
むかし、漢*の武帝昼いねさせ給ひし御夢に、木にてつくれる人の、数千杖をもてるがすゝみ来りて、玉体を打なやませまいらせると見給ひ、驚きわづらはせ給ふことあり。みかど江充*といふものをして、巫蠱の事治めさせ給ひしに、江充太子*とひま*ありければ、木偶*人を太子の宮中に得る事、多きよしを偽り奏しければ、太子も皇后もこの事によりて失給ひしよし、司馬遷が史記*に見えたり。

こゝろ呪咀に蔽はるゝもの、奇鬼これに攝*すとも、又こゝろ男女にをほ《ママ》はるゝものは、淫鬼これに攝すともいへり。関尹子*の説。あるひは男女をうらみしたひ、或は神仏にいのりのらふ《ママ》の類は、天地の間にあらゆる沈魂滞魄おの〳〵其類に感じて、その人にかはりて妖をなし怪をなすとも侍るめり。人の忌むところは、その気欲*にして是をとる。欲とは心のうご

山伏、離れない男女などが、人を呪詛することなのである。〕

その昔、漢の武帝が昼寝をなさいました時の御夢に、木で造った人形たちの、数千の杖を持っているのが進み出てきて、武帝の尊いお体を打ち悩ませまいらせたのをご覧になり、驚いて病気になられたことがある。武帝が江充という者を使って、巫蠱のこと（人を惑わすこと）を治められましたが、江充は太子と仲たがいがあったので、木偶人（木の人形）を太子の宮の中で得ることが多いと、偽って奏上しましたので、太子も皇后も、この偽りごとによって亡くなられたということが、司馬遷の『史記』に見えている。

心が呪咀の念でおおわれているものには、奇しい鬼（精神）が、これに代って行うこともあり、また心が男女の思いでおおわれているものには、淫らな鬼（精神）がこれの代りになるともいっている。〔関尹子の説である。〕あるいは男女を恨んだり慕ったり、あるいは神仏を祈ったりのろったりする類は、天地の間にいるすべての沈滞した魂魄（精神と肉体）が、それぞれその種類に感応して、その人に代って妖しいことをしたり、怪をすることもあるようだ。人が忌み避けるのは、その気が欲《えん》なので、こうするのだ。

くを云。妖は人によりておこる也。人きづなければ妖おのづからおこらずと見えたり。左伝にいづ。我心いむ所ありて、或はうたがひ或は怖るゝがゆゑに、かの妖を感じ招けるもの也。されば、これらの事多くは、あるひは身病み年老て、其気衰ふる時は興る。これその隙に乗ずるが故なり。

唐の*貞観のころ、*西域*婆羅門の僧来りて、人を呪咀してたちまちにころし、忽にいかす事ありしに、*太史令*傅奕を呪咀するに及びて、傅奕は*覚ゆること

〔啖というのは心の動くことを言う。〕妖しいことは人が原因で起こるものである。人に疵《きず》、つまり不完全なところがなければ、妖しいことも自然と起こらないものと見えている。〔『左伝』に出ている。〕自分の心に忌み嫌うところがあって、疑ったり恐れたりするがために、あの妖を感じて招いてしまうのだ。だから、これらのことの多くは、体が病気になったり年も老いたりして、その気（精神）が衰えた時に起こるのだ。これは人々の隙に乗じてするからである。

唐の貞観のころ、西域のバラモンの僧侶らがやってきて、人を呪詛して忽ち殺したり、すぐに生き返らすことがあったので、太夫令が傅奕《ふえき》を呪詛するに及ぶと、傅奕は感じる

漢の武帝—前漢の第七代皇帝。**江充**—武帝に重用された人。太子とは仲が悪く、後に太子に殺された。**太子**—皇太子。後継の太子。**ひま**—仲たがい。**木偶人**—木で作った人形。**史記**—『史記』の「孝武本記」には、江充が太子と仲違いすることが記されている。**攝す**—助ける。**関尹子**—関の尹喜の撰した書が『関尹子』で、その「五鑑篇」に「心男女ニ蔽ハル者ハ淫鬼之ニ攝シ…心盟詛ニ蔽ハル者ハ奇鬼之ニ攝ス。」とある。盟詛（メイソ）はいけにえを捧げて神に約すこと。**啖**—エン。ほのほ。火が燃え始めるさま。**貞観**—唐の太宗の時代、（六二七—六四九）。**西域**—中国の西方の地域。中央アジア、西アジア。**婆羅門**—バラモンで、インド四姓中最高位の階級。バラモン教は、インドの民族宗教。**太史令**—太史の長官のこと。『琅邪代酔編』には太宗令とある。**傅奕**—フエキ。唐の人。太史令となり仏法をなじり、貞観時代に没した。**覚ゆることなく**—感じることがない。身に痛みもない。

なくして、彼僧たちまちにたふれ死す。是邪は正にかつことを得ず。われ正しからんにはかの邪いかでか行はるべき。されば又いかなれば、かの夢に見へ《ママ》まぼろしに見へ《ママ》て、風の繋ぐべからざるがごとく、影のとるべからざるがごとくなる。これらはわがこゝろの惑ひともいふべき。あるひは死し或は人に憑て、物いひかはすなどこそ猶あやしけれ。

それ人の知は神に発す。神は覚れば目にやどる。いぬれば心にやどる。その神来りてわが神に感ず。かるが故にいねて夢にみる所あり。我こころ既にまどひぬ。神もまた昏*し。神くらきが故に覚てまぼろしにみる所あり。たとへば眼を患ふるもの、空中の花をみるが如し。これを玄華*黒花と云。 夫子の、人の信ずる所のものは目なり、其目もまた信ずるに足らざる事あるか、とのたまひしはかゝる事にやあるべき。つなぐべくとるべきものは、皆かたちある物な

こともなくて、かの僧侶は忽ち倒れて死んだ。これは邪《よこしま》なものは正しいことに勝つことが出来ない。自分が正しかったならば、あのよこしまな行為が、どうして行われえようか。だからまた、どのようであればあの夢に見えて幻に見えて、風がつなげられないように、影がとりえないようなことなどは、自分の心の迷いともいうべきものだ。あるいは死んだりあるいは人にとりついたりして、ものを言い交わすことなどは、なお妖しいものだ。

それ、人間の知能は精神から発生する。精神は目覚めると、まず目に宿る。寝てしまえば心に宿るものだ。その精神がやってきて自分の精神に感応するのだ。だからこそ、寝てから夢の中で見たりすることがあるのだ。自分の心がすでに迷っているのだ。精神もまた暗い。精神が暗いがために、目が覚めてから幻に見えることがある。たとえていえば、眼を患っている者が空中に花を見るようなものだ。〔これを玄華黒花といっている。〕孔子さまが、「人の信じられるものは目である。その目すらまた信じるに足りないこともあろうか。」と仰せられたのは、このようなことであろう。つなげるし、とりうるものは、すべてが形体のあるものであ

り。かの神のごときは既に形をさりぬ。

また鬼は人の影なりともいえり《ママ》。*邵康節の説なり。身にふるゝ事風のごとく、目にふるゝこと影の如くなりとも、形なからんものをいかでか手にはとらるべき。かの死せるが人によりて、物いふが如くなるは、かの鬼は幽に靈にして*明に靈ならず。幽とは*幽隠也。風雨*晦冥のときのごときをいふ。明とは*陽明なり。*青天白日のことをいふ。 故に鬼の出る事多くは夜をもつてす。人によりて後には、明にもまた靈なる事をうる。鬼すでに人の身を仮りておのが身とならむには、唯にものいふことのみに限るべしや。或は詩を賦し字を書し、およそ人のなしなんほどの事、いづれの事かなすべからざらん。もろこしには*箕仙を降す術あり。紙筆

る。かの精神のごときものは、すでに形体から去っている。

また鬼（魂）は人の影であるともいっている。〔邵康節の説である。〕 身体に触れることは風のようで、目に入ることは影のごとくであっても、形体のないであろうものを、どうしてかこの手にとらえられようか。あの死んだ者が、人に寄りついてものを言うようなのは、かの鬼（魂）が幽の世界では霊になっていても、明るい世界では霊ではないからだ。〔幽とは幽陰である。風雨激しく暗い時の如きをいう。明とは陽明である。よく晴れ渡っていて明るいことをいう。〕 この故に鬼（魂）の出現することの多くは、夜になるのだ。人によっては、後には明るい時でもまた霊になりうる。鬼（魂）がすでに人の身体を借りて、自分の身体になったならば、ただ、ものを言うことのみに、その力が限られようか。あるいは詩を作り字を書き、凡そ人間のなすであろうほどのことは、どのようなことでも出来ないことはなかろう。〔唐土には箕仙をこの世に降ろす術がある。紙と筆を供えて、

昏し—暗い。迷うこと。**玄華**—玄は黒色。黒い花のこと。**邵康節**—宋の儒者邵雍。康節は諡。**明**—明るい。**幽隠**—暗いこと。**晦冥**—暗いこと。**陽明**—日の明らかなこと。**青天白日**—昼間よく晴れ渡っていること。**箕仙**—神仙の名。吉凶を占ったりするための神おろしに巫覡が呼ぶ。宋の度元が七夕の時に、この箕仙を降して詩を書かせたという。

を供へて其神をくだす。其神降りて詩を作り、これを書す。箕仙の詩とて世に伝ふるところすくなからず。其書たる物を、わが朝にもまた来りて見し人もあるなり。

かのよらるゝ人おほくは奴婢の卑賤なる、兒童の幼昧なるぞかし。然らざれば、衰病の人久しからで死しぬべきの類也。これ等の人はみな魂昏く魄弱ければなり。鬼襲てこの舎に入れるなり。心は神明の舎といひつたへたり。これらの鬼たる人の身を仮るのみにあらず、或はまた物に仮りて妖をなす事あり。斉の公子彭生が豕となれる類これなり。左伝にいづ。かのいける人による事はこのよし也。人の想によりて感じ得るなり。

また遊鬼ありて、かの人にかはりよれるあり。むかし人有て江をわたるに、その妻あやまちて舟よりおちて水に沈みぬ。夫なく〳〵金山寺にゆきて、僧を請じてなき跡のいとなみしける。かの女、たちま

その精神を降ろすと、その精神が降りてきて、詩を作りこれを書くのだ。これが箕仙の詩として、この世に伝えられることが少なくない。その箕仙の書というものが、わが日本にもまた運ばれてきて、それを見た人もあるのだ。〕

あの霊に寄りつかれる人の多くは、奴婢の卑賤なものや、兒童の幼いものなのだ。そうでなければ、病気で衰えた人が長くもたないで死んでしまうようなたぐいのものだ。これらの人は皆、魂（精神）が暗く、魄（肉体）も弱いからである。だから鬼（霊）が襲ってきて、これらの人の心の中に入ってしまうのだ。〔心は神明（精神）の家と言い伝えられている。〕これらの鬼というのは、人間の身体を借りるのみではなく、ある時はものに仮託《かたく》して妖をすることがある。斉の国の公子彭生が豕《いのこ》（猪）になった類はこれである。〔この話は『春秋左氏伝』に出ている。〕かの生きている人に寄りつくことは、その理由からである。人の想念によって感じ得るものである。

また、遊鬼というものがあって、かの人に代って寄ってくるのがある。昔、ある人がいて河を渡るときに、その妻があやまって舟から落ちて河の水の中へ沈んでしまった。夫は泣きながら金山寺へ行き僧侶に請《こ》うて、亡き人の後の

ちに下部女*により来りて、自ら猶そこの処にありとぞいひける。かの死せし時のくるしさによりて、その魂もかくこの世の内に、迷ふらん事のあさましきとて、聞人みな袖をしぼりける。

かくて三日の後、釣する翁かの妻を具して来れる。まことに始より死せしにあらず。水にうかみ出しが流れゆきて、うづまく所にたゞよふを、あまの小舟さしよせて助けゐたる也。これその下部女の主のわかれをなげくこころの切なるによりて、かく遙かにかれをなげく相感じ得たる物なりとぞ。宋のときの事也。程朱類語*にいづ。

またある人の遠き国へゆきしが、むかしわが妻の

供養をした。すると、その女が忽ち身分の低い女に憑《よ》って出てきて、自分から「私はまだ、あそこにおります。」と言った。「あの死ぬ時の苦しさによって、その魂もこのようにこの世の中で迷っているのが浅ましい。」と言って、聴いた人はみな涙を流して袖を濡らすのであった。

このようにして三日過ぎて後、川で釣をしていた翁が、かの死んだ妻を伴ってやってきた。本当に初めから死んだのではなく、水面に浮かび出たものの、流されていって流れが渦巻いている所に漂っていたのを、漁夫の小舟が棹をさして小舟を寄せて助け得たのである。これは、その召し使いの女の主人が別れを嘆く心の切なさによって、このような遠くにへだたっていても、お互いに感応し得たものなのだ。〔これは宋の時代のことである。『程朱類語』に出ている。〕

また、ある人が遠国へ出かけたが、かつて自分の妻をた

よらるゝ人―寄りつかれる人。憑依《ひょうい》される人。**奴婢**―賤しい民。**幼昧**―幼くして知能の劣ること。**衰病の人**―病気で衰えている人。**昏く**―暗い。**舎**―やど。家。**神明**―心。精神。**仮る**―かりる。身を借りる。**公子**―貴族の子。**彭生**―『春秋左史伝』「荘公八年」に「冬、十二月斉侯……大豕ヲ見ル。従者曰ク。公子彭生ナリ」とある。**豕**―イノコ。大きな豚。猪。**よれる**―寄ること。とりつくこと。**金山寺**―四川省にある寺。**下部女**―召使いの女。身分の低い女。**程朱類語**に―宋の大儒である二人の程氏と朱熹とがとなえた学問を記したものが「程朱類語」であり。その書にの意。なお『朱子語類』三にも、鬼神の憑依が金山寺にあったことを記している。

こゝろみんとて、其人妻の簪をとりて、壁の中にかくせし事のありしを、ことにまぎれてかくとも云はで出たつ。他のくにゝて疾にをかされて死すべきに臨て、供に具したる男に此事を告ける。故里にとゞまれる妻、夫のゆく衛を思ひつゞけて只獨立せしに、たちまちにおほぞらの中にして、人の声するをあやしと聞くに、まさしきわが夫の声也。自らすでに死し侍りぬ。日比見えざりし簪まことは我かくせし也。わが死せし事まことゝ思ひ給はざらんには、いづこの壁の中を見給ふべし。それをしるしとおもひ給ふべしとぞいひける。うつゝなき事と思ひしかど、教のごとくにそこの壁の中を見るに釵は有ける。妻は天に仰《ママ》で泣さけび、頓てなき跡の事などいとなみてけり。いく程もなくて夫は病愈てかへり来りければ、妻は死したる人の魂の帰り来にけりと、大きに驚きまどひにけり。是等のごときは、また遊魂の人をあ

めしてみようとして、その人が妻の簪《かんざし》をとって壁の中に隠したことがあったのを、仕事などの忙《いそが》しさにまぎれて、「こうこうだ。」とも言わずに家を出発してしまった。他国で病気にかかり、死なねばならなくなった時に臨んで、お供として連れてきた男に、この簪のことを告げた。故郷にとどまっている妻は、夫の行方を思い続けて、なお独りで暮していたが、急に大空の中に人の声がするのを妖しいと思って聴いていると、まさしくわが夫の声であった。「私はすでに死んでしまったよ。近ごろ見えなかった簪は、本当は私が隠してしまったのだよ。私が死んだことを本当だと思われないなら、どこそこの壁のなかをご覧なさい。そこに簪があるのを、私が死んだ証拠と思いなさい。」と言った。正気を失っているとは思ったけれども、夫が教えてくれたように、そこの壁の中を見ると、釵《かんざし》があった。妻は天を仰いで泣き叫び、やがて夫の亡き後の供養を営んだのであった。しばらくして夫は病気が治って故郷へ帰ってきたので、その妻は「死んでしまった人の魂が帰ってきたよ。」と、大変驚き迷ったのである。「これらの如きことは、また遊魂が人をだまして、このような振る舞いをしたので

ざむきて、か〻るふるまひしたるなりとぞいひつたへ侍る。程子並*東坡が書にみゆ。宋の時の事なりけん。遊魂はうかれ行鬼也となり。

さらばまたかの人死して、或は人により或は物による事を得てんには、人と生れ物と生れしといふも疑ふべからずや。これ仏氏輪廻の説にして、或は前身は人にして、後身又人となり、あるひは前身*異形にして人となり、後身また異形と生る〻のたぐひをいふなり。しかはあらじ、それ人の天地の間にあることは、たとへば魚の水にすめるが、かの腹に充る水は、則その身を浮める水なるが如し。この身の内外みなこれ天地の気なり。天地の*塞は我体と侍るもこの理にぞ侍る。*孟子の説。

されば、我父母の気はすなはち天地の気にして、

日比―日頃。このごろ。近頃。
釵―かんざし。**東坡が書に**―『琅邪代酔編』三三の「壁中金釵」の話のこと。**異形**―妖しい姿。妙な形。**塞**―一杯にしてみち塞（フサ）いでいる。天地の塞…は北宋の学者張横渠（キヨ）の言葉。**孟子の説**―『孟子』「公孫丑上」に「ソノ気タルヤ……天地ノ間ニ塞ガル」とある。

ある。」と言い伝えられたのです。〔これは程子並びに東坡の書に見えている。宋の時代のことであったのであろう。遊魂というのは、浮かれて出歩るく鬼（霊）であるということだ。〕

だからまた、かの人が死んでしまうと、あるいは人に憑《よ》ったり、あるいは人以外の物によることができたならば、人と生まれ物に生まれたということも疑うべきではない。〔これは仏教徒のいう輪廻の説であって、あるいは前生は人であって、後生もまた人となり、あるいは前生は異形であって人になり、後生もまた異形として生まれてくる類をいうのである。〕そうではあるまい。それ人が、この天地の間にあるということは、例えば魚が水中に棲んでいるが、その魚の腹中に満ちる水は、すなわち、その体を浮かしている水であるようなものだ。この身体の内も外も、皆、これ天地の気である。天と地を一杯にしてふさいでいるのは、自分の身体だとあるのも、この道理からきているのだ。〔孟子の説である。〕

だから、わが父母の気はすなわち天地の気であって、わ

わが気もまた天地父母にうけし処なり。しかるを、もし人死しては鬼と成り、鬼はまた人となりなんには、かしこに死しこゝに生るゝ事、たゞこれ人のみづからゆき来るにて、天地父母の気をうけゐ《ママ》て生るゝにはあらず。かつ、天地ひらけ初りし時よりぞ万物はなり出たる。人ごとに天地父母の気によりて生るゝ事を得ず。自ら鬼となり、また人とならむには、世の人こと〴〵く、皆*盤古氏の代の人の死にかはり、生かはりて今の代にいたれるにや。盤古は人はじめて出し時の君也。天地生々の理いかでしかは有べき。人物となれるといふも、其理なからむ事またかくのごとし。

さらば*羊祜が*環を記し、晋書に羊祜三歳のとき、めのとにわがもてあそびし金環をあたへよ、と云ひしに、めのとさる物は侍らぬものをといふに、羊祜隣なる李氏が家にゆきて、東の垣のもとの桑の木の中よりとり出してきたれり。李氏大きにおどろき、此ものは己が死せし子のうしなひし物也、といひき。時の人

が気もまた、天地や父母から受けたものである。そうなのに、もし人が死んでから鬼（霊魂）となり、鬼がまた人となってしまったならば、あちらで死にこちらで生まれることは、ただ、これ人がみずから行き来するのであって、天地や父母の気を受けることができて生まれるのではない。かつ、天地が創造された時からこそ、万物は造り出されているのだ。人ごとに天地や父母の気によって生まれることはできない。みずから鬼（霊魂）となり、また人となったならば、世の人はことごとく全員が、皆、古《いにしえ》の盤古氏の時代の人の死に代り、生まれかわって今の代に至ったのであろうか。〔盤古は人が初めて出現した時の君主である。〕天地創造の道理が、どうしてこのようであろうか。人が物になったというのも、その道理がないであろうことも、また、このようなものである。

そうだから、羊祜が環を記し、〔晋書に羊祜が三歳の時、乳母に「自分が手にして遊んだ金環をくれよ。」と言ったところ、乳母が「そのような物はありませんのに。」と言うので、羊祜は隣にある李氏の家に行って、東の垣の根元の桑の木のなかより取り出してきた。李氏が大変驚いて、「この品物は、私の家の死んだ子が失くした品物である。」と言った。当時の人が妖しんで、「李氏の子は羊祜の

あやしみて、李氏（が）子は羊祜が前身也といひし。鮑靚が井を識し、これは鮑靚五歳のとき、父母にかたりて、われはもと曲陽といふところの李家の兒なり。九歳のとき井に落て死したりといふ事を、たづねとひしに、みな符合せしとなり。厳武が諸葛亮の後身にて、唐の厳武が母、武をはらみし時の始に、蜀の諸葛孔明来りて子となると夢に見ければ、兒をうみて武となづく。孔明を武侯と謚せし故なり。蘇武もまた後に、蜀の国をまもる大将となれり。鄧禹は范祖禹の前身なりし、宋の范祖禹の母、夢に漢の将鄧禹、わがねやに入と見し日、兒をうめり。故に祖禹となづく。家伝に出。

これらは皆正史家伝に載せし処なり。劉三復が前

前生である。」と言った。〕鮑靚が井戸のことをよく知っていた。〔これは鮑靚五歳の時に父母に語って、「我はもと曲陽という所の李家の子である。九歳の時に井戸に落ちて死んだのだ。」というので、それを尋ねて訊くと、すべてが符号していたということだ。〕厳武が諸葛亮の後生であった。〔唐の厳武の母が武を身ごもった時の初期に、蜀の諸葛孔明がやってきて、わが子になるのを夢に見たので、子を生んでから武と名づけた。これは孔明を武侯と謚《おくりな》をしたからである。この蘇武もまた後に、蜀の国を護る大将となったのだ。〕鄧禹は范祖禹の前生であった。〔宋の范祖禹の母が夢の中で、漢の将鄧禹が自分の寝室に入ってきたのを見た日に、子を生んだ。故に祖禹と名づけた。このことは家伝に出ている。〕

これらのことは、すべて正史や家伝に載せているところである。劉三復の前生は馬であった。〔唐の時、奚官として天

盤古氏—天地創造の時、この世を治めた太古の天子の号。**羊祜**—『晋書伝』四に羊祜の伝がある。**環**—わ。ここは金環のこと。**鮑靚**—晋の東海の人。「鮑靚記井」の故事がある。**識**—よく知る。**曲陽**—湖北省にある。**厳武**—唐の人。『琅邪代酔編』一六に「厳武」の項があり、くわしい。**諸葛亮**—字は孔明で、漢の劉備の軍師となり大功をたてた。**蘇武**—漢の武帝の使者として匈奴（キョウド・北方の強大な蛮族）へ行き、その地に十九年間幽閉された人。**大将**—軍の綜指揮官。**鄧禹**—後漢の人。**范祖禹**—宋の人。**家伝**—その家の伝記。**正史**—紀伝体の正しい歴史。**劉三復**—この話は『琅邪代酔編』中の「前身異類」にある。

身は馬にて、唐の時、奚官*とて、天子の御馬をつかさどれる官人劉三復といひしが、我前身は馬にてありしとて、馬たりしときの事どもを覚へ《ママ》てよくかたりしとなり。　李林甫*が後身は鶏となりしなど、陸元城といふ人、鶏をさきて煮んとしけるに、鶏の背に李林甫といふ三字あり。客みな驚て捨しと云。

世々に伝ふる所すくなからず。是等もまた信ずべからずや。是等のこと多くは、その人のたゞならぬよしを譽めていひも伝へ、しるしも伝へ侍るめり。周の申侯*は嶽神*の降り生れし、殷の傅説*は箕尾*に騎りて星となれりなど、箕尾は星也。星の名を傅説といふともありといえり。　いひ伝へしたぐひなり。もし、そのことまことに有なんには、これもまた鬼の人によれるなり。宋のとき都下の一小兒、としわづかに三歳にて、曲拍皆節にあたれり。諺に拍子のよく利きしなどといふのことなり。　明のとき太原*の王徳華、いとけなかりしときよく蕃経を誦するの類なり。蕃経とは西

子の御馬を世話した役人の劉三復という者が「私の前生は馬であった。」と言って、馬であったときの事どもを覚えていて、よく話したということだ。〕さらに李林甫の後生は鶏となったなどとある。〔陸元城という人が、鶏を殺して割いて煮ようとしたところ、鶏の背中に「李林甫」という三文字があった。お客はみな驚いて鶏の肉を捨ててしまったという。〕

このように時代、時代に前生や後生のことを伝えるのが少なからずある。これらのことも、まだ信じられないというのか。これらの多くは、その人が普通の人ではないわけを、誉めて言い伝えたり、記録もして伝えているようだ。周の申侯は、山の神が降りて生まれ、殷の傅説は、箕尾へ駈けていって星となったなど〔箕尾は星である。星の名を傅《ふ》説《えつ》ということもあるといっている。〕—と言い伝えている類である。もし、そのことが本当であったならば、これもまた鬼（霊魂）が人に憑依したのである。宋の時、都の一小児が年令僅か三歳にして、曲拍が皆節に当るのだ。〔曲拍皆節は諺で、拍子が大変よかったなどということである。〕明の時、太原の王徳華がまだ幼かった時、よく蕃経をそらんじて唱えた類である。〔蕃経とは西域（西方）の経である。西蕃とはすな

域の経也。西蕃とは則西域也。あるひは曲をよくせる人、あるひは西蕃の僧の死せしが、その魂魄いまだ散せずして、この兒の身に附託*せしものとぞいひ伝へ侍る。

およそ物の性靈なるものは、よく物に感ず。諺に、よくものにあやかるといへる也。蠶は性の靈なるものにて、是を飼ふに物にふれては、その物形をなす物なり。漢のとき、やもめなる女のいねやらで、枕によりて壁のくづれより、隣の家の蠶を飼ふを何となく眺めゐたるに、あけの日、その蠶繭《かいこまい》《ママ》をなしけるが、かの女の形にぞ似たりける。目もと眉のかゝりなど、さだかには見へ《ママ》わかねども、これを望む*にまことに物おもふ女の形なりしを、蔡中郎*これをみて、蔡邕な

わち西域のことである。〕あるいは曲をよく弾く人や、あるいは西蕃の僧の死んだのが、その魂魄のまだ散らないで、この子供の体にとりついたのだと言い伝えている。

だいたい物の性の霊的なものは、よく物に感応するものだ。〔諺によく物にあやかるといっている。〕蚕は、その性の霊なるものであって、これを飼うときに物に触れては、その物の形を成すものである。漢の時、夫を亡くした女が寝もせず、枕によりかかって壁の崩れた穴から、隣家の蚕を飼うのを、何ということもなくぼんやりと眺めていたが、翌日、その蚕が繭を作ったが、それがこの女の姿によく似ていた。目もとや眉のかかりかたなど、はっきりと見て区別できないものの、これを眺めてよく見ると、本当にものを思う女の姿であった。それを蔡中郎が見て、〔蔡邕である。

溪官—馬を養うのが仕事の官名。**李林甫**—唐の人。この話も『琅邪代酔編』の『後身異類』にある。**申侯**—周の卿で申の伯。**嶽神**—嶽山の神。**傅説**—フエツ。殷の賢相で、説は高宗に仕えて命により傅を氏とした。**箕尾に騎り**—殷の傅説が死に、その魂が天に昇り、星の箕（キ）宿と尾宿の間に位置した故事を言い、転じて人の死をいう。**太原**—山東省にある。**附託**—とりつく。**望む**—眺める。**蔡中郎**—後漢の人で琴の名人。

り。琴を弾ずる名誉*あり。価*なつて買得て其絲をねりて、琴の弦となして弾じけるにそのこゑげにあはれ*なり。

蔡邕が女*、則蔡琰*也。物の音をきゝわく、無双の名譽ありしと也。一たび此琴の音をきゝて、これ寡女の絲なりけりとはいひしとぞ、賈*氏説林にみへ侍る。これ、かの女のこの蚕となれるにもあらず。たゞ蚕の性の靈なるが故に、忽にかの女に感じたる也。ましてや人は万物の靈なるものを。されば、いにしへの聖*人のおし《ママ》へに、女子はらめる時には目に邪色をみず、耳に邪声を聞ず、およそ飲食より起居の事に至るまで、おほくの慎みあり。これ胎内の子の気をうくるはじめなれば、一ツに、その正しきのみ感ぜしめんが為にてぞありける。

　夫つゝしみの中に、兎の肉を喰らひ生薑をくらふ事抔もいむ事あり。生薑をくらへばうまるゝ子指おほく、よの諺に手のはじかむなどいふも、この詞にかなひて《ママ》

琴を弾いて名声があった。〕値段が決まって、蚕を蔡中郎が買うことができ、その糸を練って琴の弦として弾いたところ、その音色は実にあわれであった。

　蔡邕の娘が、〔すなわち蔡琰である。物の音をよく聴き分けられる。それで並ぶ者のいない名声があったという。〕一度、この琴の音を聴いて、「これは未亡人の蚕の糸である。」と、言ったとのことだ。これは『賈氏説林』に見えています。これは例の女性がこの蚕となったのでもない。ただ蚕の性質が霊的であるがために、たちまち、その女性に感応したのである。ましてや、人間は万物の霊であるのだ。だから古《いにしえ》の聖人の教えに、女性が妊娠した時には、目に邪しまな様子を見ず、耳によこしまな声を聴かない。およそ飲み食いより、起き伏しの生活のことに至るまで、多くの慎しむことがある。これは女性の胎内の子が、気（精神）を受ける初めであるから、ただ一途にその正しいことのみを、感じさせるためであるのだ。

　それ、慎しむことの中には、兎の肉を食ったり、生薑《しょうが》を食うことなどを忌《い》むことがある。生薑を食えば生まれる子供に指が多くなる。〔世の諺に「手がはじかむ」などというのも、この言葉にかなっている。（しょうがをはじかみともいう。）〕兎の

也。兎の肉をくらへば、生るゝ子唇かくる物也といひ伝へたり。むまれたる子の或は唇欠け、あるひは指多きは、そのうさぎはじかみの後身にはあらず。たゞ其気に感じぬるがゆゑなり。胸に猪の毛生ひ、いびきの声の猪に似たりしものを、朱子の猪気をうけし也と云ひけんも、これらの理にやあるべき。　人のはじめて気をうけ、形をなさんとする時は、其生々の気もつぱらなるがゆへ《ママ》に、死して散じなんとする気、これに感じてはたちまちに引かへざること、汐のさかりに満来るとき、海に流れざるは河水のせきとめられて、さかしまに流れのぼるが如し。人の死したる時、はらめる女の傍ちかく立入れば、たちまちに尸のうごきはた

肉を食えば、生まれる子の唇が欠ける者となると言い伝えている。生まれる子の或る者は唇が欠けたり、ある者に指が多いのは、それは兎やはじかみの後生ではなくして、ただ、その気（精神）に感応したためである。〔胸に猪の毛が生え、いびきの音が猪に似ているものを、朱子が「猪の気を受けたのだ。」と言ったのも、これらの道理によるのに違いなかろう。〕
人が初めて気（精神）を受け、形体をなそうとする時は、その生き生きとした気がもっとも盛んであるから、死によって散ってしまおうとする気が、この盛んな気に感応して、急に引き返さないことは、ちょうど潮のさかんに満ちてきた時に、海に水が流れていかないのは、河の水が堰き止められて、さかさまに流れて登るようなものだ。人が死んだ時に妊娠した女が、その亡骸《なきがら》の傍近くに立ち入ると、たちまち、その屍《しかばね》が動いて働くことも世には多い。これが気

名誉—名声。ほまれ。**価なつて**—価格が望み通り決まって。**あはれ**—情趣がある。優美である。**女**—娘。**蔡琰**—サイエン。字は文姫。父の蔡中郎の琴のどの弦が切れたかを言い当てた。**賈氏説林に**—百巻よりなる『説郛』（セツブ）の第三一にある。**聖人のおしへ**—『小学』が「列女伝ニ曰ク」として、この「目ハ邪色ヲ視ズ。耳ニ淫声ヲ聴カズ」と記している。**はじかみ**—しょうがの古名。また、かじかむ、つまり、寒さで手足が動かないことをいう。**朱子の猪気**—『朱子語類』三に「此ハ只、猪気ノ稟得シ」とある。猪気は猪の気。**尸**—なきがら。しかばね。

らくも世に多し。これ其あきらけきしるしなり。

又、よにいとけなき時に敏なるが、才のはやきを敏といふ。やゝ年たけて後にその才劣れるあり。思ふにこれらみづから気をうけし始に、かの才鬼のよりしに、才ある人のこんぱくなり。受得し気は日々に長じ、たちまちに感じ得たる気は日々に散じ尽るゆゑ、其気*尽ておのが*不才の本性あらはれたるにやあらむ。紅なる蓮の実をふるき*靛綻《ママ》の中にうゑぬれば、はじめ花をひらく時はその色青し。年経て藍の気尽ぬれば、花の色本の如く紅なるごとし。

物死して人と生れ、人死して物と生ると云も、人物の気のたがひに相感じぬること、みなこれらの理なり。さらば、また女子の*丈夫に*化し、丈夫の女子に化し、男子また子をうめるの類、よゝの*史伝に多く見えたり。又、人生ながら虎と成り、*牛哀虎となれる也。狼となり、太原の*王含が母。又亀となり、江夏

（精神）に感じることのはっきりした証明である。

また、この世に幼い時は敏《さと》いのが、〔才能の早熟なのを敏という。〕やや年長になった後に、その才能が劣ることがある。思うに、これらはみずから気（精神）を受けた初めに、例の才鬼のとりついた時に、〔才鬼とは才能ある人の魂魄である。〕受けえた気（精神）が日々に成長して、たちまち感じ得た気（精神）は、日々に散って尽きるので、その気がすべて尽きてしまって、自分の乏しい才能の本性があらわれたのであろう。紅の蓮の種を古い藍染《あいぞめ》の甕《かめ》の中に植えると、初めに花を開く時は、その色が青い。年を経て藍色の気がなくなると、花の色は元のように紅になるようなものだ。

ものが死んで人に生まれ変り、人が死んでものになって生まれるというのも、人と物との持つそれぞれの気（精神）の違いに互いに感じ合うことなども、すべて、これらの道理なのである。だから、また女性がすこやかな男性に化したり、また、健康な男が女に化したり、男がまた子を産むの類は、代々の史伝に多く見えている。また、人が生きながら虎となったり、〔牛哀は虎となったのだ。〕狼となったり、〔太原の王含の母のこと。〕また亀となったり、〔江夏の黄氏の母のこと。〕蛇となったり、〔李勢の夫人のこと。〕（―

の黄氏がはゝ。蛇となり、李勢が夫人。これらは死したるが変じたるにもあらず、いきながら化したるこそ猶あやしけれ。各自これらみな陰陽乖乱*の気のいたす所、多くは国家滅亡の兆の顕はるところなり。則いはゆる怪にして、夫子の語り給はざりし処なるべし。

まづ、男の女となり女の男となれる事は、漢の京*房が易伝に、女子化して丈夫となる、これを陰昌*といふ。賎人王となる。丈夫化して女子となる。これ陰の陽に勝るなり。厥咎*は亡ぶ。また男化して女となるは、宮刑*の濫なる也。女化して男と成は、婦政*

するなど多いのだ。）これらは死んだ人が生まれ変ったのでもない。生きていたまま別のものに化してしまったことこそが、なお、妖しいことなのだ。それぞれ、これらのことは皆、陰と陽の乱れた気（精神）がなすところであって、多くは国家が滅亡する兆として現われるところである。すなわち、いわゆる怪なのであって、孔子さまのお話しなさらないところであるのに違いない。

まず、男が女となり女が男となったことは、漢の京房の『易伝』に「女子化して丈夫となる。これを陰昌という。賤しい人が王となり丈夫が化して女子となる。これは陰の気が陽の気に勝っているからだ。それで厥咎《けつきゅう》という天からくだる罪はなくなる。また、男が化して女となるのは、中国で男女の不義を罰する宮刑が、むやみになされていることである。女が化して男となるのは、婦政の行われるこ

尽て—すべて尽き果てる。**不才**—才能がないこと。**靛掟**—藍染めのかめか。靛（テン）はあいぞめ。**丈夫**—男。ますらお。**化し**—生まれ変わる。形が変わる。**史伝**—歴史の書。**牛哀**—魯の人で、病んで虎となり兄を殺した。**王含が母**—『太平広記』四四二にも、「王含」の項に、その母金氏が狼になったことを記している。同じことが「黄氏母」として『琅邪代酔編三八』にある。**乖乱**—カイラン。そむきみだれること。**京房が易伝**—漢の人で易を修めた。『京子易経』の著者。『易伝』なら宋の陳氏の書。**陰昌**—陰が盛んなこと。**厥咎**—ケツキュウ。天からくだる咎め、罰のこと。**宮刑**—五刑の一つで、男女の不義を罰するもの。男子は去勢された。**婦政**—女が政治を行うこと。

の行はるなりと見へ《ママ》たり。又、*春秋潜潭巴には、男の女と化するは賢人位をさる、女の男と化するは賤人王となる、など侍れば、いにしへよりこの事ありしとぞ見へたり。*紂王の御とき、周の*文王の四十二年は*武王位に即せたまひし元年なるごとし。女子有て化して丈夫となれるとは、*竹書紀年にみえたり。戦国の世、魏の襄王十三年にもこの事有しよし、*史記世家に載せぬ。其後漢晋唐宋の世にも此事侍りき。漢のとき一人、晋に二人、唐に一人、宋に二人ありとおぼへ《ママ》侍る。

　むかし*蜀王、*武都の丈夫の女となれるを愛し給ひて、国をほろぼし給ひしよし、*華陽国志に見ゆ。そのゝち漢晋のとき、宋の*南渡の後、明の隆慶年中にもその事侍る。漢に二人、晋に一人、宋に一人、明に一人。男子の子を産める事、宋明の世、ともにその事侍る。宋に二人、明に一人。*姑蘇のをとこ子をうむ事ありしとき、これ明の時のことなり。この処の司、*周文襄に

とである。」と見えている。また、『春秋潜潭巴』には「男が女に変化するのは、賢人が位を去ることで、女が男に変化するのは、賤しい人が王となることだ。」などとありますから、古代よりこのことがあったと、書物に見えているのだ。紂王の時に、周の文王の四十二年は、武王が位におつきになられました元年であるようなものだ。「女子がいて、変化して丈夫（たくましい男）になった。」とは、『竹書紀年』という書に見えている。戦国時代の魏の襄王十三年にも、このことがあったことを、『史記』の「世家」に載せている。その後、漢・晋・唐・宋の時代にも、この事がありました。〔漢の時は一人、晋の代に二人、唐代に一人、宋の時には二人いたと、覚えています。〕
　昔、蜀の王が武都の丈夫の娘であった者を愛しなされて、国を亡ぼしなされたことが『華陽国志』に見えている。その後、漢や晋の時、宋の南渡の後、明の隆慶年中にもこのことがありました。〔漢代に二人、晋代に一人、宋代に一人、明代に一人。〕 男子が子を産んだことは、宋や明の世に、ともにそのことがありました。〔宋代に一人。明代に一人。〕 姑蘇の男が子を産むことがあった時、〔これは明の時のことである。〕 この処の司が周文襄にかくかくしかじかと告げた。

かくと告る。文裏*壮き者どもに向ひ、汝が輩慎しむべき事こそあれ。今の人、*男色にめづること*女色よりなを甚し。勢ひかならずかく有べき物也とぞいひける。これらは皆衰世のもと亡国の兆なれば、*京房が占のごとき、或はあやまつべからず。天人の応まことに遠からず。陰陽の変まことにはかるべからず。また、*至淫のものは化して婦人と成、至暴の者は化して猛虎となる。心の変ずるところ変ぜずといふ事を得ずともいへり。*譚氏の説。

文裏は壮健な者たちに向かって、「お前たちが慎まなければならないことがあるよ。現今の人が男色を愛することは、女色よりなお甚しいものがある。勢いというものは、必ずこのようにあるべきものである。」と言った。これらのことは、皆衰えた世の下で国が亡びる前兆であるから、京房の占いのようなものは、あるいは間違いではない。天と人の応ずることは本当に遠くない。陰と陽の変化は、本当に推しはかることができない。また色情の甚しい男は化して婦人となり、非常な暴れ者は化して猛々しい虎となる。心が変化するところに体も変化しないでいるということは出来ないとも言っている。〔譚氏の説である。〕

春秋潜潭巴―春秋に関する緯(イ)書。緯書とは経書に託して書いた本。『太平御覧』八八七妖異に「『春秋潜潭巴』ニ曰ク、女子化シテ丈夫ト為ル、聖人位ヲ去ル…」とあり、『琅邪代酔編』にも「女子化シテ丈夫トナル…」とある。**紂王**―殷の最後の王。**文王**―周の王。**武王**―周の始祖。**竹書紀年**―撰者未詳の書。魏の王の墓から出現した。**史記世家**―『史記』の「世家」。『史記』では、諸侯や王のことを記したものを世家という。世家は代々扶持を受ける家のこと。**蜀王**―蜀は中国四川省で、その王。**武都**―後漢の武都郡、今の甘粛省武都縣。**華陽国志**―晋時代の書。**南渡**―南へ揚子江を渡ること。**姑蘇**―山の名。姑蘇山のある江蘇省呉県の旧名でもある。**周文襄**―明の人で『永楽大典・四書五経性理大全』を編纂した。**壮き者**―壮健な者。元気な若者。**男色**―同性愛。男性が男性を愛すること。**女色**―男性が女性を愛すること。**京房**―漢代の人で易を修め『京氏易経』を著す。**至淫**―大変みだらなこと。**譚氏の説**―『譚氏化書』二の「心変」に「至淫ノ者ハ化シテ婦人トナル。至暴ノ者ハ化シテ猛虎トナル。心ノ変ズル所変ゼズト云フコトヲ得ズ。」とある。

それ、暴悪の心あるものは人にしていまだ化せざるの虎也。貪欲のこゝろ有ものは、人にしていまだ化せざるの狼也。其化せざる処のものは纔に形のみ。心一たび変じなば気をも変ずべく、気ひと度変じなば形をも変ずべし。彼大に怒れる時は火*ならずして熱し、怖るゝときは水ならずして寒し。されば物の一にして気を動かすに至ては、大暑*にあたりても寒く、大寒*にあたりても熱かるべし。病を患ふる人の虫腹の中に生るもの有り。彼の形をなすこと其病によりて等しからず。これもわが血肉の気忽に化して、蛇のごとく鼈*のごとく、かの虎狼と化し鼈蛇と化せし人を相さる*事とほからず。たゞ、其靈なるものは体こぞりて皆化せざるのみ。かの雀蛤となり、田鼠*鴽《ヌカドリ》となるがごとき、物化の変つねにかくのごとく、人もまたしかり。

物のみ変化の理かならずしもなしといふべからず。

それ、激しい悪心のあるものは、人間であってもまだ変化していない虎である。貪欲な心のある者は、人であってもまだ変化していない狼である。その変化していない所は、わずかに形体のみだ。その心がいったん変化したならば、気（精神）をも変化させられるし、気が一度変化したならば、形体をも変化させられるのだ。あの大変怒ったときは、火ではなくても熱くなり、恐れるときは、水でなくても寒いものだ。だから物の一つに向かって気（精神）を動かすに至っては、大暑であっても寒いし、大寒であっても暑いに違いないだろう。病気を患っている人の悪い虫が、腹の中で生きているのもある。かの形体をなすのは、その病気によって同じではない。これもわが血や肉の気（精神）がたちまち変化して、蛇のごとく鼈のごとく、かの虎や狼に変化したり、鼈や蛇に変化した人と互いに遠ざかることがとおくないのである。ただ、その中でも、霊であるものは体がこぞって全部変化してしまわないだけだ。かの雀が蛤となり、田の鼠が鴽《ぬかどり》となるように、物の化する変化は、常にこのようである。人も、またそうである。

物のみは変化の理が必しもないというべきではない。た

唯是つねの理にあらず。かの物の変のごときは常々にあり。しからばまた、物の変ずるはこれそのつねのことはり也といはんもあしからじ。それも猶雀蛤となり、田鼠鴽となるの類は、礼経の載る所といへども、＊礼記、月令。人あるひは疑ひあるひは信ず。蟬の＊蜣螂となり、＊孑子《ゲツ〳〵》《ホウフリ》の蚊となるのごときは、人つねに見るところなれば、疑ふ人一人もある事なし。たゞ人の信ずる処は目のみ。目のおよばざる所はうたがひをまぬがれず。ましてや、彼人化してものとなるの類は、本より常の理にあらねば人の疑ふところむべならずや。これ＊夫子の怪をかたりたまはざる

だ、これは常の道理ではない。かの物の変化のごときは、いつもいつもあることである。それならば、また物の変化するのは、これもその常の道理であるといっても悪くはないのだ。それもなお雀が蛤となり、田の鼠が鴽《ぬかどり》になるという類《たぐい》は、『礼経』に載るところと言っても、〔『礼記』「月令」にある。〕ある人は疑い、ある人は信じる。蟬が蜣螂《くそむし》となったり、ぼうふらが蚊となったりするようなことは、人が常に見るところであるから、疑う人が一人でも出ることはない。ただ、人間の信じられるところは、目によって見えることのみである。目の及ばない見えないところには、疑うことを避けられない。ましてや、あの人が変化して別の物になるの類は、もとより言うまでもなく通常の道理ではないから、人が疑うところであるのも、もっともではないか。これが、孔子さまが怪をお話しにならない理由ではな

火ならずして—『朱子文集』に「火ナラズシテ熱ク、氷ナラズシテ寒シ」とある。**大暑**—七月二十四日ころのきびしい暑さ。**大寒**—二月二十日（旧暦）ころのひどく寒い時。**鼈**—すっぽん。**相さる**—東北大本は「相去る」。互いに遠ざかる。離れ会うこと。**田鼠鴽となる**—野鼠はふなしうづらとなる。鴽（ヌカドリ）は普通、鶉と書く。「和漢三才図会」に見える。**礼記**—「月令」に「すずめ大水ニ入リテ蛤トナル」とある。**蜣螂**—キヨウロウ。くそ虫。人畜の糞を好む。**孑子**—ぼうふら。蚊の幼虫。**夫子の怪を**—『論語』「述而篇」に「子ハ怪・力・乱・神ヲ語ラズ。」とある。

故にやある。

（以上四巻本享集。三巻本中巻）

鬼神論　上終

かろうか。

（以上四巻本享集。三巻本中巻）

鬼神論　上終

鬼神論　下

筑後守従五位下源君美著

しからばまた、夫子の怪を語りたまはざるは、其常の理にあらざるために、変化の理もとよりはかるべからず。聖人の知もまことにしりたまふことあたはざるが為か。易には、*知万物に周く*して道天下を済*ふと見え侍り。知すでに万物にあまねく、いかで物化の変をしらせ給はざらむ。その雅*にのたまふ処

そうであるならば、孔子さまが怪をお話しにならないのは、それが通常の道理でないためで、変化《へんげ》の道理はもとよりはかりえないのだ。聖人の知能をもってしても、本当にお知りになることができないためであろうか。『易経』には「知は万物に広くいき渡っており、道理は天下を救うものだ。」と、見えております。知がすでに万物に広くいき渡っている。どうして物が化するという変化をお知らせ下

易には—『易経』下に「知ハ万物ニ周クシテ道天下ヲ済フ。」とある。**周く**—アマネく。すべてに行きわれること。**済ふ**—救済する。**雅に**—つねに。

は詩書執礼、まれにのたまふところは利と命と仁と。かたくの給はざる所は怪力乱神とぞ見えたり。

　その雅に宣ふところは、匹夫匹婦も共にしりともによくすべき処にして、まれに宣ひかたりたまはざる所は、いはゆる今の急にあらず、後にみづからしりなんものなり。これ聖人のよく人をみちびき給ふ処にして、すなはち、これ道天下をすくひ給ふ所なるべし。むかし神禹の御時、九州の金を九牧にして、九牧は九州の名をいふ。九州の鼎を鑄たまひしは、山川奇怪百物を図し給ひ、人をして神姦をしりて、その害にあはざらしめて其祥を定め給ひし。

　夫子もまた李氏が井をうがつとて、土の缶の中に羊の有けるを掘出して問まゐらせしに、木石の怪は夔、蝄蜽。水の怪は龍、罔象。土の怪は羵羊とこたへたまひ、また商羊舞とて大水の至るべき事を斉の使に答《ママ》えたまひし類のごとき、これ聖人の知り給は

さらないのか。その常におっしゃる所は、「詩経と書経と執礼」であり、稀におっしゃる所は、「富と天命と情け」であり、きびしくおっしゃらないのは、「怪異・武勇伝・背徳・霊験」と見えている。

　孔子さまが、常におっしゃっているところは、卑しい男や賤しい女もともに知り、一緒によくできることであって、ごく稀におっしゃるのみでいつもは話されないところは、いわゆる今、急に分かることではなくて、後でみずから知るであろうというものである。これは聖人がよく人を導きなされますところであって、すなわち、これぞ道理が天下をお救いなされることなのだ。昔、神禹の御時に、九州の金を九牧として、〔九牧は九州の名を言う。〕九州の鼎を鋳造なさいました。その時に山川や奇怪や、もろもろの百物を絵になさいまして、人をして神の悪い行いのことを知り、その害に逢わないようになさって、その祭りをお定めになったのだ。

　孔子さまも、また李氏が井戸を掘ろうとして、土の缶の中に羊がいたのを掘り出して、お尋ねしましたところ、「木石の怪は夔《き》、蝄蜽、水の怪は龍、罔象。土の怪は羵《ふん》羊」とお答えになられた。また、商羊舞といって大水のやってくることを、斉の使いにお答えになりました類のごときは、

ぬにはあらず。斉に一足の鳥舞ことのありしを、景公使して夫子にとひ給ひしに、商羊といふものにて、大水のまさに有べきしるしのよしを、こたへ給ふこと、家語に見へ《ママ》たり。詩書執礼のつねにのたまひしが如くにはあらず。時ありてはまた語り給ひし事もありしとぞ見へ《ママ》たり。*猶下にみへたり。*山海・*神異等の経、*捜神・*述異等の記のごとき、かの怪を語るの書世々におほく、或は疑ふべく或は信ずべき、多くはこれ、かの山川・奇怪・百物・木石・水土の怪にすぐべからず。山深く水暗

これは聖人がお知りにならないのではなく、〔斉に一本足の鳥が舞うことがあったのを、景公が使いを出して孔子さまにお尋ねなさいますと、「商羊というものであって、大洪水がまさにやってくる前兆のことだ。」とお答えになりましたことが『家語』に見えている。〕『詩経』『書経』と執礼を、常におっしゃっているようではなく、場合によっては、またお話しなさいましたこともあったと見えている。〔猶下に見えている。〕『山海経』や『神異経』などの経。『捜神記』や『述異記』などの記のごとき。例の怪を語る書物は世に多い。あるいは疑うべきだし、あるいは信じるべきだが、多くはこれが、あの山川、奇怪、百物、木石、水土の怪に過ぎてはいない。山が

詩書―『詩経』と『書経』。どちらも五経の一つ。**執礼**―とるべき礼。**利**―富。『論語』に「子コレニ利ト命ト仁トノタマフ。」とある。**命**―天命。**仁**―情け。いつくしみ。**かたく**―強く。きびしく。**怪力乱神**―前出。怪異、武勇談、背徳、霊験のこと。**匹夫匹婦**―身分のいやしい男と女。**急**―急ぐ。**禹**―伝説の中国最古の王朝。**九州**―中国の古代に、全土を九つに分けた。**鼎**―カナエ。物を煮る三足の器。**神姦**―他の本は「神咸」「神感」。神の悪い行い。**祥**―ショウ。つまびらかの意味だか。ここは忌、つまりあけの祭りのことか。**李氏**―李桓子で、『孔子家語』四や、『捜神記』十二に見える。『家語』に「李桓子井ヲ穿チ土缶ヲ獲ル、井中ニ一物ヲ得タリ。」『捜神記』には「…中ニ羊有リ」とある。**缶**―土製の缶。**夔**―キ。一つ足の怪物。**蝄蜽**―モウリョウ。山や川の怪。**龍**―想像上の獣。**罔象**―モウショウ。山中の怪物。**羵羊**―フンヨウ。土中の怪物。**商羊舞**―足が一本の伝説の鳥が商羊で、雨が降りそうになると舞うという。洪水の前兆。**猶下**―猶、下にか。未詳。**山海経**―中国古代の地理書。晋の郭璞の注。**神異経**―漢の東方朔の著。**捜神記**―晋代の怪奇小説集。**述異記**―梁の任防の著。

く草木生しげれる処は、日月の光りおよばざれば、陰陽の気おのづから*欝して、百の怪を生ずることいはゆる*蒸して菌を生ずるが如し。この語、*荘子に出づ。今も雨濕の時に、*くさびら多く生るものなり。

神禹これらのものを*図したまひしは、人その害にあふまじき為の御はからひなるに、人あるひはこれらの類に苦しめらるゝ事は、おもふにこれらをさぐる事をしらず、みづからとれる所なるべき。晋の*温嶠が*牛渚に舟をとゞめて、この処水ふかくして、この族のあつまるところ也と聞く。*犀を燃しててらすに、さま〴〵のあやしき*族、水にうかみ出《ママ》てにげ去ぬ。その夜*相の夢に人来りて、幽明道別なり。なんぞおもはむ、およばれんとは。といひてうらみてけり。深山・大沢はかれが居るべき所なるを、人ゆきてこれをしめなむには、などか祟りをなさゞらむと、*張南軒のいひけんことはりにもこそおぼゆれ。これらの外また人

深く、川の水が暗く、草木が生い茂っている所は、日月の光りがとどかないから、陰と陽の気が自然に鬱屈《うっくつ》して、たくさんの怪を生ずることは、いわゆる蒸《む》して菌を生ずるようなものだ。〔この語は『荘子』に出ている。今も雨で湿気の多い時には、きのこが多く生えるものである。〕

神である禹王がこれらのことをおはからい下さいましたのは、人間がその害に逢わないためのおはからないであるのに、人があるいはこれらの類に苦しめられていることは、思うにこれらを探ることを知らず、みずからが招いたところなのだ。晋の温嶠が牛渚に舟を停めて、「ここは水が深くて水の族《やから》が集るところだと聴いている。」（と言った。）犀の角を燃やして辺りを照らすと、さまざまの妖しい族《やから》が、水に浮かび出して逃げ去った。その夜、温嶠の見た夢に、人がやってきて「幽界と明（人間）界とでは、その道理は明らかに別々なのだ。どうして考えられようか。お互いに肩を並べられようとは。」と言って、恨んでいた。「深い山や大きな沢は、彼らがいるべきところであるのを、人が行ってそこを占めてしまったならば、どうして祟りをしないことがあろうか。」と、張南軒が言った道理も、もっともだと思われた。これらの外に、また人の家に、時として妖

家、時ありてあやしむべき事あるは、鬼怪にあらざれば人鬼*の怪なり。これまた物怪*なり。物の怪なり。

　むかしは夫子の陳蔡*の間にくるしませ給ひしとき、夜に入て、身の長ヶ九尺ばかりの男の皀衣*に高き冠きたるが、つと入来りて叱といふの声おびたゞし。ふして侍座*の人を動かす。子貢*すゝみていふ。こはなにものぞといふ処を、宙にひつさげて脇にはさむ。子路*つゞきて庭に引出してたゝかふに、勝えんことかなふべからず。夫子さしのぞき見たまふに、彼の男がつらかまち*の間にあたりて、時々ひゞきあふ所ありとみえしかば、そのかまちかひさぐりて取てひ

しむべきことがあるのは、鬼の怪でなければ人鬼（人間の精神）の怪である。これもまた物怪である。〔物の怪なのである。〕
　昔、孔子さまが陳と察とのあいだでお苦しみになった時、夜に入ってから身長が九尺（二メートル七十センチ）ほどの男で香ばしい衣に高い冠をかぶったのが、つと入ってきて、「叱《しっ》」という声がもの凄かった。伏して待っている人を動かした。子貢が進み出て言った。「これは何者か。」と言うのを、その男は空中にひっ下げて脇に狭んだ。子路が続いて庭に出て闘ったものの、勝つことはとても出来なかった。孔子さまがさし覗いてご覧になると、その男の顔の頰骨の間にあたって、時々響き合うところがあるのが分かったので、「その頰骨を探りとって引き寄せ、飛び上って

欝し―ウツし。心が晴れない。うっとうしい。**蒸して菌を生ず**―『荘子』「斉物論」に、「蒸の菌を成す」とある。**荘子**―荘周のことで、老子と並び称された道家の大家。**くさびら**―ここはきのこ。**図し**―示す。おもんぱかる。工夫する。**温嶠**―晋に仕えた人。**牛渚**―安徽省にある磯。**犀**―さい。ここは犀の角。**族**―やから。**相およばれん**―あい並びえよう。**張南軒**―南宋の人。朱子と親交があった。**人鬼**―人の鬼。つまり人間の魂、精神。**物怪**―もののけ。怪しいもの。**陳蔡の間**―孔子が陳と蔡の間で災難にあったこと。陳も蔡も河南省にあった小国。**皀衣**―香ばしい衣。東北大本は「皁衣《そうい》」とあり、これは黒い衣。**侍座の人**―貴人の傍に侍して坐す人。東北大本は「さぶろう人」。**子貢**―弁舌にすぐれた孔子の弟子。**子路**―勇気がある孔子の弟子。**かまち**―頰骨。上下のあごの骨。

きよせ、とびあがつて上になれ、とをしへ給ひければ、子路こゝろ得てくんでおしふす。これをみるに大き成鯷魚《ナマツ》の九尺余りなるにぞありける。夫子見たまひて、此ものなどか来りけん。吾きく、物老ぬれば群の精これによる。それ六畜*の物より、亀蜆・魚鼈・草木の類にいたるまで、久しきものは神みなよりよつてよく妖怪をなす。されば是を五酉*といふ。五酉とは五行*のかた、みなその物あり。酉といふは老るなり。もの老る時は怪をなす。これを殺せばすなはちやむ。それなんぞうれへむ、とぞかたり給ひける。捜神記、衡波詩*等にみゆるは、魚*をしたゝめて人々にすゝめしほどに、このほどの飢をすくふ。天より賜ふ物にやと後の世の人はいひけり。されば、およそ五行の気をうけし類、老てはみな怪をなすべきものなりけり。

ひとり物の老たるのみにもかぎらず、人の老たるも妖をなすものにや。

上になれ。」と教えられましたから、子路が心得て組んで押し伏せた。これをよく見ると、大きな鯰《なまず》の九尺余り（三メートル近く）もあるものであった。孔子さまがご覧になって、「この者はどうしてやってきたのか。私はかつて聴いたことがある。『ものが老いると群れの精がこれに寄る。』それ、馬や牛などの六種の家畜の物から、亀・蜆・魚・鼈《すっぽん》・草木の類に至るまで、永い間生きたものは、その精神に皆が寄り集まって、よく妖しい怪をする。だからこれを五酉という。五酉とは水・火・土など五行の形で、みなその物がある。酉というのは老いることを言うのだ。ものが老いる時は怪をする。これを殺せばすなわち怪は止む。だから、何も心配することはない。」と、お話しになりました。〔『捜神記』『衡波詩』等に見えるのは、「この魚を準備し調理して人々にすすめたので、このところの飢《うえ》を救えた。天よりの賜り物であろうか。」と、後世の人は言ったのだ。〕だから、およそ木・金・土など五行の気を受けた類は、老いては皆怪をなしうるものなのである。

ひとり物の老いたのみとは限らない。人間の年老いたものも妖をなすのではなかろうか。

大原の*王仁裕が遠祖母二百余歳ばかり、かたちちいさくなりもて行ほどに、纔に長ヶ三四尺にはすぎず。眼白く*晴碧にして、飲食のもの至つて少しきに、夜を深くはねぶらず。常に一月あまりを過て、たちまちに見えず。また六、七日が程を経てかへり来る。いづちへゆくらむといふことをもしらず。一ツの*柳箱のかたく封じたるのみぞ、つねにすむ所にありける。われ出なん後も*あひかまへて此箱なひらきそ。もしひらきてむには我は帰らじものを。とつねに孫どもをいましめける。その孫の中に、きはめて*頼母し気なきが酒に酔て、祖母の出行たる跡にて箱を打

大原の王仁裕の遠い祖母が、二百余歳ほどで身体も小さくなっていくうちに、わずかに身長が三、四尺（一メートル前後）に過ぎなくなった。目は白くひとみは明るい碧色であって、攝る飲食物もごく少く、夜は熟睡せず、いつも一ヶ月余りを過ぎると、急に見えなくなる。また六、七日くらい過ぎて帰ってくる。何処へ行くのだろうということも分からない。一つの柳箱の堅く封じてある所のみが、いつも彼女の住む所であった。「私が出かけた後も、絶対にこの箱を開かないで。もしも開いたなら、私は帰らないから。」と言って、いつも孫たちを戒めていた。その孫の中の、いたって頼りにならない男が酒に酔って、祖母が出て

六畜―六種の家畜。馬・牛・羊・豕（イノコ・猪）・犬・鶏のこと。**五酉**―五行の妖怪。酉は老いの意味。**五行**―万物を生ずる五元素の、水・火・木・金・土のこと。

衡波詩―『太平御覧』引用書目には「衡波伝」とあると、「思想大系」本が注す。**魚をしたゝめて**―魚を用意して。**王仁裕**―『琅邪代辞編』や『養疴（ヨウカ）漫筆』に、王仁裕の遠祖母の柳箱の話が見える。**晴碧**―晴はひとみで、青い目のこと。**柳箱**―やないばこで、細い柳の枝を編んで作った箱。**あひかまへて**―決して。絶対に。**頼母し気なき**―たよりない者。ただし、中国の原典は、「無頼者」とあり、これはならず者の意。

ひらきて見るに、*小しきなる鐵の*篦子たゞひとつのみぞ有ける。かねていひしごとく、そのゝち終に帰り来らず。と*説淵には侍り。

　おもふに、これらはその人すでに死したるに、*狐魅やうのものその形にいりかはれるにや。いにしへの*神仙の老ず死ずときこへ《ママ》しは、多くはその道行へるもの。*妄誕の説なりといへども、もし其ことあらむには、これもまた人妖にこそあるべけれ。

　本朝のむかし、人変じて天狗といふものになりぬ、といひも伝ふ。これらは*鬼仙といひしものにはあらずや。といふ人もあれどいかゞあるべき。世の伝ることのごとくは、かの天狗といふものは、を《ママ》ぼくは*修験の高僧のなりたるなり。経に、仏教は上は*鬼宿に属す、とみえたり。*鬼星くらければ仏教おとろふ。仏はすなはち一靈鬼なり。といふ事も侍れば、*尚書故実。身すでに*鬼教を行はむ人の、鬼のために攝せ

行った後で、その柳箱を開いて見ると、小型の鐵のすきぐしがただ一つだけそこに入っていた。かねがね言っていたように、祖母はその後とうとう帰ってこなかった。と『説淵』には記してある。

　考えてみると、これらのことは、その人がすでに死んでしまっているのに、狐の化物のようなものが、その人の形に入れ替わったのであろうか。古代の仙人が老いず死なずと言われていたのは、多くはその道を修行したものである。偽りの説であると言っても、もしもその事実があったならば、これもまた人の妖怪であるようだ。

　本朝日本の昔に、「人が変じて天狗というものになった。」と、言い伝えている。「これらが仙人といったものではないのか。」と、言う人もあるが、それはどうであろうか。世に伝えることのようなもの、あの天狗というものは、その多くは修行した高僧のなり変ったものである。経の中で仏教は「上は星座の一つである鬼宿に属す。」と見えている。鬼星、つまり鬼宿が暗ければ仏教が衰える。「仏は、すなわち一個の霊鬼である。」と言っていることもあるから、（『尚書故実』にある。）身体がすでに鬼の教、つまり仏教を行おうとしている人が、鬼のためにとりこまれること

らるゝこともあるべしや。

　されどもろこしの書に、それに似たる事もおぼへず《ママ》。たゞ唐の時、蜀の国にて仏寺に大会*を設《ママ》けしに、いろ〱の見物*有しが、その中に十歳になる童児の、一には童女ともあり。竿の上にてよく舞ふありけり。人多くあつまりてこれをみるうちに、たちまちに鵰*《クマタカ》のごときもの、飛来りてとりてゆきけり。見る人大におどろきにげ散りぬ。数日の後、高き塔のうへにありしを、その父母見つけて、のぼりはしごして登り得たりしが、ほれ〱*となりて居ける。程へて人心地になりし後、仏寺の壁に絵がける、飛天*

も有り得るだろう。

　しかし、唐土《もろこし》（中国）の書物で、これに似ていることを覚えてはいない。ただ、唐の時に蜀の国の仏教の寺で、大法会を催したところ、いろいろと目覚ましい見世物があったが、その中で十歳になる童児で、〔別の一書には童女とある。〕竿の上でよく舞うのがいた。人が大勢集まってこれを見ていると、急に熊鷹《くまたか》のようなものが飛んできて、この子を奪って行ってしまった。見ていた人は大変驚いて逃げ散った。数日後、その子が高い塔の上にいたのを、その子の両親が見つけて、登り梯子を使って上がり、わが子を助けえたものの、子は呆然としていた。しばらくして心が普通の状態になった後で、子は、「仏寺の壁に描かれている

小しきなる—小型の。東北大本は「ふしぎなる」と。**篦子**—ヘイシ。すきぐしのこと。**説淵**—北宋の王陶の書。**狐魅**—狐の化けもの。**神仙**—道家で不老不死の人。仙人。**妄誕の説**—いつわりの説。**鬼仙**—人鬼が仙人となったもの。**修験**—修験道のことで、山岳に起伏して修行すること。**鬼宿**—二十八宿の一で、天の周囲に二十八宿の星座があるとする古代の説。**鬼星**—二十八宿の一で、鬼宿のこと。**尚書故実**—唐の李綽の著で「経ニ云フ、仏教ハ上ハ鬼宿ニ属ス、蓋シ神鬼ノ事…」とある。**鬼教**—仏教をそしって言う言葉。**攝せらるゝ**—とりこまれる。つかまえられる。**大会**—規模が大きな法会。**見物**—みもので、めざましいもの。見るに足るもの。見世物。**鵰**—クマタカ。熊鷹。大きな鷹。**ほれ〱と**—ぼんやりして。呆然と。**飛天夜叉**—空を飛ぶ天人が飛天で、夜叉は醜怪な鬼神で、後に諸天の

夜叉のごときものゝ為にいざなはれて、この塔の内に入らんとす。日々にくだものゝたぐひ、飲食の物を*たびてくひけり。といひしよし*尚書故実に見え侍る。飛天夜叉に似たるとは、鬼のかたちにて翼生ひたるものにや。*仏書に、夜叉はふたつの角ありて、形の色青きものなり。飛天夜叉は、よく*幻術をなすよし見えたり。いはゆる天狗のふるまひによく似たり。これらは多くは、山林靈気の生ずるところの木石の怪なるべし。*述異記に見えし山都、*幽明録にみえし*木客などいふもの、其かたちも物いゝもまつたく人のごとくにして、手足の爪、鳥のごとく、つねに山ふかく巌けはしきところにすみて、よく変化して、その形を見ることまれなりといふ。これら世にいふ天狗に似たり。

*山姥といふは、*嶺南の*山姑に似て、河録雑事に見えたり。*山嫗といふは*日南・南丹等の地の、*野女*野婆に似たり。野女は博物志、野婆は*斉東埜語に見えたり。*河

飛天夜叉のような者に誘われて、この塔の中に入ろうとした。毎日毎日、果物の類や飲み食いのものを貰い受けて食べた。」と、言ったということが『尚書故実』に見えております。飛天夜叉に似ているというのは、鬼の形をしていて翼が生えているものでもあろうか。〔仏書に、夜叉は二つの角があって、その形の色が青いものである。飛天夜叉は、よく幻術をなすということが見えている。〕いわゆる天狗の行動とよく似ている。これらの多くは、山林の霊気が生み出すところの、木石の怪であるのに違いない。『述異記』に見える山都、『幽明録』に見える木客などというものは、その形も、ものの言い方も全く人のようであって、手足の爪は鳥のようであり、常に山の深く、岩の険しいところに住んでいて、よく変化して、その形（姿）を見ることは稀《まれ》であるという。これらは世にいう天狗に似ている。

山姥というのは、嶺南の山姑に似ている。〔これは『河録雑事』に見えている。〕山嫗というのは、日南や南丹などの地にいる野女や野婆に似ている。〔野女は『博物志』、野婆は『斉東埜語』に見えている。〕河太郎というものは、宋の徐績

太郎といふものは、宋の徐積*が蘆川の河のほとりにてとり、ほたる小児、江隣幾雑志に。白沢図*にいはゆる封*の類にて、海小僧といふものは、南海の海人かたち僧のごとくにして、すこぶる小きなり。といふに似たり。草木子*に。猫また*といふは、金華*の人の家に飼ふ。猫三年の後はよく人をまどはす、といふの類にて、五雑爼に。犬神*といふものは尸子*の地狼、夏昪志の賈*、二書ともに地中の犬なりといふ。白沢図にいはゆる木の精を彭侯*といふ。かたち黒き貊*の如し、な

が蘆川の河の辺りで採り、ほたる小児、〔これは『江隣幾雑志』にある。〕白沢図にある、いわゆる封（河童）の類であって、海小僧というものは南海の海人の形が僧のごとくであって、大変小さいものだというのに似ている。〔これは『草木子』にある。〕猫またというのは、金華の人の家で飼っている。猫も三年経つと、よく人を惑わすという種類のものであり、〔これは『五雑爼』にある。〕犬神というものは、尸子の地の狼、『夏昪志』の賈（犬の名）であり、〔二書ともに地中の犬であるといっている。〕白沢図には、いわゆる木の精を彭侯といっている。形が黒い貊《ばく》のようだ、という類

守護神になった。（77頁）

たびて―給わって、タマフの約。**尚書故実に**―「仏寺ニ大会ヲ設ク、百戯庭ニ在リ、十歳ノ童児有リ…」とある。**仏書**―『大吉義神呪経』のこと。**幻術**―人の目をくらます妖術。**述異記に**―「曰ク山都、形人ノ如ク長二尺余」とある。**幽明録**―宋の劉義度の撰。**木客**―山に棲む怪物。山の精。**山姥**―深山に住むという鬼女。**嶺南**―五嶺山の南。**山姑**―ひひの類の雌（メス）で、山の怪物。**山嫗**―山を守る女神。**日南**―今のベトナム。南丹は広西省のこと。**野女**―衣類を着けない女。**野婆**―谷間に住む深山の嫗。**斉東埜語**―南宋周密の著。「埜」は野。**河太郎**―河童の異称。**徐積**―『節孝語録』などの著がある。**白沢図**―神獣の白沢が語るのを黄帝が書かせた。**封**―河童。『本草綱目』に「封、河太郎」。**草木子**―明の葉子奇著、「南海時ニ海人有リテ出リ形俗人ノ如く頗ル小シ」とある。**猫また**―尾が二つの老猫で、人を害する。**金華**―地名。『五雑爼』九に「金華ノ家ニ猫畜フ三年以上…」とある。**犬神**―動物霊の怪物。**尸子**―『捜神記』十二に「尸子ニ曰ク地中ニ犬有リ」尸子は戦国時代楚の尸佼撰。**賈**―地中から出てきた犬の名。『捜神記』十二に

どいふの類とは見えず。これ犬をころして祭りて、妖術をおこなふ事、日*南蛮方の蠱毒の事に似たり。毒蠱をかふて、ころして、その毒を人にあたふること也。その外また蠱毒法、その名もつとも多し。ことごとくしるすにいとまあらず。

この事はいにしへよりもありしにや。*周礼に、*庶氏は毒蠱を除くことをつかさどれるよし見えたり。今も世に*外法を修する人の、妖狐を役使するなども、皆*僧道の邪術にして*巫蠱の類なるべし。世のおろかにくらき、をほく《ママ》は狐魅をいつき祭りて神となし。また、いづれの御神は御かたち蟒蛇《オロチ》にてまします。などいふあさましきなり。むかし、狐をいつきまつりし社のほとりにて、狐を射ころせしものあり。かの社司これをおほやけにうつたえしに、*沙汰さまぐ〜なりし。

*大納言経信の卿、白竜の魚服せる、*予苴が密網にかゝれるとばかりいひて、座を立給ひしを、*いみじき

には見えない。これは犬を殺して祭り妖術を行うことは、日南や未開の国の蠱毒のことに似ている。〔毒虫を飼って殺してから、その毒を人に与えることなのだ。その他にもまた蠱毒法は、その名がもっとも多い。全部を記している暇はない。〕

この事は古からあったのであろうか。『周礼』に衛生担当の役人が毒虫を除くことを司ったことが見えている。今もこの世で仏法以外の法を修行した人が、妖狐を使役することなども、皆、僧侶と道士の邪しまな術であって、巫《ふ》蠱《ちゅう》の類なのである。世の中の暗愚な人たちの多くは、狐魅をあがめ祭って神となし、また、「どの神さまもそのお姿は大蛇《おろち》であられます。」などと言っている。浅ましいことである。昔、狐をあがめ祭った社の辺りに、狐を射殺した者がいた。そこの社司がこのことを役所に訴えたところ、その評定はさまざまあった。

大納言経信卿が「白竜が魚の姿をしていたのが、予苴の密漁の網にかかった。」とだけ言って席をお立ちになったのを、重大なことのように言っているようだ。これは昔、

事に申すめり。これは、むかし白竜の淵にくだりて、魚のすがたに変じつゝうかみあそびしが、予苴といふもののために射られて、此よしを天帝にうつたへしに、魚はもと射らるべき物なり、予苴何の罪ある。といふこと*伍子胥が呉王をいさめまゐらせし言葉に出づ。此ことを経信卿引給ひしなるべし。*説苑、*楚辞の注等に見えしところ、予苴がために射らるゝ事あり。あみせらるゝはみえず。かの卿は宏才の人なり。思ふにより所あるべし。たとへば、いかなる*神明にてましますとも、狐蛇の形になり給ひ

白い竜が渕に下って魚の姿に変りながら、川に浮かび遊んでいたのが、予苴という者のために矢を射られて、このことを天上の帝に訴え出たところ、「魚はもともと射らるべきものである。予苴に何の罪があるのか。」と言われたことが、伍子胥が呉王をお諫《いさ》めしました時の言葉に出ている。このことを経信卿がお引きになって、お話しなされたのであろう。〔『説苑』や『楚辞の注』などに見えた箇所で、予苴のために射られることがある。網で捉えられたというのは見えない。あの経信卿は博識の人である。私、白石が考えるところでは、拠り所、つまり出典があるのに違いない。〕例えば、どのような神であられましても、狐や蛇の姿になられましたならば、これは、

「夏鼎志ニ曰ク、地ヲ掘リテ狗ヲ得タリ、名ヲ賈ト曰ウ。…」とある。**彭侯**―人面獣身の木の精。『捜神記』十八にある。**貊**―バク。熊に似て黒白のまだらのある猛獣。（79頁）
蛮方―未開の国。**周礼**―経書の一。『礼記』『儀礼』『周礼』の三礼の一。**庶氏**―毒虫を除く役職の人。**外法**―仏法以外の法。天狗を外法様と呼ぶ呪術。**僧道**―僧侶と道士。**巫蠱**―フコク。蠱はむしとか人を害し毒すもので、フコクで邪道で人を迷わすもの。**沙汰**―評定。処置。**大納言経信**―『続古事談』に「師大納言経信卿申テ云ク、白竜之魚、勢懸二預諸之密網一ト計リウチ云テヰラレタリケリ」とある。経信は源経信。**予苴**―ヨショ。予且のこと。春秋時代の宋の漁人。**いみじき事**―重大なこと。ゆゆしいこと。**伍子胥**―春秋時代の人で、父や兄が楚王に殺されたので、呉王に仕えた。**説苑**―巻九に「昔ハ白竜清冷ノ渕ヲ下ツテ化シテ魚トナル。漁者予且、射テ其目ニアツ。白竜上ツテ天帝ニ訴フ…」とある。**楚辞の注**―『楚辞補注』巻十七。『楚辞』は紀元前三百年頃の湖南・湖北の楚の国の文字。**神明**―ここは神のこと。

なんは、これすなはち狐蛇にこそあるべけれ。何の尊き事かあるべき。ましてもとより妖狐毒蛇の、人をまどはし人をそこなはんを、いつきまつる理やあるべき。これらの祀を、いにしへには淫祀といひて、もつとも国禁にてぞありける。すべて先王の祀典にあらずして、わが祭るべからざるの神をまつるものは淫祀なり。淫祀は福なしとも侍る。曲礼に出。

李氏が泰山に旅せしを、夫子のそしり給ひけむ。この理にこそありけれ。江淮より南は古より淫祀多かり。唐の狄梁公その淫祀一千七百区をこぼたれて、たゞ夏の禹、伍子胥の二廟をのみ残せり。この事、唐書の本伝とは、すこしき異あれど、程朱の説によりて、かくぞ記し侍る。それもなを伍子胥が廟をとゞめられしは、しかるべからず。伍子胥をば呉国の地にこそ祭るべけれ。楚国の地にはまつるべからずと、伊川の程子論ぜられけり。しかはあれど、これらの淫祀祈禱、

とりもなおさず狐や蛇であるべきものだ。なにも尊いことなどありはしない。ましてや言うまでもなく、妖しい狐や毒をもつ蛇が人を惑わし人を害するのを、あがめ祭るべき道理があるはずはない。これらの祀（祭り）を、古代では淫祀といって最大の国禁であったものだ。すべて先王の祭りの儀式ではなくて、自分の祭るべきではない神を祭るのは淫祀である。淫祀は福がないともあります。〔『典礼』に出ている。〕

　李氏が泰山に行って祭ったのを、孔子さまが謗《そし》られましたのも、この道理にこそそのことが当てはまるのだ。江淮から南は古代より淫祀が多い。唐の狄梁公がそれらの淫祀千七百ヶ所をこわされて、ただ、夏の禹王と伍子胥の二廟のみを残された。〔この事は、唐の書物の本伝とは少し相違があるものの、程朱の説によって、このように記しました。〕それもなお、伍子胥の廟を残されましたのは、適当ではない。伍子胥を呉の国の地にこそ祭るべきだ。楚の国では祭るべきではないと、伊川の程子が論じられたのだ。そうではあっ

かならず靈応あることはいかにぞや。その神よく靈なるにはあらず。かのいつきまつる人の*精靈あつまりて靈あるなり。*鮑君・草鞋大王のごときこれなり。

むかし、*汝南の人田の中に網をまふけ《ママ》て、*麞《クジカ》をとらんとす。やがて麞かゝりけれど、その網のぬしいまだ来らざりしに、道ゆく人のあるが麞をば盗てけり。さりとも人のとりえたらむものを、*あやなくとりなんもつみふかしとおもひて、その麞のかはりに、たづさへ持し鮑魚ひとつを、網の中にいれてゆき去りたる程に、かの網のぬし来りて、*鮑魚のあみの中にある

ても、これらの淫祀の祈禱が、必ず霊験があるというのはどういうことなのか。その神がよく霊になるのではない。あのようにあがめ祭る人たちの霊魂（精神）が集まって霊となるのである。鮑石・草鞋大王のごときがこれである。

昔、汝南の人が田のなかに網を設けて麞《くじか》を取ろうとした。やがて麞がかかったけれども、そのしかけた網の所有者がまだ来ないうちに、道を行く人がいて麞を盗んでしまった。「このように盗みはしたけれども、網の持主がとり得たであろうものを、わけもなく無理に奪ってしまったのも罪が深い。」と思って、その麞の代りに、手に携え持っていた鮑魚一つを、網の中に入れて去って行った。その内にあの網の持主がやってきて、鮑魚が網の中にあるのを見て、

淫祀—いかがわしいのを神として祭ること。**国禁**—国の法律で禁じたこと。**先王**—先きの王。前代の王。**祀典**—祭りの儀式。**曲礼**—『礼記』の一章。曲礼下に「名ハ淫祀ト曰フ。淫祀ハ福無シ…」とある。**李氏**—東北大本は季氏と。『論語』巻三に「季氏泰山ヲ旅ス」とある。**泰山**—山東省にある五嶽の一。**旅**—祭りの名。天や山川の神を祭ること。**江淮**—揚子江と淮水。この両河の流域もいう。**狄梁公**—唐の太原の人。**区**—場所。区域。**こぼつ**—とりこわす。**唐書の本伝**—『旧唐書』巻八九列伝第三十九狄仁傑に「呉ノ楚ノ俗淫祠多ク、仁傑奏シテ一千七百所ヲ毀ツ」と。『新唐書』にも同様にある。**程朱の説**—『程子遺書』と『朱子語類』の説。**伊川の程子**—北宋の程頤の尊称が伊川。**精靈**—肉体から出た霊魂。**鮑君・草鞋大王**—あわびの神と、わらじの神。**汝南**—河南省汝南縣。**麞**—くじか。シカ科の小動物。夏は草原、冬は森林に住む。**あやなく**—筋道がたたないこと。無理矢理。**鮑魚**—あわび。

を見て、このもの爰にあるべしともおぼへ《ママ》ず、*いかさまにも*現神のあらはれさせ給ふにこそあめれ。と大にあやしむ。村のものどもみなより集りて、やがて祠を建て入まいらせ、鮑君と名づけまいらせけり。村の者ども*やまふさま〴〵いゆることあれば、この御神のめぐみによりし所なり。とていつきまつるほどに、御社大きに作り出して*賽《カヘリコトマウシ》の神楽のおと絶ることなし。まことにめでた*き御神にぞありける。七、八年ほど経て、かの鮑魚のぬしこの御社のほとりすぎて、いかなる御神のかくはあらはれさせ給ふらむ。といふにを《ママ》のがとゞめ置し鮑魚なりける。あなあさまし、それはみづからがとゞめおきし物を。といひければ、かの霊験の事どもたちまち止にける。*抱朴子に。

又、*芦浦といふ所を過し人の、なにとなくわらぐつをとりて樹の枝にかけて過ぐ。あとより来れる人、またわらぐつをはじめすぎし人のごとくに掛く。爰

「この魚がここにありうるとも思われない。きっと霊験あらたかな神さまが現れなさいましたのであろう。」と、たいそう怪んだ。村の者たちが皆寄り集まって、まもなくそこへ祠を立てて、その中へ鮑魚をお入れしまして鮑君と名づけました。村の者たちが病気になっても、それぞれ治ることがあるので、この神さまのお恵みにあずかった所であるとして、あがめ祭った。そのうちにお社は大きなのを造り出して、御礼の祭りのお神楽《かぐら》の音が絶えることがなかった。本当に立派なすばらしい神さまであったよ。七、八年ほど経ってから、例の鮑魚の持主が、このお社の辺りを通り過ぎて「どのような神さまがこのように現れなさいましたのか。」と訊くと、自分が残して置いた鮑魚であった。「あゝ情けない。それは自分がそこへ残しておいたものだよ。」と言ったら、かの霊験のことどもは忽ち止まってしまった。〔『抱朴子』にある。〕

また、芦浦という所を通過した人が、何心もなく、わらぐつを脱いで樹の枝にかけて去って行った。後から来た人が、また、自分のわらぐつを初めに過ぎ去った人のように枝にかけた。ここを過ぎる人が皆、このようにしているう

を過ぐる人、皆かくのごとくするほどに、後にはわらぐつの*員、幾百千といふことをしらず。何者のたはむれにか、草鞋大王と名を題して後には、*竟に御社をたてゝいつきまつるほどに、靈異はなはだあらはる。彼はじめ、わらぐつかけたりし人爰をすぐるに、そのよしを聞て*おかしき事におもふ。誠はこの処の*ふるつはものゝ死せしそのたましひのよりしにぞ有ける。五雑俎に。　（以上四巻本利集）

ちに、後にはわらぐつの数が幾百幾千ということも分からないほど多くなってしまった。誰かがたわむれに「草鞋《わらじ》大王」と名前を付けて、後にはとうとうそこへお社を建てて、あがめ祭っているうちに霊験が非常に多くあらわれた。例の最初に、わらぐつを枝にかけた人がここを過ぎる時に、その事情を聴いていぶかしいことだと思った。本当のところは、この土地の古い武士《つわもの》の死んだ魂がとりついたのであった。〔『五雑俎』に見える。〕　（以上四巻本利集）

老子の、*道をもつて世を治むるときはその鬼神ならず、といえることこれらの事をやいふべき。*南軒張氏の、ひとつの*淫祠を*こぼたれし処、その神に*牒

老子が「道理をもって世を治める時は、その鬼（霊魂）は神秘な力をなくする。」と言ったことは、これらのことを言っているのであろう。南軒張氏が一つの淫祠をこわされたところ、そこの神に申し上げる文を書いて、一人の司

いかさまにも—いかにも、きっと。**現神**—姿を現して霊験を示す神。**やまふ**—病う。病気になること。**賽**—サイ。神から受けた福へ報いるために祭ること。**めでたき**—すばらしい。立派な。**抱朴子**—晋の葛洪の著。八巻で内篇と外篇とから成る。「内篇第九道意」にこの鮑魚の話がある。**芦浦**—逝江省にある塩の産地。**員**—数。**竟に**—竟はつきる、終るの意味だが、ここは、「ツイに」とよみ、とうとう、遂にの意味。**おかしき事**—変なこと。妖しいこと。**ふるつはもの**—戦になれた老功の武士。**道をもって**—『老子』六十章に「道ヲ以ツテ天下ニ莅（ノゾメ）

するの文かきて、ひとりの司戸をその使に差けるが、司戸は下司の官の名なり。この司戸其牒をうくるに、両脚たちまちに軟*てけり。されども輿にたすけのせられてゆく。かの祠に入て、その神の像をとりてうちわるに、その腹の中に合*《ハコ》あり。よに香ばこのごときものなり。合のうちに合あること数重の後に、ちいさき合の中より、大きなる白き虫のはしりいづるを取りて、油に入て煎*ころしつ。かの虫のはしり出るを見て、両脚のなへ《ママ》したちどころに愈てけり。この類また世に多し。はじめ神仏の像つくり出すに、僧*道巫*祝の類、蟲蛇の類のその性きはめて靈*なるをとりて、像の中に篭め置てその靈をたすくる事あるものなり。

おもふにかの司戸が両脚の軟へ《ママ》しは、ふかくかの神をおそるゝ心のいたす所也。虫をみるにおよびて、まことに神*明にはまさりしとおもふこゝろ付くぞ、立どころには愈たり。されば紫*陽の朱子これらの事

戸を、その使いとしてさし遣《つかわ》したが、〔司戸は下級役人の官名である。〕この司戸はその文を受けとると、両足が急になえてしまった。しかしながら、助けられて輿《こし》に乗せられて行った。その祠に入って、そこの神像を取って打ち割ると、その腹の中に箱があった。〔世の中の香箱のようなものである。〕この箱の中に、さらに箱が幾重にも入っていて、その後に小さな箱の中から、大きな白い虫が走り出したのをとって、油に入れて煎《い》り殺してしまった。その虫の走り出したのを見て、下級役人の両足のなえたのが、たちまち治ってしまった。この類《たぐい》のことはまた世に多いものだ。初めに神や仏の像を造り出すのに際し、僧侶や道士や巫女の類の者や、虫や蛇のたぐいで、その性質のきわめて霊的なものをとり出して、像の中に閉じ込めておいて、その霊を助けることがあるものである。

考えてみると、あの下級役人の両足が萎《な》えてしまったのは、深くその神怪を恐れる心がしたことである。出てきた白い虫を見るに及んで、「本当はこのような神怪に私の方が勝っているのだ。」と思う心になったので、たちまち足が治ったのだ。だから、紫陽の朱子がこれらのことを論じ

を論じて、*すべからく民をしてこれ淫祀たり、といふ理をよく信ぜしめ、疑ひのこゝろなからむ後にこそ、其祠をばこぼつべけれ。さらずば、かの民*水旱にも*疾疫にも、この神によりてぞいのりもとむる。たちまちにこぼちすてられたらんには、うやまひ*うとむるもの心なを《ママ》深かるべき。むかし郷里の人、ふかくたつとみし土をもつて、造れる大仏の像あるを、ある人その首をきり落しける。所のものどもあつまりて泣く。忽に、かの像の首より*舎利おほく出てけり。土にいかでかこのものを生ずべき。たゞこれ、人の心のいたすところなり。とぞいへりける。理にこそおぼゆる。

て、「当然なすべきこととして、人民たちにこれがいかがわしい祠であるという道理を、よく信じさせ疑う心をなくしてから、その祠をこわすべきであったのだ。そうでなければ、かの人民は洪水、干魃《かんばつ》にも疫病にも、この神を頼んで祈願するのだ。すぐさま祠をこわして捨てられたならば、敬《うやま》うのを疎《うと》じる人の心がいっそう深まるに違いない。その昔、郷里の人が深く尊んだ土で造った大仏の像があったのを、ある人がその首を切り落としてしまった。土地の者たちが集って泣いた。するとにわかにかの大仏像の首から骨がたくさん出てきた。どうして土がこの骨を造り出せようか。ただ、これは人の心がなすところである。」と言ったのだ。もっともな道理であると思われる。

バ、其ノ鬼、神ナラズ」とある。**南軒張氏**―南宋の人。朱子と親交があった。張南軒。**淫祠**―いかがわしいものを祭った社。**こぼたれし**―こわされた。くだかれた。**牒するの文**―申し上げる文。牒は公文書。(85頁) **軟て**―なへるは萎える。力が抜ける。手足などの力がなくなること。**合**―はこ。箱。**煎**―熱くこがす。煮つめる。**僧道**―僧侶(仏教徒)や道士(道教信者)。**巫祝**―フシュク。巫女(神道のみこ)のたぐい。**靈なる**―不思議な力を持つ。霊的な。**神明**―神。心のこともいう。**紫陽**―宋の朱熹の称号。**すべからく**―当然するべきの意味。『朱子語類』三に「須ク是レ民ヲシテ…」とある。**水旱**―洪水と日照り。**疾疫**―感染症。流行病。伝染病。**うとむ**―東北大本には「たっとぶ」とある。**舎利**―骨。火葬したあとの骨を保存したもの。

これら*淫祀の鬼神の外に、靈験ことにあらはるゝは、おほくは忠臣義士の死して、その靈魂靈魄いまだ散ざるものにて、*祀のいはゆる、法民にほどこし、死を以て事をつとめ、労を以て国を定め、よく大なる*菑をふせぎ、よく大なる患をふせぎし等の人にて、*其郷国にしては、まさにまつるべき所の正祀となすなり。さらば、今仏につかふるも又淫祀とやいふべき。かの仏は西域の*化人なり。

わが国にしては、おのづから天地ひらけはじまり、*天照大神の御すゑは、*豊葦原の中つ国*しろしめされしよりこのかた、世々にいつきまいらしめ給ひし御神、ことぐヽく*祀典に侍る。*神名帳等に見えたり。他のくにの神まつるべからざるの理りにや《ママ》。今も伊勢には*僧尼を*ばいむ事にぞ侍る。されどいにしへより、*大学寮をはじめて国々にも、*先聖・*先師をまつらるゝの例に寄らば、其法を奉ずる僧尼の、仏につか

これらのいかがわしい祠の鬼神（霊）の他に、霊験がことに著しく現れるのは、多くは忠臣や義士が死んで、その霊魂や霊魄（霊的肉体）がまだ散り失せていないものであって、『礼記』のいわゆる、良い法を民に施し、死ぬほど懸命に仕事に務め、労力を使って国を安定させ、よく大きな災害を防ぎ、よく大きな患《わずら》い（病気）を防いだりした人々をこそ、その出身地においては、本当に祭らねばならない正しい祀とするのである。だから今、仏に仕えるのも、また淫祀とでもいうべきだ。かの仏は西方の地域で、仮りに人の姿を現したものである。

わが日本の国では、自然に天地が開けて始まり、天照大神の御子孫が、豊芦原の中つ国をお治めになされてからこの方、代々あがめ祭られなさいました御神は、すべてが祀典にあります。〔『神名帳』などに見えている。〕他の国の神は祭ってはならないという道理でもあるのだろうか。今も伊勢では僧侶や尼をはばかることがあります。しかしながら、古代より大学寮を初めとして、国々でも先聖や先師を祭られている例によって言えば、その仏法を信じ奉る僧侶や尼が、仏にお仕えまつろうとすることは悪くはない。ところ

ふまつらんことはあしからじ。世のつねの人々のつかふるこそこゝろゑられね。おもふに、これおほくは祈禱のことによれるものにや。其鬼*にあらずして祭るはへつらゐ《ママ》る也。義を見て*せざるは勇なしと侍る。かの民の義を求む、鬼神を敬して遠ざくと侍るも、かれこれ通してみむに*、此まどひはとけぬべし。おのが行ひの善からぬ。みづからも悪しとを《ママ》もへばこそ、いかにもしてこの罪まぬがれむとおもふ心より、仏にはつかふれ*。おのがおこなひよからぬは、民の義をつとむることなきがゆゑなり。そのあやま

が世の中の普通の人々が、仏に仕えることこそが納得できないのだ。考えると、これは多くは祈禱のことによっているものであろうか。その鬼（霊）ではないのに、祭るのはこびへつらっているのだ。義、つまりなすべきことを見て行動を起こさないのは勇気がないと、『論語』にあります。かの民の義を求め、鬼神（神霊）を尊敬して遠ざけるとあるのも、あれとこれとを比較して考えてみたら、この違いは解決できる。自分の行いはよくない。自分も悪いと思っているからこそ、どうかしてこの罪をのがれようと思う心から、仏に仕えたらよい。自分の行いが良くないのは、民が義を務めることがないからである。その過ちを悟っても、

淫祀の鬼神―いかがわしい祠の神。**祀**―祀は礼の古学。ここは『礼記』のこと。**菑**―サイ。災害。**郷国**―ふるさと。出身地。**化人**―神や仏が仮りに人の姿をして現われるもの。**天照大神**―日の神で、伊勢皇太神宮の祭神。日本の皇室の祖とされている。**豊葦原の中つ国**―天上と地の間の国のことで、日本の美称。**しろしめす**―お治めになる。**祀典**―祭りの儀式。**神名帳**―三一三二社の記を列記したもので、『延喜式』の九・十にある。**僧尼**―男の出家と女の出家。僧侶と尼僧。**いむ**―忌む。はばかり憎む。**大学寮**―官吏養成の最高学府。**先聖**―前代の聖人。**先師**―先代の賢人。**鬼**―死者の霊。『論語』「爲政」に「其ノ鬼ニ非ズシテ之ヲ祭ルハ諂（ヘツライ）ナリ」とある。**義を見て**―なさねばならないことを見て。『論語』「爲政」にある。**通してみむに**―比較してみたら。通してみると。**つかふれ**―仕えるのだ。「れ」は強調。

ちを悟りても、すみやかに改ることあたはぬは、勇なくして義をみてもせざるものなり。

　かくても又、仏の*悲願によりて六趣の報応をもまぬがれ、六趣は*六道也。*九品の快楽をもうけなんとおもふが故に、我がまさにまつるべき*祖考の神たるも、猶ほとけにつかふ。礼を尽しぬるは、これわが親に孝ならずして、権勢の人に媚び諛らひて、*身をも我をもたてむとする人に似たるべし。忠臣はかならず孝子の*門にもとむとも見えたり。かの心をもつて君につかえんに、君あきらかならんには、不孝の人日に夜に其労を*かさぬとも、いかゞ忠あるべしとは見給ふべき。

　仏はもと西方の化人なり。その神もし靈あらば、いかで不善の人にその感応はあるべき。世の人常のことばに、*積善の家に余慶あり、*積不善の家に*余殃あり。とは侍れど、よしとみし人の福にあふは*希にて、よからぬと聞く人の禍をうくるは多かりけれ。仏の

すばやく改ることができないのは、勇気がなくて、義というなさねばならないことを見ても、何もしない者である。

　かくしてもまた、仏の悲願によって六趣の応報をまぬがれ、〔六趣は六道である。〕九品往生の快楽を得ようと思うがために、自分がまさしくお祭りをしなければならない、祖先の神霊であるのにもかかわらず、なお仏に仕えている。礼を尽してするのは、これはわが親への孝ではなくて、権力ある人に媚びへつらって、立身出世しようとする人に似ているのだ。忠臣は必ず孝行な子供のいる家で得られると、『後漢書』に見えている。そのような心を持って主君にお仕えした時に、主君が明君でなかったならば、不孝の人が日夜、その労力をかさねても、どうして忠義の心があるはずだと、ご覧になりましょうか。

　仏はもと西方の人に化した神仏である。その神にもし霊があれば、どうして善をしない人にその感応があろうか。あるはずがない。世の人の普通の言葉に、「善《よ》いことを積まれた家には、あり余るほどの喜びがある。善くないことを積み重ねた家には、多くの殃《わざわい》がある。」とありますが、良い人だと見えた人が幸福になるのは稀であって、良くないと聞いた人が災いを受けるのが多いものだ。仏の教えで

をしへに、*三世の事を説き給へるこそ、ことにすぐれたれ。よき人の不幸なるは前世の悪報なり。此罪をつぐなひてんには、後世はかならず善報をうくべきものなり。あしき人も前世の*修善によりてこそ、かく今の世にも幸はおほけれ。かの善報のすでに尽なん後は、後世かならず*悪趣に堕すべきもの也とぞいふなる。これ、小きなるをしりて大なるをわすれたる説なるべき。*福善禍淫の事は、これ天のおのづからなる理なれば、これと云ひかれといふ。これは聖人、

前世・現世・来世の三世のことをお説きなさいますことは、とくにすぐれています。良い人が不幸であるのは、前世の悪い報いからである。この罪をつぐなったならば、後世には必ず良い報いを受けるべきものである。悪い人でも前世に良いことを修めたからこそ、このように今の世では幸福な人が多いのだ。あのよい報いがすでに尽きてしまった後は、後世は必ず悪い所へ落ちるはずであると言っている。しかしこれは、小さなことを知っていても、大きなことを忘れている説であろうか。福や善、禍や淫のことは、これは天からのごく自然な道理なのであるから、これといい、かれと言っているのだ。〔これは聖人、かれは仏である。〕た

悲願—心からの願望。**六道**—人の死後、生まれ変わるという六種の境。地獄・餓鬼・畜生・阿修羅・人間・天上の六界の総称。「六趣」ともいう。**九品**—極楽往生に上品上生から下品下生まで、九品の種類があること。九品往生のこと。**祖考**—死んだ父と祖父。先祖のこと。**身をも我をもたてむ**—立身出世して一家を起こそう。**門**—門は出入りするところ。ここは家。『後漢書』五六に「忠臣ヲ求ム必ズ孝子ノ門ニ…」とある。**かさぬ**—重ねる。**積善の家に余慶**—『易経』に「積善ノ家ハ必ズ余慶有リ」とある。余慶とは、ありあまるほど子孫に残る幸いやよろこびのこと。**積不善**—よくないことを積み重ねる。**余殃**—殃（オウ）は災い。子孫にまで残る大きな災い。**希**—まれ。少い。**三世**—仏語で、前世・現世・来世。**修善**—善をおさめる。**悪趣**—悪い考え。ここでは悪い場所で地獄のごとき所。**福善禍淫**—良いことをする者には幸福があり、悪いことをする者には災いがあること。『尚書』に「天道ハ善ヲ福シ淫ヲ禍ス…」とある。

かれは仏也。只そのいふ処の異なるに、かれは我に*ママしてこれは真なるぞ異なる。其理はおなじきに似たり。されば易にも善不善ともに積むとはみえたり。

家とは、上は父祖より下は子孫に至りて、中はおのが身、旁*は伯叔兄弟ともに通して、いへる名なるべき。しからば、かれがいふ所は三世といふ。其まことは、たゞおのが身一人なり。聖人の宣ふところは、上中下に通して千百世といふとも、たゞひとつ家にてぞある。いにしへより家をも国をも興せし人、その先*多くは忠信の人なり。またよき人の子孫、衰ふることいまだ聞かず。世の人知小しきに、慮*近くて我百年のほど見る。うちの事のみをもつて、かの天命を疑ふこそうたて*けれ。積むとのたまへる事、ふかきこゝろ*ゐある*べしや。たとへば、おのれわづかに一、二の大善をなさむに、その善いかに大なりとも積ことなからんには、福をいたすに及ぶべからず。善小なる

だ、その言う所が違っているのは、彼が我であって、これは真であることが違っている。その道理が同じなのに似ている。だから『易経』にも「善も不善もともに積む」と見えているのだ。

家とは、上は父祖から下は子孫に至るまで、中は自分のこと、近くは伯父叔父兄弟ともに通して言う名称なのだ。そうであるから、かれ仏がいう所は三世と言っている。その本当の所はただ自分一人である。聖人のおおせられるところは、上・中・下を通して千百代といっても、ただ一つの家にすぎないのだ。古代から家をも国をも興した人は、その先祖の多くは忠義・信義の人である。また、善い人の子孫が衰えたことをまだ聴かない。世の人の知能は小さいのに、考え方も浅くて自分の百年くらいを見ている。うちのことだけをもって、あの天命を疑うことこそ情けないことだよ。「積み重ねるのだ」とおおせられたことに深い考えがあるのであろうか。例えば、自分がわずか一つか二つの大きな善行をするのに、その善行がいかに大であるといっても、積み重ねることがなかったならば、福をなすことなど到底できないのだ。善行が小さいからといっても善を

を以てせざる事なかれと侍れば、たゞ善をつむこそ我徳をもなしつべく、*天福をもいたしぬべけれ。

　己が*身より上つかたは、かのいはゆる前世にて、下つかたはいはゆる後世なり。おのが身いかに善ありとも、祖先の世に悪を積なむには、その*余波なをおよぶべき。さればこそ、あまれる殃とはのたまひたれ。よからぬ人の福あるも、猶かくのごとし。たゞ是、祖先の積けん善の余波なるべき。人多きときは天にかつ。天定まりて人にかつとも侍る。かのよからぬ人はいはゆる*小人なり。小人はかならず才あり。才あるがゆゑに、よく世に媚びよく人にへつらふ。人を*しる事は堯だにも難《ママ》んじ給ふといふ。ま

しないことがないようにせよ、とありますから、ひたすら善行を積み上げていくことこそが、おのれの徳をなしうるのであり、天がその福をもなしうるものである。

　おのれの現在の自分よりかみの方は、あのいわゆる前世であって、しもの方はいわゆる後世である。おのれ自身にどれほど善行があっても、先祖の世代に悪行を積み重ねていたならば、その影響がなおあるに違いない。だからこそ、子孫に残る災いだとおおせられたのだ。よくない人に福があるのも、なお、このように先祖のことがあるからなのだ。ただ、これは先祖の積んだ善行の影響なのだ。人が多いときは天の道理に勝ち、天の道理が定まって人に勝つこともある。あのよこしまな人はいわゆる小人物である。小人物には必ず才能がある。才能がある故によく世に媚《こ》び、よく人にへつらうのだ。人を理解することは古代の聖帝堯すらも、むずかしいことであらせられたということだ。まして

我―東北大本・四巻本には「妄」とある。これは「まちがい」の意。**旁**―かたわら。傍、近くの意味。**先**―先祖。
慮―思いめぐらす。考える。**うたてし**―情けない。**こゝろゑ**―はからい。考える。**あるべしや**―ありえようか。
天―造物王。神。または運命、天命。天の道理。**身**―自分のこと。自身。**余波**―影響。**小人**―人格の低い人。小人物。**しる**―知る。分かる。よく理解する。

して後の世の人をや。人しれる人はまれなり。人しらざる人は多し。かのおほくしらざる人の、かれが為にあざむかれて、なにがしは賢なり、なにがしは能ありといふ程に、時に逢ひ世に用ひらるゝ事ぞ得たり。これ人多くして天に克つもの也。

いはゆる百年にして公議*さだまりては、つゐ《ママ》に又人を欺くべからず。人の生けるときは、よきにつけあしきにつけ、誉め刺*しる人の言葉信じがたし。おほくは其欲にひかるゝ所あるが故なり。死して百年の後こそ、その議*はさだまる物なりといふ。　ましてや、それらよからぬ人の子孫さかゆくこと、いつの世にはありし。これ、天さだまりて人にかつ*もの也。さらば、かの積善*の家に余慶あり、積不善の家に余殃あり、とのたまひし事何かあやまつべき。かの仏の教は家をいづるの法なり。父母をもはなれ妻子をすてゝ求むべき道也。かるがゆへ《ママ》に、およその事みなおのが身ひとつを利せんとはす

や、後世の人に於いておやである。人をよく理解できる人は稀《まれ》である。人を理解できない人が多い。あの多くを理解できない人が、小人物のためにだまされて「誰だれは賢明であり、誰だれには能力がある。」と言うので、時勢に巧く合致して世に重用されることを得たのだ。このことは人が多いので、天の道理に勝ったというものだ。

いわゆる百年で、公平な論評が決まってしまってからは、ついぞまたと人を欺いてはいけない。〔その人が生きている時に、良いことにつけ悪いことにつけ、褒めたりそしったりする人の言葉は信じがたい。多くはその人の欲にひっぱられて、するところがあるからである。死んでから百年の後にこそ、その評価は定まるものである。と言っている。〕　ましてや、それらのよくない人の子孫が栄えていくことが、いつの世にあったのか。これは天の道理が定まって人にうちかつものなのだ。だから、かの「積善の家には余慶（余った多くの福）があり、不善を積んだ家には余殃《よおう》（余った多くの災い）がある。」と、おおせられたことに何の誤りがあろうか。あの仏の教えは、家を出て出家になる法である。父や母にも別れ妻子をも捨てて、追求するべき道なのである。だからこそ大抵のことは、すべて自分の身体一つのみを、よくしようとするもの

るなり。しかはあれど、善をなして殃にあひ悪をなしても福をうくること、よにおほきが故にかの前世後世の説をたてゝ、善を修せしむる教とはするものなり。

　かの善悪の報は人の世にあり。かのいふ所のごとく、すでに鬼となるにおよびて、始て*閻羅十王等の獄をわかつ事をまつのみにはあらず。漢・唐よりこのかた、世々の記せる史伝を見るに、西域の人はその性もつとも*忍べり。よの諺に、*苛きといふのたぐひなり。いにしへの所謂*鬼方の地なれば、其俗また鬼を信ず。性忍なるものは父子のなさけをもしらず。己が利にを《ママ》もむくにいたりては、いかでか父祖をもはづかしめ、子孫をも禍せんことをあはれとは思ふべき。鬼

である。そうはいっても善を行って災いに逢い、悪行をなしても福を受けることは世の中に多い。そのために、あの前世と後世という三世の説を立てて、善い行為を修行させる教えとしたのだ。

　あの善悪の報いは人の世にある。かの言うところのように、既に鬼（霊）となるのに及んで、初めて閻魔や十王たちが、人を入れる獄を分けることを待つのみではない。漢や唐よりこの方、代々に記した史伝を見ると、西方の人はその性質がもっとも残忍である。〔世の諺に苛《むご》いという類である。〕古《いにしえ》のいわゆる鬼門とされる方角の地であるから、その風俗はまた鬼（霊魂）を信じている。その性が残忍であるものは親子の情も知らない。己の利益になるように行動するに至る者が、どうして父祖をはずかしめ、子孫にも災いをなすであろうことを、哀れだと思おうか、思いはしないのだ。鬼（霊魂）を信ずるものは目にも見えず、耳に

公議―公平な論評。**刺しる**―ソしるとよむか。**議**―議論。評議。**かつ**―うちかつ。たえる。**積善の家に**―『易経』「文言伝」に「善ヲ積ムノ家ニハ、必ズ余慶有リ。不善ヲ積ムノ家ニハ必ズ余殃（ヨオウ）有リ」とある。**閻羅十王**―仏教でいう地獄の十人の王。五番目に閻羅王がいる。閻羅は閻魔大王のこと。**忍べり**―普通は我慢するの意だが、ここは残忍、むごいの意か。**苛き**―ここはカラきと訓み、むごい、きびしいの意。**鬼方**―鬼門とされる方角。

を信ずるものは、目にもみへ《ママ》ず耳にも聞へ《ママ》ざるものを怖る。かの*仏のはじめて教を設けられし、たゞその*俗によりて導きけるものなるべし。*二世因果・*六道輪廻等の説をたてしをいふ。されば、その*志のごときは*仁なり。その説のことは*妄なり。ある人のこれは是、*方便の説にして、則*衆生を度せんがため也。といひしに、誠をもつて人を感ぜしめん事猶かたし。まして、いかでか妄をもちゆることを得べき。と程氏のいひけん。正しく大なることばなるべし。

たとへば、*医の庸なるが病を治するに、そのこゝろざしひたすらに、かの病を*医せんとおもふにあり。良医の如きはしかはあらず。薬はもと毒物也、といへる事をよくしれるがゆゑに、かの愈なん後この薬の毒のこりとゞまりて、旧疾すでにいゆることを得るとも、新病また発する事もありぬべきとおもひて、その方を按ずる事たやすからず。其験を得るがごと

も聞こえないものを恐れる。かの仏陀が初めて教えを設けられたが、ただ、それらの人が普通の人であるので、それなりに導かれたものなのだ。〔二世因果、六道輪廻などの説をたてたのを言うのだ。〕 だから、そのこころざしの如きはいつくしみなのである。しかし、その説くことはいつわりなのである。ある人が、「これは、これ方便の説であつて、すなわち衆生を救わんがためなのだ。」と言ったのに対し、「誠意をもって人を感動させることは、なおむずかしい。ましてどうして、いつわりを用いることができようか。」と程氏が言ったが、これは正しく非常に大きな言葉であるのだ。

例えば、医師で平凡な人が病気を治すのに際し、その気持ちはただ一途にその病気を治そうと思うことにある。良い医師のごときはそうではない。薬はもともと毒であるということを、よく知っているために、病気が治癒した後もこの薬の毒が凝り留《とど》まっていて、古い疾患がすでに治ることを得たにしても、新しい病気がまた発症することもあるだろうと思って、その処方を考えることは容易ではない。その効験を得るがごときは、あの下手な医師が与えた薬が、

きは、かのつたなきがあたえし薬の、たちどころに功あるにおよばぬに似たりつれど、その病*愈るに及んではいかに。其術拙きがゆゑに病をば立どころに治しぬ。このくすりの毒久しくして発せんことをしらず。その毒発するにおよびては、猶これあらたに*請しやまひとはおもふ、医のつねなるだにしらず。まして其*病家をや。かのくすりの毒すでに発しけりとは、死にいたれども悟らず。まことに悲しき也。

かの仏のおしへもいかにもして*悪俗を導きて、善を修せしめんとのこゝろざしにてぞあれど、その教もと*夷教にて、君臣もなく父子もなく、まして夫婦

すぐさま効《きき》めがあったのには及ばないのに似ているけれども、その病気が治癒するに及んではどうであろうか。その医術が拙《つたな》い故に、病気を薬ですぐさま治した。この薬の毒が長らくして後に、体内に発生することを知らないのだ。その毒が体内に発生するに及んで、なお、これを新しくひき受けた病気だと思っている。医師が凡庸なのを知らず、ましてや自分がその病人（気）の家になったのを知ることはない。以前に与えた薬の毒がすでに発症したとは、その人が死んでしまっても凡庸な医師は悟らないものだ。本当にかなしいことである。

　あの仏の教えも、どうかして悪人や俗人を導いて、善いことを修行させようという気持ちであろうが、その教えはもとは異国の教えであって、君臣もなく父子もなく、まし

仏—仏法の大聖者。釈迦牟尼。**俗**—仏門に入っていない人。普通の人。**二世因果**—この世とあの世の因果。**六道輪廻**—地獄・餓鬼・畜生・修羅・人間・天上の六界を、生まれかわって続けること。**志**—こころざすこと。めざすところ。**仁**—いつくしみ。孔子の教え。**妄**—いつわり。でたらめ。**方便**—教える手段、方法。**衆生を度す**—すべての生物を救うこと。度そのものは仏語で僧になることをいう。**医の庸**—並みの医師。平凡な医者。**医せんと**—病気をなおそうと。**愈る**—イエる。病気がなおる。**請し**—ウケし。ひき受けた。**病家**—東北大本は「やめる家」とある。**悪俗**—悪人と俗人。**夷教**—えびすの教え。四方の遠国の教え。

兄弟のおしえ《ママ》もなければ、たゞ身ひとつを利せんとのみ思ふこゝろより、善をおこなはんとすれば、悪いよ〳〵やまず。さればいにしへより仏に*佞するの人、大悪あるの人にあらざれば、必ず*陰悪あるの人なり。しからざれば、いはゆる賢知の過ぎたるにて、かくれたるを求め、あやふきを行ふものなり。*中庸にみゆ。

　これらは*知の過ぎ*行の過て、常の道を厭ひしもの也。それをたとふるに、常の飲食を節にし、つねの起居を*時にすることは、聖人の生を養ふつねの道なるを、これらは常のやしなひなり、と思ひすてゝ日々に薬品をのみ服するがごとし。いにしへより服薬の人、忽ちに其毒発して命をを《ママ》とせし、上は天子より下は士農におよぶまで、いくらといふ数をしらず。世の心疾ありて物くるはしきふるまいをする人、多くはかのつねをいとふの人なり。聖人のおしえは しかはあらず。*菽粟布帛の日々に用ふべきが如く、

てや夫婦・兄弟の教えもない。だから、ただわが身一人に利益をもたらせようとだけ思う心から、善行を行おうとすれば、悪はますます止まない。だから古《いにしえ》から仏におもねる人は、大きな悪行のある人でなければ、必ず人の知らない悪の行いのある人である。そうでないなら、いわゆる賢知の力が過ぎている人であって、隠れていることを求め、危いことを行うものである。〔『中庸』にある。〕

　これらのことは、智慧が有り過ぎており行いも過ぎていて、通常の道を行うのをいやがった者である。それをたとえてみると、いつもの飲食を節約し、通常の起き伏しをいつもの時にすることが、聖人の生命を養う常の道なのである。それを、これらのことは常の養育であると軽く思って、毎日毎日薬のみを服用するようなものだ。古代より薬を服用する人で、たちまちその薬の毒が発生して命を落とした者は、上は天子から下は武士や農民に至るまで、どのくらいいるのか、その数を知らないほどだ。この世の中で精神の疾患があって、もの狂わしい振る舞いをする人の多くは、例の常の生き方を厭がる人である。聖人の教えはそうではない。豆や粟を食べ、木綿や絹を日常に用いるように、父

孝弟*・忠信*の外にもとめず。これ詩書執礼*のごときは、雅に宣ふ*ところにして、かの怪力乱神*のごときは、語り給はざるゆゑならんかも。

（以上四巻本貞集。三巻本下巻）

鬼神論　下　大尾*

明和庚寅冬*御免*

母に孝行し目上の人に従い、誠を尽して偽らないことの他には、何も求めない。これは『詩経』『書経』と礼を守り行うことは、常に言われているところであって、あの孔子さまが、怪力乱神のごときことはお話しにならない理由でもあろうか。

（以上四巻本貞集。三巻本下巻）

鬼神論　下　大尾（終り）

侫する—おもねる。**陰悪**—人の知らない悪事。**中庸**—四書の一。中庸の徳を説いた儒教の書。中庸に「子曰ク、隠レタルヲ素（モト）メ怪シキヲ行フハ…」とある。**知**—知る。理解する。見分ける。**行**—行なうこと。行ない。**時に**—普通は「時としては。時々」の意だが、ここは「その時に、いつも」の意か。**菽粟布帛**—シュクゾクフキン。豆類や穀類の食べ物と、木綿の布と絹織物。**孝弟**—よく父母に仕え、目上の人に従うこと。**忠信**—誠を尽くしていつわらないこと。**詩書執礼**—「詩書」は『詩経』と『書経』。「執礼」は守り行なうべき礼儀のこと。**雅に宣ふ**—つねに言われている。**怪力乱神**—怪異に武勇、乱倫背徳、神霊のこと。**大尾**—最終。結尾。**明和庚寅冬**—庚寅（カノトトラ）は明和七年（一七七〇年）。その冬。**御免**—免許の敬語で、公儀（役所）から出版許可が出たこと。

寛*政庚申秋出版

大坂書*舗

高麗橋通
藤*屋弥兵衛

心斎橋通
河*内屋太助

寛政庚申秋—庚申（カノエサル）は寛政十二年（一八〇〇年）。その秋。**藤屋弥兵衛**—享保十年十月から天保六年五月にかけて活躍した大坂高麗橋一丁目に代々続いた大書肆で、百十一年間の内、四百部ほどの板元になっている。**書舗**—書物を売る店。**河内屋太助**—寛政六年十一月から明治六年十一月まで、大坂雛屋町心斎橋通唐物町四丁目の書肆で、八十年の内に百八十部ほどの板元となる。

鬼神新論

鬼神新論序

世之論道者。率以君臣父子男女長幼朋友。為人之大倫。而不知神人之際。更大於是焉。或稱。君為臣綱。上為民綱。父為子綱。夫為妻綱。而不知神之為人綱。更先於是焉。神人之義。至貴至要。然其湮没淆乱久矣。頼我本居翁論而定之。而後乃始較然著明。然歴歳尚淺。未能浹洽於

この世で人の行うべき道理を論ずる者は、おおむね君臣・父子・男女・長幼・朋友の五つの道をもって、人として行わなければならない、大きな道理としている。しかし、神と人との間、さらに是より大きなことを知らない。あるいは言っているよ。君は臣のおおもとであり、上は人民のおおもとである。父は子のおおもとであり、夫は妻のおおもとであると。ところが神が人のおおもとであり、さらに、これらより先であることを知らないのだ。神と人とのことわりは、大変尊いことであり、大切な要《かなめ》なのである。ところが、それが沈み亡んで濁って乱れてしまってから随分永い。

私たちの本居宣長翁が論じられて、このことを定められたことにより、

道―人として行うべき道理。**率ネ**―おおむね。概して。**朋友**―友だち。ここは友と友との間。**大倫**―大きな道理。**神人之際**―神と人間との間。**綱**―おおもと。物事の枢要。**義**―道、ことわり。**湮没淆乱**―沈んで亡び濁って乱れること。**較然**―著明―著しく明らかなさま。**浹洽**―セフカフ。あまねく行き渡ること。

世之心目。彼耆宿碩儒。村識兼優。独其囿乎外籍。漸乎末学。其所擬議。率任智慧。索隠怪。厭棄康荘。故就崎嶇。曽不若倥侗顓蒙之夫。唯知頓空龔奉。反為近道。而世猶迷惑。以為当然。不亦悲乎。往歳余在江戸。聞平田君篤胤同門士也。訪之一見。如旧相識。遂与往来。揚摧所学。語及神人之際。大旨協同。相視莫逆。頃者撰定鬼神新論一編。千里寄示。乞余一言。閲之。則本據古伝。指摘世儒之謬。持論確而辨駁詳。誠足以鼓吹師言。療久痼之聵盲也。所幸者。神人之義。籍以益明。則反淳帰正。人極之卒立。而君臣。父子。内外。上下。無

そうした後に初めて著しく明らかになったものだ。ところが、年月を経ることのなお浅く、まだ世の人の心と目にあまねく行き渡ることができない。あの老いて学徳のある大学者は、村の物知りより勝っていて、ひとり外国の書物の園にいて、ようやく未熟な学者になった。それらの人が考えを決めるのには、おおむね知恵にまかせ、隠れた怪を探し求め、繁華な町を嫌って棄《す》て、ことさらに険しい山路をとるのだ。かつて無知で愚かな男が、ただただむなしく、お供え奉ることだけを知って、かえって人の道に近いとしたのに及ばないのだ。ところが世の中はなお道に迷っていて、それをもって当たり前だとしている。これもまた悲しいことではないか。

先年、私は江戸にいて、平田篤胤君が同門の士であることを聞き、彼を訪ねて会った。古くからの知人のようで、とうとうともに往《ゆ》き来するようになった。学んだ所を語り、神と人との際にまで及んだ。おおむね心が合い、互いに見て、その考えに違うことはなかった。彼は近ごろ『鬼神新論』一篇を選定して、千里も遠い地にいる私の所へ寄こして、私の一言を乞うた。これを読むと、すなわち古記録に拠って世の儒者の誤りを指摘し、持論は確固としていて、他人の説の間違いを論じ責めるのに、こと細かである。まことにもって師本居翁の言葉を盛んに主張し、長く直らない聾や盲目を治療するに足るものだ。力を表すところは神と人との道である。これによってますます明らかである。すなわち清らかに帰り、正しきに帰る。人の極みの先に立って、君と臣、父と子、内と

物《トメ》不《ルヿ》レ得二其‐所《ヲ》一。是《レ》則融*‐朗熙*‐康久‐安長‐治之道。豈非《サラム》二天下之同願《ニ》一乎哉。余観《ルニ》レ君《ヲ》。志極《テ》篤《ク》。年方*《ニ》富*《ミ》。気方《ニ》鋭《ク》。其学方《ニ》進《テ》不レ已《マ》。行《く》将《ニ》三深《ク》有《テ》レ所レ造《ス》。而克《ク》‐大《ニ》啓*三‐迪《セムト》後人《ヲ》一也。此《レ》猶其嚆*矢《ナル》也歟。

文化三年七月

尾張　鈴*木朗序

印　印

応需　伊*藤祐蔭謹書花押

外、上と下どれ一つとして、その場所を得ないことはない。これは即ち、透き通って明るくやわらぎやすんじて、久しく安らかに長く治まる道である。どうしてこれが、天下の人の同じ願望ではないのであろうか。

私が平田君を見ると、その志はきわめて熱く強く、年齢もまさに盛んな頃であり、気力もまさに鋭く、その学問もまさに進んでやまない。進む所はまさに深く造るところがあり、そしておおいに後人を教え導こうとしている。この書が、なお、その教えの初めとなろうか。

文化三年（一八〇六）七月

尾張　鈴木朗　序す

印

需《もと》めに応じて　伊藤祐蔭謹みて書す。書判。

心目―心と目。**耆宿**―キシュク。年老いて学徳のある人。**碩儒**―大学者。**村識**―田舎の物知り。**外藉ニ圃**―外国の本の園。**末学**―つまらない学問。未熟な学者。**康荘**―繁華な町。**崎嶇**―キク。けわしい山路。**空侗顓蒙**―カウトウセンモウ。無知で愚か。**頓空**―にわかにむなしい。**龔奉**―キョウホウ。供え奉る。**迷惑**―道に迷う。道理に迷うこと。**往歳**―往年。先年。**往来**―行き来すること。**揚搉**―ヨウカク。おおよそ。**協同**―心を合わせる。**頃者**―ケイシヤ。近ごろ。者は助字。**千里寄示**―遠い所へ寄こして示す。**古伝**―古い伝説。古記録。**辨駁**―他説の間違いを論じせめること。**久痼**―長くなおらない病気。**聵盲**―カイモウ。目の見えない人と耳の聞こえない人。**幸フ**―サチワウ。霊力を表す。神が加護する。**籍テ**―よりて。かりて。**淳**―清い。**人極**―人類の無上の道。人の極み。**卒ニ立チ**―先きに立つ。**融朗**―透き通って明らかなこと。**熙康**―キコウ。やわらぎ安んずること。**方ニ**―マサに。ちょうど。**富ミ**―さかんである。豊かである。**啓迪**―ケイテキ。教え導く。**嚆矢**―事の始め。**鈴木朗**―本居宣長の弟子。尾張藩明倫堂教授並。天保八年没。七十四歳。朗は朖が正しい。**伊藤祐蔭**―未詳。鈴木朗の友人か。

鬼神新論の序

*吹風のめにみえぬ*おにかみの事は。*ことさへくから人の。かしましきまて。*さためいへることゝもあれと。みな*霊ちハふ。神代の伝へことしらぬ。おしはかりなれは。*うは玉のやミにしらぬ山路をゆくに似て。ふミまよふらんもことわりなるを。*玉ほこの道のしをりある。此国の人まても。ともにあらぬかたにたとりきつるに。わが*鈴の屋の翁の。さきたゝれたる*松の火のひかりを見て。分いる人のおほかる中に。平田ぬしの。そのおく山のふかく思ひて。かのおにかみのあるやうを。*やつをのつはき*つはらかに。さためいはれたることの愛たさ*おむかしさは。さらにもいはす。こゝのも

吹く風が目には見えないように、見えない鬼神（霊）のことは、言葉がむずかしい中国の人がうるさいほど議論し言及していることである。しかし、どれもみな魂《たま》が守ってくれる神代の伝説を知らない推量であるから、暗い闇夜に知らない山路を行くのにも似ていて、踏み迷うであろうこともっともである。しかし、道のしるべのある、この日本の国の人までが、ともにとんでもない別の方へ辿りついてしまった。ところが、わが鈴の屋の本居宣長翁が、先頭に立って行かれた松明《たいまつ》の火の明りを見て、それを目標にこの学問に分け入る人が多い。そのなかに平田篤胤ぬしが、その松坂の奥山を深く思って、あの鬼神のありさまを、万葉集にある「八つ峰の椿つらつらに見とも飽かめや植ゑてける君」の歌のように、決め

のまなひする人の。かはかりからことの。よのあしきけちめまて。*ますミの鏡のくもりなく。見あきらめられたるハ。いと〱*めつらしき事なりかし。

高尚近きとしころ。*此大城のみもとにまゐりをるに。おなし学ひの友なれはとて。*草枕旅のやとりを。しハ〱とひきつゝ。もの語せらるゝに。故翁をしたふこゝろ。さく花の色に出て見ゆ。こゝろさしふかしとハ。かゝる人をそいふへかりける。そのぬし此書のはしめに。言くはへてとあつらへらるゝに。おのれは明くれにつかへまつる。神のみうへの事なれと。かくまてハえ思ひわきまへさりしも。*はつかしの森のはつか

て言われたことの素晴らしさ、よろこばしさは言うまでもない。ここの学問をする人が、これほどまでに中国流の世の中の悪いことの区別まで、少しの曇りもなく、明らかにされたのは非常に稀なことである。

私、高尚が近年のこと、この江戸の大城のもとに参上しました時、同じ学びの友であるからとて、旅の宿りの私の所へ、しばしば尋ねて来て、ものごとを語られましたが、亡き本居翁を慕う心が、咲く花の色のようによく出て見えた。学問への志が深いとは、このような人をこそいうべきであろう。その人が、この書の初めに言葉を加えてと依頼されたのだ。それなのに自分が明けても暮れても、いつもお仕え奉っている神さまのお上のことであるが、これほど迄には考えわきまえなかったのが恥ず

吹風の―枕詞。「目に見えぬ」にかかる。吹いてくる風が目には見えないように。**おにかみ**―鬼神。目に見えない霊。**ことさへく**―枕詞。言葉が分かりにくく、やかましいの意味。**さため**―決める。議論する。**霊ちハふ**―霊（魂）が助けて守ってくれる。**うは玉の**―枕詞。烏羽玉が黒いから「黒・暗い」にかかる。**玉ほこ**―道にかかる枕詞。**鈴の屋の翁**―本居宣長のこと。その居を鈴の屋と称した。**松の火のひかり**―たいまつと松坂をかけた。松坂の火の明りで、宣長をさしている。**やつをの…**―八つ峰。多くの山。万葉集二十に「あしびきの八つ峰の椿つらつらに見ても飽かめや植ゑてける君」とある。**つはらかに**―十分に。**おむかしさ**―よろこばしさ。**ますミの鏡**―くもりなく澄んだ鏡。**めつらしき事**―稀なこと。**大城**―大きな城。ここは江戸城のこと。**草枕**―旅にかかる枕詞。

しくて。下草のかり*そめにも。何事をかいひ出んと。あい*なうくちふたかりしかと。したしき中にて。むけ*にいふ事きかぬは。ミつからも。はらたゝしう思ふ事にしあれは。身を*つみてなん。文化の三とせといふとしのかみな月*。廿日あまり八日の日。江戸のすちかひ*のみかとのまへなる。仲まちの二のまちの。足立屋と云ふ家にやとりて。藤井*高尚しるしつ。

かしい。私ごときものが、かりそめにも何事を言い出せようかと、不本意ながら、何も言わずにいましたが、親しい仲であるのに、全く彼の言うことを聞かないのは自分みずからも腹立たしく思うことなので、相手のことを思い、このように書きました。

文化三年という年の十月二十八日　江戸の筋違《かい》の御門の前の、仲町の二丁目の町の、足立屋という家に宿って、藤井高尚が記した。

○*銕胤云。次に挙るは。*藤ノ垣内翁の書簡なるが。此書に係れる事のみを。*少か*抄出たるなり。扨これも。文化三年の事にこそ。

*新鬼神論一冊　先達而より預置申候　繰返し拝見之上返上可申候　今暫御待可被候　こまやかなる御説感入候

三月廿日　*大平

*春庭へもよみきかせ可申候

○平田銕《かね》胤が言う。次にあげる手紙は、藤の垣内翁の書簡であるが、この書に関係することだけを、少し抜き出したものだ。さて、これも文化三年のことである。

新鬼神論の一冊、先日より預っております。繰り返し拝見のうえお返し申したく思います。今しばらくお待ち下さいますように。精密な御説に感じ入っております。

三月二十日　大平

春庭へも読んで聴かせたいと思っています。

はつかしの森―歌枕。山城国羽束師の森。(107頁)　**かりそめ**―刈ると、仮りそめとをかけた。**あいなう**―不本意である。情けない。**むけに**―ようしゃなく。全く。**身をつむ**―自分の身に思い比べて、人の身を思いやること。**かみな月**―神無月。陰暦十月のこと。**すちかひのみかとのまへ**―筋違で、斜め前にある御屋敷の前。**藤井高尚**―本居宣長門。吉備津神社の宮司。**銕胤**―平田銕胤（カネタネ）。篤胤の養子で後継者、伊予出身で、後に秋田藩士になる。**藤ノ垣内**―本居大平の号。**少か**―イササか。少し。**抄出**―抜き出す。**新鬼神論**―写本によっては、『新鬼神論』と題した。**大平**―本居大平。宣長の養子で後継者となり紀州侯に仕えた。元の姓は稲掛。**春庭**―本居宣長の長男だが三十二歳の時に失明した。

鬼神新論の成《イデキ》つる*ゆゑよし

飛驒人のうつ*墨縄の。只一ト筋に重みすべきは。道の学びなり。是を除《オキ》て外に依ルべき事のあらめや。*一*匡いはけなかりし程より。此学びに思ひ入りて。釈迦《サカ》孔子《クジ》のとき教へたる事等にも。道の*輔と為るべきは。撰び取つゝ。*且ゝは真の道の趣をも。悟リ得たりと思ひ居しに。去年《コゾ》の秋より。平田ノ*大人の導き給へるに依リて。古の学ビに立入り。はた鈴ノ屋ノ翁の御書ども読て。初メて神の道の*妙《タヘ》なる由を知り。今まで真ノ道と思へりしは。却りて枝道なりし事をも悟リぬ。かくて世に。鬼神の論ひとて。からの倭の*識者《コトシリビト》の著ハせる書等。数《アマタ》あれど。皆推量の

飛驒の工匠が線を引く墨縄のように、ただまっすぐ一筋に重視するべきものは、道理の研究である。このことを除いて他にするべきことがあろうか。私一匡は幼い頃より、この学びに思いをいたして、釈迦や孔子が説き教えたことなどでも、研究の道の助けとなりうるものは、選び採りながら、どうにかこうにか真の道理の意味をも悟りえたと思っていました。ところが去年の秋から、平田篤胤先生がお導き下さることによって、古学研究に入門し、さらに本居宣長翁のご著書なども読んで、初めて私は神道の妙なる理由を知り、今まで真の道と思っていたのは、かえって枝道であったことを悟った。このようにして世の中には、鬼神（霊魂）の論として、中国や日本の知識人が著した書物などが数多くある。しかし、どれも皆推測の説であって、真

説にて。真の旨に叶へるは無く。中〻に。世の*惑ひ草になむ有ける。

　然《サ》れば其書どもを。一つに論ヒ定めて。此道に惑はひ居る人をら。諭《サト》し給ひねと。平田ノ*宇斯に願申《ネギマヲ》せば。宇斯かねて。其事思ひ立れたる程なりければ。速けく事起して。倭漢《カラヤマト》千〻の書等。*浅茅原*つばら〳〵に読明らめ。*菅ノ根の*ねもころ〴〵に*論ヒ正して。此書をなむ著し給ひぬる。抑〳〵鬼神の事。世の*唯人は有がまに〳〵。疑ふ事も非ざるを。漢籍読て。なま*漢意《カラゴヽロ》つける人は。神の現《ウツヽ》に見え給はねば。無

の趣旨にかなっているのはなく、ずいぶん世の迷い悩むことであった。

　だから、その書物どもを一つに論じ定めて、この研究の道に迷い悩んでいる人たちを教え導いて下さい、と平田先生にお願い申しますと、先生も、かねがねその事を思い立たれたほどであったから、早くも著述を始められて、日本や中国のたくさんの書物などを、大変くわしく読んであきらかにし、ねんごろに近ごろ論じただされて、この書物をば著してくださいました。そもそも鬼神（霊魂）のことは、世の中の普通の人は、あるがままに疑うこともないのを、中国の書物を読んで、なまじい中国風の考え方が身についた人は、神（霊）が現実にその姿をお見せにならないから、

ゆゑよし—理由。いわれ。わけ。**墨縄**—飛騨（岐阜県）の工匠が線を引く墨縄で、まっすぐなことのたとえ。万葉集十一に「かにかくに物は思はじ飛騨人の打つ墨縄のただ一道に」とある。**一匡**—カズマサ。備中松山藩士中村一匡のこと。通称は、半平。**いはけなかりし程より**—幼かったころより。子供のころから。**輔**—たすけ。**且〻は**—カツカツは。どうにかこうにか。**大人**—ウシ。学者の敬称。**妙**—妙と同じ。**識者**—知識や見識を有する人。**惑ひ草**—いろいろと迷い悩むこと。**宇斯**—ウシ。大人と書く。学者の敬称で、先生の意味。**浅茅原**—枕詞。「つばら〳〵」にかかる。**つばら〳〵に**—大変くわしく。**菅ノ根**—枕詞。「ねもころ」にかかる。**ねもころ〴〵**—ねんごろで、このごろには、この日ごろの意味がある。**論ヒ**—アゲツラヒ。あれこれと可否を論ずること。**唯人**—普通の人。**漢意**—中国風の見解。

き物とし思ふめり。少く立上りたる人は。鬼神は固よりなき物なれども。此を借りて教ふるぞ。釈迦孔子の意なるべきなど思ふめり。又此ノ上を一層《ヒトキザミ》のぼりたるは。*寔《マコト》に有リと云ハむとすれば。現に見るべき形なく。無しと云むと欲《ス》れば。跡ありて*灼然《イチシル》きにせむ方なく。有とも無とも決《キハ》めざるを。鬼神を知れる至極《キハミ》とぞ思ふめる。こは都《スベ》て西戎国《カラクニ》の後ノ世風なる。*陋《イヤシ》き習ひにて。云フかひなく。甚も拙き事なりけり。

然るに此ノ書はしも。高く思ひ深く考へて。*櫃ノ寔のひとり立たる。最《イト》も最も*奇霊《クシビ》に優《スグ》れたる論ひにし有れば。今より後は。現世も幽世《カクリヨ》も。少《イサヽ》かも惑ふふし無く。尊く愛たき御書になむ有ける。此宇斯に非ずして。誰かは是を成し得べき。此を読マむ人〻。ゆめ粗畧にな見過しそ。然るは此うしの言は。この宇斯の言ならず。鈴ノ屋ノ翁の教へましゝ趣なり。鈴ノ屋ノ翁の教へは。神の御*典の侭なれば。すなは

ないものと思うようだ。少し学んだ人は、鬼神（霊魂）はもとよりないものであるが、これにかこつけて教えるのが、釈迦・孔子のご意志なのだと思うようだ。また、これらより上を学んで一段登った人は、本当に霊が有るといおうとすれば、現実には見られる姿もなく、無いと言おうとすると、その霊の痕跡があってはっきりしているのだ。それで仕方がなく、有るとも無いとも決めないのを、鬼神（霊魂）を知るものの最高だと思っているようだ。これは、すべて中国の後の世の風習であるところの、いやしい習慣であって、言う甲斐もなくはなはだ拙いことである。

ところが、この書『鬼神新論』は、本当にまあ、著者の心が高く思いを馳せ深くを考えて、櫃の実が一つのように、ただ一つの非常に霊妙不可思議な優れた論であるからこそ、今から後は現実の世のことも、あの世のことでも少しも迷うところもない、尊い立派な御著書であるのだ。この平田先生でなくして、誰がこれを成しえようか。本書を読むであろう人々は、決して粗略に見逃してはいけない。というのは、この平田先生の言葉はこの先生の言葉ではない。本居宣長翁の教えられた趣旨なのだ。本居宣長翁の教えは、神のお教えのままであるから、すなわち神のみ心のままの

ち*惟神《カムナガラ》なる教へなり。神ながらとは。挂巻*も畏き。天皇祖神の。大御心と定め給へる。天地の大道なればなり。かれ*畏みく〱もかく申すは。文化二年と云年のみなづき*。中村ノ一匡*

お教えなのである。「神ながら」とは、言うことも恐れ多い、天皇のご先祖の神の大み心と、お決めなされた天地の大道であるからである。故に恐れ尊んで、このように申すのは、文化二年（一八〇五）という年の六月　中村の一匡である。

宲—実の古字。**灼然き**—いちじるしいさま。明らかに。**陋き**—いやしい。**櫑ノ宲**—櫑の実はひとかさに一つあることから、ひとり、一つにかかる枕詞。**奇霊に**—霊妙不可思議のさま。**御典**—お教え。**惟神なる教へ**—神のみ心のままの教え。神道。**挂巻も畏き**—言うことも恐れ多い。かけまくは、言葉に出していうこと。**かれ**—この故に。**みなづき**—水無月。陰暦六月。**中村ノ一匡**—前出。平田篤胤の門下。

鬼神新論

平*篤胤著

*赤縣《カラクニ》の古書《フルキフミ》どもに、*上帝*后帝*皇天など云ひ、また唯《タダ》に天とばかりも云ひて、甚《イミジ》く可畏《カシコ》き物にいへるは、*天津神《アマツカミ》の天上《アメ》に坐《マシ》まして、世ノ中の事を主宰《ツカサド》り給ふことを、彼ノ国人も*且ゝ《カツ〴〵》推察《ハカリシ》れるおもむきなり。

中国の古い書物などに、上帝・后帝・皇天などといい、または、ただ天とのみいって大変畏れ多いものとしていうのは、天の神が天上にいらっしゃって、世の中のことを司りなさいますことを、かの中国の人もともかく推察した様子である。

平―篤胤には大和田と平の姓が別にある。**赤縣**―中国の異称。**上帝**―天の神、天帝。**后帝**―后は神と人との間に立つ君主の意味で、帝は天、ここでは天帝のこと。**皇天**―天。天帝。**天津神**―天にまします神。天の神。**且ゝ**―カツガツ。ともかくも。やっと。

さるは尚書*皐陶謨*に、天叙*テ二有典ヲ一、勅*ス二我カ五典ヲ一。五惇*ナル哉。天秩*テ二有礼ヲ一自メ二我カ五礼ヲ一。有*ルレ庸哉。また康誥*に、子祇二服シ*厥ノ父ニ一。父字*ヒ二厥ノ子ヲ一。弟恭*ヒ二厥ノ兄ヲ一。兄友*ニ二于弟ニ一。天与ル二我カ民ニ一彝*。また毛詩*大雅*に、天生*ス二烝民ヲ一。有レ物ハ有レ則*。民之秉*ルレ彝ヲ好ム二是ノ懿*徳ヲ一。など云へる類なほ多かり。此等《コレラ》すべて、古ノ意に称《カナ》へる云ひざまにて、天ツ神の*産霊《ムスビ》の妙《タヘ》なる御霊《ミタマ》によりて、人も物も生《ナ》り出で、また其ノほどほどに、道を具《ソナヘ》て生《ウマ》るゝものなる事を、よく悟《サト》れるさまなり。なほ次ゝに論《イ》ふを見るべし。

○また湯誥*の篇に、惟レ皇*タル上帝降シ二衷*ヲ于下民ニ一若ヒ三有ルレ恒*性ニ*克*ク綏*ス二厥ノ猷*ヲ一惟レ后云ゝといへる語あり。これら別《コト》によく云ひ得て、古意にかなへる言ひざまなれど、い（こ）《ママ》の湯誥は、後世の偽篇なればとらず。余《ホカ》の篇にも、かく古意に称《カナ》へる語《コト》のまゝあれど、其を挙《アゲ》ざるは、湯誥をとらざると同シ例なり。すべて尚書を挙たるは、真の古書と決《キハマ》りたるのみを取れるなり。

然《シカ》るを後ノ世の儒者《ズサ》、これをたゞに、*託言《コトツケゴト》に解釈《トキ》なしたり。

〔というのは、『尚書』の「皐陶謨」という篇に、「天有典を叙て我が五典を勅《ただ》す。五惇なる哉。天有礼を秩《つい》て我が五礼を自して庸有る哉（＝天は地上に大法を秩序立てていて、われわれ人間の義・慈・友・恭・孝という五典によっていて、五つとも従わねばならないものだ。天は地上に大礼を秩序立てているが、それはわれわれ人間の祭祀・葬礼・賓客・軍隊・冠婚の五礼によっていて、採り用いられているのだ。）」また「康誥」に「子、厥《そ》の父に祇服し、父、厥《そ》の子を字《やしな》ひ、弟、厥《そ》の兄を慕い、兄は弟に友に、天の我が民に与うる彝なり（＝子がその父につつしんで従えば、父は子をいつくしみ、弟がその兄をうやまえば、兄は弟と仲よくする。これは天がわれわれ人間に与えた常の道なのである。）」とある。また『詩経』の「大雅篇」に「天は烝民を生ず、物あれば則あり。民の彝《い》を乗じる、この懿《い》徳を好む（＝天は多くの民を生んで、ものがあればきまりがある。民は常の道を守って、この立派な徳に親しむ。）」などと言っている類が多いようだ。これらはすべて古意にかなった言い方であって、天の神の万物を生み出す霊妙なみ霊《たま》により、人も物も生まれ出てきているのだ。また、そのほどほどに応じて、それぞれの道を備えて生まれるものであることを、よく悟っている様子なのである。なお、次々に私が論ずるのを見るべきだ。

○また、「湯誥」の篇には「これ皇たる上帝は哀を下民に降し、恒ある性によく厥《そ》の猷を綏じ従い、惟《こ》れ后云云（＝これは万物を司る神である上帝が、正しい思いを人民にくだされ、常に変らない性質に、よくその道を安じ従っているごときだ。これは後に、うんぬん、つまり述べる。）」と言っていることばがある。これらは特によく言い得ており、古意にかなってい

さるは程子*の説に、天道《トハ》理、理《ハ》便《チ》天道也。且如《キ》レ説《クガ》ニ皇天震怒*《スト》一、終《ニ》不《ス》下是《レ》有《テ》ニ人在《ルコト》レ上《ニ》震怒《スルニ》上。只理如《シ》レ是《ノ》と云ひ、

るけれども、この湯誥は、後世の偽書であるから、この説は採らない。他の書にも、このように古意にかなった言葉が時としてはあるが、それを挙げないのは、湯誥のを採らないのと同じ方法なのだ。すべて尚書を挙げたのは、真の古書に決まったもののみを採ったのである。」

そうであるのに、後世の儒者がこれを単なるかこつけごとに解釈してしまったのだ。

〔それは程子の説に「天道とは理、理はすなわち天道なり。且つ皇天震怒すと説く如きなり。終に、これ人上に在ること有りて震怒するにあらず。

尚書―唐虞三代の記録。『書経』のこと。**皋陶謨**―コウエウボ。尚書の虞書の篇名。板本は皐だが、「皋」が正しいか。**叙テ**―順序、秩序をつける。ただし『書経』には「敍（ツイ）ずる」とある。**勅**―ただす。『書経』には「勑（ヨ）る」と。**五惇ナル哉**―惇（トン）はまごころをつくすことで、五つとも手厚く行うのだの意。**秩**―ツイずるで、秩序、順序をたてること。**庸有ル哉**―採用するのだ。従うのだ。『書経』には「五庸セン哉」とあり、五つともに従わねばならないとしている。**康誥**―カウカウ。『尚書』の周書の篇名。ここの引用は、原文をかなり省略している。**祇服**―つつしんで従うこと。『尚書』の「正義」に「子祇服厥父…」とある。**厥**―ソの。**字**―いつくしむ。**恭**―うやまう。**友**―仲よくする。**彝**―イ、常の道、常の法。**毛詩**―詩経。漢代に毛亨が注釈したのでいう。**大雅**―「詩経」は風・雅・頌の三部から成り、「雅」には大雅・小雅という儀式用の歌がある。**天生烝民**―以下に『詩経』の「大雅」の蕩文針、烝民の冒頭二行がある。烝民（ジョウミン）は多くの人民。庶民。**則**―ノリ。法則。きまり。**秉る**―トる。心に守る。手に握る。**懿徳**―イトク。立派な徳。**産霊**―万物を生み出す神。**湯誥**―湯王の宣言の意味。**皇**―神、天帝のこと。万物を司るもの。**衷**―正しい心。真心。**恆**―コウ。いつまでも変わらないこと。**克ク**―よく。**猷**―みち。道。**綏ス**―ヤすんずる。**託言**―コトヅケゴト。つまりかこつけごと。**程子**―程顥（カフ）・程頤（イ）の兄弟の尊称。宋の洛陽の人で兄弟で程子をとなえた。**震怒**―天の怒り。天子の怒り。

また*朱子は、天者《ト》理而已など云へる類なり。此ノ意は、古へに天といひ上帝など云ひて、情《コヽロ》も形《カタチ》も有る物の如く云へるは、みな自然の理を、仮《カリ》にかく云へるものなり。といふの義《コヽロ》なり。なほ次ゝに云へるを見ルべし。

然れども、かく託言の如くなれる事ハ、熟ゝ《ツラ〳〵》考ふるに、強《アナガチ》後ノ世の儒《ズ》者《サ》等《ドモ》の誤《アヤマ》れるのみにはあらず。彼ノ国はやくよりの風俗《ナラハシ》にて、此《コ》は決《キハメ》て然るべき理《コトワリ》あり。さるは外国《トツクニ》には、すべて*正実《マコト》の古伝説を失《ウシナ》ひ、適《タマ〳〵》存《ノコ》りたる伝説も、*髣髴《オボ〳〵》しくて正《タダシ》からず。且《ソノウヘ》赤県《カラクニ》は*生賢《ナマサカシ》き*国俗《クニブリ》ゆゑ、古伝の侭《マヽ》に云へることも、何となく託言めきて聞《キコ》ゆるゆゑ。

然《サ》るは前に挙たる皐陶謨、康誥、大雅などに云へる事も、何となく託言の如く聞《キ》きなさるゝ類《タグヒ》なり。正真《マコト》の伝説を知らぬ人ゝの、此《コ》を託言と思ふも、実ハ理《コトワリ》にざ*りける。

終《ツヒ》にはこの天津神の、世ノ中の事を主宰《ツカサド》り給

只、理是の如し（＝天の道とは道理である。道理とはすなわち天の道なのである。かつ天の神が怒ると説くがごときだ。ついに、これは人が上に自分たち以上のものがあることを知って、怒ることはない。ただ道理とはこのようなものである。）」また、朱子の説に「天とは理のみ（＝天とは、それ自体が道理のみだ。）」などと言うたぐいである。この意味は、古代には天といい、上帝などといって、心も形もあるもののように言ってきたのは、みな大自然の道理を、仮りにこのように表現して述べたものである。というような意味である。さらに、次々に私が言うのを見てほしい。〕

しかしながら、このようにかこつけ言のようになるのは、よく〳〵考えてみると、あながち後世の儒者たちが間違っただけではない。あの中国では早くからの習慣であって、これにはきわめてそれ相応の道理があるのだ。それは外国では、すべて本当の古い伝説を失っていて、たまたま残った伝説もはっきりせず正しくないのだ。その上、中国はこざかしい国風なので、古代の伝えのままに言っていることも、何となくかこつけごとめいて聞こえるから…

〔それは前に挙げた『皐陶謨』『康誥』『大雅』などに言っていることも、何となくかこつけごとのように、聴きなされる類《たぐい》である。本当の伝説を知らない人々が、これをかこつけ言と思うのも、実にもっともなことである。〕

しまいには、この天の神が世の中を司りなさいますということを、よい口実にして、心がねじ曲っているやからが、何事も上帝の命令だ。天の神の命令だとこじつけていつわり、自分の罪を巧みに

ふと云ことを、好《ヨ》き*口実として、*奸曲《カダマシ》き輩《トモガラ》、なにごとも上帝《アマツカミ》の命《ミコト》、天命《アメノオホセ》と*誣詐《シヒイツハ》り、己《オノ》が罪《ツミ》を*文《カザ》る云ひ種《グサ》となしぬ。

さるは、*殷ノ湯王が、*夏氏有㆑罪、予レ畏テ㆓上帝ヲ㆒不ス㆓敢テ不バ㆒㆑正サと云ひて、其ノ君を*放《ハフラ》し、*周ノ武王ハ、今予レ*発惟レ恭ク行フ㆓天之罪ヲ㆒。と云ひて、其ノ君を弑し、*新ノ王莽は、漢の天下を奪ひ取りて、*皇天*上帝隆リニ顕ハシ㆓*大佑ヲ㆒云〻。*神明*詔告、属スルニ㆑予ニ以ス㆓天下ノ*兆民ヲ㆒。など云へる是なり。なほ数多《アマタ》あるを、今は其ノ*尤《ケヤケ》き物をあげつ。

されば赤県籍《カラブミ》に、天を本として云へる事に、

飾りたてる表現方法にしている。

〔それは、殷の湯王が「夏氏に罪有り。われ上帝を畏みて敢《あ》えて正さずんばあらず（＝夏の国に罪があるので、私は天命をかしこみうけて、あえてこれを倒し道理を正さずにはおかない。）」と言って、その君を追放した。周の武王は「今予《われ》発し惟《こ》れ恭しく天の罪を行ふ（＝今、私は事を起こすよ。これはうやうやしく天の下される罰を代って行うのだ。）」と言って、その君を殺した。新の国の王莽は漢の天下を奪い取って、「皇天上帝がさかんに大佑を顕わし云々。神明詔告し、予に属するに天下の兆民を以ってす（＝天の神や上帝がさかんに私に大きな助けをあらわされてうんぬん、……神が告げ知らされるのには、私に属するのは世の中の多くの民である。）」などと言うのが、これである。なお、たくさんあるが、今はその中でもきわだっているのを挙げたのだ。〕

だから、中国の書物には天を基としていったことに、古代での意

朱子―宋の朱熹の敬称で、程子の流れをくむ。その学問は理気説と心性論と共に江戸時代の官学となったのである。**正実**―底本は正宲。以下宲は実。**髣髴**―はっきりしない。**生賢き**―こざかしい。**国俗**―国の風俗。習慣。国風。**ざりける**―「ぞありける」の約。である。**口実**―言い訳。かこつけ。**奸曲き**―こざかしい。心がねじけている。**誣詐り**―事実を曲げて言う。こじつけていう。**文る**―カザる。いろどる。「文」を篤胤はかざると訓ませた。**殷ノ湯王**―中国古代の王朝が殷で、その初代の王。**夏氏**―夏王朝の桀王のこと。**放し**―追放し。**周ノ武王**―六五〇年続いた殷の紂王を滅ぼす。**発**―事を始める。ことを起こす。**新ノ王莽**―前漢の平帝を殺して新国と称したが、十五年後、後漢の光武帝に攻め殺された。**皇天**―天帝。**上帝**―天の神。**大佑**―大きな助け。**神明**―神。**詔告**―告げ知らせる。**兆民**―多くの人民。万民。**尤き**―ケヤケき。特にきわだっている。

*古意なると、託言に云るとの差別《ワキタメ》あり。此《コ》は能《ヨ》く弁《ワキマ》ふべき事なり。斯《カク》て世の移《ウツ》り来《キ》ぬるまに〳〵、彌益〻《イヨヽマス〳〵》託言の如く云ひ募《ツノ》り、古へより云ひ伝へたりし趣意《オモムキ》を失《ウシナ》ひ、狭小《セマクチヒサ》き悪《ワロ》狡意《サカシラ》のみ漫《ハビコ》りつゝ、

但シこは儒者流の人のみこそ有れ。世ノ間《ナカ》の凡《スベ》ての人は、元よりの侭《マヽ》に神を拝み祭ることは、更に変《カハ》る事なく、其《ソ》は皇国にて、儒者なむど何くれと、さかしら説《ゴト》いひ広《ヒロ》むれど、世ノ間の凡人《タヾビト》の用ひぬと同シ事なり。其《ソ》は彼ノ国の籍《フミ》も、経書と云フを始め、さかしら籍をおきて、余の書を読《ヨミ》て知ルべし。

其ノ説皇国までに及びて、古へより漢学の人〻、此ノ*癖《クセ》を免《マヌカ》れたるはなし。

漢学者のみならず、古への事を説《トケ》る人〻も、此ノ*小智見に陥《オチイ》り溺《オボ》れて、*正実の古伝説をさへに、*寓言の如く解き曲《マゲ》ぬ。

其が中に、近キ世となりて、古学てふ事を唱《トナ》

味とかこつけごとで言うのとの区別がある。これをよく理解すべきである。このように時代が移るに従って、いよいよますます、かこつけごとのように言いつのり、古代より言い伝えてきた趣旨を無くして、狭く小さく悪くこざかしもののみがはびこったのだ。

〔ただし、これは儒者風の人にのみあって、世の中の普通のすべての人々は、もとからのままに神を拝み祭っていることは、一向に変わることがない。それはこの日本国にても、儒者などが何かと利口ぶったことを説いて言いひろめているが、世の中の普通の人が、それを用いないのと同じことである。それはかの中国の書籍でも、四書五経といった経書を始めとして、賢明そうな書物はやめて、他の書物を読んでこのことを知るべきだ。〕

その説は日本国まで及んできていて、古代より漢学を学ぶ人々は、このかたよった習慣からのがれえた人はいない。

〔漢学者のみではなく、古代のことを説く人々も、この小さな知識に落ち込み溺れてしまっていて、正しく本当の古伝説をさえ、たとえばなしのように曲げて解釈している。〕

そのうちに近い世になって、古学ということを唱え出した儒者らは、何事にも先人の儒者たちの間違った説を、多く開き読んで大変よい説も多いのに、天の神を説き、その他のすべての鬼神（霊魂）のことをあげつらったもののみは、いまだに先人の儒者の説に心酔していて、表面ではその説を非難しているけれども、裏面では誰もあの

へ出たる儒者等、何事も先儒の誤《アヤマ》れる説を多く見開きて、いと〱よろしき説の多かるが、天帝を説き、その余《ホカ》すべて、鬼神の事を論へるのみは、いまだ先儒の説に心酔《エヒシレ》て、陽《アラハ》にのミ其ノ説を難《トガム》れども、陰《ヒソカ》には、誰《タレ》も彼の託言の界《サカヒ》を出ること能《アタ》はず。唯《タダ》いはゆる其ノ皮膚を変《カヘ》たるのみにて、更に其ノ肉身を更《アラタ》めざれば、是*はた古意に稱《カナ》へる説の出来《イデク》る事なし。

さるは、其ノ古学者と云ふ人ゝの中に、*物《ノ》部《ノ》徂徠と云ふは、心広《ヒロ》く才秀《ザエヒイデ》て、更に普通《ヨノツネ》の漢学者と等並《ヒトシナミ》ならぬが、此ノ人すら*古義を得ずて、*易にいはゆる以《テ》二神道《ヲ》一設《ク》レ教《ヲ》。また*礼記に、明命《ニツ》二鬼神《ニ》一以為《ス》二*黔首則《ノト》一などやうの、古意ならぬ語どもに惑ひて、実ハ鬼神と云ふ

かこつけ言の境界を出ることができないのだ。ただ、いわゆるその表の皮膚を変えたのみで、さらに進んでその内の肉体を改めなければ、これはやはり古意にかなった説の成立することはないのである。

〔というのは、その古学者と呼ぶ人々の中の、物部ノ徂徠という人は、心も広くて才能も秀いでていて、その上に学力は普通の漢学者とは同じではなくはるかに高い。ところが、この人ですら古義を得ないで、『易経』にいう「神道を以って教えを設くる（＝聖人は神道に則《のっと》って教えを定めもうける。）」また『礼記』にある「明に鬼神に命じて以って黔首《けんしゅ》の則と為す（＝明らかに鬼神に命じて、もって人民の法則とする。）」などというような古意ではない言葉などに迷ってしまって、実は鬼神というものを借りて、

古意―古代での意味。**癖**―かたよった習慣。**小智見**―小さな知識。小見識。**正実**―正しい実の。**寓言**―たとえばなし。他に托していうこと。**はた**―やはり。**物ノ部ノ徂徠**―江戸中期の漢学者。初め朱子学を学び、のち古文辞学を唱えた。先祖が物部氏。**古義**―古い解釈。古い意義。**易**―易経。五経の一。陰と陽から万物を説いた書。**礼記**―五経の一。礼に関する記録を集めた書。**黔首**―ケンシュ。秦の時代の人民。後、人民の称となる。黔は頭髪の黒いこと。

物を仮《カリ》て、教への則《ノリ》と為《シ》たる物なりと思ふ旧癖の、除《ノゾ》こらざりしなり。其《ソ》はその*鬼神論に、聖人之未《タ》二*興‐起《セ》一也。其《ノ》民散《スレ共》焉無《ク》レ統《ルヿ》。知《レ共》レ有《ルヿヲ》レ母而不レ知《ラ》レ有《ルヿヲ》レ父云々。死《スレ共》無《ク》レ葬《ルヿ》而*亾《スレ共》無《シ》レ祭《ルヿ》云々。聖人之制《スルヤ》レ鬼《ヲ》以統二一《ス》其《ノ》民《ヲ》一。と云へり。これ甚しき臆*度杜撰の説なり。すべて漢学者の癖《クセ》として、何によらず、好《ヨキ》事はみな聖人の制《ツク》り初めたり。とのみ云へども、是レいといと智見狭《コヽロセマ》く愚《オロカ》なる事なり。抑《ソモ〳〵》人の生《ウマ》れながらにして、誰も誰も鬼神を敬ふ事を知れるは、これ天津神の命《オホ》せ給へる、いはゆる性にて、則チ道なるを、赤県人《カラクニビト》なりとて、聖人をしへずとも、いかで己《オノ》が心と鬼神を尊む事を知らざらむ。素《モト》より其ノ情《コヽロ》あるに就《ツキ》て、聖人と云ふ輩、その則《ノリ》を制《サダ》めたる物なり。

*中庸に、*率《フ》レ性《ニ》之《ヲ》謂《ヒ》レ道《ト》、*脩《ル》レ道《ヲ》之《ヲ》謂《フ》レ教《ト》と云ひ、*尚書の偽篇に、若《シタガヒテ》二有《ル》レ恆性《ニ》一克《ク》*綏《ズ》二厥《ノ》*猷《ヲ》一といへるも此ノ謂ヒなり。

また同じ鬼神論に、謂《フ》二之《ヲ》有《ト》一者《ハ》*権在《ル》レ彼《ニ》者也。謂《フ》二之《ヲ》無《ト》一者《ハ》権在《ル》レ我《ニ》者也。権在《ル》レ彼《ニ》者《ハ》疑《アリ》二乎仁《ニ》一。其《ノ》失愚也。権在《ル》レ我《ニ》者《ハ》疑《アリ》二乎智《ニ》一其《ノ》失*賊也。愚与《ト》レ賊《ハ》君子不レ由《ラ》焉。且也有無者鬼神之迹也など云ひ、自《ミヅカラ》は仁と智とを兼たる

教えの法則としたものである。――と思う古い癖を除けなかったのだ。それは、彼の『鬼神論』に「聖人の未だ興起せざるや。その民散ずれども統《すべ》ること無く、母あることを知れども父有ることを知らず云々。死すれども葬ること無くして、亡《なく》すれども祭ること無し云々。聖人の鬼を制するや以って其の民を統一す（＝聖人はまだ奮い立たないのか。その民は散ってしまって統一することができず、その母のあることを知っていても、父のあることを知らない。うんぬん…　死んでしまっても葬ることをせず、ほろんだけれども祭り祈ることもなく、うんぬん…　聖人が鬼（霊）を制すれば、それでもって、そこの民を統一できるのだ。）」と言っている。これは非常な当て推量で誤りの多い説である。すべて漢学者の癖として、何事によらず良いことは、すべて聖人が作り始めたのだとのみ言っているが、これは大変心が狭く愚かなことである。そもそも人が生まれながらにして、誰しもが鬼神（神霊）を敬うことを知っているのは、何故かといえば、これは天の神の仰せられました、いわゆる人間の本質そのものであって、すなわち人の道である。それを中国の人であろうと、聖人が教えなくても、どうして己の心と鬼神を尊むことを知らなかろうか。いうまでもないが、もとからその鬼神を尊ぶ心があるので、聖人というやからが、その規則を定めたのである。『中庸』に「性に率《したが》ふ。これを道と謂ひ、道を脩《おさめ》る。これを教と謂ふ（＝人の本性は従うことだ。これを道といい、道をおさめるのを、これを教えといっている。）」『尚書』の偽篇に「恒に有る性に若《したがひ》て、克《よ》く厥《そ》の猷を綏ず（＝常に有している本来の性質に従って、よくそのゆったりしているのに安んじる。）」というのも、このことを言っているのだ。

趣《ザマ》に論ひたれど、此《コ》は宋儒の説とは、辞《コトバ》の異なるのみにして、意《コヽロ》は全《モハラ》おなじことなり。中にも甚しきは、邵*康節が云へる、鬼者人之影也。人者鬼之形也。などやうの説を、*先正有《リ》レ言《ヘルヿ》など云ひて主張したるは、更に徂徠の所為《シワザ》とも*慁《オボ》えずなむ。また*伊藤東涯なども、

また、同じ『鬼神論』に「これを有りと謂う者は、権《はかり》彼に在る者なり。これを無しと謂う者は、権《はかり》我に在る者なり。権（ハカリ）彼に在る者は仁に疑あり。その失、愚なり。権（ハカリ）我に在る者は智に疑あり。その失、賊なり。愚と賊とは君子由らず。かつ、有無は鬼神の迹《せき》なり（＝これが有るという者は計量するハカリがあちらにあるものである。鬼神を無いという者はハカリが自分にあるものである。ハカリがあちらにある者は、その人の仁（情け）に疑いがある。ハカリのないのは愚者である。また、ハカリが自分にある者は、その智恵に疑いをもつべきだ。ハカリを失くするのは秩序を乱す者である。愚者と秩序を乱す者とは、君子が頼りにしない。かつ、有り無しとは鬼神の行為の跡である。）」などといい、自分を仁と智とを兼ね備えているように論じているが、これは宋の儒者の説と言葉が違うだけで、趣旨は全く同じことである。なかでも甚しいのは、邵康節が言った「鬼は人の影なり。人は鬼の形なり（＝霊魂は人の影であり、人間は霊魂の表面に出た形である。）」などというような説を、「先正言えること有り（＝先代の聖人が言われたことがある）」。などと言って主張したのは、とても徂徠の所業とも思われないものだ。また、伊藤東涯なども、「鬼神を有無に究めざる

その鬼神論―徂徠の『私擬対策鬼神一道』の事。**興起**―奮い立つ。盛んになる。**亾ス**―亾は亡の古字。ほろびる。死ぬ。**臆度杜撰**―推しはかりで誤りが多い。当て推量でいい加減なこと。**中庸**―四書の一つ。もとは『礼記』の一篇であった。**率フ**―従える。ひきいる。**脩ル**―おさめる。**尚書**―『書経』の別名。偽篇は後世加えられた編「湯誥」。**綏ズ**―ヤスンズ。安んじる。**猷**―ゆったりしていること。ぐずぐずしていること。**権**―はかり。計量する器。**賊**―秩序を乱す者。**邵康節**―宋の人。易に精通した。**先正**―先の代の賢人。先賢。**慁えず**―オボえず。思われない。慁は覚の古字。**伊藤東涯**―伊藤仁斎の長子。京都の古学派を継いだ。

不《ルハ》レ究《メ》二鬼神《ヲ》於有無《ニ》一、此《レ》善《ク》究《ムル》二鬼神《ヲ》一者也。と云へれども、かやうの説どもは、朱子既《ハヤ》く云ひおけり。其《ソ》は其ノ文集に、鬼神之理。聖人蓋《シ》難《シ》レ言《ヒ》レ之《ヲ》。謂《フ》三真《ニ》有《ト》二一物一固《ヨリ》不可《ナリ》。謂《モ》レ非《ト》三真《ニ》有《ルニ》二一物一亦不可《ナリ》。など云へるたぐひ猶多かり。これ古学者流の説と、何の異《コト》なる事かはある。
　斯《カク》て宋儒の説を破《ヤブ》るとも、誰か其ノ説を信*《ウベ》なりといはむ。すべて鬼神を有無に究《キハ》めず論ふことは、遁辞*にて、実に有リと説《トカ》むとすれば、奇怪に渉《ワタ》りて理外にきこえ、無シと云はむとすれば、其ノ迹ありて灼然*《イチジル》きにせむ方《スベ》なく、何か高妙に髣髴*《オボ〳〵》しくあやなし*説て、人を欺く奸*《カダマシ》き所為《シワザ》なり。抑〳〵かく人〻の僻説《ヒガコト》を云ひ露《アラハ》す事ハ、あぢきなき*所為の如くなれば、憎《ニク》み云ふ人も有るべけれど、只に僻説なりとのみ云ひては、其ノ説どもを未夕見ず聞《キ》かぬ人々の、如何《イカ》なる故に依リて悪《ワロ》しと云ふにやと、不審《イブカシ》く思はむとの心配なり。見む人その罪を恕《ユル》し給へや。穴*かしこ。

これ復古*とは稱《イ》へども、清《キヨ》く古へ意に復《カヘ》らざるにて、甚〻《イト〳〵》可惜*《アタラ》しき事なり。実に復古の志を太《タクマ》しく為《ナ》したらむには、只に孔子の言《コト》と

は、これ善く鬼神を究むる者なり（＝霊魂があるかどうかを追求しない者は、これがよく霊魂を考究した者である。）」と言っているが、このような説などは、朱子が既に早くいっておいたことだ。それはどういうものかと謂うと、彼の文集に「鬼神の理、聖人けだしこれを言い難し。真に一物有りと謂う。因《もと》より不可なり。真に一物有るに非ずと謂うも、亦不可なり（＝霊魂の道理は、けだし聖人はこのことを言うのがむずかしい。本当に霊魂があるという、これはもとより不可能である。本当に霊魂はあるのではないと否定していうのも、また不可能である。）」などと言っている類が、なお多いのだ。これが日本の古学者風の説と、どこか違っているところがあるのか。少しもないのだ。

　このようにして宋の儒者の説を破っても、誰がその説を「もっともである」と言おうか。すべて鬼神（霊魂）を論じるのに、その有るか無いかを決めずに論じることは、言い逃れであって、本当に霊が有るとして説こうとすれば、奇怪なことにわたって道理に外れたように聞こえてしまう。また無いと言おうとすれば、その痕跡があって明らかなのでどうしようもない。なにか巧みにぼんやりとあやつって説いているのは、人をあざむくねぢ曲った所業である。そもそもこのように、人々が間違ったことを言い表わすのは、無益な所為のようであるから、これを憎んで悪くいう人もあるだろうが、ただ間違っている説だとのみ言っていては、その説どもをまだ見も聞きもしない人々が、どのような理由によって悪いというのであるのかと、不審に思うであろうことが心配なのである。これを読む人よ。どうかその罪をお許し下さい。恐れ多いことだ。」

これは、復古と言っているものの、清らかな古代への心情には戻

行《オコナヒ》とにのみ徴《アカ》*すとも、その実有なる事ハ知らるべきを、今まで然《サ》る人も聞えざるは如何《イカニ》ぞや。是《コ》は誰《タレ》も書籍《フミ》の上の空説《ムナシゴト》*にのみ拘泥《ナヅ》みて、熟《ウマ》く古の事実と、孔子の言行に、心留《トヾ》めざる故ならむか。思ふに孔子の霊《タマ》、幽*界に在りて、然《サ》こそは云ふがひなく思ふらめ。

抑《ソモ〳〵》赤県州《カラクニ》の事、赤県籍《カラブミ》の上の事は、儒者こそあれ、我徒《ワガトモガラ》の煩《ワヅラ》*ハしく云はずとも、ありぬべき事なれど、此ノ事を熟《ヨ》く弁へものせる漢学者の無《ナキ》事を、傍《カタハラ》より見るに得堪《エタヘ》ねば、差出《サシイデ》*たる事なれど、いかで論ひ試《コヽロミ》ばやと思ひなれて、今は孔子の言と行との、總《スベ》て鬼神の

らないので、大変惜しいことである。本当に復古の志を強く大きくしたならば、ただ孔子の言葉と行動とのみをはっきりさせても、それが不変の存在であることは知られるべきなのに、今日までそのような人があるとも聴こえないのはどうしたことか。これは誰もが書物の上のむなしい説にのみ親しんでしまって、よく古代の事実と、孔子の言行に留意しないためであろうか。思うに、孔子の霊が死後の幽界にあって、そのようであっては、言う甲斐もなく情けなく思っていることであろう。

そもそも中国のことや、中国の書物の上のことは、儒者にとってこそ大切なことであろうが、わが仲間の国学者たちがうるさく言わなくてもよいことである。しかし、このことをよくわきまえて、自分の著書で書きあらわした漢学者がいないのを、横から見ているのに辛抱できない。そこでさしでがましいことではあるが、どうかしてそれを論じ試みようという思いが、私の中にできたので、今は孔子の言葉と行動で、すべて鬼神（霊魂）のことに及ん

信なり—もっともである。**承諾する**。**遁辞**—言い逃れ。**灼然きに**—明らかなのに。**高妙に**—優れて巧みに。**髣髴しく**—ぼんやり見えるさま。はっきりしないこと。**あやなす**—あやつる。**奸き**—心がねじけている。**あぢきなき**—無意味な。無益な。**穴かしこ**—恐れ多いの意味。ここは文末の用語。**復古**—古代に帰ること。**可惜しき事**—惜しいこと。**徴す**—あらわれること。はっきりすること。**空説**—むなしい説。**幽界**—死後に行くといわれる世界。**煩ハし**—うるさい。手数をかける。**差出**—でしゃばり。さしでがましい。

上に及べるを、論語と中庸とに摘出《ツキイデ》て、

秦漢以前の書どもに、孔子の言行の見えたる最《イト》多き中に、論語と中庸のみを挙《アグ》ることは、余《ホカ》の書どもなるは、伝聞の誤り、または後人の*杜撰、あるは信偽も詳《サダカ》ならぬなども打混りて、今も*とり〴〵論ひ云ふ書どもの多かれば、其を挙むハ、*なか〳〵街《チマタ》に迷ふ*ふしもあれば、すべて*徴には取らず、さらでも論語と中庸とを、よく読て考ふれば、孔子の言行に、足らぬ事はあらじと思ひての所爲なり。見む人怪むことなかれ。

大概《オホカタ》は赤県の事実に合せて徴とし、古伝説に照して、其*実有なる事を*暁《サト》し、また*因《チナミ》に、すべて*神祇の事に渉《ワタ》る事どもを、古意を以て論はむとするなり。漢学《カラマナビ》の人〻、願はくは、孔子の、母レ意《ク》母レ必《ク》母レ固《ク》母レ我《シ》てふ情《コヽロ》にならひ、公平《オホヤケ》なる心を持て、熟《ヨ》く見別ち給ひねかし。

さてまた、誰も天と鬼神をば、別に論ふ*事にて、こは

だのを『論語』と『中庸』とから抜き出して……

〔秦漢より以前の書物などに、孔子の言行の表れているのが大変多いなかに、『論語』と『中庸』とのみを挙げることは、他の書物などのは、伝え聞いての誤りや、または後世の人のいい加減さや、あるいは真実か偽りかもはっきりしないことなども混り合って、今もいろいろと論じて述べる書物などが多い。だから、それを挙げたなら、かえって巷に迷ってしまう時もあろうから、すべて証拠としては採らなかった。そうでなくても『論語』と『中庸』とを、よく読んで考えたならば、孔子の言行には何の不足もないと思ってのしわざである。この私の著作を読む人は怪しむことのないように。〕

大抵中国での事実に合わせて証拠とし、古い伝説に照し合わせて、その実在することを教え諭し、またそれにつけて、すべて天と地の神のことにわたることどもを、古代の考え方をもって、あれこれと論じようとするのだ。中国の学問を学ぶ人々よ。願わくば孔子が『論語』の「子罕・第九」に言う「意なく必なく固なく我なし（＝自分勝手に意図すること、無理強いすること、かたくなになること、我《が》を通すことなどをしない。）」という心情に習って、公平な心を持ち、よく物事を区別なされるようにお願いしたい。

〔さて、また誰しもが天の神と鬼神（霊魂）とを、別々にして論じることであり、これは本当に妥当なやり方ではある。けれどもその霊の威力があって、霊妙不可思議であるのは同じことであって、それを互いに通わして広く鬼神ということは、次に挙げた『中庸』「十六章」の文に、「鬼神の徳

実に然《シカ》すべきわざなれど、其ノ霊威ありて*奇異《クシビ》なるは同じ事にて、其《ソ》を相ヒ通ハして、広く鬼神と云へる事、次に挙たる中庸の文に、鬼神之徳其《レ》盛《ナル》矣乎云ゝと云ひ、左伝にも、鬼神非二人実《ニ》親《ニ》一。惟《レ》徳是《レ》依《ル》。故《ニ》書《ニ》曰《ク》、皇天無《シ》レ親、惟《レ》徳是《レ》*輔《ク》。など云へる、類多くあり。是には天も鬼神も、実物なる事を*暁《サト》さむとの業《ワザ》なれば、みな天地の神を広く鬼神と云へり。*よし然《サ》らでも、此《コヽ》一ツに云ふなり。また天にしては神と云ひ、地にしては祇と云ひ、人にしては鬼といふと云ひ、また神は伸なり。鬼は帰なりなど云ふ類の、甚《イト》うるさきまでに説の多かれども、都《スベ》て取らず。おしなべて、此《コヽ》には只に鬼神と云ふなり。然れども、云はで叶ハぬ事は、序ゝ《ツイデ〳〵》に云ふべし。

抑《ソモ〳〵》赤県の古へに、上帝、后帝、皇天、また

それ盛なるや。云々（＝鬼神の働きというのはまことに盛んであるよ。うんぬん。）」とあり、『春秋左氏伝』にも「鬼神人実に親に非ず、惟れ徳是れ依る。故に書に曰く。皇天親無し、惟れ徳是れ輔く」（鬼神というものは、人に本当に親しむものではなく、ただ有徳の者に味方をする、ということだ。だから『書経』（周書）にも言っている。天の神が親しく愛する者はない。ただ、徳のある者を助けるのみだ。）」などといった類《たぐい》は多くある。これらはみな、天地の神を広く鬼神といっている。仮りにそうでなくても、ここには天も鬼神も実在の者であることを分からせようとするわざなので、一つにして鬼神というのだ。また、天にあっては神といい、地にあっては祇といい、人にあっては鬼というのだと言っている。また、白石のいう「神は伸であり、鬼は帰である。」などという類のものまで、はなはだうるさいほどに説が多いけれども、すべてを採らない。そうじてここでは、ただ鬼神というのである。しかしながら、言わなくては済まないことは、そのついでついでに言うつもりだ。」

そもそも中国の古代に、上帝・后帝・皇天または、ただ天ともい

杜撰—誤りの多いこと。いい加減なこと。杜默の詩が律に合わなかった故事から出たもの。**とり〴〵**—いろいろ。あれこれと。**なか〳〵**—かえって。**ふし**—折、時。**徴**—しるし。証拠。**実有**—常にある不変の実体。**暁す**—教え諭すこと。**因に**—それにつけて。ついでに。**神祇**—天の神と地の神。**論ふ事**—あれこれと論じること。**奇異**—不思議なこと。霊妙なこと。**輔く**—助ける。**よし**—たとえ。かりに。万一。**暁さむ**—分からせる。さとらせよう。

唯《タダ》に天とも云へるは、皆同シ事にて、前《サキ》にも云へる如く、実物を指《サシ》て云るにて託言《カコツケゴト》に非ず。吾カ友鈴*木ノ朗いはく。毛詩大雅に、文*王陟*降《シテ》 在《リト》ニ*帝《ノ》左右《ニ》一

篤胤云。此ノ詩を引《ヒ》けることは、帝ノ左右といふ語にのみ用ありて、文王陟降といふ語には更に用なし。さるは先《マツ》かの国にても、人死ては、其ノ霊天に陟《ノボ》る事として、王の大祖などの霊をば、天帝に配*《タグ》へて祭る事なり。いはゆる祖*宗を天に配すといふこれなり。故《カレ》この詩は、文王の霊天《アメ》に陟りて、上帝の御左右に在りとの義なり。但しこの文王陟降といふ語、いにしへ皇国にて、天皇の崩御の事を、カムアガリと称《イ》へると同意《シ》なり。されば漢文にては、登*陟昇霞など記し奉れり。此は別《コト》に委き論ヒあれど、此所《ココ》には洩しつ。

焉《イカ》にぞ形《カタチ》無《ナ》くして、左右と云フ事あらむやと云へり。此実《コレマコト》に然《サ》る言《コト》にて、形状《カタチ》なしと定めたらむには、何《イカ》でか帝の左右と云はむ。

っているのは、皆同じことであって、先にも言ったように実物をさして言ったものであって、かこつけ言ではない。私の友人である鈴木朗が言っているよ。『毛詩』の「大雅篇」に「文王陟降《ちょくこう》して帝の左右に在りと（＝文王が天に上ったり人界に下ったりして帝の傍にいる。）」と。……

〔わたし篤胤が言いたい。この詩を引用したのは、「帝の左右」という言葉のみに必要性があって、「文王陟降」という語には、いっこう必要性はない。それはまず、かの中国においても、人が死んでからはその霊が天に昇ることにしていて、王の始祖などの霊を、天帝《あまつかみ》に並び合わせて祭ることにしている。いわゆる「祖宗（歴代の先祖）を天帝に並べ合わせる。」というのがこれである。だから、この詩は文王の霊が天に昇って上帝のおそばにある、という意味である。ただし、この「文王陟降」という語は、昔、わが国で天皇の崩御のことを「カムアガリ」と言ったのと同じ意味である。それだから、漢文では「登陟昇霞」などとお記し申しあげたのだ。これについては別にくわしい論があるものの、ここでは省略することにした。〕

どうして形態がないのに、「左右」（かたわら）ということがあろうか、と言っている。これは本当にもっともな言葉であって、形態がないと決めてしまったならば、どうして帝の左右などと言おうか。言うはずはないのだ。

〔それなのに、朱子などが言っている、「今、若し文王真箇上帝の左右に在り、真箇上帝有て世間の塑《つく》る所の像の如し、と説く。固《もと》より不可なり。然

然るを朱子など云はく。今若説《シク》下文王*真箇在《リ》二上帝之左右《ニ》一。真箇有二上帝一如《シト》中世間所レ*塑《ツクル》之像《ノ》上固《ヨリ》不可《ナリ》。然《レドモ》聖人如《ク》レ此《ノ》説《ク》。便《チ》是《レ》有《ラム》二此理《ノ》一と云へり。天ツ神の御形容《カタチ》は、いかに坐《マ》すかハ知られねども、既に御言《コト》と御行《シワザ》の*灼然《シル》ければ、その御形の坐《マシマ》す事は、申し奉るも更なり。いかで是を不可なりと云ハむ。また朱子の説に、今人但以二*主宰《ヲ》一説《キ》レ帝《ト》、謂《フ》レ無《ト》二形象一。恐《ラクハ》也《タ》不レ得。若如《シキ》二世間所《ノ》レ謂《ル》*玉皇大帝《ハ》一恐《クハ》亦不可《ナリ》とも云へり。かやうに御形を有無に究めず論ふなどは、また例の心きたなき説なりかし。

○爰《コヽ》に皇国の古例を考ふるに、神武天皇ノ紀四年二月

れども聖人此の如く説く。便《すなわ》ち是れ此の理有らむ（＝今、もし文王が真に上帝の左右にあり、真に上帝が存在することは、世間の人が作るところの塑像と同じである、と説いている。言うまでもなくそうではないのだ。しかしながら聖人がこのように説いているとすれば、すなわちこれには、このような道理があるのだろう。）」と言っている。天つ神の御姿は、どのようにあられるのかは分からないが、すでにお言葉と御所業とは明らかであるから、その御形態があられることは、申しあげるまでもないことである。どうしてこれをそうではないなどと言おうか。また朱子の説にも、「今の人は但主宰を以って帝と説き、形象無しと謂う。恐らくははた得ず。若し世間のいわゆる玉皇大帝の如き、恐らくは亦不可なり（＝今、人々がただ物事をつかさどる人ということで帝を説明し、形態がないと言っている。多分やはり、これも違っている。もし、世間でいう、いわゆる玉皇大帝（天帝）のようなものだと説くのなら、恐らくこれもまた駄目で、違っているのだ。）」とも言っている。このように神の御姿が有るか無いかを究めずに論ずることなどは、また例の心の汚い説であることだよ。

○ここに日本の国の古い例を考えると、神武天皇紀の四年二月のところに、

鈴木ノ朗—鈴木朗。本居宣長の弟子。朖（アキラ）が正しい。尾張の人。**文王**—前漢の文帝のこと。紀元前一七九年—一六三年までの十六年間在位した。**陟降**—チョクコウ。天に昇り人界に下る。**帝**—あまつかみ。天帝。**配へる**—並び祭る。**祖宗**—歴代の祖先。**登陟昇霞**—天に登り、霞の上にあがる。**真箇**—真実で偽りのないこと。**塑**—人や神仏の形を土で作ること。**灼然ければ**—明らかであるから。**主宰**—物ごとを司る者。支配者。**玉皇大帝**—道教で天帝のことを言う。

の所に、立《テ》二*霊畤《ノヲ》*於鳥見《ノ》山中《ニ》一、祭《玉フ》二皇祖天神《ミオヤノアマツカミヲ》一焉とあるを、*古語拾遺には、*禋二記《ル》皇天《スメノカミヲ》一と記され、また同書に、起《テ》レ自二天降一泊《マデ》二于東征《ニ》一、*扈従《ノ》群神名顕《ル》二国史《ニ》一。或承《ハテ》二皇天之厳命《ヲ》一、為《ル》二*宝基之*鎮衛《ト》一。とある皇天。また草薙神剱者尤是《モレ》*天璽、とある天。また桓武天皇ノ紀二十四年二月丙午の下《トコロ》に、*石上《イソノカミ》の大神の御誨言《サトシゴト》を記せるに、唱《ヘ》二天下諸神《ニ》一、*勒《テ》レ諱《ヲ》*諭《マヲス》二天帝《ニ》一耳。と有る天帝など。これらみな、正しく天津神の御事を、漢籍《カラブミ》の*文法を以て、稱《マヲ》し給へるなり。

孔子ノ曰く。君子畏《ル》二天命《ヲ》一。*小人《ハ》不レ知《ラ》二天命《ヲ》一而不レ畏《レ》也。また獲《レハ》二罪《ヲ》於天《ニ》一無レ所レ禱《ル》也。また斯《カム》レ天《ヲ》乎。また知《ル》レ我《ヲ》者《ハ》其天《レ》乎。など云へり。形なく情《コヽロ》なき物を、いかで我を知るとは云ふべからむ。

然るを伊藤仁斎の論語古義に、此《コ》を論ひて云へるは、何《ヲカ》謂《フ》二天知《ルト》一レ之《ヲ》乎。曰天無心《ハ》也。以二人心《ヲ》一為レ心《ト》。直《ナレバ》則悦《ビ》誠《ナレハ》則信《ス》と云へるハ、儒者にして、などて如是《カク》。孔子の言行に暗《クラ》きや。徂徠の徴にこれを破りて、孰《カ》謂《ハム》三

「霊の畤《ち》を鳥見の山中に立てて、皇祖《みおや》の天つ神を祭り玉う（＝霊を祭るための庭を鳥見の山中につくり、皇祖の天の神をお祭りなさいました。）」とあるのを、『古語拾遺』では、「皇天《すめのかみ》を禋祀る（＝天の神を清めて祭る。）」と記され、また同書に「天降自り起きて東征に泊まで、扈従の群神名国史に顕る。或は皇天の厳命を承て、宝基の鎮衛と為る（＝天孫降臨から始まって、神武天皇の東国征伐に至るまで、お供して従ったもろもろの神の名は、それぞれ国史に明らかにされている。ある者は皇天の厳命を承って、天皇の大業をしずめ護る役となる。）」とある皇天、また「草薙《くさなぎ》神剱は尤も是れ天の璽（＝草薙のみ剱は、全くこれが天のしるし。）」とある天、また桓武天皇の紀二十四年二月丙午のところには、石上大神のおさとしごとを記しているのに、「天下諸神に唱へ、諱を勒《ろく》して天帝に諭《もお》すのみ（＝天下のもろもろの神の名を声をあげて呼び、本名を刻んで天帝に申しあげるのみだ。）」とある天帝など、これらは皆正しく天つ神の御事を、漢籍を作る法でもって申しあげているのである。」

孔子が言った。「君子は天命を畏る。小人は天命を知らず。而して畏れず（＝君子は天命を恐れる。しかし、徳の少い小人は天命を知らないので、恐れない。）」、また「罪を天に獲れば禱る所無きなり（＝天に対して罪を犯せば、どこにも祈るところはないのだ。）」、また「天を欺かむか（＝天をだますのか。）」、また「我を知る者はそれ天か（＝私のことが分かる者は、それは天であろうか。）」などと言っている。形もなく心もないものに、どうして私が分かると言えようか。

仁斎先生非ト㆓＊理学ニ㆒乎といへるは、実にさることなり。此等《コレラ》の言どもを熟《ヨ》く攷へたらむには、孔子の、天上《アメ》に実物の神在りて、世ノ中の万ノ事を主《ツカ》宰《サド》り給ふ事を、熟《ヨ》く悟《サト》りて、畏るべく欺くまじく、天津神の心に背《タガ》ひては、他《ホカ》に禱《イノ》る神はなしと＊畏《カシコマ》りたる事を思ひ得つべし。其《ソ》は天

〔それなのに、伊藤仁斎の『論語古義』には、これを論じて言っているのは、「何をか天これを知ると謂ふか。曰く、天は無心なり。人心を以って心と為す。直なれば則ち悦び、誠なれば則ち信ず（＝何をさして天がこれを知っていると言うのか。それはこうだ。天は無心である。人の心を以って心としている。人が真っすぐであればすなわち喜び、誠実であればすなわち信じる。）」と言っている。それが儒者でありながら、どうしてこれほど孔子の言行にうといのであろうか。徂徠が『論語徴』で、この説を論破して、「孰か仁斎先生理学に非ずと謂はむか（＝いずれの人が仁斎先生の学問は性理学ではないと言おうか。）」と言ったのは、まことにもっともなことである。〕

これらの事どもをよく考えたならば、孔子のいう天上《あめ》には、本物の神が存在していて、世の中の万事を司りなさっていることを、よく悟って恐れかしこまるべきで、偽ってはならない。天の神のみ心に背いては、他にお祈りする神はないと、恐れ慎しんだことを思い考えるべきだ。それは天の神は、たとえて言うと、もろも

時—チまたはヂと訓む。神霊の依りとまる所。祭りの庭。**鳥見山**—奈良県の桜井市にある。**古語拾遺**—『記紀』にはないことを記したもので、斉部広成の撰。**禋祀（インシス）ル**—天の神を祭ること。**扈従**—コジュウ。つき従う。**宝基**—天皇の大業の土台。**鎮衛**—しずめ守る。**天璽**—天皇のしるしとして伝えられた重宝。ここは八咫（ヤタ）の鏡と草薙（クサナギ）の剣。**石上の大神**—奈良県天理市の石上神社に祭られた布留御魂大神のこと。**勒諱**—諱（イミナ）は実名。勒はきざむこと。**誚**—申しあげる。誚（セウ）は「しかる」の意だが、ここは読み仮名の「マオ」すで、言う、申すのこと。**文法**—作文法。文章の規則。**小人**—徳や器量のない人。小人物。**理学**—心の本性と宇宙の理とを問題とした宋代の学問で、性理学といい、略して理学といった。**畏る**—恐れつつしむ。

津神は、譬《タト》へば諸神《カミタチ》の君の如くに坐《マシマ》せばなり。

此《コレ》を天帝と云はで、只に天とのみ云へるは、譬《タト》へば山川之神其舎《ムヤ》レ諸《ヲ》といふべきを、山川其舎《ムヤ》レ諸《ヲ》とある。山川の字義の如く、其ノ在《マシマス》所を以て云へるなり。

また天神地祇の所爲《ミシワザ》の著明《イチジル》く。また感格《シルシ》ありし事どもを云はゞ、まづ史記の周本紀に、姜嫄と云へる女は、巨人の足迹《アシアト》を履《フミ》て、妊《ハラ》みて産《ウミ》たる子を、奇怪《アヤシミ》て棄《ステ》たるに、鳥獣も乳《チ》を含《フク》めなどして、養《ヤシナ》ひたるに驚《オドロ》きて、其ノ子を育《ヒタ》し、棄と名《ナヅ》けたる。

これ周の祖《オヤ》なり。○左伝に、楚国の闘伯比と云ふ者、郥と云ふ国に畜《ヤシナ》はれて、其所《ソコ》の女《ムスメ》に婚《タハ》けて子を生《ウメ》り。女の親《オヤ》これを怒りて、其ノ子を夢といふ沢へ弃《ステ》たりしに、虎これに乳《チ》を呑しめければ、奇《アヤシ》とて、終《ツヒ》に其ノ子を育《ヒタ》しける事あり。よく似たる古事なり。

また有娀氏の女は、玄鳥の墜《オト》せる卵《タマゴ》を呑て、契と云ふ子を産《ウミ》たりき。

ろの神の君主のごとき存在であられるからである。

〔これを「天帝」といわないで、ただ「天」とのみ言うのは、たとえば「山川の神それ諸《これ》を舎《すて》むや（＝山や川の神がどうしてこれを捨てようか。）」というべきところを、「山川それ諸を舎むや（＝山や川がそれを捨てようか。）」とある。この山川の字の意味のように、それのおられる所をもって言ったのである。〕

また、天の神、地の神のなされるところははっきりしていて、また霊験のあったことなどを言えば、まず『史記』の「周本紀」に姜嫄《きょうげん》という女は、巨人の足跡を踏んで妊娠して産んだ子を、あやしんで棄てたところが、鳥や獣がその子に乳を呑ませたりして養っているのに驚いて、その子を養育して「棄《き》」と名づけたのだ。

〔これが周の始祖なのである。○『春秋左氏伝』に、楚の国の闘伯比という者が、郥という国に養われて、そこの女と通じ子を生ませた。女の親はこれを怒って、生まれた子を夢という沢に捨てたところ、虎がこの子に乳を呑ませたので、妖しいことだと驚いて、とうとうその子を養育したことがある。よく似た故事である。〕

また有娀氏の女は、幻鳥の落とした卵を呑んで契という子を産んだのだ。

〔これが殷の遠祖である。〕

これらは鬼神（霊魂）の所業のはなはだ著しいものではないか。

これ殷の遠祖なり。

此レ等鬼神の所為《シワザ》いちしるき物に非ずや。

此ノ事を、*明の楊用修といふ者論ひて、*誣妄の説なりとし、こは*詩に、天命《メ》二玄鳥《ニ》一降《シテ》而生《シム》レ*商《ヲ》。といふ語のあるに因りて、作りたる事なりと、強《シヒ》て妄説《ミダリゴト》と為《ナシ》たれども、是亦赤県《モロコシ》人の、例の狭き智見《コヽロ》に依て信《ウケ》ざるなり。此レ等の類、なほ外にも、*神異なること数ふるに暇あらず。殊に*毛詩なるは、此ノ古事の実なるから、作りたる詩なり。此ノ詩に依て、作りたる古事と思ふハ、*本末たがへり。今ノ世にすら、此レに類《ニ》たる奇異《アヤシ》き事は、これかれ有り。況《マシ》て上古をや。更に疑ふべき事に非ず。*朱子の語類に、此レ等の事を云ひて、非《ス》レ

〔このことを明の揚用修という者が論じて、無いことを有るようにした、偽りをいう説であるとしている。これは『詩経』の「商頌」に「天、玄鳥に命じて降して商を生ましむ（＝天の神はつばめに命令して、地上に降して商の始祖、契を生ませた。）」という言葉のあるのによって作ったことであるとして、無理矢理に妄説にしてしまったけれども、これもまた、中国人の例の狭い心によっていて納得できないのである。これらの類や、なお他にも神の霊妙なご所業は、数えるのに暇がないほど多いのだ。ことに『毛詩』にあるのは、この故事の事実であることから作った詩である。この詩に依って作った故事と思うのは、本末顛倒だ。今の世の中ですら、これに似た妖しく奇異なことは、あれこれと多くあるのだ。ましてや上古においておやである。さらさら疑うべきことではない。『朱子語類』に、これらのことを述べて、「常理を以って論ずべきに非ず（＝普通の常識的な

山川其舎諸―『論語』の「雍也第六」にある。**感格**―感じ至ることだが、ここはしるし、霊験のあったことをいう。**史記**―黄帝から前漢の武帝までを記した史書。司馬遷の著。**姜嫄**―姜原と同じ。上古、有部氏の女で巨人の足跡を見て、これを踏んで妊娠して周の先祖を生んだという。**左伝**―春秋左氏伝。**有娀（イウジウ）氏の女**―この話は「史記三　殷本紀第三」の冒頭にある。**玄鳥**―つばめ。**明の楊用修**―明の新都の人で、楊慎のこと。著書が多い。**誣妄**―フモウ。ないことを強いて偽っていうこと。**詩**―ここは『詩経』のこと。「商頌」**商**―商の始祖契のこと。**神異**―神の霊妙なしわざ。**毛詩**―現在の詩経のことで、漢初に毛亨の伝えたのを毛詩といった。**本末たがへり**―本末顛倒。ことがらの根本とすえとがひっくり返っている。**朱子の語類**―朱子と門人との問答を収録したもの。

可《キ》下以《ニ》二常理《ヲ》一論《ス》上也。と云ひ、また当時＊恁地説《ニイフ》。必是《レ》有《ラム》レ此《レ》。今不レ可《カラ》下以《ニ》二聞見不《ルヲ》レ及定《ハテ》其《レ》爲《ス》中必無《シト》上と云へるは、朱子には甚《イト》めづらしき説なり。

また＊感格《シルシ》ありし事は、＊殷《ノ》高宗が夢《ユメ》に、天帝《アマツカミ》の良《ヨキ》＊弼《タスケ》を＊賚《タマ》ふと見て、＊傅説と云ふ人を得たる。

此ノ事をも、楊明修が論ひに、高宗民間に在りしほど、傅説が賢人なる事を知りて、此を挙用《アゲモチ》ひむとするに、民の従ふまじき事を思ひて、殷人は鬼神を信ずる風俗《ナラハシ》ゆゑ、夢に託《カコツ》けて挙たるならむと云へり。是も亦＊臆度の杜撰なり。＊五雑俎と云ふ物に、楊明修最《モ》稱《ス》二博識《ト》一。亦善杜《ク》撰《ス》。など云ひて、しば〱此ノ人を悪《ニク》める語あるハ、＊信《ウベ》なる事なり。また朱子も、只是夢中《ノ》事説《クハ》二是《レ》帝真賚《ニフト》一不レ得。説《クモ》下無《ニ》二此《ノ》事一只是《レ》天理《ト》上亦不レ得。と云へるも、また例の頑《カダマ》しき説ざまなり。高宗は賢《サカシ》かりし王と見えたれば、さこそ誠心《マゴヽロ》に神を尊みたるなるべければ、斯有《カヽ》る福《サチハヒ》ありけむ事、さらに疑ふべき事に非ず。ひとり＊千百年眼と云ふ書に、傅説事世《カ》〱咸《ミナ》疑《フ》レ之《ヲ》。

道理で論じてはいけない。）」と言い、また「当時、恁地《じんち》に説《い》ふ。必ず是れ此れ有らむ。今、聞見及ばざるを以って、定めて其れ必ず無しと為す可からず。（＝その当時、このように言っている。きっとこれはこのようにあったのであろう。今の人が見聞が足りないのをもって、それは絶対有りえないと決めつけるべきではない。）」と言っているのは、朱子にしては非常に珍しい説なのである。〕

また霊験のあったことは、殷の高宗の夢の中で、天の神がよい助力をして下さったのを見て、傅説《ふえつ》という人材を得た。

〔このことも揚明修が論じたのに、高宗が民間にあったころ、傅説が賢人であることを知っていたので、これを登用しようとしたが、人民が従わないことを思って、殷の人々は鬼神（霊魂）を信ずる風習があるので、夢にかこつけて、登用したのであろうと言った。これもまたいい加減な仮説である。『五雑俎』という書物に、「陽明修最も博識を稱す。亦善く杜撰す（＝陽明修は大変博識であるといっている。これがまたよく根拠のない、いい加減なことをいう。）」などと言って、しばしばこの人を憎む言葉があるのは、もっともなことである。また朱子も「只、是れ夢中の事、是れ帝真に賚《たま》ふと説くは得ず。此の事無し。只、是れ天理と説くも、亦得ず。（＝ただ、これは夢の中のことである。帝が本当に良い人を下さると説いたとするのは納得できない。それでただ、これを天の道理であると説くのも、また理解しえない。）」と言っているのも、また、いつものわずらわしい説明の仕方である。高宗は賢明な王と見られるので、そのように本心から神を尊んでい

以為《テ》二夢《ニ》而得《ト》レ賢《ヲ》可也云々。蓋所レ云《フ》二夢《ニ》賚《フト》一者、実帝《ニ》感《メ》二其《ノ》*恭黙之誠《ニ》一而賚《フ》レ之《ヲ》也云々。*鄭文夢《ミテ》レ鹿《ヲ》而得二真鹿《ヲ》一心誠《ナル》二於得《ルニ》レ鹿《ヲ》者可二*以得《ツ》一。況《ヤ》誠《ニメ》二於求《ルニ》レ賢《ヲ》而有《ラム》二不《ル》レ得者一乎。と云へるは、いと〳〵*感《メデ》たき説《コト》なりかし。

また*周公旦は、祖宗の神霊に願《ネギ》て、天津神に禱《ノミ》まをし、其ノ兄武王が疾を瘳《イヤ》し、其ノ後武王が子の成王に罪を得て、*佗《ホカ》へ出居《イデヲ》りけるに、甚《イミジ》く*神の荒《アラ》びありて、成王それに驚き、周公

たのに違いない。だから、このような幸いがあったのであろうことは、さらさら疑うべきことではない。ただ『千百年眼』という書物に「傅説が事、世々咸《みな》之を疑ふ。以て夢に賢を得しと為して可なり云々。蓋し夢に賚《たま》ふと云ふ所は、実に帝其の恭黙の誠に感じて之を賚ふなり云々。鄭文、鹿を夢みて真鹿を得たり。心鹿を得るに誠なるは、以って得つべし。況や賢を求むるに誠にして得ざる者あらんや（＝傅説のことは、世の中の人がみなこれを疑っている。故に夢で賢人を得たと考えてよいのである。うんぬん。けだし、夢に下されたという所は、実は帝がその慎しんで黙っている誠の心に感じられて、これを与えられたのである。うんぬん。鄭文が鹿を夢にみて、本物の鹿を得た。その心が鹿を得るために誠実であれば、鹿を得ることはできるのだ。ましてや、賢人を求めるのに、まごころをもってして得られない者があろうか。ありはしないのだ。）」と言ったのは、非常にすばらしいことなのだよ。」

また、周公旦は先祖の神霊に祈願して、天の神に祈禱を奉り、その兄武王の病気を治癒し、その後で武王の子の成王から罪を得て、他処へ出ていたところ、ひどい神のご乱暴があったので、成王が

恁地—ジンチ。このように。**感格**—感じ至るの意であるが、「シルシ」とよませているので、神霊の効果。霊験の証拠のこと。**殷ノ高宗**—殷の武帝のこと。**弼**—弼と同じ。助け。補佐。**賚フ**—賜う。与える。**傅説**—フエツ。殷の高宗の賢臣。高宗が夢に見た人物で、道路工事の人夫の中から見出した。**臆度**—オクタク。推測。**五雑俎**—明の謝肇（ヒツ）制の撰。天・地・人・物・事に分けて記した。**信なる**—もっともである。**千百年眼**—明の張燧の編。経・子・史に関して考察した著。**恭黙**—つつしんで黙っていること。**鄭文**—鄭文宝ならば北宋の学者。**以**—故に。**感たき**—すばらしい。**周公旦**—周の文王の子で、兄の武王を助けて紂を滅ぼした。**佗へ**—他に。**神の荒び**—神が乱

旦が罪なかりし事を悟《サト》りし事あり。誠情《マコトノコヽロ》より禱《イノ》る時は、感応《シルシ》ある事かくの如し。

此《コ》は尚書*の金縢に見えたる事なるが、明人王廉、張*和仲などの輩、これを論ひて云へるは、周公*面《マノアタリ》卻《ケ》二二公《ノ》穆*卜《ヲ》一、以爲レ未《タ》レ可《ラ》レ戚*《ム》二我《カ》先王《ニ》一矣。陰《ニ》乃私《ニ》告《ケ》二三王《ニ》一自以爲レ功《ト》。此《レ》憸*《スト》一人佞*一子之所レ爲《ス》也。而謂《ム》二周公然《スト》レ之《ヲ》乎。死生有《リ》レ命。周公乃欲《ス》三以レ身《ヲ》代《ラムト》二武王之死《ニ》一。使《メハ》二周公《ヲメ》而然《ラ》一則爲レ不《ト》レ知《ラ》レ命《ヲ》。且滋*《ス》二後世刲*《キ》レ股《ヲ》醮*《ル》レ天《ヲ》之俗*《ヲ》一。周公元聖*、豈其《レ》然《ラム》乎など云ひて、金縢を偽書なりと、なほ巨細《コマカ》に論ひたれど、金縢は伏生*が伝へたる篇にて、古書なること論ひなきを、斯《カク》いふは、此は、周公旦が、鬼神を信じたる事を異《アヤシ》みてなれど、これ聖人と云ふものを、余りによく思ひ過《スグ》して、却《カヘリ》て悪く云ひなす業なり。然るは聖人といへども、実に善人ならむには、其ノ真情《マゴヽロ》ハ凡人《タヾビト》に異なる事あるまじければ、何《イカ》で神の威*霊を仰《アフ》がざらむ、いかで神に禱《イノ》りて感応ある事を知らざらむ。

然るを後ノ世の儒者等、おのれ〳〵が智見《コヽロ》の狭くて、神を知らざるに比《クラ》べて、古へ人の真情をさへに疑ふは、

それに驚いて周公旦に罪のなかったことを悟ったことがあった。真心から祈った時には、神の感応があるのはこのようである。

〔これは『尚書』の「金縢《とう》」に見えていることであるが、明の人である王廉《れん》や張和仲などのやからが、このことを論じていうのには、「周公面《まの》あたりに二公の穆卜を郤け、以って未だ我が先王を戚《いた》むべからずと爲し、陰に乃ち私に三王に告げ、自ら以って功と為す。此れ憸人《センジン》・佞子《ネイシ》のなす所なり。而して周公之を然すと謂むか。死生命有り。周公乃ち身を以って武王の死に代らむと欲す。周公をして然らしめば、則ち命を知らずと為し、且つ後世股を割き天を醮《まつ》るの俗を滋《じ》す。周公元聖、豈《あに》其れ然らむか（＝周公旦は眼の前で太公望と召公の二公が立派で威厳のあるのをしりぞけ、また、武王の病気を先王たちに告げていないと言って、ひそかに三王に告げて、みずからが代って功をなした。これはこざかしい人や、口のうまい人のする所である。しかして、周公旦がそれをしたと言えるのか。死生には命運がある。周公旦はすなわち自分の体をもって、武王の死に代ろうと欲した。周公旦をしてそのようにさせれば、すなわち命運を知らないからだとし、かつ、後世に股を裂き天を祭るならわしを盛んにするからだ。周公のような大聖人が、どうしてそのようであろうか。）」などと言い、「金縢」を偽書であると、なお、こと細く論じたが、「金縢」は伏生が伝えた篇であって、古書であることは論じるまでもないのを、このように言うのは、これは周公旦が、鬼神（霊魂）を信じていたことを妖しんでのことである。しかし、これは聖人というものを、あまりにも良いと思い過してしまい、かえって悪くいうような仕方である。

甚《イト》をこなり。若果《モシハタ》して聖人てふものは、普通《ヨノツネ》の儒者などの如く、人情に疎《ウト》くて、鬼神《カミ》を信ぜざるものならましかば、此レも*嗚呼《ヲコ》ものとや云はまし。*捴《スベ》て儒者の、聖人てふ人々の言行を解《ト》くを見るに、甚く*高妙に説むとて、更に人情に遠き嗚呼人《ヲコビト》に云ひなす事多くて、見るも心苦《グルシ》く、片腹《カタハラ》いたき説等《コトドモ》の多きなり。

また以レ旦ヲ代ヘヨ二某之身ニ一。とある所の注釈に、死生有レ命、不レ可カラレ請フレ代ヲ、聖人叙テ二臣子之心ヲ一、以垂ル二世教ヲ一などやうに云へる説多かれど、此は更に真の道てふ事を伺

というのは、聖人といってもまことに善人である人には、その真心は普通の人と異なることはないから、どうして神のいかめしい霊を仰がないことがあろうか。どうして神に祈って感応があることを知らないであろうか。

そうであるのに、後世の儒者たちは、自分たちそれぞれが心が狭くて神を知らないのに比べて、古代人の真心をさえ疑うのは、大変おろかである。もし果して、聖人というものが世の普通の儒者などのように、人情にうとくて鬼神（霊魂）を信じない者であったならば、これも愚か者とでも言えよう。すべて儒者が、聖人という人々の言行を解釈するのを見ると、非常に巧妙に説明しようとして、さらに人の心にうといおろか人のように言ってしまうことが多くて、見るのも心苦しく片腹痛いいい加減な説が多いのである。

また『尚書』の「金縢」に「旦を以って某の身に代へよ（＝私、旦の体をもって某（武王）の身に替えて下さい。）」とあるところの注釈に、「死生命有り代を請ふ可からず。聖人臣子の心を叙《のべ》て以て世教を垂る（＝死生には定めがある。身代りを乞うてはならない。聖人が臣子の情を述べて、それで世に教えをくだされるのだ。）」などのようにいう説が多いようだが、これは一向に真の道ということをうかがい知らない者たちの、言うに足り

暴をする。（135頁）

尚書の金縢―尚書、周書の篇名。**張和仲**―明の昆山の人。読書と作文が早かった。**周公面卻二公穆卜**―周公元聖豈其然乎までは「千百年眼一金縢　非古書」にある。穆卜は立派で威厳のあるさま。**戚（イタ）ム**―うれえる。悲しむ。心を痛める。**憸人**―センジン。こざかしい人。**佞子**―ネイシ。口のうるさい人。**滋ス**―ふやす。増す。**刲（サ）き**―さく。えぐる。**醮（マツ）ル**―酒を供えて祭る。祭壇を設けて祭る。**俗**―ならわし。**元聖**―すぐれたひじり。大聖。**伏生**―伏勝。漢代の済南の人。**威霊**―いかめしく不思議な霊。威力のある神霊。**嗚呼もの**―おろかな者。**まし**―しよう。あろう。希望や意志を示す。

ひ知らぬ者どもの、云ふにも足らぬ嗚呼説なり。偖《サテ》また此所《コヽ》に、金縢*の弁は用なきに似たれども、事の実なるよしを知らさむとの所為なり。金縢の事、なほ末にも出せり。合せ考ふべし。

孔子の云く、鬼神之為《ル》レ徳其《レ》盛《ナル》矣乎。視《レ共》レ之《ヲ》而弗*レ見《エ》。聴《ケ共》レ之《ヲ》而弗レ聞《エ》。体*《メ》レ物《ニ》而不レ可《カラ》レ遺《ス》。使《テ》三天下之人《ヲ》一。斉*明盛*服《メ》以承《ケ》中祭祀《ヲ》上。洋*々乎《トメ》如《ク》レ在《ルカ》二其《ノ》上《ニ》一如《シ》レ在《ルカ》二其《ノ》左右《ニ》一。詩《ニ》曰。神之格*《ル》思不レ可《カラ》レ度《ル》思。矧*《ムヤ》可レ射《ムヤ》*《フ》思。夫《レ》微之顕《ナル》。誠之不《ル》レ可《カラ》レ揜*《フ》如《キ》レ此《ノ》夫。また鬼神を祭祀《マツリ》て感応《シルシ》ある事を云ヒて、事*《ルコト》レ死《ニ》如《クシ》レ事《ルカ》レ生《ニ》。事《ルコト》レ亡《ニ》如《クスルハ》レ事《ルガ》レ存《ニ》孝之至也。郊*社之礼所《ハ》三以事《テル》二上帝《ニ》一也。宗廟之礼所《ハ》三以祀《ル》二乎其先《ヲ》一也。明《ニセバ》二乎郊社之礼禘*嘗之義《ヲ》一。治《ルコト》レ国《ヲ》其如《キ》レ示《ルカ》二諸掌《ヲ》一乎。と云ひ、また至誠之道可《シ》二以前ー知《ス》一。国家将《ニ》レ興《ムト》必有二禎*祥一。国家将《ニ》レ亡*《ムト》必有二妖*孽一。見《レ》二乎蓍*亀《ニ》一動《ク》二

ない愚かな説である。さてまた、ここの所には「金縢」の言葉は必要がないように見えるけれど、ことの事実である理由を知らそうとする所業なのだ。「金縢」のことはなお末尾にも出している。これを合わせて考えるべきだ。」

孔子が次のように言った。「鬼神の徳為る。其れ盛んなるかな。之を視れども見えず、之を聴けども聞こえず。物に体して遺すべからず。天下の人をして齊明盛服して以て祭祀を承けしむ。洋洋乎としてその上に在るが如く、その左右に在るが如し。詩に曰く。神の格《いた》る。思ひ度《はか》るべからず。矧《いは》んや射《いと》ふべけんやと。夫れ微の顕なる。誠の揜《おさ》ふべからざる。此の如きかな（『中庸』第三段）（＝鬼神の働きというものは、それは盛んなものだ。これを見ても見えないし、これを聴いても聞こえない。物の基となって残すべきではない。天下の人をして人身を清めさせ、立派な服装をして祭祀をあげさせる。鬼神は満ち溢れていて、人々の上にも左右にもいるかのようである。『毛詩』に言っているよ。神の来臨し給うのは、人の心では計り知ることができない。ましてや、神が示されたものを厭《いと》い嫌ってもよいものか。それ鬼神のようなかすかなものが現われる。それを本当に覆い包むことができないのは、この如くである。）」。また、鬼神を祭って、その霊験のあることを言い、「死に事《つか》ふること生に事ふるが如くし、亡に事ふること存に事ふるが如くするは、孝の至りなり。郊社の礼は上帝に事ふる所以なり。宗廟の礼はその先を祀る所以なり。郊社の礼・禘嘗の義を明らかにせば、

乎*四体ニ一。禍福将ニレ至ムトレバ善必先ヅ知リレ之ヲ。不善必先知ルレ之ヲ。故ニ至誠ハ如シレ神ノ。

国を治むること其れ諸を掌に示るが如きか。（『中庸』第三段）（＝死んだ先祖に仕えることを、生きている人に仕える如くにし、亡くなった人に仕えることは、今生きている人に仕えるようにするのが、孝行の最高のものだ。冬と夏に天地を祭る郊社の祭礼は、上帝にお仕えするものである。宗廟の祭礼はその先祖を祭るものである。郊社の祭礼と天子諸侯の宗廟を祭る禘嘗の義をよく察知すれば、国を治めることは、それはこれを手のひらに置いてみるように簡単なことなのである。）」と言っている。また、「至誠の道は以って前知すべし。国家の将に興らむとするや必ず禎祥あり。国家の将に亡びんとするや必ず妖孽《けつ》あり。蓍亀に見《あらは》れ四体に動く。禍福の将に至らんとするや、善も必ず先づ之を知り、不善も必ず先づ之を知る。故に至誠は神の如し（『中庸』二十四）（＝至誠の道は、あらかじめ前もって知ることができる。国家がまさに興《おこ》ろうとする時は、必ず目出度いしるしがあり、国家がまさに亡ぼうとする時は、必ず災いがある。

高妙に―高くすぐれている。（137頁）**金縢**―『周書』の一篇。**弗**―不で、ず。否定。**体物…**―物の体（からだ）となる。その物をよく理解すること。**斉明**―身を清め心を正しくすること。**盛服**―みなりをととのえる。正装をする。**洋〻乎**―満ち溢れてひろびろとしたさま。ゆったりして美しいさま。**格（イタ）る**―到達すること。**矧ムヤ**―いわんや。ましてや。**射（イト）フ**―厭う。いやがる。**揜（オオ）フ**―おおい包む。**事（ツカフ）る**―仕えること。**郊社之礼**―天地の祭りの儀式。冬至に天を祭るのを郊といい、夏至に地を祭るのは社という。**禘嘗之義**―天子諸侯が宗廟にする夏と秋のお祭。**禎祥**―めでたいしるし。**亡ム**―亡ぶ。**妖孽（ヨウケツ）**―わざわい。**蓍亀（シキ）**―占い用の細い竹と、吉凶を占う亀の甲羅。転じて「占い」のこと。蓍は易に用いるめどきの茎。筮竹（ゼイチク）。**四体**―両手両足。四肢のこと。

また礼記には、我戦《ヘバ》則克《チ》。祭《レバ》則受《ク》レ福《ヲ》。蓋得《レバ也》ニ其《ノ》道《ヲ》一矣。と云へる事も見えたり。これ実に孔子の語ならむも知ルべからず。思ひ合すべし。

など云へり。

孔子自《ミヅカラ》かく云へるのみならず、其ノ弟子等の、孔子の鬼神《カミ》へ対《ムカ》ひての形状《アリサマ》を記して、祭《ルヿ》如《ク》レ在《スカ》祭《ルヿ》レ神《ヲ》如ニ神在《スカ》一と云ひ、

此ノ事なほ末に委曲《ツバラ》に云へり、合せ見べし。

また斉《ニハ》必変《シ》レ食《ヲ》居《ハ》必遷《ス》レ坐《ヲ》。また迅＊雷。風烈。必変《ス》など云へり。後ノ世に云ひ出たる説の如く、上帝と云ふも、鬼神と云ふも、みな自《オノヅ》然《カラ》の理《コトワリ》を仮《カリ》に云へるにて、実は形容《カタチ》も心も無《ナケ》れども、是を祭る事は聖人の民を教ふる術《テダテ》に設《マウ》けたる事なりと云はゞ、国も穏《オダヒ》に治り、＊豫《マダキ》に禍福を知ルばかりの感応《シルシ》あるは、いかにぞ

それは占いにあらわれ、人の動く四肢に動きが出る。災いや福がおころうとする時には、良いことは必ずまず先にこれを知り、善くないことも必ず先にこれを知るのだ。だから、至誠は神のようなものである。）」

（また、『礼記』第十には、「我戦へば則ち克《か》ち、祭れば則ち福を受く。蓋《けだ》し其の道を得ればなり（＝古人の言葉は、我が戦えば必ず勝ち、祭礼を行えば必ず福を授けられた。それは正しい道をしているからである。）」と言っていることも見えている。これは本当に孔子の言葉であろうか。それを知ることはできない。合わせて考えるべきである。）

などと言っている。

孔子がみずから、このように言うのみではなく、その弟子たちが、孔子の神に向かっての様子を記して、「祭ること在すが如く、神を祭ること神在すが如し（『論語』「八佾」第三）（＝祭るときには、対象の霊が現に存在されているようになされる。神を祭るには、神がそこにあられるようになされる。）」と言った。

（このことは、さらに末尾に詳しく述べている。これと合わせて見るべきである。）

また「斉には必ず食を変じ、居は必ず坐を遷す（『論語』「郷党篇第十七章」）（＝肉食を絶ち身を清めての精進潔斎には、必ずいつもと違う食事に変え、住居では必ず坐る場を移していた。）」。また、「迅雷風烈、必ず変ず（『論語』「郷党」）（＝ひどい雷鳴や烈しい風の時は、必ず顔色を変え

や。また事実の迹《アト》あるをば、何《イカ》にとか云ハむとする。また無心の死物を、孔子は、いかで人に教へて畏《オソ》れよと云ふべき。また自《ミヅカラ》も顔《カホ》の色の変《カハ》るまでに、畏るべき所謂《イハレ》なきに非ずや。平常《ツネ》の言行と比《クラ》べ思ふに、愚夫兒女子などの、所謂《イハレ》なく、風雷また奇異《アヤシ》き事を畏《オソ》るゝ類にはあらず。

世ノ中の事は、すべて天神地祇の、*奇妙《クシビ》なる御所行《ミシワザ》に洩《モレ》たる事なく、別《コト》に迅雷風烈などは、神の*荒《アラ》びにして、いとも可畏《カシコ》く、何の故、なにの理に依て、かゝるとも、*測《ハカ》り難《ガタ》きに依て、畏れ敬《ウヤマ》ひたるなるべし。然るを儒者の云

た。)」などと言っている。後世に言い出した説のように、上帝(天帝)というのも鬼神(神霊)というのも、すべておのずからにある道理を仮りに言ったもので、実は形も心もないけれども、これを祭ることは、聖人が民を教える方法として設けたことである。と言ったなら、国もおだやかに治まり、前もって災いと幸せとを知りうるほどのしるしがあるのは、どうしてなのであろうか。また、事実の痕迹があるのを、どのようにして言おうとするのか。また、心のない死んだ者をどうして孔子が人に教えるのに「畏《おそ》れよ」と言おうか。また、自分自身も顔色が変るまでに、おそれるべき理由がないのではなかろうか。いつもの言行と比べて考えると、愚かな男や子供や女子などが、理由もなく風や雷、また妖しいことを恐れるたぐいではないのだ。

世の中のことは、すべて天の神や地の神の、霊妙なご所業にもれたことはない。とくに凄い雷鳴や烈しい風などは、神のご乱暴であって大変恐れ多いことだ。何の故か、またいかなる道理によって、このような暴れ方をなされるのかも推しはかりがたいので、恐れ敬ったのに違いないのだ。それなのに儒者の言うのは、天は

迅雷—激しい雷鳴。 **豫に**—まだきに。まだなのに。ここは前もって備えること。 **奇妙なる**—不思議なこと。霊妙なこと。 **荒び**—乱暴すること。 **測り**—考える。

ふは、天は*積気にして、雷は*陰陽の相《アヒ》*鱗《キシリ》て激する声、風は陰陽の*動静なり。など云ひて、只に陰陽といふをのみ、事ゝ《コトゞ》しく説《イヘ》ども、その陰陽といふ物を、死物《シニモノ》とせむか、活物《イキモノ》とせむか。死物ならむには、*激する事もなく、動静も有らじ。或《アルヒ》は激し或は動静する事も有るは、*決《キハメ》て活物なる事論ひなし。既に活物なる上は、霊あること論ひなし。また陰陽は死物なれども、激動静あるは自然《オノヅカラ》なりと云はむか。其ノ自然に動静さするは何物ぞや。死物なる陰陽を動静あら令《シム》るは、決《キハ》めて活物の神在《アリ》て然すること疑ひなし。

此《コレ》につけて談《モノガタリ》あり。近ごろ渋蘭陀《オラムダ》と云ふ国の学問始りて、この大江戸などには、是を学ぶ人多かるが、誠《マコト》や彼ノ国人は、深く物の理を究ムる事を好みて、何くれと考へ出たる事も多かるが中に、エレキテルてふ器

積《つも》り重なった気であって、雷は陰と陽が互いにきしり合って、勢いが強くなった声である。風は陰と陽の動きである。などと言って、ただ陰陽とのみ言えばよいのを、大げさに説く。けれども、その陰陽というものを死に物としようか。それとも生き物としようか。死に物であったならば、激しくなることもなく動くこともあるまい。ある時は激しく、ある時は動くこともあるのは、陰陽がこの上もない生き物であるからで、論じるまでもないことだ。すでに生き物であるからは霊であることは論じるまでもない。また、陰陽は死に物であるけれども、激しい動きがあることは、自然に生じるのだと言いえようか。その自然な動きをさせるのは何者なのか。死に物である陰陽に動きをさせるのは、きっとこの上もない生き物の神があって、そのようになされることは疑いがないことである。

〔このことについて、ある話がある。近ごろオランダという国の学問が始まって、この広い江戸の地などでは、この蘭学を学ぶ人が多い。しかし本当にあちらの国の人は、深く物の原理をきわめることを好んで、何やかやと考え出したことも多い。その中にエレキテルという道具があった。これは雷または雷光《いなびかり》の原理を考えて造ったという道具である。それをかつて、私はある人の許《もと》で見たのだが、それは一つの箱の中に作って置いてあり、雷電の様子を見ようとするには、人が三人がかりでその道具を動かすのだ。まず一人が腰かけなどに坐って、その箱の上にある筒に付いた糸を持ち、次の一人は箱の横

物あり。此《コ》は雷《イカヅチ》また電《イナビカリ》の理を考へて、造りたる由の器なるが、往年或ル人の許にて見たりしに、一ツの箱の中へ作り置て、雷電の形容《アリサマ》を観《ミ》むとするには、人三《ミ》人《タリ》にて其ノ事を為《ナ》し、一人は*牀机《アグラ》などに坐《ヰ》て、彼ノ箱の上《ウヘ》なる、筒に付たる糸をもち、一人は箱の横の方より出たる、棒の如き物を、糸車を回《マハ》す如くするに、一人は金《カネ》にて造りたる、小《チヒサ》きこれも棒のやうしたる物を、彼ノ牀机に坐《ヰ》たる人の躰《ミ》に丁《アツ》るに、誠に電の如き光を出し、鳴動《ナリハタメ》くなど、いと〱奇異《アヤシ》きまでに、能く造りたる器なり。此は予《オノレ》その節《トキ》、輪《ワ》をまはす者《ヒト》となりて、見たりし侭《マヽ》を記せるなり。

斯《カク》て其ノ器を蔵《モ》たる人、予に語りけらく*は、天地の雷電あるも、実に此ノ理に等《ヒト》し。然れば何の畏るゝ事かあらむ。然るを俗《ヨ》には甚く雷を畏るゝ人もあるは、此ノ理を弁へざるにて、いと愚なる事なりと云ふに、

の方より出ている、棒のような物を糸車を回すように回す。すると残りの一人が、金属で造った小さな、これも棒のようになっている物を、あの腰かけに坐っている人の体に当てる。すると本当に雷のような光を出して鳴り動いたりして、非常に妖しく不思議なほどによく造った道具なのである。これは私がその時に輪を回す人になってやり、そこで見たことを、そのままに記したのである。

かくして、その道具を所持している人が私に語ったのは、天地に雷電があるのも本当にこの原理と同じだ。それならば何の恐れることがあろうか。それなのに世の中には、非常に雷を恐れる人もいるのは、この原理を理解しえないからであって、大変愚かなことである、と言った。そこで私篤胤が言っ

積気—つもり重なった気。天のこと。**陰陽**—原本は、すべて会易（インヨウ）。天地の間にあって万物を生ずる陰と陽。平田篤胤は『鬼神新論』の板本には、意図するところがあって、「会易」の文字を使用した。**轔**—こすれて音を立てる。きしむ。ここはひびくこと。**動静**—立居ふるまい。**激**—はげしくなる。勢いが強くなる。**決て**—この上なく。甚しく。**牀机**—腰かけ。アグラは普通「胡座」と書く。**けらく**—「けらし」は、したらしい。過去の推量。「けり」をぼかした表現。

予いふは、此は実によく造りたる物なり。然《サ》れど実の雷電も、果してかゝるにか。其《ソ》は真に測《ハカ》り定めがたき事なり。よし此ノ理に違ふ事なきにもあれ、此ノ器は、主《キミ》と我とまた一人ありて、此所《コヽ》をもち、彼所《カシコ》を回《マハ》しなどすればこそ、電光を見るに非ずや。然れば天地の真の雷も其ノ如く、主と我との如き物の在りて、ものせでは、決《キハ》めて然あらぬ理なり。はた此ノ器は、人の工《タクミ》に成りたる物にて、今傍《カタハラ》に置て、かく為《ス》るも為《セ》ざるも、己《オノ》が心侭《ママ》なる一箇《ヒトツ》の小器なれば、何の畏るゝ事もあらねど、真の雷は、雲中を荒び転《コロ》びて、或は雲ノ中を放《ハナ》れ下《クダ》ることも有りて、所を択《エラ》ばず、木を裂《サ》き石を砕《クダ》くなど、何と云ふ*嫌《キラ》ひなく、斯《カク》て無情《コヽロナキ》かと思ふに、悪き物、また善《ヨカ》らぬ人などを、*搏殺したる類も、古へよりまゝ有る事なり。其《ソ》は殷ノ*武乙が、天を罵《ノヽシ》りて打殺されたるなどを、よく思ふべきなり。

かく測《ハカ》りがたく*可畏《カシコ》かるを、人の小き智《サトリ》もて、工《タク》み出たる器に依りて、いかで其ノ理の知らるべき。然《サ》やうの浅ゝ《アサ〳〵》なる*臆度《オシハカリゴト》ハ、篤胤は更に〳〵*信《ウベ》なはず。もし実に此をよく弁へむと思さば、しバし人智の狭き旧《ナラ》習《ヒ》を忘れて、信《マメ》に古へを学びて知り給ひねと云ふに、

たのは、「これは本当によく造った物である。しかしながら本当の雷電も果して、このようなものであろうか。それは本当に考えて決めがたいことなのだ。よしや、この原理に違うことがないのにせよ、この道具をそこの主人と私ともう一人とで、ここを持ったりあちらを回したりなどしたからこそ、電光を見たのではないのか。だから、天地に実際にある本当の雷も同じようであり、天地に主人と私とのような物があって、事を行う。つまり、あちらこちらを持ったり回したりしなければ、決して雷光が生じない原理なのだ。さらにまた、この道具は人の工夫によってできたものであり、今、傍に置いてこのようにするのもしないのも、おのれの思うままになる、一つの小さな道具なのである。だから、何も恐れることはないけれども、本当の雷は雲の中をあらあらしく転げ廻って、あるいは雲の中から離れて落ちることもあって、場所も選ばずに木を裂いたり石を細く砕いたりなどと、これと言った区別もしないのだ。このようでは心がないのかと思うと、悪いものや良くない人などを、手討ちにして殺したりする類も、昔から時々はあることなのだ。それは殷の武乙《いつ》が天をののしってうち殺されたりしたのを、よくよく考えるべきである。

このように推し計りがたく、恐れかしこまるべきものを、人の少しの智恵をもって、工夫して作った道具により、どうしてその原理を知ることができようか。できはしないのだ。そのような考えの浅い憶測に対して、私篤胤は「どうしても全く承知できない。もし本当に、これをよく理解しようと考えたならば、しばらくは人の知恵の及ぶ狭い旧習を忘れてしまい、忠実に古代を学んで納得して下さい。」と言った。すると、その人は大変腹を立てて、なお、なにかと言い争って、どのように言い聞かせても、私

此ノ人いたく腹立て、なほ何くれと云ひ争ひて、いかに諭《サト》すとも、従ふべき容《サマ》に見えねば、然もあらば、主の御心の随意《マニ〳〵》といひて、予は帰りたりきかし。

また*張横渠といふ者の語に、鬼神者二気之良能と云ひ、また*程子の説に、鬼神者造化之迹也。など云へれども、実には二気者鬼神之良能。また造化者鬼神之迹なるをや。かく奇妙《クシビ》なる、天地の神の御所行《ミシワザ》なるから、赤県も古へは、実《マコト》に鬼神を敬ひたるゆゑ、其ノ礼をいみじき事にせるなり。これ真に道に合《カナ》へる事にして、夏殷の頃まで然《シカ》ありし趣《サマ》なり。斯《カク》て周の代となりても、猶上古の*余波《ナゴリ》にて、神を祭る事を重《オモ》みしけるに、

の考えに服従する様子が見えない。そこで「それならば、ご主人のお考えのままになさって下さい。」と言って、私は帰ったのである。」

また、張横渠という者の言葉に、「鬼神は二気の良能（＝神霊とは陰陽二気の霊妙な作用である。）」といい、また程子の説に、「鬼神は造化の迹なり（＝神霊とは天地自然の道理の行いである。）」などと言っているけれども、真実は「二気は鬼神の良能（＝陰陽の二気は神霊の作用である。）」または「造化は鬼神の迹（＝天地自然の道理は、神霊の所業。）」であるのだ。このように不思議な、天と地の神のご所業であるから、中国でも古代では本当に鬼神（神霊）を敬ったので、その祭礼を大変立派なものにしたのである。これは本当に道理に合致していることであって、夏・殷のころまではそうであった様子なのだ。このようにして周の代になっても、なお上代の遺風があって、神を祭ることを重要にしていたのに、

嫌ひなく—区別せず。分かちなく。**搏殺**—ハクサツ。とらえて手うちにして殺すこと。**殷ノ武乙**—『史記』に登場する。**可畏かる**—おそるべき。畏れ戒める。**臆度**—おしはかること。臆測。**信なう**—承諾する。**張横渠**—北宋の儒者。字は子厚。**程子**—宋の大儒者。程顥（ていこう）・程頤（ていい）の兄弟の尊称。**余波**—名残り。遺風。影響が残ること。

さるは左伝成公*が十三年の伝に、国之大事ハ、在ニ祀ト与ㇾ戎ニ
*戎と見えたるにても知るべく。此《コ》は徂徠の鬼神論に、
先布テ二朞*十有二月ニ一、而メ祭祀居ス二其ノ半ニ一。礼ニ有二五経*一。莫ㇾ
重キハ三於事ルヨリ二鬼神ニ一。而メ獨リ其ノ与ㇾ戎為ス二国ノ大事ト一。具ヘㇾ官ヲ興スㇾ物ヲ。
惟恐ル二其ノ*弗ルヲㇾ備ラ。而経費不ㇾ問ハ。受ケㇾ福ヲ降シㇾ殃ヲ。諄*々トメ乎
言フㇾ之ヲ。是レ*庸*ソ何*虚設ナラム乎。と云へるが如し。

また赤県州にも、古へより伝はりたる神事の中には、皇国なると似たるも多かり。さるはまづ彼ノ国の字書に、徐*曰*示ハ神事也。故ニ宗廟神*祇皆従*フㇾ示ニと有て、すべて示に从《シタガ》ひたる字は、みな神の事に係《カヽ》れり。其ノ一ツ二ツを云はゞ、柴*また禉ノ字の注に、燒キㇾ柴ヲ*燎メ以祭ル二天神ヲ一也といひ、また祓*ハ除クㇾ悪ヲ祭也。徐曰祓之為ルㇾ言払也。又潔也。また禜*ハ攘ヒㇾ風ヲ祭ル也ㇾ雨ヲ。また祈祭者叫呼而請フㇾ事ヲ也。禱ハ告テㇾ事ヲ求ルㇾ福ヲ也。また禍ハ神不ルㇾ福サ也。また祟*ハ神ノ禍《トガメ》也。また祝ハノ祭詞也。また禘*ハノ春祭。嘗*ハノ秋祭。などある類ひ、凡《スベ》て古意に稱《カナ》へる事どもにて、皇国にも既《ハヤ》く、其ノ字を借《カリ》用ひ習へるも多きなり。古へを学びて思ひ合すべし。

〔それは『春秋左氏伝』の「成公の十三年」の伝に、「国の大事は祀と戎とに在り（＝国にとって大事なのは、祭礼と軍事である。）」と見えていることでも知られるのだ。これは徂徠の『鬼神論』に「先づ朞《き》十有二月に布て、而して祭祀其の半に居す。礼に五経有り。鬼神に事るより重きは莫《な》し。而して獨り其の戎とともに国の大事と為す。官を具へ物を興す。惟其の備らざるを恐る。而して経費問はず、福を受け殃を降し、諄々として、之を言ふ。是れ庸何ぞ虚設ならむ乎（＝まず一年を十二ケ月にふり分けると、祭礼はその半分を占める。礼には五つの経書がある。鬼神に仕えるより重要なことはない。そして、ひとつその軍備とともに祭礼を国の大事なこととする。国家の機関をととのえ備えて、物事を発展させる。ただ、それが備わらないことを恐れる。そして、これに関しては経費のかかることを問題としない。幸いを受けて災いを追い払い、じゅんじゅんとねんごろに。この事を言うのは、これは不変なのだ。どうしてむなしい説であろうか。）」と言ったのと同じなのだ。

また、中国の州にも古代から伝わっている神事のなかには、日本国にあるのと似たのも多い。それはまずかの中国の辞書に、「徐曰く、示は神事なり。故に宗廟神祇皆示に従ふ（＝徐が言った。示（教え）は神示である。だから宗廟、天の神と国の神は皆示に従っている。）」とあって、すべて「示」に従っている文字は、すべて神のことに関係している。その一つ二つを言えば、柴又は禉の字の注に、「柴を焼き燎を以って天神を祭るなり（＝柴をたいてかがり火をもうけて天の神を祭るのである。）」と言い、また、「祓は悪を除く祭なり。徐曰く。祓の言爲る払なり。又、潔なり（＝

*漸々《ヤヽク》に生賢《ナマサカシ》き風俗漫《ハビコ》りて、神祇を祀《マツ》る事は、大畧《オホカタ》は民に敬を教ふ。とか云ふ術《テダテ》の如くなり

お祓いは悪を除くお祭りである。徐が言った。祓いの言葉はお払いであり、また潔（清い）である。」また「禜《えい》は風を禳《はら》ひ雨を祭るなり（＝災いを払う禜という祭は、風を払い雨を祭ることである。）」また、「祈る祭は叫か、而して事を請ふなり。禱は事を告て福を求るなり（＝神に祈る祭は、神に叫び告げて事を乞い願うものである。祈ることは事を告げて幸いを求めるのである。）」また、「禍は神、福さざるなり（＝わざわいは神が福をくださない。）」また「祟は神の禍《とがめ》なり（＝災いは神のお咎《とが》めなのである。）」また、「祝は祭の詞なり（＝お祝いはお祭りの言葉なのである。）」また、「禘は春の祭、嘗は秋の祭（＝禘は宗廟をまつる春の祭りである。嘗は新穀を神にささげる秋の祭りである。）」などとあるたぐいであって、すべて古意に適《かな》っていることどもであり、皇国日本にも早くその字を借りて、用い習っているものも多いのである。古代を学んで思いくらべて考えるべきだ。」

次第次第にこざかしい風習《ならわし》が蔓延して、天地の神を祭ることは、大抵は人民に敬う心を教えると言う手段のようになってきた。も

成公—宣公の子。**戎（ジュウ）**—えびすをいうが、ここはいくさ。軍隊のこと。**朞**—ひとまわり。一年のこと。**五経**—儒教で、人の守るべき五つの教え。四書五経の五経のことにも使う。**弗ル**—非ず。弗（フツ）は打消し。**諄々**—ねんごろに教えるさま。**庸**—いつも変わらないもの。不変。**何**—なんぞ。なんすれぞ。**虚設**—空しく設ける。仮説のこと。**徐曰**—「徐曰く」であろう。**示**—示し。教え。**神祇**—天の神と国つ神。天神と地祇。**従フ**—原文は従の本字である从。したがう。**祡（サイ）**—柴をたいて天を祭ること。**燎（リョウ）**—にわ火。かがり火。**禜**—エイ、又はヨウ。なわばりの中で凶事を払う祭事。**祟**—たたり。**禘**—宗廟の祭り。春の祭り。**嘗**—秋の祭り。新穀を神に奉る祭り。**漸々に**—だんだんに。ようやくに。

来にけり。もとも此《コ》は西戎《モロコシ》の、元来《モトヨリ》薄悪なる国俗《クニブリ》ゆゑとは云ひながら、我*老翁《ワガヲヂ》の云ハれたる如く、実には周公旦*などが、余りに賢と云ふ事を先《サキ》とせるより、発《オコ》れる事にて、易*に聖人以㆓神道《ヲ》㆒設《ク》㆑教《ヲ》と云ひ、礼記に、命《ソ》㆓鬼神《ニ》㆒以為《ス》㆓黔*首《ノ》則《ト》㆒。また喪祭之礼《ハ》所㆔以教《フル》㆓仁愛《ヲ》㆒也。などやうの語は、みな後の小賢《コザカシ》き世となりて、云ひ出たる言どもなり。然るから、論語中庸などに見えたる孔子の語どもに、かく実《マコト》ならぬ語は一つも見えず。

余《ホカ》の書等《フミドモ》に、孔子の語とて有るには、然る実意《マメ》ならぬ言も多く見えたれど、予は更に信《ウベナ》はず。其ノ謂《イハレ》こゝに尽し叵《ガタ》しと云へども、かゝる語は、ミな人に偽りを教ふる物にて、孔子の意とハ、反《ウラウヘ》なればなり。

すべて赤県州《カラクニ》の事には、元来正実《モトマコト》なりしをも、後には只うはべの文《カザ》り、*一通《ヒトワタリ》の事と変《ナ》れる

っともこれは、中国の言う迄もなく情けの薄くて心の悪い国風の故とは言うものの、わが老翁本居宣長先生が言われたように、本当に周公旦などがあまりにも賢明だということを、まっさきに大事にしたことから起こったことであって、『易経』に「聖人神道を以って教を設く（＝聖人は真実の道理をもって教えを立て民を導く。）」と言い、『礼記』の「祭儀」の項には、「鬼神に命じて以って黔首《けんしゅ》の則と為す（＝神霊にいいつけて、もって人民のきまりとした。）」また、「喪祭の礼は仁愛を教ふる所以《ゆえん》なり（＝葬式や祭りの礼は、仁の心や愛情を教えるいわれである。）」などのような言葉は、みな後世のこざかしい時代になってから言い出したことどもである。そうだから、『論語』『中庸』などに見えている孔子の言葉などに、このような真実ではない言葉は、一語も見えないのだ。

〔他の書物などに孔子の語としてあるのは、そのような真実ではない言葉も多く見えているのだが、私は少しも納得しないのだ。その理由は、「ここでは言い尽くすことはむずかしい。」と言っても、このような言葉は、みな人に偽りを教えるものであって、孔子の意向とは全く反するからである。〕

すべて中国のことには、もともと真実であったのも、後にはただ表面を飾り、普通のひと通りのことに変わってしまったのが多くある。

〔それはまづ親などが亡くなった時は、その悲しさに堪えられず、飲んだ

こと多く有り。

然るはまづ親《オヤ》などの失《ウセ》たりし節《トキ》は、其ノ悲しさに得堪《エタヘ》ず。飲食《ノミク》ふものも、旨《ウマ》からねば、*食《ヲシ》がたくて、自《オノツ》から に躰《ミ》もやつるゝ事にて、此は彼ノ国も、古へには誠に然る者も有リけむかし。さるを後には、是を則《ノリ》として、誰《タレ》もしか爲《ス》べき事に制《サダ》めを爲《ナ》したるから、然《サ》のみ悲しくもあらぬを、わざと食物《ヲシモノ》を減《ヘラ》し*痩《ヤセ》さらぼひて、哀《カナ》しき容《サマ》にものして、人を欺く事とハなれり。これいかに心悪《ムネワロ》く、聞《キク》もうるさき*狂事《タハワザ》ならずや。

また上古に*神農と云ける王の代には、自《ミツカ》ら鍬《クハ》をとりて、民に混《マジ》りて田作り、また其ノ妻《メ》は蚕《カヒコ》をとり、衣織《キヌオ》りなどして、只に君 臣《キミトヤツコ》と云ふのみ、所業《シワザ》はさのミ替《カハ》らざりしを、後ノ代となりては、其《ソ》を真似《マネ》びて、田作る時の最初《ハジメ》に、王も出て鍬とり田がへす状《サマ》をなし。また其ノ妻にも、衣織《キヌオ》るわざ、蚕《カヒコ》とる業など、少《イサヽ》か学ば

り食べたりするものも、うまくないから食べないので、自然に体がやつれるのであって、これはかの中国でも古代には本当にそのような者もいたのであろう。それを後世では、これを規則として、誰しもがそのようにするべきことに制定したから、それほど悲しくないのに、わざと食べ物をへらして痩せ衰えて、悲しい様子に表情を作り、人を欺くようになったのだ。これはいかにも気持ちが悪く、聴くのもわずらわしい馬鹿げた行為ではないか。

また、上古に神農といった王の代には、みずから鍬を取って民にまじって田を作り、また、国王の妻は蚕の糸をとり衣を織ることなどをして、ただ、君主と臣下というだけで、その所業はそれほど変らなかった。それを、後の世になってからは、このことを真似して田を作る時の最初に、国王も出てきて鍬を手に取って耕やす様子をした。また、その妻にも衣を織るわざや蚕の糸をとる業などを、少しばかり学ばせて人民をあざむくことにな

老翁—翁。ここは本居宣長。このことは宣長の「くず花」にある。**周公旦**—周の基礎を作った聖人で、礼子の理想の人。**易に**—『易経』「顴（カン）」に、「聖人は神道を以って教を設けて天下服す」とある。この神道とは、神に至る道のこと。不思議な道理のこと。**黔首**（**ケンシュ**）—秦代の人民の称で、後に通称となった。**一通の**—ひと通りの。普通の。**食**—食べる。**痩さらぼひ**—痩せおとろえる。**狂事**—ばかげた行為。**神農**—中国古代伝説の皇帝。人民に農作を教えたので神農という。

しめて、人を欺く事と成りぬ。此レ等の事をバ、儒者は、民に義を勧《スヽ》むとか云ひて、甚《イト》よき事に云へども、我より見れば、却りて民に偽《イツハ》り巧む事を教ふる業《ワザ》とこそ思はるれ。周の代となりて制《ツク》りたる礼には、なほ此ノ類多し。

さてこそ神を祀《マツ》るをさへに、民に敬を教ふるの道なり。或は鬼神を仮《カリ》て教導すなど云ふごと成りて、本ノ意をばとり失ひ来れるなれ。さらぬだに、世降《ヨクダ》ち行くまにく、人情*軽猾にのみ移《ウツ》らふ物なるを、況《マシ》て上より狡意《サカシラ》に偽術を教へて、誘《ミチビ》くに於てをや。

然るを儒者の、かやうに、本と末とは、甚く違ひ来ぬる事さへ心つかず、末を狆《トラ》へ(ママ)て本を知らざるは、彼の*船を刻《キザ》みて、劔をもとむる類なむめり。

此は熟《ヨ》く弁へ明らむべき事なりかし。若強《モシシヒ》て後ノ世の説の如く、また儒者の云ふ如く、鬼神を祭ることは、仮《カリ》に設《マウ》けたる事なりとせば、孔子も、*湯武*王莽が輩の、天命と*誣《シ》ひ詐《イツハ》りたると等《ヒトシ》く、実には畏《オソ》るゝ心もなきを、人には

った。これらのことを儒者は人民に義をなすことを勧めるとか言って、大変良いことのように言っている。しかし私からみると、かえって人民に偽りをくわだてることを、教えるしわざにこそ思われるのだ。周の代になって制定した礼には、なお、このような類のものが多いのである。

だからこそ神を祭ることさえも、人民に敬うことを教える方法としたのだ。あるいは鬼神（神霊）を借りて、教え導くなどということになってしまい、本来の意味をば失ってきたのである。そうでなくても時代が下っていくのに従って、人情が軽薄で悪がしこくのみに移っていくものであるのを、ましてや上《かみ》から悪かしこい偽りの術《すべ》を教えて、導いているのにおいておや、である。悪くなるのは当然だ。

そうであるのに儒者が、このように本と末とでは非常に違ってきた、根本のことさえ気づかず、些細な末葉のことを採りあげて、本来の根本のことを知らないのは、例の船を刻んで劔を求める類であるようだ。大変なお門違いなのだ。」

このことはよく理解して明らかにするべきことであるよ。もしも強いて後世の説のように、また儒者の言うように、鬼神（神霊）を祭ることが、仮りに設けたことであるとするならば、孔子も殷の湯王、周の武王や王莽などのやからが、天命だとこじつけて偽ったのと同じだ。真実のところは少しも恐れ敬う心もないのに、人には「恐れよ」と教え、また、その言葉を真実のものにしようとして、恐れ敬う様子に取り扱ったのであって、あの似ていても

畏れよと教へ、はた其ノ言を信《マコト》にせむとて、畏き敬《ウヤマ》ふ状《サマ》に、*もてなしたるにて、彼の似非なる者か、何《イカ》で孔子は然る偽巧の行《ワザ》をなして、人を欺かむや。自《ミヅカラ》も巧言令*色鮮イカナ矣仁*。

なほ委く云はゞ、孔子ハ凡《スベ》て、その言行より外に、隠れたる心なかりしと見えて、二三子以レ我ヲ為ルレ隠スト乎。吾レ無レ隠スコト二乎爾ニ一。吾レ無下行トメ而不ルレ与ニセ二二三子ト一者上是レ*丘也。と云へり。もし普通《ヨノツネ》の論ひの如くならば、此レも偽言となるをや。

実《マコト》に正しき人は、人の見聞のみならず、其ノ意より誠ならねば、真に正しき人と云ふべからず。孔子自《ミヅカラ》も色取テレ仁ヲ而行違ヒフことをば、誡《イマシ》

全く違っているものであろうか。どうして孔子がそのような偽り企《たくら》むしわざをして、人をあざむこうか。孔子自身が「巧言令色鮮《すくな》いかな仁（＝巧みにしゃべり顔色をよくつくろって、こびへつらう者には、乏しいかな仁というものが。）」と言っているではないか。

（なおくわしく言うと、孔子はすべてその言行より外には、隠れた心がなかったと見えて、「二三子我を以って隠すと為る乎。吾れ爾《なんじ》に隠すこと無し。吾れ行として二三子と与にせざるは無し。是れ丘なり（＝諸君は私が隠しごとをしていると思うのか。私は諸君に何も隠していることはない。私が行うことで諸君とともにしないことはない。これが私、丘というものである。）」と言った。もし普通の論のようなものであれば、この言葉も偽りの言葉となるのだよ。

本当に正しい人は、人が見たり聴いたりするだけではなく、その心からの誠でなければ、真に正しい者とは言うべきではない。孔子自身も「色仁を取て行ひ違ふ（＝その様子は仁に見せかけているが行いは違っている。）」ことを戒めているのではないか。

軽猾（ケイカツ）—軽薄で悪がしこいこと。**船を刻みて、剱をもとむる**—刻舟求剱。舟から剱を落とした人が、舟ばたに印をつけ舟が止まってから、そこの水の中に入って探したという諺で、時代の移り変わりが分からないことをいう。『呂氏春秋』の「慎大覧察今編」にある。**湯武**—殷の開祖湯王と周の始祖武王のこと。**王莽**—前漢末の人で、新を建国した。**誣ふ**—事実を曲げていう。こじつける。**もてなす**—取り扱う。**令色**—こびへつらうこと。巧言令色…は『論語』にある。**仁**—情けや思いやり。人の根本の道をさす。**丘**—孔子の名。

めたるをや。

また大学*にも、誠《ニスル》二其《ノ》意《ヲ》一者《ハ》母《キ》二自《ラ》欺《ヿ》一也。と見えたり。もとも、*西戎国《カラクニ》には、賢人と云ハれし輩にも、生涯《ヨノカギリ》みづから欺きたりと見ゆるも多かれど、孔子のみは、然る人とは思ハれずなむ。

斯《カク》の如く、其ノ言《コト》と行《オコナヒ》とに心止《トヾ》めて察《ミ》*もて行けば、更に廋《カク》*れたる事なく、其ノ実有なる事を悟《サト》りて、畏れ敬へること論ひなし。

論語に、子《ノ》曰視《ル》二其《ノ》所《ヲ》一レ以《スル》。観《ル》二其《ノ》所《ヲ》一レ由《ル》。察《ル》二其《ノ》所《ヲ》一レ安《スル》。人焉廋《ソサム》哉。人焉廋《ソサム》哉。こは真の道に志したらむには、四季、昼夜の来経《キヘ》*ゆくありさま、万ノ物の生《ナ》り出るなどを以ても、悟りぬべき事なり。腐儒*者流の如く、天地と云ふ一トつの大きに奇異《アヤシ》き物の中間《ナカ》に在て、己が躰の、大きに奇異き物なる事をさへに得知らず、己が智と力とに及ばぬ限りの事は、必無《ナ》しと決《キハ》むる類の、愚昧《オロカ》にては有らじ。

さてまた論語に、子不レ語《ラ》二怪力乱神《ヲ》一と見え、また孔子自も、現《アラハ》に、天上《アメ》に、世の事を主宰《ツカサド》

〔また、『大学』にも「其の意を誠にする者は自ら欺くことなきなり（＝その心に偽りがない誠実な者は、自分自身を欺くことはない。）」と見えている。もっとも中国では賢人と言われた人々にも、生涯を自ら欺いていたと見られる者も多いようだが、孔子のみは、そのような人とはとても思われないのだ。〕

このように、その言葉と行為とに心を留めて見ていけば、さらさら隠れたこともない、その事実があるのだということを悟って、恐れ敬うことは論ずるまでもない。

〔『論語』に「子の曰く、其の以てする所を視、其の由る所を観、其の安ずる所を察《み》る。人焉《いずくん》ぞ痩《かく》さむ哉。人焉ぞ痩さむ哉（＝孔子が次のように言った。人のするところをよく注意してみる。さらにその行為のよってきた原因をみる。さらにその結果安んじて楽しんでいるのかを観察する。こうすれば、その真実が分かるのだ。どうして人が隠せるものか。どうして人が隠せるものか。）」これは、真実の道を志したならば、四季や昼と夜が来てはまた去っていくありさまは、万物の生まれ出る様子などからでも悟れるはずのことである。くされ儒者風のように、天地という一つの大変不思議なものの中にあって、自分の体が大変不思議なものであることさえ知りえず、自分の智恵と能力とではできない限りのことは、必ずないと決めてしまう類のような愚か者ではあるまい。〕

さて、また『論語』に「子怪力乱神を語らず。（＝孔子は怪異と武勇と背徳と神霊については語らなかった。）」と、見えている。また孔子自らも、その言い表わした言葉に、「天上に世の中のことを司る神が

る神の、在《マシマ》すと云へる語《コト》も見えざるは、此《コ》は前《サキ》にも云へる如く、赤県《モロコシ》には、正実《マコト》の伝説*なきによりて、詳には云ふこと能はず。よし云ひたりとも、大凡《オホヨソ》の人は、彼の*藐姑射《ハコヤ》の神人の談《モノガタリ》きける如くなる故、云はぬなるべし。

正しき伝説を聴居《キヽヲ》る皇国人にすら、神の御所行《ミシワザ》を信《ウケガ》ハぬ人あり。まして伝説なき赤県をや。

○藐姑射《ハコヤ》の神人とは、荘子逍遥遊の篇に、藐姑射之山《ニ》有《テ》二神人一居《レリ》焉。肌膚若《ク》二氷雪《ノ》一。*淖約《トヽシ》若二*処子《ノ》一。不レ食《ハ》二五穀《ヲ》一。吸《ヒ》レ風《ヲ》飲《ミ》レ露《ヲ》乗《リ》二雲気《ニ》一*御《シ》二飛竜《ニ》一而遊《フ》二乎四海之外《ニ》一。其《ノ》*神凝。使《ム》下物《ヲシテ》不《ラ》二*疵癘《セ》一而*年穀熟《セ》上。吾以《テ》レ是《ヲ》狂《トシ》而不レ

あられる。」といった言葉も見えないのは、これは前にも言ったように、中国には本当の伝説（歴史）がないので、くわしく述べることができない。また、述べたとしてもたいていの人は、例の藐姑射《はこや》の神人の物語を聴いたようなものであるので、何も言わないのだ。

〔正しい歴史を聴いている皇国日本の人にすら、神の御所業を少しも信じない人がいる。まして歴史のない中国においてをやなのである。

○藐姑射《はこや》の神人というのは、『荘子』の「逍遥遊」の第一節に、「藐姑射の山に神人有て居れり。肌膚氷雪の若《ごと》く、淖約として処子の若し。五穀を食はず。風を吸ひ露を飲み雲気に乗り、飛龍に御《ぎょ》して四海の外に遊ぶ。其の神凝り物をして疵癘《れい》せずして、年穀熟せ使む。吾れ是を以って狂として信ぜずなり（＝藐姑射の山に神のような人が住んでいて、その皮膚は氷雪のように白くしなやかで処女のようである。五穀を食べず風を吸い露を飲み、雲に乗り、飛ぶ竜を巧みに扱って、この広い世界の外へ出かける。その神気が凝集すると、すべての物を病ますことなく、そして穀物がよく実る。私はこれを馬鹿げた

大学―儒教の経書で、もとは『礼記』の篇名。**もとも**―もっとも。**西戎国**―セイジュウならば、西方の未開種族のことだが、カラクニと訓んでいるので、ここは中国をさしている。**察**―察には「みる」の意味がある。**痩れ**―隠れる。かくされる。**来経ゆく**―時がきて、また去っていくこと。**腐儒者流**―役にたたない儒者の風。ここを東大の本居大平本には、「声高ニ物云フゴトク甚イヤシキコト也」「甚オノレヲ高クセントノ語也」という書き込みがあると、『大系本』が指摘している。**伝説**―言い伝え。しかし、ここは歴史の意味。**藐姑射の神人**―『荘子』にある文。不老不死の仙人がいるという山がハコヤ。**淖約**―しなやか。**処子**―処女。未婚の女子。**御**―巧みに扱うこと。乗り廻す。**神凝**―神気が凝集すること。**疵癘**―ヒレイ。災いとはやり病い。**年穀**―穀物。

信《セ》也。と云へり。此ノ神人の寓言*、よく俗*の、天津神の御所爲を知らぬ人を諭すに足れり。

此《コ》は彼《カ》の、於《テ》二其《ノ》所《ニ》一不《ル》レ知《ラ》蓋闕*如《ス》也。と云へる言の虚《ムナ》しからで、後ノ世の儒者などの、漫《ミダリ》に臆度《オシハカリ》する類ヒには非《アラザ》るなり。

また若《モシ》くは、云ひたりしが、其ノ語の伝はらぬにも有るべし。不レ語《ラ》二怪力乱神《ヲ》一とあるを以て、*決《キハ》めて神怪*を語れることなしと云ふ人も有れど、同シ書に、鳳鳥不レ至《ラ》。河*不レ出《サ》レ図*《ヲ》。吾《レ》已《ヌル》矣夫。と云へるは、上古に、*伏羲と云へる王の時に、*河中《カハヌチ》より、竜馬の図を負《オ》ひて出たりと云ふ事、また鳳といふ鳥は、聖人の世の祥瑞*なりとて、舜が時。また周ノ文王が時に出しと云ふ事なるべければ、神怪を語れること、絶《タエ》て無しとハ云ふべからず。此ノ外の書に、神怪を語れる言の見えたるは、今数《イマカゾ》ふるに暇《イトマ》あらず。且《カツ》この一語を見ても、信而《ノ》好《ム》レ古《ヲ》と云へりしことの空シ*からず。はた後ノ世の儒者の、一向に往昔のあやしかりし事を、信ぜぬ類ならぬことをも思ふべし。

ことだとして信じなかった。）」と言った。この神人のたとえばなしは、よく俗な世間にいる、天の神の御所業を知らない人を、教えさとすのに充分である。〕

これは、かの「其の知らざる所に於て、蓋し闕如すなり（『論語』「子路」）（＝その知らないことについては、考えてみるとやはり欠けて不完全なものだ。）」という言葉は根拠のないことではなく、後世の儒者などが、みだりに憶測するたぐいのことではないのである。

〔また、「もしくは」と言ったのだが、この言葉の伝わらないことにもあるのだ。「怪・力・乱・神を語らず」とあるのをもって、甚だしく神怪（不思議で妖しいこと）を語ったことはないと言う人もあるが、同じ書の『論語』「子罕《しかん》」には「鳳鳥至らず、河図を出さず、吾れ已《やみ》ぬるかな（＝鳳凰は飛んでこない。黄河から図は出てこない。私はこれで終わりだ。）」と言っている。これは上古の伏羲という王の時に、河の中から竜馬が背中に大切な図書を背負って出てきた、ということと、また、鳳という鳥は聖人の世のめでたいしるしであるとして、舜の時や、また周の文王の時にあらわれたということであるから、神怪について語ったことが、全くないとは言うべきではない。これ以外の書物にも、神怪を語った言葉の見えているのは、今、私が数えても数限りないほどだ。かつ、この一語をみても「信じて古を好む（『論語』「述而」）（＝信じて昔のことを愛好する。）」と言ったことがむなしくはない。また後世の儒者が、いっこうに昔時の妖しかったことを、信じない類《たぐい》ではないことをも考えるべきだ。〕

さて、言い伝えごとがなくては、天の神が世の中の万事を司りな

さて伝説《ツタヘゴト》なくては、天ツ神の、世ノ中の万の事を主宰《ツカサド》り給ふ事、また人の存亡*禍福、ミな神の御所為《ミシワザ》にて、実には、人ノ力に及び難しと云ふ事は、容易《タヤスク》ハ知りがたき事ゆゑ、孔子も、五十而《ニシテ》知《ル》二天命《ヲ》一と云へり。

この語を以ても、孔子の天命をいへるは、余《ホカ》の戎人《カラビト》どもの、天命〻〻と云ふとは、大きに異にして、更に託言にはあらぬ事を悟るべし。

此は実に然《サ》もあるべし。然れども正実《マコト》の伝へなく、さかしらのみ云ひ居る国に生れ出て、よくも鬼神《カミ》の奇妙《クスシクタヘ》なる理《コトワリ》を悟れるハ、是《コ》は実に、孔子の大に凡人に勝《スグ》れたる処にして、余《ホカ》の戎人等《カラビトドモ》の、*かけても及び難き所なり。

さいますことや、また、人の生死や禍福はみな神の御所業であって、本当のところ人の力ではどうにもならないということは、容易には知りがたいことだ。だから孔子も『論語』「為政」に「五十にして天命を知る（＝五十歳になって、天から授かった自分の運命というものが分かるのだ。）」と言ったのだ。

〔この言葉をもってしても、孔子が天命のことを述べているのは、他の中国の人たちの「天命、天命」というのとは大変違っていて、全くかこつけごとではないことを悟るべきである。〕

これは本当にそうであるのに違いない。しかしながら、真実の伝えはなく、こざかしいことだけ言っている国に生まれ出てきて、よくも鬼神《かみ》の霊妙な道理を悟ったのは、これはまことに孔子が普通の人より、大変すぐれているところであって、その他の中国人たちがどうしても及びがたいところである。

寓言―寓論。たとえばなし。**俗**―世の中。**闕如（ケツジョ）ス**―欠けて不完全である。**決めて**―この上なく。甚だ。**神怪**―不思議なこと。妖しいこと。**河**―黄河。**図**―教理の基となる図書。**伏羲**―フギ。上古の中国の帝王。**河中**―河の中。ヌチは上代語で「のうち」の約。国学者平田篤胤らしい表現である。**祥瑞**―瑞祥のことで、めでたいしるし。**空（ムナ）シからず**―無益でないことはない。無駄ではない。**禍福**―災いと幸せ。**かけても**―決して。少

中庸に、唯天下ノ至誠為《ス》三能知《クルヿヲ》二天地之*化育《ヲ》一と云へるは、誠に*さる語なりけり。

倸《サテ》しか天津神の御所為《ミシワザ》を悟りては、彼《カ》の董*仲舒が、道之*大原出《ツ》二於天《ニ》一と云へる如く、此理を知らざれば、道の大本《モト》に昧《クラ》くして、*時務に達せず。人情に疎《ウト》くて、政にも行届《ユキトヾ》かぬ事ある故、

時務をよく知り、人情をよく知ること、政を*執《ト》る人の、別《コト》によく心得べきことなれバなり。

*魯《ノ》哀公が政を問へるに対《コタ》へて、為《スヿ》レ政《ヲ》在《リ》レ人《ニ》取《ルニ》レ人《ヲ》以《テシ》レ身《ヲ》修《ルニ》レ身《ヲ》以《テシ》レ道《ヲ》修《ルニ》レ道《ヲ》以《ス》レ仁《ヲ》云ゝ。故《ニ》君子不レ可《カラ》二以不《ハアル》レ修《メ》レ身《ヲ》。思《ハヾ》レ修《ムト》レ身《ヲ》不レ可《カラ》二以不《ハアル》レ事《ヘ》レ親《ニ》。思《ハヾ》レ事《ムヿヲ》レ親《ニ》不レ可《ラ》二以不《ハアル》レ知《ラ》レ人《ヲ》思《ハバ》レ知《ムヿヲ》レ人不レ可《ラ》二以不《ハアル》レ知《ラ》レ天《ヲ》など云ひて、政をするには、天津神の御所為を知る事を本とせり。不《レハ》レ知《ラ》レ命《ヲ》無三以為《ルヿ》二君子一也。と云へるも

〔『中庸』に、「唯天下の至誠《しせい》能く天地の化育を知ることを為す（＝ただ、この世の本当に誠の人のみが、よく天地の大自然が万物を生み育てているのを知ることができる。）」と言ったのは、まことにそのような意味の言葉であるのだ。〕

さて、そのように天の神の御所業を悟ってからは、かの董仲舒が「道の大原天に出づ（『漢書』五六「董仲舒伝」第六）（＝道理の根源は天から生じるのである。）」と言っているごとく、この道理を知らなければ、道理の根本に暗くて、その時の仕事ができず、人情にもうとくて、政治にも行きとどかないことがあるため、

〔時に応じた務めをよく知り、人情にもいっそう明るくなることが、政治をする人のとくによく心得なければならないことであるからである。〕

魯の哀公が政治のことを質問したのに、孔子が答えて、「政を為すこと人に在り、人を取るに身を以てし、身を修《おさめ》るに道を以てし、道を修るに仁を以てす。うんぬん。故に君子以て身を修めずばある可からず。身を修むと思はば以て親に事《つか》へずばある可からず。親に事へむことを思はば、以て人を知らずばある可からず。人を知らむことを思はば以て天を知らずばある可からず（＝よい政治をなすには人物にある。その人物を採るには、君主がその身をよく修めることだ。身をよく修めるのには道理をもってし、道理を修めるのには仁の心をもってするのだ。うんぬん……この故に、君主はもってその身をよく修めなくてはならないのだ。その身をよく修めようと思ったら、もって親に仕えなく

此ノ意なり。

此は初発《ハジメ》に挙《アゲ》たる、尚書毛詩などに見えたる如く、都《スベ》て世ノ中の事物、また人の性も、天津神の*賦命《クバリオホ》せ賜《タマヘ》りしものにて、

中庸に、天ノ命《スル》之《ヲ》謂《フ》レ性《ト》。とあるも、則この事を云へり。

実に道の大原なれば、疎略《オロソカ》には有まじき業《ワザ》なればなり。

家語に、顔回問《テ》ニ於孔子《ニ》一曰。*成人之行《ヒ》若何。子ノ曰

てはならないのだ。親につかえることを思ったならば、もって人をよく知らなければならないのだ。人をよく知ろうと思ったならば、もって天のことをよく理解しなければならないのだ。）」などと言って、政治をするのには天の神のご所業を知ることを根本としたのである。『論語』「堯曰」に「命を知らざれば以って君子為ること無き也（＝天命のことを知らなければ、君子ではありえない。）」というのも、この意味である。

これを初めにあげた『尚書』『毛詩』などに見えたように、すべて世の中の事物、また人の性（運命）も、天の神のあたえて下さったものであって……

〔『中庸』に「天の命ずる、之を性と謂ふ（＝天が人にいかに生きるべきかを命じられたもの、これを性（運命）というのである。）」とあるのも、すなわち、この事を考えて言っているのだ。〕

これらは、本当に道理のおおもとである故に、いい加減にしてはならないことなのであるからである。

〔『孔子家語』に次のようにある。「顔回孔子に問て曰く。成人の行ひ若何《いかん》

しても。とても。（155頁）

化育―大自然が万物を生み育てること。**さる**―然る。そのような。**薫仲舒**―舒は舒と書くこともある。前漢の人、武帝に進言して儒学を国教とした。**大原**―おおもと。**時務**―その時の仕事。時に応じた務め。政治。**執る**―とる。行う。**魯哀公**―春秋時代末期の魯の王で、定公の子。**賦命**―フメイとも。生まれつき。天から授かった運命。**成人**―学問も人物もすぐれている人。

達《シ》㆓於*情性之理《ニ》㆒。通《シ》㆓於*物類之変《ニ》㆒。知《リ》㆓*幽明之故《ヲ》㆒。観《ル》㆓*游*気之原《ヲ》㆒。若《キハ》㆑此《ノ》可《シ》㆑謂《フ》㆓成人《ト》㆒矣。既《ニ》能《ク》成人《ニメ》而又加《ルニ》㆑之《ニ》以《スレハ》㆓*仁義礼楽《ヲ》㆒。成人之行《ヒ》也。若《キハ》㆓乃究《メ》㆑神《ヲ》知《ルカ》㆑礼《ヲ》徳之盛《ナル》㆒也。など見えたるをも思ふべし。

さて又赤県には、正しき古伝説なきが故に、孔子ばかりの人も、世には善悪の神在《マシ》て、其ノ御所行《ミシワザ》のまに〳〵、吉事《ヨゴト》凶事《マガ》互《タガヒ》に往替《ユキカハ》る、最《イト》も奇《クス》しき道理《コトワリ》ある事を、弁へざる事あり。故爰《カレコヽ》に、其ノ由を論ひ諭《サト》さむとす。

抑《ソモ〳〵》世《ヨ》には、*大禍津日神《オホマガツヒノカミ》と、*大直毘神《オホナホビノカミ》おはしまし、又一向《ヒタスラ》に*枉事《マガワザ》なす枉神《マガヽミ》も在て、各《オノ〳〵》その御所業《ミシワザ》いたく違《タガ》へり。其《ソ》はまづ大禍津日ノ神と称《マヲ》すは、亦ノ名《ミナ》は八十枉津日神《ヤソマガツヒノカミ》とも、大《オホ》屋毘古神《ヤビコノカミ》とも称《マヲ》して、此《コ》は汚穢《キタナ》き事を悪《キラ》ひ給ふ御霊《ミタマ》の神なるに因《ヨリ》て、世に穢《ケガ》らはしき事ある時は、甚《イタ》く怒《イカ》り給ひ、荒《アラ》び給ふ時は、直毘

と。子の曰く。情性の理に達し、物類の変に通じ、幽明の故を知り、游気の原を観《み》る。此の若《ごと》きは成人と謂ふ可き矣。既に能く成人にして又、之に加るに仁義礼楽を以ってすれば、成人の行ひなり。乃《すなは》ち神を究め礼を知るが若きは徳の盛なるなり（＝弟子の顔回が孔子に質問して言った。「学問・人物ともにすぐれた人の行動はどのようなのですか。」孔子が答えて言った。「生まれつき持っている人の心の道理をよく知り、万物の変化にも通じ、幽界と現世との由縁をよく理解し、浮動する大気の根本をよく見ることだ。これができた人のことを、すぐれた人というべきなのだ。すでに、これらをわきまえたすぐれた人であって、さらに又、これに加えるのに、仁と義と礼と楽《道徳と礼節と音楽》とをもってするならば、これがすぐれた人の行いなのである。すなわち、神が何であるかを究め、礼の何であるかを知ることが、人の徳の盛んなことであるのだ。」）」などと見えていることをも、あわせて考えるべきである。」

さてまた、中国では正しく古い歴史がないために、孔子ほどの人も、この世には善悪の神があって、そのご所業につれて、あいだあいだに善いことと悪いこととが、相互に変わっていくのだ。このように大変不思議な道理のあることを理解できないことがある。故に、ここにその理由を論じて教え導こうとするのである。

そもそも、この世にはオオマガツヒノカミとオオナオビノカミとがあらせられて、また一途に悪いことをする悪い神もいて、それぞれそのご所業が大変違っている。それはまず、オオマガツヒ

ノ神の御力《ミチカラ》にも及《オヨ》ばざる事有リて、世に太《イミ》じき枉事《マガワザ》をも為《ナ》し給ふ。甚《イト》*健《タケ》き大神に坐《マ》せり。然れども又常《ツネ》には、大き*御功徳《ミイサヲ》を為《ナ》し給ひ、又の御名を*瀬織津比咩神《セオリツヒメノカミ》とも申《マヲ》して、*祓戸《ハラヒドノ》神《カミ》におはし坐て、世の禍事《マガ》罪穢《ツミケガレ》を祓《ハラ》ひ*幸《サキハ》へ給ふ、よき神に坐せり。穴《アナ》かしこ。悪《アシ》き神には坐《マシ》まさず。

然るを鈴ノ屋ノ大人は、此ノ神ハ*一向《ヒタブル》の悪神《マガ》に坐まして、世の悪事は、悉く此ノ神の*掌《シリ》給ふ事と、説《ト》き給へ

ノカミと申すのは、またのお名前はヤソマガツヒノカミとも、オオヤビコノカミとも申して、これは汚いことをお嫌いになる御霊の神であるのにより、この世にけがらわしいことがある時は、ひどくお怒りになって乱暴をなされる時は、ナオビノカミのお力でも、その怒りを鎮めることはできないことがあり、この世に大変悪いことをもなされるのだ。この神は非常に強い大神であられるのだ。しかしながら、また、いつもは非常に人に対して良い行いをなされ、別のお名前をセオリツヒメノカミとも申して、祓戸《はらいど》の神におはしまして、世の悪いことや罪や汚《けが》れを払って栄えさせて下さるよい神であられるのだ。あなかしこ。悪い神ではあられません。

〔それなのに鈴の屋の大人は、この神は全く悪い神であられて、世の中の悪いことはことごとく、この神の司り給うことだとお説《と》きなさいましたの

情性—生得の心。本意。**物類**—万物。**幽明**—暗と明。幽界と現世。**覩ル**—覩（ト）はみる。睹（みる）の古字。よく見るの意。**游気**—活動する大気。**原**—根本。みなもと。**仁義礼楽**—人の守るべき道徳と礼節と心を和ませる音楽。**諭さむ**—教えて導こう。言って納得させる。**大禍津日神**—オオマガツヒノカミ。記紀神話の男神で、災いを司る神。**大直毘神**—オオナオビノカミ。記紀神話の男神で、災いや汚れを直す神。**枉事**—まがごと。悪いしわざ。よくないこと。**健き**—強いこと。**御功徳**—ミイサヲと訓ませている。善い行いのこと。功業と仁徳。**瀬織津比咩神**—セオリツヒメノカミ。川瀬にいて人の罪やけがれを海に流すという女神。**祓戸神**—祓戸を守る神。祓戸はお祓いをする場所。**幸ふ**—栄えさせる。**一向の**—すこぶる。全くの。**掌給ふ**—つかさどられる。

りしは、下《シモ》に云ふ枉神と混一《ヒトツ》に思ハれしにて、其考への未夕委からざりしなり。

さて大直毘神《オホナホビノ》は、亦ノ名、神直毘神《カムナホビノ》とも稱《マヲ》して、世の禍事《マガ》を悉に《コトゴト》、吉《ヨ》きに直し給ふ御霊《ミタマ》の、少《イサヽ》かも紛《マガ》ふ方なき、最《イト》よき大神におはし坐せり。亦の御名、*気吹戸主《イブキドヌシノ》神と申シて祓戸《ハラヒド》の神に坐《マセ》り。偖《サテ》また枉《マガ》神とは、*夜見《ヨミ》の国の穢《ケガレ》より、出来《イデキ》たる神等を云ふ。其《ソ》は*道之長乳歯神《ミチノナガチハノカミ》、*和豆良比之宇斯神《ワヅラヒノウシノ》。*飽咋之宇斯神《アキグヒノウシノ》。*奥 疎 神《オキザカルノ》、*奥津那芸佐毘古神《オキツナギサビコノ》、*奥津甲斐弁羅神《オキツカヒベラノ》、*辺 疎《ヘザカルノ》神、*辺津那芸佐毘古神《ヘツナギサビコノ》、*辺津甲斐弁羅神《ヘツカヒベラノ》とて、合《アハ》せて*九 柱《コヽノハシラ》ませり。是ぞ世に枉事《マガワザ》なす、悪《アシ》き神の出来たる始メなる。

大禍津日ノ神、大直毘ノ神、また枉神たちの成リ坐《マ》せる本縁《モトノイハレ》は更なり。其ノ御所行の事も、神代の御典《ミフミ》を、よく読《ヨ》みよく味《アヂハ》ひて弁ふべし。猶委き事ハ、古事記伝、

は、以下にいう悪い神と同一に思われたのであり、その考えはまだ明らかになっていないのだ。〕

さて、オオナオビノカミはまたの名をカムナオビノカミとも申されて、世の中の悪いことをすべて善いことにお直しになされる御霊であって、少しもまぎれることのない、大変よい大神であらせられるのだ。またのお名前をイブキドヌシノカミと申して、祓戸《はらいど》の神であられる。さてまた、悪神というのは、あの世である夜見の国の汚れからできた神たちを言っている。それらは、ミチノナガチハノカミ、ワヅラヒノウシノカミ、アキグヒノウシノカミ、オキザカルノカミ、オキツナギサビコノカミ、オキツカヒベラノカミ、ヘザカルノカミ、ヘツナギサビコノカミ、ヘツカヒベラノカミであって、合わせて九柱《はしら》の神がおはしました。これこそ、この世で悪事をする悪い神が出現した初めなのである。

〔オオマガツノヒノカミ、オオナオビノカミ、また悪神たちが出現した本来の理由は言うまでもないことだ。この御所業のことも神代の御書物をよく読み、よく味わって理解するべきなのだ。なお、くわしいことは『古事記伝』、その他師宣長翁が著された書籍などを見て、善いことや悪いことが行き変わる、この世の様子を考えて理解するべきである。

○この『鬼神新論』を初めて書き出したのは、さる文化二年という歳であったから、その頃の私は、まだ学問の力も幼稚であまりなく、よく考えら

その外、師の著《アラハ》されたる書等を見て、吉事《ヨゴト》凶事《マガゴト》往替《ユキカハ》る、世の有状《アリサマ》を考へ知るべきなり。

○この鬼神新論を、始めて書たりしは、去《イニ》し文化の二年と云ふ年なりしかば、其ノ頃いまだ、学問《マナビ》の力をさなくして、考へ得ざる事多く、また中には、一向《ヒタスラ》に、師説をのみ恃《タノ》めるも有りて、今見れば、違《タガ》へる事も少からず。故《カレ》次〻に、委く書改めむとは思へど、今年文政三年の春、思ひ立たる事ありて、其ノ草稿《シタガキ》に暇なく、また此ノ侭《マヽ》にと思へば、然《サ》ハなし置がたき由ありて、止ことを得ず、たゞ大きに違へる所のみ、少か書キ改めたれば、却《カヘ》りて前後《シリクチ》うち合ハぬ所もあるべけれど、

れないことが多かった。またなかには、一途に師の宣長翁の説をのみ頼りにしたのもあって、今読むと間違っていたことも少くない。故に次々にくわしく書き改めようとは思っても、今年文政三年の春に思い立ったことがあって、その稿の下書きをする暇がなく、また、このままにしておこうと思えば、そのまま放置しておきがたい理由があった。そこでやむをえず、ただ大きく違うところだけを、少々書き改めたものなので、かえって前と後とでは、巧く合致しないところもあるようである。しかし、それは暇が

気吹戸主神—イブキドヌシノカミ。息を吹いてけがれを除く神。**夜見の国**—黄泉の国。あの世。死者の世界。**道之長乳歯神**—ミチノナガチハノカミ。黄泉の国から帰ったイザナギノミコトがお祓いとした時、身につけていたものを脱いで投げたものから生まれた十二柱の神々のなかの一柱。二番目に帯から生まれた神。**和豆良比之宇斯神**—ワヅラヒノウシノカミ。同様にイザナギが禊祓をした時に生まれた神。帯より化生した。『書紀』には「煩神」とある。**飽咋之宇斯神**—アキグヒノウシノカミ。同様に六番目に冠より生まれた神。**奥疎神**—オキザカルノカミ。同様に七番目に左の手纒《てまき》から化生した。**奥津那芸佐毘古神**—オキツナギサビコノカミ。同様にして八番目に生まれた。**奥津甲斐弁羅神**—オキツカヒベラノカミ。九番目に化生した。**辺疎神**—ヘザカルノカミ。十番目に生まれた。以下十二番目まで右手の手纒から化生した。**辺津那芸佐毘古神**—ヘツナギサビコノカミ。同じく十一番目に生まれた神。**辺津甲斐弁羅神**—ヘツカヒベラノカミ。同様にして十二番目に生まれた神。**九柱**—柱は、神仏を数える言葉。

其《ソ》は暇あらむ時にとてなむ。此《コ》は巻首《マキノハジメ》に云ふべきを、遺《ワス》れて爰に記せり。見む人其ノ意を得て、以前《サキ》の本《マキ》と違へるを怪《アヤシ》むことなかれ。

右の如く善神《ヨキカミ》と悪神《アシキ》と、其ノ神性《カムサガ》おの〳〵異《コト》にして、実《マコト》に黒白違へる事なれども、善神なりとても、御心に*良《フサ》はず、怒《イカ》り給ふ時などは、悪《アシ》き事も、絶《タエ》て無しとは云べからず。又悪神なりとても、時としては、善《ヨ》き事もなどか無からむ。

此は甚《イト》も畏《カシコ》けれど、我ゝ《ワレ〳〵》凡人《タヾビト》の上を以ても、思ひ奉るべきなり。真の道理《コトワリ》に於てハ、神も人も異なる事なし。

然れば世には、善人も禍害《マガコト》に逢《ア》ひ、悪人も幸《サキ》福《ハヒ》を得《ウ》る事も、自《オノヅ》からあるべき理なる事、右に*准《ナゾラ》へて心得べし。然るを、孔子だも、此ノ委き旨《ムネ》を知らざれば、押竝《オシナベ》て、禍福吉凶、み

ありそうな時には、書き直そうとは思っています。このことを巻首に言うべきなのに忘れていて、今ここに記したのである、読者よ。私のこの心を汲んでいただいて、以前の本とは違っているのを怪しむことのないようにして下さい。〕

右のように、善い神と悪い神とでは、その神の性格がそれぞれ異なっていて、本当に黒と白ほど違っているのである。しかし善い神であっても、み心に合わずふさわしくないので、お怒りになさいます時などは、悪いことも絶対にないと言うべきではないのだ。また、悪神であっても時としては、どうして善いこともなされないことがあろうか。

〔これは大変恐れ多いけれど、われわれ平凡な人間の上において考えてみても、深く思いたてまつらねばならないのだ。真の道理においては、神も人も違うことはないのだ。〕

だから、この世の中には、善人も悪いことに遭遇し、悪人でも幸福を得ることも、当然自然にあるべき道理であることは、右によって納得するべきだ。それなのに孔子すら、このくわしい趣旨を知らないから、ひっくるめて人の禍福吉凶、これらはみな、天命、つまり天からの自然のおおせだと思っている。

〔それは、冉伯牛の病気を見舞って、「命なる矣、それ斯の人にして斯の疾有り」(『論語』「雍也」)(＝天命であるよ。この人にして、このようなひ

な天命《アマツカミノオホセ》と思へり。

さるは*冉伯牛が疾を訪《トヒ》て、命《ナル》矣夫斯《ノ》人也。而有《ソリ》二斯《ノ》疾一也。と云ひ、司馬桓魋が殺さむと計りけるとき天生《セリ》二徳《ヲ》於予《ニ》一。桓魋其如《レ》レ予《ヲ》何。また道之将《ニ》《ル》レ行《レムト》也與命也。道之将《ニ》《ル》レ廃《レムト》也與命也。など云へる類、すべて何事も、天ツ神の命と思ひ*委《ユダ》ねたるなり。

此は実に然《シカ》あるべき事なり。今此所《コヽ》に善神と悪神との、御所行の事を少か云はゞ、まづ*殷《ノ》太戊が時に、野に生《オフ》べき桑木《クハノキ》の、*朝廷と云ふ処に生《オヒ》て、七日がほどに、両手に拱《ニギ》るばかり、大きくなれる事。また*紂王が時に、雀《スヾメ》の大鳥を産《ウミ》たる事あり。此はともに、禍事《マガコト》の発《オコ》るべき験《シルシ》なりと云ふ。然るを太戊は疾《ハヤ》く心づきて、

良はず—ふさわしくない。**准へて**—なぞらえて。依って。**冉伯牛**—ゼンハクギュウ。春秋時代の魯の人で、孔子の門人。**委（ユダ）ねる**—他にまかす。委任する。**殷ノ太戊（タイボ）**—殷の皇帝。桑の木の奇蹟などあり、徳を修めた人。**朝廷**—『史記』「殷本紀第三」にある故実で、天子が政治を行う場所。「朝廷」とも書く。**紂王**—殷の二十八世。周の武王に滅ぼされた。

どい病気があるのだ。」と言い、司馬の桓魋《かんたい》が孔子を殺そうと計画したときに、「天徳を予に生ぜり。桓魋其れ予を如何《いかん》せん」（『論語』「述而」）（＝天が徳を私にさずけて下さっている。それだから桓魋が私に対して何ができようか。）」また、「道の将《まさ》に行はれむとするや命なり。道の将に廃れむとするや命なり」（『論語』「憲問」）（＝道理がまさに行われる時は天命である。道理がまさにすたれていくのも、これも天命である。）と言っている類で、すべて何事も天の神の仰《おお》せと思って、おまかせしているのである。」

これは本当にそうあるべきことである。今、ここで善い神と悪い神とのご所業について少し言うならば、まず、殷の太戊《たいぼ》の時に野原に育つべき桑の木が、朝廷という場所に生え出て、七日ほどで両手に握るほど大きくなったことがある。また紂王の時に、雀が大きな鳥を生んだことがある。これらはともに悪いことが起こるしるしであると言う。そうであるのを太戊が早く気づいて、つと

力《ツト》めて善事を行《オコナ》ひ、その禍《マガ》を直したるは、これ直毘ノ神の御霊《*ミタマ》を賜はりて、其ノ御力の及べるなり。また紂王は、その験にも驚《オドロ》かで、武王に亡《ホロボ》されたるは、枉《マガ》神のまじこり*甚しくて、直毘ノ神の御守《ミマモ》り薄《ウス》かりしなり。

唯にかくのみ聞《キ》きては、何の至りげ*もなく、いと浅はかに思ふ人も有べけれど、此ハ実に一朝一夕に云ひ尽《ツク》し曰《*ガタ》く、書キ尽しがたき、妙《タヘ》なる故由《ユエ》あり。真の道に志ある人は、よく古へを学びて此ノ妙なる趣を悟りね*かし。偖また家語に、魯ノ哀公が、夫レ国家之存亡禍福。信有ニ天命一。唯〳〵非《ルカ》レ人《ニ》也と問へるに、孔子、この太戊、紂王が事を引て、存亡禍福皆己《レノ》而已《ミ》。天災地妖不レ能《ハ》レ加《フル》也。と云へること見えたり。これ実に孔子の語ならば、此は只《タダ》一時、善行を勧《スヽ》めむとて、斯《カク》いへるなるべし。さるは太戊が、禍の発らむとするを直し、紂王が亡びたるなどは、此ノ語によく合ひたれど、また盗*跡などの如く、悪事のミして栄え、孔子の如く、善人の、生涯《ヨノカギリ》よき事なくて、終《ヲハ》る事も多くあり。斯《カヽ》るを

めて善い事を行い、その災いを正しく直したのは、これはナオビの神から霊力をいただいたので、そのお力が及びえたのである。また、紂王がその予兆にも驚かないで、武王に亡ぼされてしまったのは、悪い神の呪いの力がひどく強くて、ナオビの神のお守りになる力が少かったからである。

〔ただ、このようにのみ聴いていては、何も辿り着いた気配もなく、大変あさはかに思う人もあるだろうが、これは実に一朝一夕に言い尽し難く、書き尽くしがたい霊妙な理由があるのだ。真実の道理を学ぶことに志を持つ人は、よく古代を学んで、この絶妙な趣旨を悟ってもらいたいものだ。さて、また『孔子家語』に、魯の哀公が「夫れ国家の存亡禍福、信に天命に有り。唯々人に非るか（＝それ国家の存亡と禍福は本当に運命であって、ただただ人間の力ではどうにもならないものなのか。）」と質問したのに対して、孔子はこの太戊や紂王のことを引用して、「存亡禍福皆己れのみ。天災地妖加ふること能はざるなり（＝国家の存続や災いや幸いなどは、すべて皆君主ご自身の行為にあるので、天変・地変などの力は及ぼしえないものである）」と言ったことが見えている。これが本当に孔子の言葉であるならば、これはただ一時的に君主に善行を勧めようとして、このように言ったのに違いなかろう。それは太戊が災いの起ころうとするのを正しく直し、紂王が亡んでしまったことなどは、この言葉によく合致しているものの、また、盗跡などのように悪事のみをして栄え、孔子のように善人が生涯よいこともなくて、生を終わることも多くあるのだ。このようなのを

いかで、禍福皆己《レ》而已と云はむ。己《オノレ》より求めたりとならば、盗跡は禍にあひ、孔子は福を得つべき事なり。

然れば此ノ語は、一時善行を勧《スヽ》めむとて云へるならむとはいふなり。禍福皆天而已と云ふぞ、孔子の本意なりける。さるは前にも引出たる、伯牛が疾を見て、命《ナル》矣夫。斯人《ノ》也而有《メリ》ニ斯疾《ノ》一也と云ひ、また富貴在《リ》レ天《ニ》など云へるにても知られたり。これ善悪の神の所爲を知らぬ国に生れてハ、只に何事も、天神の爲す事と、*安むじ居るより外なければ、誠にかく有るべき事なり。

されば存亡禍福皆己《レ》而已。云〻やうの語は、左伝にも、禍福無レ門。唯〻人之所レ召《ク》など有るを始め、余《ホカ》の

どうして「禍福皆己れのみ（＝災いも幸せもすべて自分自身にある。）」というのか。自分の行為より求めたのだとするならば、盗跡は災いに逢い、孔子は福を得るべきことである。

そうであるならば、この言葉はその時限りに善行を勧めようとして言ったものであろう、と私は言うのだ。「禍福は皆天のみ（＝災いも幸せもともにみな天命による。）」と言うことこそが孔子の本意であるのだ。それは前にも引用したのだが、伯牛の病気を見て、「命なるかな。それ斯の人にして斯の疾有り（＝あゝ天命であるなあ。このような立派な人物にして、このように悪い病気があるものだな。）」と言ったり、また「富貴は天に在り（＝富貴というのは天命である。）」などと言ったことからでも、よく分かるのだ。これは善悪の神の所業を知らない国に生まれたので、ただ何事にも天の神のなすことであると、安心しているよりほかはないので、本当に、このようにあるべきことなのである。

だから「存亡禍福皆己れのみ云〻（＝生存や滅亡や幸福や災いは、すべておのれのみにある、うんぬん。）」のような言葉は、『春秋左氏伝』（襄公二十三年）にも、「禍福門無く唯〻人の召《まね》く所なり。（＝禍福には決まった出入り口がない。ただ、それは人自らが招くものだ。）」などとあるのを始

御霊—霊は魂だが、ここは精神や力をさす。**まじこり**—呪力に引き込まれること。**至りげ**—至った気配。辿りついた様子。**叵く**—區の異体字。篤胤はよく「難い」の意に用いた。**ねかし**—なさい。「ね」は希望の意味の上代語で、「かし」は念を押す語。**盗跡**—盗跖のことで、春秋時代の魯の人。『史記』には、多くの人を殺したとある。**安むじ居る**—「安んず」は安心すること。満足している。安心している。

書《フミ》にも、これかれ見えたれども、固く定めては、云ひ叵き事なり。希《マレ》には己レより求めたりと云ひて、よき事もあれど、大概《カタ》は此ノ語の如くならず。朱子だも人事有二以致《スヿ》一レ之《ヲ》。也《マタ》有二是《レ》偶然如《キ》レ此《ノ》時一。と云へり。ましてや孔子をや。いかで斯る偏なる事を云ふべき。もし強《アナガチ》に此ノ語を*推立《オシタテ》たらむには、仏書に云ふ、*諸法《ノハ》如《シ》二影《ト》像《トノ》一。皆従二因果一生《ル》と云ひ、また*福楽自《ラ》追《フ》如《シ》二影《ノ》随《カ》一レ形《ニ》など云へる、*因果の理と、ひとつ意に*帰《オツ》めり。

かく善神と悪神とは、その御所爲の、大きに異なる、妙なる故ありて、伝説なくては、絶《タエ》て知り難き事ゆゑ、孔子だも知らず。況《マシ》てほかの赤県人等の、天命の事を云ひ、天道などを論へるやう、みな*僻説《ヒガコト》にて、平穏《オダヤカ》なる説は更になく、善人も禍にあひ、悪人も福ありしなどに至りては、誰もくヽ弁へかね、*辛くして、時運など云ふことを設けて論ひ、

但しこの時運と云ふ事は、既《ハヤ》く家語にも、孔子陳蔡の

めとして、他の書物にもあれこれと見えている。けれども、このことをこのように堅く決めてしまうのは駄目で、正しく言い表わし難いことなのである。まれには自から禍福を求めたのだ、と言ってもよいこともあるが、大抵はこの言葉のようにはならないものだ。朱子すらも「人事以て之を致すこと有り。また是れ偶然此の如き時有り（＝禍福のことは人間の力によって引きおこすこともあり、またそれが、偶然天命によって引きおこされる場合もある。）」と言っている。ましてや孔子においてはなおさらの事である。どうしてこのようなかたよったことを言おうか。もしも、無理矢理にこの言葉をおしたてたならば、仏書『三十七尊礼、懺文《さんもん》』にいう「諸の法は影と像との如し、皆因果に従り生る（＝一切の現象は影と形のようなものだ。すべては原因結果の法則に従って生じるのだ。）」と言い、また『法句経』に「福楽自ら追ふ影の形に随ふが如し（＝幸福や楽しみがみずからを追いかけてきて、まるで影が形に添うようなものだ。）」などと言っている。因果の道理と同じ一つの意味に帰結するようだ。」

このように善神と悪神とでは、そのご所業に大変違う霊妙な理由があって、伝説（歴史）がなくては全く知り難いことなので、孔子さえも分からない。ましてや他の中国人たちが、天命のことを言い天道などを論じる様子は、みな間違った説であって、妥当で納得できる説は一向にない。善人も災いに逢い、悪人も幸福になるなどというのに至っては、誰一人として理解できず、かろうじて「時運」などという言葉を作って論じているのだ。

間に苦みけるとき、子路が甚く慍りて孔子に云へるハ、*由也昔者聞《ク》二諸夫子《ニ》一。曰。爲《ス》レ善《ヲ》者《ハ》天報《ルニ》レ之《ニ》以《シ》レ福《ヲ》。爲《ス》二不善《ヲ》一者《ハ》天報《ルニ》レ之《ニ》以《ス》レ禍《ヲ》。今夫子積《ミ》レ徳《ヲ》懐《キ》レ義《ヲ》行《フコト》レ之《ヲ》久《シ》矣。奚居《ソル》二之究《ニ》一也。と云へるに孔子答へて、*伯夷叔斉が餓死し、*龍逢*比干が、殺されたる事を云ひて、かく遇不遇あるは、時と云もの也とて、諭したる事見えたれども、よし此ノ語、実に孔子の云へるなりとも信がたし。然るは此ノ時と云ふも、究マる所は天命に出べければ、*福善禍淫と定めたるに合はず。もし果して、天命にも、

（ただし、この時運ということは、すでに『孔子家語』にも次のようにある。孔子が陳の国と蔡の国の間で苦しんでいた時に、弟子の子路が非常に怒って孔子に言ったことは「由《よし》や昔諸《これ》を夫子に聞く。曰く、善を為す者は天之《これ》に報るに福を以し、不善を為す者は天之に報るに禍を以す。今、夫子徳を積み義を懐《いだ》き之を行ふこと久し。奚《なん》ぞ之の究に居るや（＝ままよ、私は昔、先生にこういうことを聴きました。先生は言った、それは善いことを行う者には、天が幸福をもってこれに報い、良くないことをする者には、天は災いをもってこれに報いると。今、先生は徳を積み義を心に抱き、これらのことを実行されているのが長い。それなのにどうして、このような窮地に陥ったりするのですか。）」と言ったのに対して、孔子が答えた。伯夷叔斉の兄弟が世を逃れて首陽山で餓死したり、竜逢、比干が殺されたことを言って、「このように遇と不遇とがあるのは、時というものである。」と言って諭したことが見えているけれども、よしんばかりにこの言葉が、本当に孔子の言ったことであるとしても信じがたい。それはこの「時」というのも、究極のところは天命から出るはずだから、「福善禍淫（＝善をなす者には福がある。悪事をする者には災いがある。）」と決めたのにも合

推立—すすめ立てる。重んじる。**諸ノ法ハ…**—以下この文は『三十七尊礼懺（サン）文』にある。**福楽自ラ…**—この語句は『法句経』にある。**困果**—原因と結果。仏語で原因と機縁（キエン）との組合わせから、さまざまな結果を生むこと。**帰**—落ツの当て字であろう。**僻説**—間違ったこと。曲った説。**辛くして**—かろうじて。**由也**—ままよ。かりに。**伯夷叔斉**—周の人。兄弟が王位を譲り合った。周の武王が天下を統一すると、首陽山に隠れて二人ともに餓死した。**龍逢**—夏の賢臣で桀王をいさめて殺された。**比干**—殷の紂王の叔父で、紂王をいさめて殺された。**福善禍淫**—善をなす者には幸福があり、悪事をするものには禍がある。『史記』にある言葉。

時運などの事もありとせば、福善禍淫を、天道と定むべきよし更になし。

或は、かく定マりなきが、則天徳の大なる所なりと云ひ、或はこれ常理を失ひたるなり。など論へども、此等《コレラ》は尚書に、天道福《ハシ》レ善《ニ》禍《ス》レ淫《ニ》と云ひ、易に鬼神害《ハシ》レ盈《ヲ》而福《ス》レ謙《ニ》など云へるに、打合《ウチアハ》ぬ事のみ多きゆゑ、強て作《ツク》りたる説どもなり。

文選なる運命論、弁命論。また宋儒者流の論ども、南秋江が鬼神論、新井君美ぬしの鬼神論、伊藤東涯の天道論、物部徂徠の福善禍淫論、ミな同類の説どもにて、或は善人は禍にあひても、後ノ世まで人に讃美《ホメ》らるゝは、これ則福を得たるなり。悪人は福を得ても、後ノ世まで誹《ソシ》らるゝは、これ禍を得たるなりと云ひ、或は善人の禍にあへるは、祖先の世に積《ツミ》たる悪の余波《ナゴリ》なりと云ひ、また悪人の福を得るは、これも祖先のなせる善の余波なりと云ひ、或ハ悪人の福を得ることは、天実に祚《タスク》るにあらず。その罪を厚《アツ》くして、罰せむとの所

致しない。はたして、もし天命のなかにも時運などということがあるとするならば、「福善禍淫」を天の道と定めるべき理由はさらにないのだ。」

あるいは、このように定っていないのが、すなわち天の徳の偉大なところであるといい、あるいは、これは常の道理をなくしたものであるなどと論じている。しかしながら、これらのことは、『尚書』の「湯誥」で「天道は善に福し淫に禍す（＝天の道理は善い者に幸いを与え、間違った者には災いを与える。）」といい、『易経』には「鬼神は盈《えい》を害して謙に福す（＝鬼神《神霊》は満ち溢れている者には害を与え、身をつゝしんでいる者には幸福を与える。）」などと言っていることと、合致しないことのみが多いので、これらは無理に作りあげた説どもである。

〔『文選』にある運命論、弁命論（天命を弁ずる論）や、または宋の儒者流の論などや、南秋江の『鬼神論』、新井白石君美大人の『鬼神論』、伊藤東涯の『天道論』、物部徂徠の『福善禍淫論』、どれもみな同様の説どもであって、あるいは善人が災いに逢っても、後世まで人に褒《ほ》められるのは、これはすなわち、福を得たのである。悪人が福を得ても後世まで非難されるのは、これは災いを得たのである、と言っている。あるいは善人が禍に逢うのは、先祖の時代に積みあげた悪事の余波であるといっている。また悪人が福を得るのは、これも先祖のなした善行のなごりであると言い、あるいは悪人が福を得ることは、天が本当にこれに幸を与えるのではない。その罪を重くして罰しようとする所業である、などのように言っている。こ

爲なり。などやうに云へり。此は、もとも、易の十翼*、左伝*、其ノ余も、何くれの書どもに見えたる語に基《もと》づきて、云へるなれど、すべて僻説なり。此はよく古へを学びて、さて其ノ眼を以て、彼ノ書どもを読て知るべし。よく古へを学ばざる人は、大かたハ此ノ理を得さとらじ。

或人難じて曰く。世に善悪の神の在《マシマ》すに因《ヨリ》て、世の中に善事と悪事とあり。また善人も禍《マガ》り、悪人も福《サキ》はふと云ふこと。一《ヒト》わたり聞ては、実に諾《ウベ》なりと、思はるゝ説なれど、吾はなほ信《ウケガ》ひ*難き由あり。畏かれど、此を日ノ神*の御《ミ》

のことは、もともと『易経』の「十翼」、『左伝』や、その他のいろいろな書物などに見えている言葉に基いて言ったものだが、すべて間違った説である。これはよく古代を学んでから、さてその後で、その学び得た力をもって、あの書物どもをよく読んで知るべきことである。よく古代のことを学ばない人は、たいていはこの道理を悟りえないのだ。」

ある人が非難して言った。「この世には、善悪の神があらせられることによって、世の中には善い事と悪い事とがある。また、善人にも災いがかかり、悪人にも幸せがあるという。このことをひと通りに聞けば、本当にそうであると思われるような説であるが、私には、まだ納得しがたいことがある。恐れ多いことだが、この

常理―定まった道理。**盈**―みちる。**謙**―慎しむ。**文選**―周から梁までの百数十人の詩賦文章約八百篇を撰集したもの。**運命論**―魏の李康の文。時運に遭遇するか否かによって、盛衰進退があると説く。**弁命論**―梁の武帝の不興をこうむった劉峻（リュウシュン）の著で、「士の窮達は、命に非ざる無き」とする。**宋儒者流**―宋代の儒学者風。その流派。**南秋江**―朝鮮李朝時代の人。南孝溫といい秋江はその号。**新井君美**―新井白石。君美（キンミ）が名前で号が白石。**伊藤東涯**―仁斎の長男で古義学派の儒者。**物部徂徠**―江戸の儒者。荻生徂徠のこと。先祖の物部（モノノベ）氏にちなんで、中国風に物徂徠とも号した。**祚る**―保護する。**易の十翼**―孔子が作ったといわれる『易経』の注釈。**左伝**―『春秋左氏伝』の略。魯の歴史を書いた『春秋』の解釈書。**信ふ**―承知する。**日ノ神**―太陽。ここは天照大神のことか。

上《ウヘ》にて云はゞ、彼ノ神の世を照し給ふ。その光《テ》り坐《マ》すは、一トつなるに、此を其ノ受《ウク》る物によりて、禍《マガ》に受ると、福《サチ》に受るとの違ひあり。然るは西の国に旱《ヒデリ》のみして、稲の枯《カル》ると歎《ナゲ》けば、東の国にては、米の価《アタヒ》の貴《タフト》きを悦《ヨロコ》ぶ。また蟬《セミ》といふ虫は、日ノ神の照《テ》り給ふを歓《ヨロコビ》て音《ネ》を鳴《ナ》き、蚓《ミヽズ》は、かの神の御照《ヒカリ》にあひては忽《タチマチ》に死ぬる。是《コレ》その受るものに依りて、其ノ善悪の異なるにて、神に善悪なき故なり。また此方《コナタ》の軍の勝《カチ》は、彼方《カナタ》の爲《タメ》には、*不祥なるが如き類も少からず。

されば此ノ事は、猶《ナホ》、赤県《カラ》学者の謂《イハ》ゆる、*福善禍淫と云ふは、これ天の常を語れるにて、其ノ禍福定マりなきが、即《スナハチ》天徳の大きなる所なり。と云ふに、従ふべきこと明なり。かくても猶いふ説ありや。予答ふ。神はその*主《シ》

ことを日の神のおん上のことにして言うならば、あの神がこの世を照しなさいます。その光っておられるのは一つであるのに、この光を受けるものによって、災いを受けるのと幸せを授かるという違いがある。それは西の国に日照りのみあって、稲が枯れるといって歎けば、東の国では米の値段が高くなると喜ぶのだ。また蟬という虫は、日の神の照り給うのをよろこんで音を出して鳴き、みみずは、あの神のお照《ひか》りに遭ってたちまち死んでしまう。これはそれを受けるものによって、その善い悪いが違うのであって、神に善い悪いはないからである。また、こちらの軍が勝てば、あちらの軍にとっては災難になるごとき類いも少くはない。

だから、このことはなお、中国の学者のいわゆる「福善禍淫」という説が、これは天の規則を語っていて、そのように禍福に定まりがないのが、すなわち天の徳の大きな所である、と言っているのに従うべきことは明らかである。このようであっても、なお、反論できる説があるのか。」そこで私が答えた。「神はそのお司りなさっているお仕事が、それぞれ違っていて、この非難に対していうならば、日の神はこの世を照しなさいますことが、その司っていらっしゃるお仕事なのに、そのお光に堪えられなくて、稲の枯れることは、雨を司りなさいます神たちが、雨をお降らしにならないことによるものであって、日の神のお知りにならないとこ

り給ふ御わざ、各〻異《コト》にして、此ノ難により
て云はゞ日ノ神は世を照し給ふが、主宰《ツカサド》り給
ふ御業《ミワザ》なるを。その御光に得堪《エタヘ》ずて、稲の枯《カ》
るゝ事は、雨を*掌《シ》り給ふ神等の、雨を降《フ》らし
給はぬに依る事にて、日ノ神の*知食《シロシメ》さぬ所な
り。

さてこそ、古へは旱《ヒデリ》には、*専《ムネ》と雨の神等を祭られたり
き。旱のミ連《ツヾ》くを日ノ神の御荒びの如く思ふは、赤県《カラ》
*俗《ブリ》の*議《サダ》なり。

さて雨の神等ハ、雨を程よく降《フラ》し給ふが、其
ノ主《シ》り給ふ所なるを、然あらぬは、是《コレ》そのも
とは、悪神の御心による事なるか。

此は*下《シモ》なる、*大物主ノ神《オホモノヌシ》の、疫《エヤミ》をはやらせ給へる事を

ろである。

〔それだからこそ、古代には日照りには、もっぱら雨の神などを祭られたのだ。日照りのみ続くのを、日の神のご乱暴のように思うのは、中国風の考え方である。〕

さて、雨の神たちは雨をほどよくおふらし下さいますのが、その司りなさいます所であるのを、そうでないのは、これはその基《もと》が悪い神のみ心によっていることからなのであろうか。

〔これは以下に述べるオオモノヌシノカミが疫病をはやらせなさいました

不祥—よくないこと。災難。**福善禍淫**—前出（167頁）。**主る**—すべる。統治する。司る。**掌る**—治める。**知食す**—お知りになる。ご存知である。**専と**—もっぱら。主とすること。**俗**—習い。風習。**議**—原文は「誐」とあり、「議」の異体字か。議ならば、あげつらう。思いめぐらすの意。**下なる**—「この文の後にある」の意。以下にある。**大物主ノ神**—オオモノヌシノカミ。奈良の大神神社の祭神。大国主命の和魂（ニギタマ）とも言われている。

云へると、合せ考ふべし。

さて西の国の稲の枯《カレ》たるは、雨降《フ》らぬに依れる禍事《マガコト》なるを、東の国にて、それを歓《ヨロコ》ぶは、慾といふ*悪《ワロ》ものゝ、*副《ソハ》りある故なり。また蟬《セミ》の音《ネ》をなき、蚓《ミミズ》の死ぬるは、其ノほどほどに、受たる性の別なる故にて、此も日ノ神には関《アヅ》からぬ事なり。蚓の土中に隠れ居ても、宜《ヨ》からむと思ふを。わざと物*するさまに、這出《ハヒイデ》て死《シヌ》るを思へば、かの虫は、斯《カク》して死ぬべきものに、神の定め給へるなるべく、此は山に住《ス》む物を水に放《ハナ》ち、水に住《スメ》る物を岳《ヲカ》に上《アゲ》れば、共《トモ》に死ぬると同シ理なり。

都《スベ》て人に*まれ、物にまれ、神の常なる御《ミ》徳《メグミ》を吾のみ禍《マガ》に受るは。それ決《キハ》めて、其ノ性の異なるか、*何ぞかも常に異なる謂《イハレ》ありてなるべし。

ことを言っていることと、合わせて考えるべきだ。〕
さて、西の国の稲が枯れたのは、雨が降らないことによる災いであるのを、東の国ではそれを喜ぶのは、慾という悪いものが加わっているからである。また、蟬がよく音を出して鳴きみみずが死ぬのは、その程度に応じて受けた性質が違っているからであって、これも日ノ神にはご関係のないことである。みみずが土の中に隠れていても、それでよかろうと思うのに、わざと自ら望んでするように、這い出してきて死ぬのを思うと、あの虫は、このようにして死なねばならないものとして、神がお定めなされましたのに違いない。これは山に住むものを水の中に放し、水に住むものを岡の上にあげれば、ともに死んでしまうのと同じ道理なのだ。
すべて人であろうと物であろうと、それらに神がいつも変わらないお恵みを下さるのに、自分のみに災いを受けるのは、それはきっとその性質が異っているのか、まあ何か通常とは違った理由があってのことに違いない。
それは雨が降らないことによって、米の値段の高いのを喜ぶ者は、欲が深いからであるのと、みみずが日のあたる所へ出てきて、死んでしまうことを比較して納得するべきである。大抵のことはこのような道理から外れることはない。またこちらの軍が勝てば、あちらの軍では災難になることの類にも、いろいろな区別がある

其は雨降《フ》らぬに依りて、米の価の貴きを悦ぶ者は、慾ふかき故なると、蚓の日あたりに出て死《シヌ》るとに、*准《ナゾラ》へて知ルべし。大概《オホカタ》は此等《コレラ》の理に洩《モ》るゝ事なし。また此方《コナタ》の軍の勝は、彼方《カナタ》の不祥なる類も、種ゝ《クサ〴〵》の*別《ワキ》あれど、*且ゝ《カツ〴〵》云はゞ、明智光秀が、*總見院の大臣《オトド》を弑したる如きは、理に*乖《ソム》ける事なれば、悪神の所爲なるべく、豊臣ノ秀吉公の、明智にうち勝たるは、これ理に叶へるなれば、善神の御心なるべし。

さて上ノ件に云へる、善悪の神の御所業の異なる故は、古伝説につきて、其ノ大躰を云へるにて、世の中の万

ものの、とりあえず言ってみると、明智光秀が総見院の大臣（織田信長公）を殺したようなことは、道理に背《そむ》いたことであるから、悪神のしわざであるのに違いない。豊臣の秀吉公が明智にうち勝ったのは、このことが道理に叶《かな》っているから、善神のみ心がなされたのに違いないのだ。

〔さて、以上に述べた善悪の神のご所業が違っている理由は、古い歴史に従ってその大よそを言ったものであって、世の中の数限りない小さなこと

悪もの—悪いもの。**副り**—つき添う。そなわる。**物する**—物事を行う。**まれ**—であろうと。でも。**何ぞかも**—何かと。何であろうと。「かも」は吟味の終助詞。**准ふ**—なずらえる。ならい従うこと。**別**—わかち。ちがい。**且ゝ**—ともかくも。とりあえず。**總見院の大臣**—総見院泰厳安公。安土城にある信長の墓の戒名。織田信長は右大臣であった。**乖く**—そむく。さからう。

の小事、また人の上の小事にも、善悪の神の御所業を、*巨細にあてゝ、議するとには非ず。先《マツ》その大躰を知りて、万の小事は、其ノ中に込メて心得べきものなり。なほ末にも考へ合すべき論あり。

赤県人《カラ》は、左《ト》いふも、右《カク》いふも、正実の伝説を知らざる故の、僻説なれば、まづハ難《トガ》むるにも足らねども、皇国の学問者《モノマナブヒト》にして、此ノ故を知らず。西戎人《カラビト》と等竝《ヒトシナミ》に、をさなき説のみ、云ひ居るなどは、甚も口をしき事なり*かし。偖また世に有りとある事ども、摠《スベ》て*天神地祇の御霊に洩《モレ》たる事なければ、*誰《タレ》しの人も、能ゝ斎《イツ》き祀《マツ》るべき事論*ひなし。

この事は、我が師の書《フミ》どもに、委曲に云ひ置れたり。

これ則孔子の本意なり。赤県にては、後ノ世となるがまに〱、神祇を祀るにも、*さかしらをのみ先として、神の御上をも、彼ノ*小理

や、また人の上の小さなことも、善悪の神のご所業を大きなことも小さなことも、すべてについてを説き明かすのではない。まず、そのだいたいのことを知って、数限りない小さなことは、その中へ入れてしまってから考えるべきものである。なお、私には終わりにでもこれと考え合わさなければならない論があるのだ。〕

中国人があぁだと言い、こうだといっているのも、正しく本当の歴史を知らないがための間違った説である。だから、ともかく、咎めるほどでもないが、皇国日本の学者にして、この理由を知らず、中国人と同様に幼稚な説のみ言っていることなどは、もっとも口惜しいことなのであるよ。さて、またこの世のあらゆるものごとは、すべて天の神と地の神とのみ霊《たま》（心）から洩《も》れ出たことでないのはないのであるから、誰しもがよくよく敬い祭るべきことは、その是非をあれこれと論ずるまでもないことだ。

〔このことは、わが師本居翁の著書などにくわしく述べおかれている。〕

これが即ち孔子の本心なのだ。中国では後の世になるのに従って、神祇を祭るのにもこざかしい自分の考えを先にして、神についてもあの小さな理屈をもっておし通そうとしているが、それは大変間違ったことである。神のおん事は、決して中国の人が言うような理屈めいたことではない。わが本居翁がその著『玉くしげ』で言われたのは、次のようなことである。「善い神を祭って、幸い

をもて、*推《オサ》むとすれど、其は甚《イミ》じき非事《ヒガコト》なり。神の御上は、更に赤県《カラ》人の云ふ如き、理屈めきたる事にては無く、我カ翁の*玉くしげに云ハれしは、善神を祭りて、福を祈るはもとより、又禍を*免《マヌカ》れむ爲に、荒ぶる神をまつり*和《ナゴ》すも、古への道なり。然るを人の吉凶禍福は、面〻の心の邪正、行ひの善悪に依る事なるを、神に祈るは愚《オロカ》なり。神何ぞこれを聴《キカ》む。*とやうに云ふは、儒者の常の談なれども、かやうに己《オノレ》が理屈をのみたてゝ、神事を疎《オロソカ》にするは、例の*生《ナマ》さかしき、唐戎の見識にして、これ神には邪神も有て、*横《ヨコ》さまなる禍のある道理を、

を祈ることはいうまでもない。また災いを逃《のが》れようとするために、乱暴な神を祭り、その心をやわらげるのも古代の道である。それなのに人の吉凶禍福は、それぞれの人の心の邪と正、行為の善と悪によることであるのを、神に祈るのは愚かである。神がどうしてこれを受け入れようか。そのように言うのは儒者のいつもの話である。けれども、このように自分の理屈だけを立てて、神事をおろそかにするのは、例のこざかしい中国や夷のものの考え方であって、これは神には邪《よこ》しまな神もいて、正しくない災いのある

巨細に—こさいに。大小すべて。**かし**—念を押す助詞。**天神地祇**—天つ神と国つ神。天と地の神。**誰しの人**—誰しも。どの人も。**論（アゲツラ）ふ**—可否を言い立てる。是非をあれこれと論じ合う。**さかしら**—かしこそうに振る舞うこと。**小理**—小さい道理。**推む**—おし通す。**玉くしげ**—寛政元年（一七八九）刊行。古道を説いた書。**免れむ**—逃れる。避ける。**和す**—やわらげる。**とやうに**—とのように。といったふうに。**生さかし**—こざかしい。少し賢い。**横さまなる**—正しくない。非道な。

知ラざる故のひが事なり。と云ハれしを、熟ゝ《ヨク》思ひ回《メグ》らすべし。

また*太宰純が、*経済録の、祭祀と云ふ条に云るは、時ゝ《トキ〴〵》祭《マツリ》をなして、雨をもとめ、風を止《ヤ》め、国のため、民の爲に、福を祈《イノ》り、災をはらふ事。常の人より見れば、却《カヘ》りて愚なるやうに見ゆれども、人力を尽《ツク》したる上は、神祇の助《タスケ》を憑《タノ》むよりほかはなきものなり。神は聰明正直なるものにて、兒童の戯《タハムレ》の如くなる祭をなして感応ある、これ鬼神の測《ハカ》りがたき所なり。天を畏《オソ》れ民を*患《ウレ》ふるは、王者の心なり。此ノ段は尋常《ヨノツネ》の*経学者の徒《トモガラ》の預《アヅカ》り知る所にあらず。と云へるは、実に然ることにて、いと〳〵*めでたく、真の道に稱《カナ》ひたる説なりけり。

偖その御心を、とらむとするには、先《マヅ》いみ

道理を知らないことから起こった間違いごとである。」と言われたのを、よくよく考えるべきである。

また、太宰純がその著『経済録』のなかの「祭祀」のことを述べている条で言っているのは、次のようである。「時々お祭りをして日照りに、雨を求め暴風を止め、国のため民のために幸せを祈り、災いを払うことを普通の人から見ると、かえって愚かな人のように見えるけれども、人力を尽くしたうえは、天の神、地の神の助けを頼りとするよりほかはないものである。神は賢明で正直なものであって、子供の遊びのようなお祭りをすると、それに感動して応じなされる。これが鬼神（神霊）のはかり知れないところなのだ。天を恐れて人民のことを心配するのは王者の心なのだ。このことは普通の儒者のやからが関知するところではない。」と言ったのは、本当に妥当なことであって、大変立派な真の道理にかなった説なのである。

さて、その神のみ心を得ようとするのには、まず初めに、できる限り火の汚れを避けて、身を清めて、

〔ただし、この火を避け身を清めるということも、普通の学者がよく納得できないことである。しかしこれは、よく古代を学んで、そこに霊妙な道理のあることを悟るべきで、また、それまでもなくて、今も現実にそのしるしのあることをも考えるべきだ。〕

じく火の汚穢《ケガレ》を*いみ清浄《キヨ》めて、

但しこの火を清浄むると云ふことも、尋常の学者の、いたく心得*がてにする事なるが、此はよく古へを学びて、其ノ妙なる*故よし有る事を悟るべく、亦それまでもなく、今の現《ウツヽ》に、其ノしるしあるをも思ふべし。

美旨多《ウマキモノオホ》く献り、人ども親《ムツマ》しく集《ツド》ひて、歌ひ舞ひ、種ゝ《クサ〴〵》おもしろき事のかぎりを為《ナ》して、慰《ナグサ》め奉るぞ、神の大御心には叶ふなる。此ノ妙なる趣は、熟《ヨ》く古へを学びて知るべし。

或ル人問て曰く。普通《ヨノツネ》の識者等の常《ツネ》云ふ言に、神は正直にして、非礼を*歆《ウケ》たまはぬ理なるを、己が心の私欲あるに競《クラ》べて、神に*珍膳

おいしい物をたくさん献上し、人々が仲良く集まって歌い舞い、さまざまな面白いことの限りをして、神のみ心をお慰め奉るのが、神の大み心にかなうのである。この霊妙な趣旨はよく古代を学んで知るべきだ。

ある人が私に問うて言った。「普通の学識のある人たちが常にいう言葉に、神は正直であって、非礼なことをお受けにならない道理であるのに、己《おのれ》の心に私欲があるのに比較して考え、神に珍

太宰純—春台と号した江戸中期の儒学者。初め朱子学、後に徂徠について古文辞学を学んだ。**経済録**—享保十四（一七二九）年の著述。**患ふる**—きづかう。**経学者**—経書に通じた学者で、儒者のこと。**めでたく**—すばらしい。立派な。**いみ**—いむこと。「斎む」なら汚れを避けて身を清め慎むことで、「忌む」なら嫌い避ける。ここは斎むの方である。**がてに**—できなく。するのに耐えないで。**故よし**—わけ。いわれ。**歆る**—うける。供物を受けること。**珍膳**—めずらしい料理。

美味を献り、或は甚しきに至りては、此ノ願を叶へ賜《タマ》はらむには、宮を修*理《スリ》して奉らむ。*絵馬《ヱウマ》を納《ヲサ》め奉らむ。など云ひて祈《イノ》る。これ甚《イミ》じき非事《ヒガコト》なり。人*だにも志ある者は、賄賂《マヒナヒ》を受る事を恥《ハヂ》とす。まして神の上《ウヘ》をや。もし然《サ》やうの祈を受る神もあらば、其は決《キハ》めて邪神なるべし。など猶《ナホ》*言痛《コチタ》く理を述《ノベ》て云ふ者あり。此ノ論ひをいかに。予《オノレ》云ふは、其は凡人の常の道理を以て云へば、当れるが如くなれど、神ハ正直《マナホ》にして*文《カザリ》なきと、*奇《クスシ》く*異《アヤシ》く坐《マシ》ますとのみ、人と異《コト》にして、其ノ情《コヽロ》ハ違《タガ》ふこと無し。

然《サ》るは、人にしかぐ\の事を叶へ賜はらむには、云ゝの物贈《オク》らむと云ふに、否《イナ》みて受ざるは、其ノ物の欲《ホシ》からぬに非ず。受るは道ならずと思ひ、又は*佗《ヒト》の見聞を*憚《ハヾカ》り思ふが故に、

しい料理やおいしい食べ物を献上し、あるいはひどいのになると、このお願いをかなえて下さいましたならば、お宮を修理してさしあげましょう。絵馬をお納めいたしましょう、などと言って祈っている。これは非常に間違ったことである。人間であっても志のある者は、賄賂《わいろ》を貰うのを恥とする。ましてや神のお身のうえに於いておや、である。もしも、そのようなよくない祈りをお受けになる神がいたならば、それは極めて邪《よこ》しまな悪い神であるのに違いない。などと、なおさら大げさに理屈を述べる者がいる。この論じ方はいかがであろうか。」私が言うのには、「それは平凡な人が普通の道理をもって言えば、当たっているかのようであるが、神は真に正直であって飾るところがない、あやしく不思議な存在でおはしますことのみが人と違っていて、その心には違うところはないのだ。

それは人が、人からこれこれのことをかなえて下さいますならば、しかじかの物をお贈りいたしましょうと言うのを拒んで、それを受け入れないのは、その物を欲しくないのではない、品物を受けとるのは道理に背くと思い、または他人の見《み》聞きするのをはばかって、よく考慮するからである。だから、自分の欲しい心を押えて受け取らないのである。ところが神の方はそのように選択する心もないので、その品物をお受けになり、人間の願うことを

欲《ホシ》き心を制《オサ》へて受ざるなり。神は然る心しらび無く、その物を受て、願ふすぢ*を叶へ給ふは、是《コレ》神の直き情《コヽロ》なり。譬《タト》へば稚子《ヲサナゴ》に果《クダモノ》を与《アタヘ》むと約《チギ》りて、しか〴〵せよと云ふに、小兒《ヲサナゴ》は更に人の思はくを憚る事なく、悦びて其ノ事を成すが如し。然らば人の欲《ホシ》しと思ふ真心を、曲《マゲ》て受ざるは、偽《イツハリ》の如くなれば、直からぬかと云ふに、然《サ》にあらず、受るは道ならずと、*猶豫《タメラ》ひ、佗《ヒト》の見聞を恥るも、人の上の止事《ヤムゴト》なき心にて、是則《コレスナハチ》人の上の道なり。

また稀《マレ》には、その*心配《コヽロシラヒ》なく、欲《ホシ》しと思ふ侭《マヽ》に、受る人も有らむか。是も其ノ人の真《マ》心なれバ、然《サ》のみ憎《ニク》しと云までの事はなきなり。

かなえなされるのは、これが神のまっすぐな正直な心というものだ。たとえて言うと、幼い子供に果物を与えようと約束して、これこれの事をせよ、と言うと、幼い子は全くその人の考えに気がねすることもなく喜んで、その事をするようなものだ。そうであるならば、人が欲しいと思う本心を折り曲げて、品物を受け取らないのは、偽りのようであるから正直ではないのかと言うと、そうではないのだ。物を受けとるのは道理に外れたことだとためらい、他人がこのことを見たり聞いたりするのを恥じるのも、人の身にとって止めることのできない心であって、これがすなわち、人の身にとっての道理というものである。

〔また、ごく稀《まれ》にはその配慮もなく欲しいと思うままに、物品を受けとる人もあろうが、これも、その人の心の本意なのだから、それほどその行為が憎いというほどのことでもないのだ。〕

修理―修繕。つくろい直す。**絵馬**―祈願のために馬の絵を、神社に奉納する額（ガク）のこと。**だにも**―さえも。だけでも。**言痛く**―ことごとしく。大げさに。**文**―飾り。**奇く**―珍しい。不思議な。**異く**―不思議に。**佗**―佗は他。ここは他の人のこと。**憚る**―さしさわりがあって行きなやむ。遠慮すること。**すぢ**―ことがら。**猶豫ふ**―ためらうこと。篤胤は猶豫（ユウヨ）をためらうと訓んだ。猶も豫も疑い深い動物の名。**心配**―心くばり。配慮。

都《スベ》て斯《カヽ》る事の上に、道を心得るに足《タ》ること、多く有る事なれど、此はかたくなに、赤県籍《カラブミ》のみ読《ヨミ》たる人〻の、容易《タヤス》く心得がたき処なり。然れど能く思ひめぐらすべき事なり。然れば人の受ぬを是《ヨシ》として、神の受給ふを非なりとは云べからず。また神の受たまふを直《ナホ》しとして、人の受ぬを直からずとは、彌〻《イヨヽ》云ふべき事に非ず。受ると受ざると、互《カタミ》にその道の異なる所なり。また神に祈言《ノミゴト》を申して、其ノよろこびに、物献る事を、謂《イハ》ゆる賄賂《マヒナヒ》なりとて、*非事《ヒガコト》なりと云ふも、いまだ真の道を得ざる故の*僻説《ヒガコト》なり。

さるは神のみならず、人の上にても、人に物頼むには、いかで其ノ事を成し得てまし*と思ふ故、*何《イカ》にも其ノ人の心を執《トラ》むとす。これ実に然《シカ》あらでは叶はぬ事にて、自然の人情な

すべてこのような事柄の上に、道理を知りうるのに充分なことが多くあるのだが、このことは偏《かたよ》って頑固に中国の書籍のみを読んだ人々には、容易に納得できないところである。しかしながら、よく思いめぐらさなければならないことなのである。だから、人が受けとらないのを良いこととし、神がお受けなさいますのを、良くないとは言うべきではない。また、神がお受けなさいますのを正直であるとして、人が受けとらないのを正直ではないとは、ますます言うべきことではない。受けるのと受けないのとがあるのは、お互いにそれぞれの道理が違っているところがあるからだ。また、神に祈りごとを申しあげて、そのよろこびのために品物を献上することを、いわゆる賄賂《わいろ》であるとして、よくないことだというのも、まだ真の道理を得ていないがための、間違った説なのである。

それは神についてのみではない。人の上においても、他人にものごとを頼むのは、どうかその事をやり終えて貰いたいと思うので、どうかしてその人の心を得ようとするからだ。これは実にそうでなくてはかなわないことであって、これが自然の人情なのだ。またそうでなくても、人の恩を受けてそれが嬉しいと思う心を表現しようとするのには、ただありがたいということを言うのみでは、何となく自分の心が満たされないと思うから、それでは品物

り。又さらでも人の恩《メグミ》をうけて、其ノ*憘《ウレシ》き情《コヽロ》を表《アラハ》さむとするには、只に*辱《カタジケナ》きよしを云へるのみにては、何となく心に不足《アカ》ず思ふ故に、*さては物贈《オク》りてなりとも、其ノ憘《ウレシ》き情《コヽロ》を表《アラハ》さむとする。是もまた然《シカ》あらでは叶はぬ事にて、即《スナハチ》天津神の*賦《クバ》り賜へる人の性《サガ》にて、則これ真の道なり。

さるを此ノ意の転《ウツ》りては、おのれ非事なる訟事《ウタヘゴト》に勝《カタ》むなどかまへて、司《ツカサ》の人に密《ヒソカ》に物おくりなどして、其ノ心をとり、*あらぬ悪事を爲出《シイヅ》ることもある故に、いと悪き事の如くにも云ふめれど、元来《モト》は人の止事《ヤムゴト》なき真性《マゴヽロ》より出たる事にて、悪《アシ》からぬ事なるを、西戎人《カラビト》など、真の道てふ事を知らざる故に、もとの意をたどらずて、一向《ヒタブル》に悪きわざなりとハ云へるなり。人に甚じく恩を受たるは、なる限り物おくりてすら、心不足《アカヌ》ば

を贈ってでも、この嬉しく思う心を表わそうとする。これもまた、そうでなくてはならないことであって、すなわち天の神が配分なさいました人間の性質であって、即ち、これが真の道理なのである。

〔それであるのに、この意味が変わってくると、自分に非がある訴訟ごとに勝とうとするなどし、心して準備して、司る役所の人に内密に品物を贈ることなどをして、その人の心を摑み、あってはならない悪事をしでかすこともある。それで大変悪いことのようにも言うようであるが、もともとは人のやむをえない真心から出たことであって、悪いことではないのである。それを中国の人々などが真の道理ということを知らないがために、本来の意味を辿らなくて、ひたすらに悪いしわざであると言ったのである。人から非常な恩を受けたときは、できる限りの品物を贈っても、心が満足

非事—よくないこと。**僻説**—間違った説。**まし**—たい。希望を表す。**何にも**—どうかして。何とか。**憘き**—憘は喜の古字。よろこぶ。**辱**—ありがたい。うれしい。**さては**—それでは。**賦り**—くばる。分ける。割り当てるの意。**あらぬ**—ありえない。

かり愊きものなり。能く己が心に省《カヘリミ》て、此ノ意を*臤《サト》るべし。

然れば神に*禱言《ノミゴト》を申《マヲ》して物奉るも、此ノ心ばへに異なる事なし。此《コ》をなどか悪《アシ》しと云はむ。物奉らむと誓《チカ》ひて、*祈申《ノミ》すとも、なでふ事か有らむ。摠《スベ》て古へに例ある事にて、神の御《ミ》みづから、我にしかぐ〱の物を献りて、しかぐ〱の祭祀《マツリ》をなしたらむには、*云ゝの福《サイハヒ》を与《アタ》へまし。など宣《ノタマ》へること、古書に此彼《コレカレ》見えたり。此はよく古へを学びて知るべし。

*小智見の赤県《カラ》学者、おのが心に比《クラ》べ見て、あなかしこ。神の御上を勿測《ナハカ》り云ヒそ。

また赤県籍《カラブミ》にも、*尚書の*金縢に、真の道に稱《カナ》ひたる、甚《イト》も殊勝なること有り。

この金縢の事は、*前にも云へり。考へ合すべし。

然るは周公旦、その兄武王が疾を*瘳《イヤ》さむとて、

しないほどに嬉しいものなのである。よく自分の心の中で反省して、この意味を悟るべきである。〕

そうであるから、神に祈りごとを申しあげて物を備え奉るのも、この心ばえと異なることがない。これをどうして悪いことだと言おうか。物を奉ろうと誓ってお祈り申しても、何ということがあろうか。何の問題もないのだ。すべて古代に例のあることであって、神がおん自《みずか》ら「我にしかじかの物を献上して、しかじかのお祭りをしたならば、これこれの幸福を与えよう。」などとおおせられたことが、古書のあちこちに見えている。このことはよく古代を学んで知るべきである。

〔少しの知識しかない中国学者が、自分の心に比べてみて、あなかしこ、恐れ多いことだ。神のお上をおしはかって言ってはならないのだ。〕

また、中国の書籍にも『尚書』の「金縢」に、真実の道理にかなっている、大変すぐれていることがある。

〔この「金縢」のことは前にも述べているので、考え合わせるべきである。〕

それは周公旦が、その兄である武王の病気を治そうとして、瑞玉としるしの玉を奉って、先祖の神霊に祈って言ったことは、「旦を以って某の身に代へよ。予が仁、考の若く能く多材多芸、能く鬼神に事《つか》ふ云々。爾《なん》ぢ之れ我に許さば、我れ其れ璧と珪とを以っ

璧*と珪*とを奉りて、先祖の神霊《カミ》に祈りて云へるは、以レ旦《ヲ》代《ヘヨ》ニ某之身《ニ》一。予仁若*《カク》レ考*《ノ》能《ク》多材多芸。能事《クフ》ニ鬼神《ニ》一云々。爾*《チ》之《レ》許《サバ》レ我《ニ》。我《レ》其《レ》以ニ璧《ト》与《ヲ》レ珪帰《テ》俟《タム》ニ爾《ノ》命《ヲ》一。爾不《ハ》レ許《サ》レ我《ニ》我《レ》*乃*屛《ケム》ニ璧《ト》与《ヲ》レ珪。と云へり。周公旦は、我ガ老翁《ヲヂ》の云はれし如く、何につけても、さかしらのみ為《セ》し人なるが、中には斯《カ》く実々《マメ〳〵》しき事も有るは、*しかすがに上つ世に遠からねバ、古へ意なる事も有けるよと、甚《イト》*おむかしくなむ。

て、帰て爾の命を俟《ま》たむ。爾我に許さずば、我乃《すなわち》璧と珪とを屛《すて》けむ。（『書経』「金縢」）（＝私旦をもって、某《武王のこと》の身にかえて下さい。私に思いやりがあって思慮深いごとく、才能も多く技芸も多く、よく鬼神（神霊）に仕えます。うんぬん…。貴方がこの私の願いを許すならば、私は璧と珪とをもって貴方に捧げ、家に帰ってあなたの命令を待ちます。貴方が私の願いを許さなかったならば、私はそこで璧と珪とを捨ててしまいましょう。）」と言った。周公旦は、わが老師本居翁が「くず花」で言われたように、何事につけてもこざかしいことのみをした人であるが、それでも なかにはこのように誠実なことをしているのだ。それもそうだが、やはり上代に遠くないから、古意にかなっていることもあるのだ。…と、これは大変うれしいことである。

〔ところが、かの中国の人である王廉、張和仲のともがらが、前にも述べ

然るを彼ノ国人、玉廉*、張和仲*の徒、前《サキ》にも云へる如

悳る—さとること。悳は覚の古字。**禱**—祈る。祭る。**祈**—祈（ノ）むこと。いのる。『古事記』下に「祈（ノミ）の御幣物」とある。**云々（ウンヌン）**—しかじか。これこれの。**小智見**—小さな知識。狭い見識。**尚書**—中国古代の動きを記した。孔子刪定の書で、五経の一。漢代に尚書と言い、宋代では書経といった。**金縢**—『書経』の篇名。**前にも云へり**—前出の。本書136頁。**瘳す**—音はチュウ、リョウで、病気が治るという意味。篤胤は「いやす」と訓んだ。**璧**—端玉。美しい玉。ヘキ又はヒヤクとよむ。**珪**—しるし玉。天子が諸侯に授ける玉。圭の古字。**仁**—情け。思いやり。**考**—思いはかり。思慮。**爾**—なんじ。お前。貴君。**乃**—すなわち。ここは「そこで」の意味。**屛（ス）ツ**—捨てる。屛は門の内とか垣のことをいうが、ここはすてること。**しかすがに**—それはそうだが。しかし。やはり。**おむかし**—うれしい。おもしろい。**玉廉**—明の太祖に用いられた人。王濂が正しい。

く、此ノ事をも、金縢を僞書なりと云フの證として、夫《レ》人子有《テ》レ事二于先王一《ニ》。而可《ケム》下以二珪璧一《ヲ》要《ス》上之《ヲ》乎。使《テ》上《メハ》周公《ヲ》二而然《ラ》上非二*達孝者《ノ》一《ニ》矣。など云へるは、真の道をたどらねばなるべし。

此等《コレラ》をも、赤県学者流ハ、賄賂なりと云ふにや。其《ソ》は何《イカ》にも有れ、都《スベ》て道は天津神の命《オホ》せ賜へる、真の性《コヽロ》に*顧《カヘリミ》て尋《タヅ》ぬべき者也かし。また問て曰く。神に*不敬事《ヰヤナキワザ》ありても、罰《トガ》め給ふ事なく、祈りても忽に感応なき事もあるは、神の実物なるとしては、甚《ハナハタ》心得がたき事なり。然れば感応ありと思ふは、寓然にはあらざるか。予云ふ。まづ神の御心は、甚も〳〵測《ハカ》りがたく、奇異《クスシ》き物にて、善神の福を賜ハり、人の不敬《ヰヤナキ》を*罰《キタ》め給はぬなどは、然る事なれども、時にふれては、忽に罰《キタ》め給ふ事も有り。また不敬事も無く、粗略《オロソカ》にも爲《ナシ》奉らぬに、

たように、この事をも「金縢」を偽書であるということの證明として、「夫れ人子先王に事ふる有て、珪璧を以て之を要す可けむや。周公をして然らしめば、達孝の者に非ずや（『千百年眼』巻一）（＝それ人の子が先王にお仕えすることがあって、璧と珪とをもって、これを腰につけることが出来ようか。周公にそのようにさせれば、孝行の人ではなくなる。）」などと言ったのは、真実の道を追求しなかったからだ。」

これらのことをも、中国かぶれの儒者の類《たぐい》は「賄賂《わいろ》である」というのであろうか。それはどうであろうとも、すべて道理は天の神の仰せなさいます、誠の心にたち返って尋ねるべきものであるのだよ。また、その人が尋ねて言った。「神に礼を欠くことがあっても、お咎めなさることもなく、お祈りしてもすぐに感応しないこともあるのは、神が本当に存在するならば、非常に納得しがたいことである。だから、神の感応があった。…と人が思うのは、これは偶然のことではないのか。」私が言った。「まず神のみ心は、非常にはなはだ推しはかりがたく、霊妙なものであって、善い神が幸福を人に賜わったり、人の不敬を罰せられないなどのことは、それもそうではあるが、時によっては急に罰しなさいますこともある。また、不敬なこともなく、おろそかな扱いもなし奉らないのに、乱暴をなさることもある。

〔それは人こそ知らないが、何かのことで神のみ心に適合しないことがあ

荒び給ふこともあり。

さるは人こそ知らね、何ぞかも、神の御心にかなはぬ事の有りて、*崇神天皇の御代に、三輪の*大物主ノ神の荒び給ひて、天の下に疫病《エヤミ》を流行《ハヤ》らせ給へるなど、更にいかなる故とも測りがたし。

また悪神と云へども、御心の和《ナゴ》み給へる時は、福をなし給ふ事も、絶てなしとも*決《サダ》めがたし。

又問て云く。然《サ》やうに善神も、或は禍事《マガコト》をなし、悪神も或は福を与へ給ふ事も有りといはゞ、何《イツ》れ善神、いづれ悪神と、別《ワケ》云ふべき證《アカシ》なく、甚混《イトマギ》らはしき事に非ずや。予云ふ。此は*我カ翁の云く、凡《スベ》て神と稱《マヲ》す物は、仏家

って、崇神天皇の御代に三輪山のオオモノヌシノカミが乱暴をなさって、天下に疫病をはやらせなさいましたことなどは、全く、どのような理由からとも、おしはかりがたいのである。」

また悪い神といっても、み心がおだやかな時には幸いを与えられますことも、決してないとは決めがたいのだ。するとまた、その人が尋ねて言った。「そのように善い神も、ある時は悪い事をされ、悪い神もある時は幸せをお与えくださることもあるというならば、どれが善い神か、どれが悪い神かと区別して言える證拠もなく、大変まぎらわしいことではないか。」そこで私が言った。「これはわが本居翁が『答問録』で述べた『すべて神と称するも

張和仲―明の昆山の人。読書と作文が早かった。（183頁） **達孝ノ者**―世間が認める孝行な人。 **顧る**―反省する。ふり返る。 **不敬事**―無礼なこと。 **罰む**―罰する。こらしめる。 **崇神天皇**―第十代の天皇。開化天皇の第二皇子。 **大物主ノ神**―奈良県の大神神社の祭神。大国主命の和魂（ニギタマ）ともいう。 **決めがたし**―きめがたい。この下に東北大学本『新鬼神論』には、宣長の文と篤胤の「悪神も福をなし給ふ……」の割注がある。 **我カ翁**―本居宣長翁。

に謂ゆる仏。また儒家にいはゆる聖人。などとは異なるものに坐《マシ》ませば、正き善神とても、事に觸《フレ》て怒り給ふ時は、世ノ人を悩《ナヤ》まし給ふ事もあり。邪《ヨコシマ》なる悪神も、稀ゝ《マレ〳〵》には善《ヨ》き所爲《シワザ》も有るべし。とにかくに神の御事は、彼の仏菩薩聖賢など云ふ物の例を以ては云ふべからず。善神の御所爲には、邪なる事は、つゆも有るまじき事ぞと、理をもて思ふは、儒仏の習気《ナラヒ》なり。神はたゞ尋常《ヨノツネ》の人の上にて心得べし。勝《スグ》れて善《ヨ》き人とても、時《ヲリ》によりては怒《イカ》る事あり。怒りては人のため善からぬ事も、必無きに非ず。又あしき人とても、希《マレ》には善事も混《マジ》ることにて、一概には定めがたきが如し。されば*崇神天皇の御世に、*大物主ノ神の御心に依て、疫《エヤミ》の発《オコ》りしも異《アヤシ》むべきに非ず云ゝ。

篤胤云。此ノ文の続《ツヾ》きに、凡《スベ》て世に悪き事の有るは、

のは、仏教家で言っている、いわゆる仏。また儒者でいっている、いわゆる聖人などとは違ったものであられますから、本当に善い神であっても、事に接してはお怒りなさいます時は、世の中の人を苦しめなさいますこともある。正しくない悪い神も、まれには良い所業もあるはずである。とにかく神の御事は、かの仏教における仏や菩薩、儒教に於ける聖人、賢人などというようなものの例をもってきて言うべきではない。善い神のご所業には、よこしまな曲ったことは少しもありはしないことだと、道理をもって考えるのが儒教や仏教の習慣である。神はただ、世の中の普通の人の身の上のこととして、考えるべきものだ。すぐれて善い人であっても、時によっては怒ることもある。怒ってしまっては、人のために良くないことも全くないわけではない。また、悪い人でもまれには善いことをするのが混じることもあって、一概には決めがたいようである。だから崇神天皇の御代に、オオモノヌシノカミの御心によって、疫病がおこったのも怪しむべきではない。うんぬん……。

〔ここで篤胤が言う。この文（『答問録』四一）の続きに、すべて世の中に悪いことがあるのは、みなマガツヒノカミの御所業であることを、師宣長翁が記しておかれたが、それはひと通りの説であってくわしくないことは、すでに以上に述べたごとくであるから、ここでは省略したい。〕

ミな禍津日ノ神の御所為なる由を、*師の記し置れたれど、其は一偏《ヒトムキ》の説にて、委《クハシ》からざる事、既に上に云へるが如くなれば省《ハブ》きつ。

と云はれたるを、能よく思ひ回《メグ》らすべし。善神の禍害を爲し、悪神の幸福をなし給ふことは、譬《タト》へば桜の花は、春さく物に極《キハ》まりたれど、或はかへり花とて、秋冬なども咲《サク》こと有ると、同《オナジ》*こゝろばへなり。然るを、この適《タマ》〱ある事を以て、いかで桜の花は、春さく物とは、定め難しと云ふべからむ。然れば善神の荒び、悪神の福をなし給ふなどは、此ノかへり花の類と思ふべし。かく神の御上の事ハ奇異《クスシクアヤシ》く、実には測《ハカ》り難き事故に、たゞ畏《オソ》れ敬《ヰヤマ》ひ、御心をとり奉るより佗《ホカ》なき事なり。

このように宣長翁が言われたのに対し、よくよく考えをめぐらすべきだ。善い神が災いをおこし、悪い神が幸福をもたらせなさいますことは、例えば桜の花は春に咲くものに決まっているが、あるいは「かえり花」といって、秋や冬などに咲くことがあるのと、同じわけなのだ。それなのに、このようにごく稀にあることをもって、どうして桜の花は春に咲くものであるとは、決め難いといえようか。それだから善い神が乱暴し、悪い神が幸いを与えなさいますことなどは、この「かえり花」の類と思うべきである。このように神のお身の上のことは霊妙なものであって、本当には計りがたいことなので、ただただ恐れうやまい、み心をお受けいたしますより他に、方法がないのである。

崇神天皇—前出（185頁）。
大物主ノ神—前出（185頁）。
師の記し—これは宣長の『答問録』四一にある。
こゝろばへ—わけ。趣旨。

孔子の、鬼神之徳盛《ナル》矣乎云〻。詩曰《ニク》。神之格《ル》思不《ラ》レ可レ度《ル》。矧《ムヤ》可《ケム》レ射《フ》思。と云へるをも思ひ合すべし。

又問て曰く。古ノ道を学びて、神の御上をよく弁《ワキマ》へたらむには、*佗国《アダシクニ》の神をば、祭るべからぬ理にや。また世に*竝《ナベ》て祭る事には有れど、彼ノ仏などをも浄《キヨ》く厭《イト》ひ廃《スツ》べき物にや。はた仏は神とは甚く異なる物にや。予云ふ。能《ヨ》くも問ひ発《オコ》されたる物かな。此ノ事は俗《ヨ》の赤県《カラ》学者ハ更にも云はず、古へを学ぶ人さへに、*心得ひがむ事なるが、*玉鉾百首の歌に「釈迦孔子《サカクジ》も神にし有れば其ノ道も、広《ヒロ》けき神の道の枝道《エダミチ》。と詠《ヨマ》れたる如く、仏法すなはち神の枝道にて、仏すなはち*天竺の神なり。

委《クハシ》くいへば、天竺にても、神と仏と二ツの別《ワキ》あり。謂《イハ》ゆる神とは、*諸天善神など云ふ類《タグ》ひ、いはゆる仏とは、*弥陀、*観音、*勢至など云ふ属《タグヒ》なり。大概をいへば、謂

〔『中庸』に、孔子が「鬼神の徳盛なる矣乎云〻（＝鬼神の徳は盛んであるなあ。うんぬん……。）」『詩経』「大雅」にいう「神の格《いた》るは、度《はか》るべからず。矧《いは》むや射《いと》ふべけむや（＝神が来臨なされるのは人には予測もできない。ましてや、それをいとい避けることなどできようか。）」と記していることをも、思い合わせて考えるべきである。〕

また、その人が尋ねて言った。「古道を学んで神のお身の上をよく理解したならば、異国の神などを祭るべきではないのが道理ではないか。また、世の中には一般に祭られることではあるが、あの仏などをも清浄にするべく、避《さ》けて捨てるべきものではないのか。それとも仏は神とは大変違ったものなのか。」それで私篤胤が答えて言った。「よくもお尋ね下さったものだな。このことは俗世間の漢学者が一向に言わないし、古道を学ぶ者さへも、考えをゆがめて間違えていることである。しかし、宣長翁の『玉鉾百首』の歌に「釈迦孔子を神にし有れば其道も広けき神の道の枝道（＝釈迦も孔子も神さまであるから、その神さまたちが説くそれらの道も、広い神の道の中の、別れた一つの小枝の道にすぎないのだ。）」とよまれたように、仏の法はすなわち神の枝道であって、仏はすなわち、インドの神なのである。

〔さらに詳しく言うならば、インドにおいても神と仏との二つの区別がある。いわゆる神とは諸天・善神などという類《たぐい》であり、いわゆる仏とは、弥

ゆる諸神は、彼ノ国に元より事実の伝はりたるにて、諸仏は大かた、釈迦法師の*杜撰《ツク》り出たる物と見えたり。此は実にしか有べき謂レあり。

さるは*出定後語に記せる如く、彼ノ国には、釈迦よりもいと上ツ世に既《ハヤ》く教ありて、仏法に*外道とさすもの即チ是なり。この外道、かの国に元よりある所の、諸天諸神の古伝説に原《モト》づきて、人を導《ミチビ》けるを、釈迦法師いでゝ、*一層《ヒトキザミ》その上を説《ト》き、諸天諸神にまさりて、尊き物こそ有《ア》なれとて、過去の諸仏と云ふもの、竝に其ノ妄説を杜撰《ツク》り、いはゆる*神変といふ、くさぐ〵の妖術をもて、其ノ有形《アリサマ》を現《アラ》はして證とし、さて終に、彼ノ国人を*誣《アザム》きおほせたる物なり。

然れば仏経に、諸天諸神の属、仏の下吏《シタツカサ》の如く見ゆるは此ノ故なり。そは近くハ、*翻訳名義集に、仏

陀・観音・勢至などという類である。おおよその事を言えば、いわゆる諸神は、かの国インドではもとから事実が伝わっていることであって、諸仏はだいたい釈迦法師がいい加減に作り出したものと見られるのだ。本当にこのことはそのようにありうる理由があるのだ。

それは富永仲基の『出定後語』に記しているように、かのインドの国には釈迦の出現するよりも、非常に古い時代にすでに早くから教えがあって、仏教で外道（邪教）というのが、即ちこれなのだ。この外道という教えは、かのインドの国にもとからあるところの諸天諸神の古い伝説に基づいて、人々を導いてきた。それを釈迦法師が出現して、さらに一段とその上のことを説いて、『諸天、諸神よりすぐれて尊いものがあるのだよ。』と言って、過去の諸仏というものや、それと並んで、そのでたらめな説をいい加減に作り、いわゆる「神変」というさまざまな妖術を用いて、その姿をあらわして証拠とした。そうして遂に、かのインドの国の人々をあざむくことをなしとげたのである。

それだから、仏教では諸天諸神の類が、仏の下の役人のように見えるのは、このためなのだ。そのことは近年には、『釈訳名義集』に「仏陀とは

佗国―他国。異国。**竝て**―総じて。一般に。**ひがむ**―ゆがめて思いこむ。事実を曲げる。**玉鉾百首**―本居宣長の百首歌。一七八六年成立した。**天竺**―インドの古称。

諸天―仏法を守り幸福をもたらす神々。**弥陀**―阿弥陀如来。西方浄土にいる仏。**観音**―観世音の略。阿弥陀の脇士。**勢至**―阿弥陀の右脇に侍す菩薩。**杜撰る**―いい加減なものを作ること。いい加減なことを書くこと。**出定後語**―仏教を考察した富永仲基の著。**外道**―邪法。異教。**一層（ヒトキザミ）**―ひとがさね。一段と。**神変**―不思議な神の力。**誣く**―だます。たぶらかす。**翻訳名義集**―宋の時代の仏教書。仏典の梵語を研究した書物。

陀トハ*大論ニ云。秦ニハ*言フ二知者一ト。知ル二過去未来一。現在。衆生。非*衆生ノ数。有*常。無*常等ノ一切ノ諸法ヲ一。菩提樹ノ下ニテ*了了トメ*覚知ス。故ニ名ク二仏陀ト一。後*漢ノ郊祀志ニ云。漢ニハ言フレ覚ト也云云と云ひ、また原《タヅヌルニ》*夫レ仏ノ垂ルヽレ化ヲ*也。道済ヒ*二百霊ヲ一*法伝フレ世ニ也。慈育シ二万有ヲ*一。出レバ則釈*天前*引シ。入レハ乃梵*王後随ス云云。三*乗ノ賢聖。既ニ粛爾トメ以テ帰投ス。八*部ノ鬼神。故ニ森*然トメ而翊*衛ス。

といへるにても知ルべし。

また諸仏経おほかたは、後ノ世人の釈迦に託《コトツ》けて妄*作《ツク》れるなれば、其等《ソレラ》が心に出たるも多きなり。何を以て、其ノ古伝と、妄作とを、知ると云ふに、其ノ仏の名と、事実とを、よく考へて知らるゝ事にて、此は出定後語、また赤倮倮*に論《イ》へるを階梯《カケハシ》とし、なほ上《ノボ》りて密《コマカ》に考へて、さる由縁を暁《サト》るべし。さて彼ノ国にても、神と仏との差別、かくの如しといへども、諸《モロ〳〵》の仏書等に、諸天諸神をも、弥陀、勢至の類と、つ*かねて仏といひ、また弥陀、勢至の類をも、諸神諸天と等《ヒトシ》く神とも云へれば、爰《コヽ》には諸神諸天お*しなべて、只に仏と云ふなり。

○序《ツイデ》なれば云ふ。諸の仏神に実物と寓*物とある事は、此ハ活*眼をもて書を読むうへにて云フことなり。然る

大論に云、秦には知者と言ふ、過去未来現在、衆生非衆生の数、有常無常等の一切の諸法を知る。菩提樹の下にて了了として覚知す。故に仏陀と名く。（＝仏陀とは「大論」（立派な議論）に言う。秦《しん》では知者のことをいい、過去・未来・現在・衆生・非衆生の数、有常・無常などの一切の諸法を知っている。菩提樹の下で判然として迷いから脱し真理を知った。その故に仏陀と名づけられた。）」後漢の『郊祀志』に云う。「漢には覚と言ふ也。云々（＝漢では覚といっている。うんぬん。）」と言っている。また、「原《たづぬる》に夫れ仏の化を垂るゝ也。道百霊を済ひ法世に伝ふ也。慈万有を育し、出れば則釈天前引し、入れば乃《すなわち》梵王後随す。云〻。三乗の賢聖、既に粛爾として以て帰投す。八部の鬼神故に森然として翊衛す。（＝根本を追求すると、仏はお恵みを下される。その道は多くの人民を救い、法は世に伝えられている。いつくしみの心は万物を育て、仏が出れば、すなわち帝釈天が前を先導し、入る時はすなわち梵天王が後に従う。うんぬんと。三種の乗り物の賢人聖人は、すでにしゅくしゅくとして帰還している。八部の鬼神たちは、それ故におごそかに並び立って助け守っている。）」と言っていることでも知ることができる。

また、諸仏経のおおかたは後世の人が釈迦に託《たく》して、いい加減に作ったものであるから、それらの託したことが心に出たのも多いのである。何をもってそれが古い伝えであるのか、いい加減な説であるのを知りうるのかといえば、その仏の名前と事実とをよく考えると分かるのである。これは富永仲基の『出定後語』、または服部天游の『赤倮倮』で述べていることを梯子《はしご》にして、なお上へ登って精密に考察してから、そのような由縁《いわれ》を悟

を禅宗と云ふを始め、後ノ世に作《オコ》りたる宗どもに、諸仏神こと〴〵に、有名無実にて、釈迦法師の、道理を諭《サト》さむため、寓《カリ》に設《マウ》けたる物なりとやうに、説けるが多かれど、此《コ》は彼ノ国も後ノ世となるがまに〳〵、人*心生《ナマ》さかしく成りて、釈迦法師の教へたる趣にては、

るべきである。さて、かの中国においても、神と仏との区別はこのようであるといっても、さまざまな多くの仏教書などに、諸天諸神をも弥陀や勢至のたぐいであると、すべていちようにただ仏と言い、また、弥陀・勢至の類をも、諸神諸天と同じように神とも言っているから、ここでは諸神・諸天すべて一様に、ただ仏といったのである。

○ついでなので言うが、もろもろの仏神に本物とかこつけ物とがあることは、これは物を見分ける眼力をもって、書物を読むうえで言うことなのである。それなのに禅宗というのを始めとして、後世に起こった宗教などは、諸仏神がすべて名はあっても実のないものであって、釈迦法師が道理を教え導くために、仮りに作ったものであると。……このように説いているのが多い。しかし、これはあのインドの国も後の世になるのに従って、人の心もこざかしくなって、釈迦法師の教えた趣旨ではよいと認めなかったの

大論―立派で高大な議論。**秦**―中国の春秋戦国時代の大国。**非衆生**―生きていないすべてのもの。**有常**―いつまでも変らないこと。**無常**―人の生のはかないこと。**了了**―判然。はっきりしていること。**覚知**―迷いから真理を知る。悟って知ること。**後漢郊祀志**―後漢は『後漢書』。南宋の范曄（ハンヨウ）撰の歴史書。**原**―根本を追求する。尋ねる。**化**―めぐみ。**済ヒ**―救うこと。**百霊**―多くの人民。たくさんの霊魂。**法**―ここでは道。道理。**万有**―万物。すべてのもの。**釈天**―帝釈天。梵天とともに仏法の守護神。**前引**―前に行く。先に進む。**梵王**―梵天王。バラモン教の造化の神だが、仏教の保護神として仏像にはべる。**三乗**―悟りの世界へいく三種の乗り物のこと。**八部**―四天王に属する八種の鬼。**森然**―並び立つさま。**翊衛（ヨクエイ）ス**―助け守ること。**妄作**―みだりに作る。**赤倮倮（セキララ）**―服部天游の著で、『出定後語』をほめたもの。**つかねて**―たばねて。集めて一つにして。**おしなべて**―すべて一様に。**寓物**―かこつけた物。仮託の物。**活眼**―物を見わける眼力。**生さかし**―こざかしい。

*信《ウケガ》ハざりし故に、其《ソ》を一段*さかしく説て教へたるにて、此は何れの国も思ひ*合さるゝ事の多きなり。諸ノ仏神、釈迦の設けたるが多けれども、更に道理の上の*寓物にあらず。実物なるに決《キハ》めて、飽《アク》まで彼ノ国人を誑《タブラ》かしたるなり。また赤県へ渡りてのち、彼ノ国にて*付会して、道理の上に取成したる事も少からず。其は禅学の書を読見るに、多く老子の説を*非心得《ヒガコヽロエ》して、其《ソレ》を取り、荘子の説をも付会して、説たる物なるにても知られたり。朱子もはやく、釈氏只有二*四十二章経一。是《レ》古書。餘《ハ》中国《ノ》*文士*潤色《シテ》成《ス》レ之《ヲ》とも云へり。

或ル人いはく。仏は天竺の神にて、赤県にても、此を神と云へり。其は*後漢書に、*西域《ニ》有《リ》レ神其《ノ》名《ヲ》曰《フ》レ仏《ト》といひ、*匂瑞に、仏《ハ》西方《ノ》神《ナリ》など云へる是なり。

なほ*胡神、また*蕃神など云ふ事も、*何くれの籍《フミ》に見えたり。

また皇国籍《ミクニブミ》にも、*欽明紀に、*蕃神。*敏達紀に他神など作《カ》き給ひ、*霊異記に、隣国ノ客神ノ

で、それを一層賢明ぶって説いて教えたものであり、このことはどこの国でも思い当たることが多いのである。さまざまな仏神は釈迦の作ったのが多いけれども、少しも理屈ばかりのかこつけ物ではない。本物でもあると決めて、あくまでインドの国の人をたぶらかしたのである。また、仏教が中国へ渡ってからも、その国でもかこつけて道理の上では、とりつくろったことも少くない。それは、禅学の書を読んでみると、多くは老子の説を間違って心得て、それを採り入れ、荘子の説をも、かこつけて説いたものであることでも知られるのだ。朱子も早くに「釈氏只有り四十二章経。是れ古書。餘は中国の文士潤色して之を成す（＝釈迦にはたゞ四十二章の経があるだけだ。これは古書であって、その他は中国の文人が書き加えなどして、これを作ったのだ。）」とも言っている。〕

ある人が言った。仏はインドの神であって中国でもこれを神といっている。それは『後漢書』に、「西域に神有り、其の名を仏と曰ふ」といい、『匂瑞』には「仏は西方の神なり」などと言っているのが、このことである。

〔なお、胡神、また蕃神などということも、さまざまな書物に見えている。〕

また、日本の書物にも『欽明紀』に「蕃神」、『敏達紀』に「他神」などとお記しなされていて、『日本霊異記』には「隣国の客神の像云々」とあって、その注には「客神とは仏なり。」とあるなどは、よく符合している記述の方法である。これらのことから、

像云々とありて、注に客神《トハ》*者仏也とあるなど、能く符《カナ》ひたる書法なり。此等《コレラ》をもて、赤県も皇国も、仏を神と云へる。古への例をも思ふべく、又それまでも無く、古へより仏の霊験《シルシ》ありて、神なる事ハ灼然《イチシル》*し。

されど人の僞《イツハ》れる事も多し。今は其ノ正きに就て云ふなり。

更に疑ふべくもあらず。

但し此ノことは、古へ学*を爲たる者の心よりは、仏法と云ふもの、元来は釈迦の、さかしらに作りたる邪道

中国でも日本でも仏を神といっている。このように古代の例をも考えてみるべきである。またそれまでもなく、古代より仏の霊験があって、神であることは明らかである。

〔しかしながら、人が偽って書くことも多い。今私は、その正しいのについて言うのである。〕

これは全く疑うべきではない。

ただし、この事は古学を学んだものの心からでは、仏法というものはもともとは、釈迦がこざかしく作った邪道であるから、すべて災いの神の心か

信ハず—よいと決めない。信じない。**さかし**—かしこがる。さしでがましいこと。**思ひ合す**—思い当たる。**寓物**—かこつけた偽りの物。**付会**—かこつける。道理をこじつける。**非心得**—ねじけた心。間違って心得ること。**四十二章経**—五世紀ごろに中国で編纂したか。**文士**—文筆を仕事とする人。文学者。**潤色**—文を添えること。書き加えること。**後漢書**—前出（191頁）。**西域**—中国の西方領内を中国人が呼んだ称。**匀瑞（インズイ）**—瑞は天子が諸侯に与えた玉。ここは書名であろう。**胡神**—胡はえびす。えびすの神。**蕃神**—えびすの神。外国で外国人が信仰する神。**何くれの**—なにやかやの。あれこれの。さまざまな。**欽明紀**—『日本書紀』の第二十九代天皇の紀。在位中に仏教が日本に伝来した。**蕃神**—前出。未開の国の神。ここは外国の神。**敏達紀**—『日本書紀』の第三十代天皇紀。この天皇の時に仏教をめぐって、蘇我と物部の二氏が対立した。**霊異記**—『日本霊異記』のこと。**客神**—他所からきた神。**灼然し**—明らかである。はっきりしている。**古へ学**—日本古代のことの研究。

なれば、みな禍神*のこゝろより作《オコ》る事にて、その霊験あるも、みな其ノ禍神の心なむめりとやうに、ふと思はるゝ事なれど、然《サ》にあらず。諸ノ仏神は、天竺の国に元より其ノ事実の伝はりたるを、釈迦の説《トキ》広めたるなり。

○篤胤云。この或ル人の論ひの如く、天竺の諸神仏、おほかたは、彼ノ国に古へより事実の存《ノコ》りたるを、釈迦法師の説《トキ》ひろめたるなる事ハ、論ひなきものから、先にも云へる如く、彼ノ法師、ならびに後ノ世の法師どもの杜撰《ツク》り出て、有名無実なるも、又少からず。その有名無実の物に祈りて、験ある事は、是レまた神の御心なり。其は下に記せる*鮑魚神、*草鞋大王の霊験ありしに、*准へて知るべし。また元来は仮に設けたるにもあれ、祈りて験ある上は、*打任《ウチマカ》せて神と云ハむも、何事かあらむ。

また仏は蕃神なれば、祭るべき謂《イハレ》なしとて、*疾《ニク》み厭《イト》ひ廃《ステ》むとする人の有るも、偏《カタクナ》にして、真の神の道を知らざるものなり。凡《スベ》て世の中

ら起こることであって、その霊験があるのも、みな、その災いの神の心にあるように、ふと思われることであるが、そうではないのだ。もろもろの仏や神は、インドの国にもとから、その事実は伝わっているのを、釈迦が説き弘《ひろ》めたのである。

○篤胤が言う。このある人が論じるように、インドの諸神仏のおおかたは、かのインドの国に古代から事実が残っていたのを、釈迦法師が説き弘めたことは論じるまでもないことだ。しかしながら前にも言ったように、かの法師並びに後世の法師たちが、いい加減なものを作り出してきて、名前はあるものの実体のない、有名無実のものも、また少くないのである。そのような有名無実のものに祈っても、効験のあるのはこれまた神のみ心というものなのである。それは以下に記した鮑の神や、わらじ大王の霊験があったのと、引き較べて納得するべきである。また、もともとは仮に作ったものでもあれ、お祈りして霊験があるからには、その事実にゆだねて神というのに何事があろうか。何の問題もないのだ。」

また仏は外国の神であるから、祭らねばならない理由もないとして、憎みきらって仏を捨てようとする人があるのも、かたよっていて本当の神の道を知らないものである。すべて世の中のことは、善いことも悪いことも、本来は神のご所業によることであって、仏道が行われ、仏神が日本へ参り渡ってきて、それを祭るのが風習となったのも、もとは神のみ心によるものである。すなわち、公的にも仏教を立てておられることであるから、これも非常に広

の事は善《ヨキ》も悪《アシ》きも、本《モト》は神の御所業《シワザ》によれる事にて、仏道の行《オコナ》はれ、仏神の参渡《マキワタ》りて、其《ソ》を祭る風俗《ナラハシ》となりたるも、本は神の御心に因《ヨ》れるにて、則公《オホヤケ》ざまにも立置《タチオカ》るゝ事なれば、是も広《ヒロ》けき神の道の中《ナカ》の一ノ道なり。かくて、仏すなはち神なれば、*時世《トキヨ》に祭る風俗《ナラハシ》のほど〳〵に、*礼《ヰヤ》び*饗《アヘ》しらひ、また由縁《ヨシ》ありて、心の向はむ人は、祭《マツリ》もし*祈言《ノミゴト》をせむも、咎《トガ》むべき事には非ずかし。

　然れど真の道の趣を*悳《サト》りたらむ人は、皇国には、天地《アメツチ》の初発《ハジメ》の時よりの、正《タダ》しき伝説ありて、神〻の尊《タフト》く畏《カシコ》く、*恩頼《ミタマノフユ》の忝《カタジケナ》き事を知り

い神の道のなかの一つの道なのだ。このようにして仏が即ち神であるから、その時その時に祭る風習の程度に応じて、ほどほどに敬いお供えをし、また理由があって心が向いた人が、お祭りもし祈りごとをしても、何も咎めるべきことではないのだよ。

　しかしながら、真の道の趣旨を悟ったであろう人は、皇国日本には天地の開け始めた時から、正しい伝説があって神々が尊くして恐れ多く、そのご加護のありがたいことを知り、身を清めてお

禍神—災いを起こす神。悪神。**鮑魚神**—しおうおの神。塩づけの魚の神。**草鞋大王**—わらじの神。路傍に古いわらじがかけてあったのを、人々が神として祭ったもの。**准へて**—なぞらえて。ひきくらべて。**打任す**—他人に委ねる。委任する。**疾む**—憎むこと。**時世**—その時、その時に。**礼ぶ**—うやまう。**饗しらふ**—相手をする。饗はもてなす。ここは神仏にお仕えをすること。**祈言**—祈りごと。『古事記』に「ノミ」とある。**悳る**—覚の古字。**恩頼**—神や天子のご加護。恩徳。

て、*斎《イツ》き祭り、なほまた其ノ家々に就《ツキ》て、各ゝ《オノ〳〵》先祖*氏神など、祭り来れる*神霊ありて、家のため身の爲の、幸ひを祈る事なれば、其《ソ》を除《オキ》て、外蕃《トックニ》の仏神などに、ひたすら心の向《ム》きて、尊《タフト》み*忝《カタジケナ》むべきに非ず。此は*欽明紀の*議に、何《ソ》背《テ》二国《ツ》神《ニ》一敬《セムヤ》二他神《ヲ》一也とあるぞ。正しき道の理に叶ふべきと云へり。此ノ或ル人の説に従ふべし。

○又問ふ。上の条ゝ《ヲヂ〳〵》に云ハれしにて、誰《タレ》も〳〵、神祇《カミ》を敬ひ祭るべき理《コトワリ》は、大抵に通《キコ》えたれども、今の*俗《ヨ》に、家ごとに宮を設《マウ》けて、天皇の*宗廟たる、*天照大御神《アマテラスオホミカミ》を*斎《イハ》ひ拝《ヲロガ》む事は僻事《ヒガコト》なり。これ謂ゆる*淫祀と云ふものにて、礼記に、非《ズ》二其《ノ》所《ニ》レ祭《ル》而祭《ルヲ》レ之《ヲ》名《ケテ》曰《フ》二淫祀《ト》一淫祀《ハ》無《シ》レ福といひ、*左伝にも、鬼神非《レハ》二其《ノ》族類《ニ》一不レ*歆《ケ》レ其《ノ》祭《ヲ》一と云ひ、孔子も、非《ズ》二其《ノ》鬼《ニ》一祭《ルハ》レ之《ヲ》

祭りをする。なおまた、その家々について、それぞれの先祖や氏神などを祭ってきた神霊があって、家のためわが身のために、幸いになれと祈ることであるから、その信仰を止めて外国の仏神などに一途に心をかたむけて、尊んでありがたく思うべきではない。これは『欽明紀』の論述に「何ぞ国つ神に背きて他神を敬せむや（＝どうして国の神にそむいて他国の神をうやまおうか。敬うべきではない。）」とあるのだ。正しい道理に適合するべきだといったのだ。この或る人の説に従うべきである。

○また、その人が尋ねた。以上の条々に言われているので、誰しもが神を敬い祭らねばならない道理は、だいたい分かった。しかし今の世の中で、家ごとにお宮を設けて天皇の宗廟であるアマテラスオオミカミを、つつしんで拝むことは間違ったことである。これはいわゆる「淫祀」（いかがわしいものを神として祭ること）と言って、『礼記』に「その祭る所に非ずして之《これ》を祭るを名《なづ》けて淫祀と曰ふ。淫祀は福無し（＝己の祭るべきものではないのを祭るのは、これを名づけて淫祀と言っている。淫祀が幸福をもたらすことはない。）」といっているし、『春秋左氏仏』にも「鬼神其の族類に非らざれば其の祭を歆《う》けず（＝霊魂は自分の子孫のする祭でなければ、その祭を受けない。）」と言っているし、孔子も『論語』「為政第二」に「其の鬼に非ずして之れを祭るは諂《へつら》へる也（＝自分の先祖の霊ではないの

*諂《ヘル》也。また敬《メ》二鬼神《ヲ》一而遠《サカル》レ之《ニ》可《シ》レ謂《フ》レ智《ト》矣。また未《タ》二能《ク》事《ヘ》一レ人《ニ》焉《ソ》能《ク》事《ヘム》レ鬼《ニ》とも云へれば、決《キハ》めて*否《アシス》き事なり。と云ふ人あり。此《コ》はいかに。

予《オノレ》云ふ。此ノ事は*赤県学者流の常いふ事なるが、何《イカ》にも彼ノ徒《トモガラ》より見たらむには、然《シカ》思はるゝ事なるべけれど、いまだ事の義《コヽロ》を*深く知ラざる物なり。然《サ》るはまづ、天照大御神の大宮を、赤県に謂ゆる*宗廟と云フものゝ如

に、それを祭るのは媚《こ》びへつらっているのである。)」と言い、また、『論語』「雍也第六」で「鬼神を敬して之に遠ざかる、智と謂ふ可し(＝霊魂をうやまっていて、それから遠ざかっているのを智慧というべきだ。)」と言っている。また(『論語』「先進第十一」で弟子の李路が「どうして鬼神(神霊)に仕えられるのか」と質問したのに対して)「未だ能く人に事《つか》へず、焉《いずくん》ぞ能く鬼に事へむ(＝まだよく生きている人に仕えることができない。それがどうしてよく死者の霊魂に仕えられようか。)」とも言っているので、大変よくないことであると言う人がいる。これはどういうことなのですか。

それで私篤胤が言った。この事は中国のことを研究する学者、つまり儒者たちのいつも言うことであるが、いかにもあの中国学者の連中から見たならば、そのように思われることもあろうが、それはまだ事の意味を深く知らないのだ。それはまず、アマテラスオオミカミの大宮を、中国で言っている宗廟というもののよう

斎き—身を清めて神に仕えること。**氏神**—氏人がまつる神。**神霊**—神のみたま。**忝むべき**—「なむ」は係助詞。ありがたく思うべき。**欽明紀**—前出(193頁)。**議**—論説文。**俗**—世間、世の中。**宗廟**—天子の先祖を祭るところ。**天照大御神**—日本の皇室の祖神。**斎ふ**—つゝしむ。かしずく。**淫祀**—いかがわしいものを神として祭ること。**左伝**—『春秋左氏伝』のこと。**歆(ウ)ケ**—うける。神や祖先の霊が祭りの供え物を喜んで受けること。**諂ふ**—こびる。へつらう。**否き事**—よくないこと。**赤県学者流**—儒学者流。中国研究家風。**深く**—原文は「済」で、深の古字。**宗廟**—前出。ただし、ここは先祖を祭るみたまやのこと。

く思ふは、甚く違《タガ》へり。彼ノ国にて、宗廟といふ物は、王にまれ諸侯にまれ、己《オノ》が遠祖《トホツオヤ》を祭る所を云ひて、其《ソ》は我のみ祀《マツ》れども、佗《ホカ》よりは祭る事ならぬ制《サダメ》なり。然るから、其ノ祭るまじきを祭るなどをば、*淫祀とは云へるなり*かし。此は誠に然も有ルべき事なりかし。天照大御神の宮所は今さら申すも更なれども、人ゝ仰《アフ》ぎ*瞻《ミ》奉る、日ノ大神の御神霊《ミタマ》を*斎《イハ》ひ祭り給へるにて、*神宮なり。

然るを赤県州《カラクニ》の王どもの、死霊《シニダマ》を祭りたる所と等《ヒトシ》く稱《マヲ》し奉るは、いとも可畏《カシコ》く、余りに物しらぬ儒者どもの云ひごとなり。唯似《タダニ》よりたる事は、天皇の御大祖に坐《マシ》ます事のみなり。此は*挂巻《カケマク》も可畏《カシコ》けれども、天皇の御遠祖に坐す*迩ゝ芸命《ニヽギノ》と稱し奉るは、日ノ大神の大御孫《オホミヒコ》に坐《マシ》まして、皇国へ*天降《アモリ》ませる故なり。此は

に思っているのは、全く間違っている。あの国で宗廟というのは、国王であれ、その下の諸侯であれ、己の遠い先祖を祭る所を言っていて、それを自分のみが祭っても、他の人によって祭ることはできない規則なのである。それだから、その祭ってはならないものを祭ることなどを、淫祀と言っているのだ。これは本当にそうあるべきことなのだよ。アマテラスオオミカミの宮所《みやどころ》は、今さら申すまでもないことであるが、人々が仰ぎ見奉る日ノ大神のご神霊を、身を清めてお祭り申しあげているところであって、つまり神宮なのだ。

それなのに、中国の国王どもの死んだ後の霊魂を祭ったところと、同じように申し奉るのは大変恐れ多く、あまりにも物事を知らない儒者たちの言うことである。ただ中国のと似通っていることとは、アマテラスオオミカミが天皇のご先祖であられることのみである。このことは言葉に出していうのも怖れ多いことであるが、天皇の遠いご先祖であられます、ニニギノミコトと申し奉るのは、日ノ大神のお孫さまでいらっしゃいまして、皇国日本へ天より降られたからである。これは『古事記』または『日本書紀』『古語拾遺』などに、くわしく見えている如くである。

〔この事をも儒学者たちは、かの中国の「祖宗を天に配す（=歴代の祖先を空に並べる。）」などと言うことと、同じ趣旨に思っているが、それは日

古事記、また日本紀、*古語拾遺などに、委く見えたるが如し。

此ノ事をも、赤県学者流は、彼ノ国の、*祖宗を*天に配すなどいふ事と、同シ趣に思へど、其は古へをしらぬに依てなり。

かく赤県州《カラクニ》の宗廟、また*社稷《ママ》など云ふものとは、異なる事にて、神宮なれば、諸人《モロビト》の拝《ヲロガ》み奉るとも、更に咎《トガ》むべき事に非ず。

*よし赤県に云ふ。宗廟と、ひとしき宮を、諸人の拝むとも、公より、然すること勿《ナカ》れとの、御制《サダメ》なき事ならむには、赤県の制を*規《ノリ》として、論ふべき事に非ず。況《マシ》て然もあらぬをや。

本の古代のことを知らないからなのである。〕

このように中国でいう、宗廟または社稷（地と五穀の神）などというものとは違っていることであって、神宮であるから、多くの人々が拝み奉っても、一向に咎めるべきことではない。

〔よしんば中国でいう宗廟と同じ宮を、さまざまな人が拝むとしても、公より「そうしてはならない」とのお定めがないのであったならば、中国の制を規則として論ずべきことではない。ましてや、そのような定めもないので、尚更のことなのである。〕

淫祀—前出（197頁）。いかがわしいものを祭る。**かし**—念を押す強意の助詞。**瞻奉る**—瞻（セン）は見る。見上げ奉る。大事に仕える。**斎ふ**—忌み慎んで神を祭る。**神宮**—神の宮殿。**挂巻も**—かけまくも。言葉に出していうことも。**迩々芸命**—瓊瓊杵命。ニニギノミコト。天照大神の御孫。**天降**—天より降りる。あまくだる。**古語拾遺**—斎部《いむべ》氏の撰で、『記紀』にないことも記している。**祖宗**—君主の始祖。**天に配す**—天にくばる。並べる。**社稷**—社は土地の神で稷は稷か。五穀の神。君主が城を建てる時に、この二神を宮の右に、宗廟を左に祭った。社稷は国家・朝廷もさす。**よしんば**。**規**—規則。定め。

*もとも、古へには、私に*幣物《ミテグラ》を献ることは、禁じ給へれど、

こは*大神宮儀式帳、*延喜式などに見えたり。

大宮へ参詣《マウヅ》る事は禁ぜられたる事なし。

但シ今ノ世の如く、家〻に祀り奉る事は、*源平の乱より打続《ウチツヅ》き、世ノ中乱れて、大御神へ、諸国よりの奉り物も絶たりしほど、僧の輩、時を得て、*法楽といふ事をして、仏経を誦し、其ノ祈禱の巻数を記して、諸国の*旦家へ配りけるよりの事なりとぞ。此もすなはち神の御慮《ハカリ》なるべし。猶この事ハ、外に委く記せる物あり。

殊《コト》に此ノ大御神は、挂巻《カケマク》もいとも畏《カシコ》く、甚《イト》も妙《タヘ》なる*由縁《ユヱヨシ》まし坐《マシ》て、世に有りとある人の限り、敬ひ拝み奉らでは、得《エ》あらぬ業《ワザ》なるが上に、生《イキ》とし生《イケ》るもの、今の現に、此ノ大御神の御徳《ミメグミ》を蒙《カヽフ》らぬ物の無《ナ》ければ、家ごとに祈り奉りて、其ノ大御徳を*忘《ワス》れ奉らぬは、いと*厚《アツ》

もっとも古代では、私的にお供え物を献上することは、禁じなされているけれども……

〔これは『大神宮儀式帳』や『延喜式』などに見えている。〕

大宮へ参詣することを禁止されたことはないのである。

〔ただし、今の世のように家々に祭り奉ることは、源平の乱から騒乱が続いて世の中が乱れてしまい、大御神への諸国からの奉納物も絶えてしまったことなどもあり、僧侶たちが時機到来とばかり、「法楽」ということをして仏の経を誦《とな》え、その祈禱の巻数を記して、諸国の檀家へ配ったことから始まったことであるとか。これも、つまり神のご配慮であることであろう。なお、この事について、他の書にくわしく記したものがある。〕

殊《こと》に、この大御神は言葉に出していうことも大変恐れ多く、非常に霊妙ないわれがあられまして、この世に生きているすべてのものが、敬い拝み奉らなくてはならない行いである上に、すべての生きているものが、今現実に、この大御神のお恵みをこうむらないものはない。だから、家ごとに祈り奉って、その大きなお恵みを忘れ奉らないのは、大変、信仰が厚いことであって、本当に道理にかなった行いというべきである。

〔中国人のように、「日は太陽の精である」などと言って、日の神がこの上もない尊い神でおはしますことをも知らず、その大きなお恵みを思わないのには、本当に年頃が相応であっても仲よく語り合うべきではない。中国

き事にて真《マコト》に道に稱《カナ》ひたる所為《シワザ》と云ふべし。

赤県人の如く、日は大陽《ママ》の精などゝ云ひて、上もなく尊き神に坐ますことを知らず。其ノ大御徳を思はぬとは、実に*年を同くしても語るべからず。赤県にては、*紅夷など云ひて*陋《イヤシ》むる、淤蘭陀《オラムダ》人、また*蝦夷の国の人までも、能く日ノ神の可畏《カシコ》く尊く坐ます事を知りて、朝夕に斎《イツ》き祈り奉るとぞ、いとやさしき事なりかし。

然れば元来《モトヨリ》祈り奉らぬ家は、左《ト》も右《カク》も其ノ意に任《マカ》すべく、元より祈り来れる家は、決《キハ》めて粗略《オロソカ》には為《ナシ》奉るまじき事なり。真の道を云はゞ、この大御神の御徳に洩《モレ》たる人の無ければ誰《タレ》が家にも斎《イツ》き祈り奉るべき理《コトワリ》いちしるく、

では紅夷などと言っていやしめるオランダ人や、また蝦夷《えみし》の国の人までが、よく日ノ神の恐れ多く尊くおはしますことを知って、朝夕に身を慎しみ清めてお祈り奉るとのことだ。これは大変優しいよい事であるのだよ。」

だから、もとよりお祈りをしない家は、ともかく、その家の意志にまかせるべきである。もともとお祈りをしてきた家では、決して粗末に祭り奉ってはいけないことなのである。真実の道理をいうならば、この大御神《おおみかみ》のお恵みから外れた人はないのだから、誰の家でも身を慎しみ清めて、祈り奉るべき道理がはっきりしていて、

もとも―もっとも。**幣物**―神に奉るものの総称。**大神宮儀式帳**―儀式帳は公事、神事、仏事などの作法書。ここは延暦儀式帳のことで、「延喜式」以前の神宮の旧い儀及び、記紀にはない鎮座の経緯がのる。**延喜式**―平安初期の律令の規則書。**源平の乱**―中古の末期、中世初期の源氏と平家の争い。**法楽**―善いことを行い、徳をつんで楽しむことを言うが、ここは神仏に手向ける業《わざ》や遊びのこと。**旦家**―檀家の当て字か。寺院に属する信者の家。**由縁**―事のいわれ。ユエンとよむ。由来。**忘れ**―原文は忩れ。**厚き事**―信仰が厚いこと。**年を同くしても**―同じ年ごろであっても。**紅夷**―和蘭陀の人。オランダ人。**陋む**―いやしむ。さげすむ。軽んじる。**蝦夷**―えぞ。えみし。日本ではアイヌ民族をさすが、ここは外国人程度の意味。

更に淫祀など云ふべき事にあらず。

然は有れど、近く祭り奉りては、自然に*狎汚《ナレケガ》し奉ることも、あるべければ、其ノ心しらび*して、狎《ナ》れず汚《ケガ》さで敬ひ、誠心《マゴヽロ》に能く祀り奉らむやうこそ、有らまほしけれ。

さて又、問《トヒ》の語《コトバ》に云へる語どもは、大凡の学者の、神の御上の事を云ふ毎《ゴト》に、必いふ語にて、中には甚く道の害《サマタゲ》となる説も多かれば、此所《コヽ》には処狭《トコロセ》く煩《ウルサ》けれど、委細《ツバラカ》に云ふべし。まづ左伝に、鬼神非《レハ》二其《ノ》族類《ニ》一不レ歆*《ケ》二其《ノ》祭《ヲ》一と云ひ、また礼記なる、非《ソ》二其《ノ》所《ニ》一レ祭《ル》而祭《ルヲ》レ之《ヲ》曰《フ》二淫祀《ト》一淫祀《ハ》無《シ》レ福。などいへる類は、測《ハカ》り*叵《ガタ》き神の上を、己《オノ》が意もて、推《オサ》むとするにて、例の妄説なり。然《サ》るは赤県にて、王とある者の、天神地祇を祭祀《マツ》る事ハ、儒者の云ふを聞《キ》くに、天地の主として、天地の中に居《ヲ》り。天地の気、

一向に淫祀などというべきことではないのだ。

〔そうではあるもののすぐ近くで祭り奉っていると、自然になれて汚し奉ることもありうる。それだから、その心情を考えてなじまずに汚さないで尊敬し、真心からよく祈り奉ることこそが、望ましいのである。〕

さて、また質問の言葉のなかで言っていることなどは、たいていの学者が神のお身の上のことを言うごとに、必ずいう言葉であって、その中には非常に道理の妨げとなる説も多いようだから、ここでは窮屈でわずらわしいけれども、こと細かく言ってみよう。まず『春秋左氏伝』に「鬼神は其の族類に非れば其の祭を歆《う》けず（＝鬼神《霊》は、その子孫の行う祭りでなければ、そのお祭りをお受けにならない。）」と言っている。また『礼記』には、「其の祭る所に非ずして、之を祭るを淫祀と曰ふ。淫祀は福無し（＝それを祭るべき所ではないのに、これを祭ることを淫祀という。淫祀は福をもたらさない。）」などと言っている類には、おしはかりがたい神の上を、己の考えをもって、推量しようとするのであり、例の間違った説なのである。それは中国で王である人が、天の神・地の神を祭るのは何故かと、儒者の言うのを聴くと、「天地の主として天地の中にいる。天地の気がその体に関係しかかわったのだから、自然に天地の神はその祭りをお受けになるべき道理である。」と言う。また、「諸侯である人は一国の主であるから、天と地の神を祭る

その身に*関《アヅカ》り*係《カヽ》りぬれば、自然《オノヅカラ》に天地の神、その祭を享《ウク》べき筋《スヂ》なりと云ひ、また*諸侯とある者は、一国の主なれば、天地の神を祭るべき由縁《イハレ》なければ、只に*封内の山川をのみ祭るべしとて、此《コレ》より以下《シモツカタ》、*大夫、*士、*庶人と五等に分けて、其ノいはれを論ひ、譬《タト》へば諸侯にして、天神地祇を祀り、大夫にして、山川の神を祭る類は、其ノ祭るまじきを祀るなれば、淫祀なり。淫祀には、神の福をなし給ふ事は決《キハ》めて無き事なりと云へり。

この事なほ委くは、新井君美主の鬼神論を見るべし。

歆《ウケ》たまはぬと云ふ事、何を徴《シルシ》として云ふ事ぞ。

べき理由もないから、ただ領土内の山川のみを祭るべきであるとしている。そして、この諸侯より身分の下の人を、大夫・士・庶人と五等に分けて、その由縁《いわれ》を論じている。例えば諸侯であって天の神・地の神を祭り、大夫にして山川の神を祭る類は、祭ってはならないのを祭るものだから淫祀なのである。淫祀には神が福を与えなさいますことは、絶対にありえないことである。」と言っているのだ。

〔この事を、なおくわしく知りたいならば、新井君美大人の『鬼神論』を見るべきである。〕

神がお受けなさらないということは、何を根拠として言うことな

狎—なじむ。**しらぶ**—調査する。かれこれと照らし合わせて考えること。**歆（ウ）ケ**—受ける。**亘き**—難き。

亘は區の異体字。篤胤はよく「難い」の意に用いた。**関り**—関係する。かかわる。**係る**—かかわる。たずさわる。

諸侯—大名。封建時代の国主。**封内**—領地の内。**大夫**—中国での官位。長官クラス。**士**—官位。俸禄があり、平民より身分が上の人。**庶人**—一般の人。平民。

天地の諸神の御徳に依て、生立《オヒタチ》ゆく人なるを、庶人なりとて、誠心《マメゴヽロ》に祀り奉らば、神いかで其ノ祭を享《ウケ》給はざらむ。和漢に庶人の身ながら、神祇を祈りて、其ノ福を賜はれる事多くあり。また鬼神非《レハ》二其《ノ》族類《ニ》一不レ歆《ケ》二其祭《ノヲ》一と云へるも信《ウケ》がたき事は、まづ人は、生《イキ》て有りし時の情《コヽロ》も、死て神霊と成りての情《コヽロ》も、違ふ事は有るまじければ、生《イキ》たる時の情もて、神霊となりての情を測《ハカ》るべし。生きる時の情は、更に由縁《ユカリ》もなく、親族にもあらぬ人にても、我に懇《*ネモゴロ》なる意もて饗《*アヘ》すれば、悦びて受け、又或はうち挂《*カケ》て、頼《タノ》む事などの有れば、いかで其ノ事を成し得て、取《トラ》せばやと思ひて、力の限り勤《イソシ》むに非ずや。然るを死て神霊と成るとも、何《イカ》でその族類ならぬ者の祭は歆《ウケ》ず、などやうの無端《*アヂキナ》き情《コヽロ》と成らむや。

のか。天と地のもろもろの神の御徳により、はぐくまれていく人間なのを、庶民であっても誠実な心で祭り奉ったならば、神がどうしてその祭りをお受けなさらないことがあろうか。日本や中国で庶民の身分でありながら、天の神や地の神に祈って、福を賜わったことが多くあるのだ。また、「鬼神其の族類に非れば其の祭を歆《う》けず（＝鬼神は、その子孫の行う祭りでなければ、その祭りを受けない。）」と言っているのも、信じがたいことである。それは、まず人は生きていた時の心も、死後に霊となってからの心も、少しも違うところのあるはずがないから、生きている時の心をもって、霊となってからの心をおしはかるべきである。生きている時の心情は、一向にゆかりもなく親族でもない人であっても、自分がねんごろに厚い心をもってもてなせば、喜んでそれを受けていられる。また、あるいは強くいいかけて頼むことなどがあるから、どうかしてそのことをなし遂げて、取らせようと思って、力の限りは勤め励むのではないのか。それなのに死んでから霊となるにしても、どうしてその親族ではない者が祭るのは、受けないなどというような余裕のない心情になろうか。なりはしないのだ。

〔それなのに、陰陽五行の道理をもって、鬼神のことを論ずる人々は、この上もなく親族ではない者が祭りを受けない道理を論じている。新井君美大人なども、その著『鬼神論』で、「自分の子孫でない者のする祭りは、

然るを、*陰陽五行の理をもて、鬼神を論ふ人〻、*決《キハ》めてその族類ならぬ者の、祀《マツリ》を歆《ウケ》ぬ理を論ひて、君美ぬしなども、我カ族類に非ざる祭は、神たとへ其ノ徳を射《イト》はずとも、其ノ饗《アヘ》を歆ること能ハず。その気別《コト》にして、相感ずべき理の具《ソナハ》らざればなり。などさへぞ言ハれける。

もし強《シヒ》て、鬼神は非族の祭祀を歆《ウケ》ずといふ人有らば、其《ソ》は決《キハ》めて、その本情《コヽロ》、たのもしげ無き人なるべし。今鬼神の、その族類ならぬ人の祭を歆るよしを、和漢の事にて、其《ソノ》*尤《ケヤケ》きものを云はゞ、*北野の神を、*菅原氏《スガハラウヂ》ならぬ人の、祀りて験《シルシ》あること*灼然《イチシル》く。また赤県

たとえ神が、その良い徳性をいやがられなくても、そのもてなしを受けることはできない。その気（精神）は別のものであって、お互いに共感できる道理が備わっていないからである。」などとさえ言われている。

もしも強いて、「鬼神（霊）は親族ではない者の祭りを受けない。」という人があるならば、それは甚だしくその心情が頼りにならない人であるに違いない。今、鬼神（霊）であって、その親族ではない人の祭りを受けている事の内容を、日本・中国の事柄で、とくにきわだっているものをあげて言うならば、北野の天満宮で菅原氏の子孫でもない人が祈って、霊験のあることは明瞭で

懇なる―ねんごろな。手厚い。**饗す**―もてなす。**うち掛て**―掛はかける。つるすの意で、強くかかって、強く言いかけて。**無端き**―余裕のない。あじけない。**陰陽五行**―原文は侌易五行。篤胤の弟子は異体字である「侌易」にこだわった。天と地のあいだにあって、万物を造り出す二気が陰と陽であり、万物を生む五つのものが五行で、水・火・木・金・土である。五行の中の木と火は陽、金と水は陰、土はその中間にあるという。**決めて**―この上なく。はなはだ。**尤き**―とくにきわだっている。尤（ユウ）は、はなはだの意。**北野の神**―京都市上京区にある北野神社。**菅原氏**―平安初期に九州に流された菅原道真。**灼然く**―いちじるしいさま。

にても、*関羽また*天妃など云ふ者の神霊の、すべての人に福をなす事の著明《シルキ》をも思ふべし。斯在《カヽル》ことの迹《アト》をば顧《カヘリミ》ず、信《タノ》みがたき、空論空理にのみ*泥《ナツ》み居るは何ぞや。殊《コト》に鬼神は、非族の祭を歆ずと云ふ事は、一偏《カタクナ》に*赤県説《カラサヘヅリ》を*信《ウベナ》ふ人には、甚く害となる語なり。然るは今ノ世に多かる、養親養子などの中《ナカ》も、此ノ語に惑《マド》ひたらむには、自然に親《シタシミ》をさきて、不慈不孝のもとゐを発《オコ》すべきものなり。

若《モシ》しひて此ノ語を主張せむとせば、儒者の孔子を祭るは何事ぞや。朱子いはく、若《キハ》レ祭《ルカ》ニ其《ノ》佗《ヲ》一亦祭《ル》ニ其《ノ》所《ヲ》レ当《キ》レ祭《ル》云々。*烏《ソ》得而不《ム》ニ来《リ》歆《ケ》一乎。今祭《ルハ》ニ孔子《ヲ》一必《ス》於レ学《ニ》。其気類亦可《シ》レ想《フ》と云へり。これ理めきて*聞《キコ》ゆるを、また*性理字義などには、異姓の養子の祭をば、先祖の霊の歆ずと云ふ理を、*言痛《コチタ》く論へり。儒者の、孔子を祭りて歆べき理あらば、其ノ家を続《ツゲ》る養子の祭は、いよいよ歆《ウク》べき理なるをや。何事も空理を以て*推《オサ》むとするか

ある。また中国でも、関羽または天妃などという人の霊が、すべての人々に福をもたらすことの著しく明らかなことをも思わねばならないのである。このような事のしるしである痕跡《こんせき》をも顧みずに、信じがたい空論、空理のみになじんでいるのはどういうことなのか。ことに鬼神（霊）が、親族でない者の祭りを受けないということは、一途に中国風の考え方を聴き入れる人たちには、非常に害となる言葉なのである。それは、今の世に多い養父母、養子などのなかにも、この言葉に惑わされたならば、自然に親しさがなくなってしまい、親が子を慈《いつく》しまず、子も親に孝行しない原因を起こしてしまうのである。

〔もしも強いて、この言葉を主張しようとするならば、儒者が孔子を祭るとは何事であるのか。朱子が言った。「その佗を祭るが若《ごと》きは、亦其の祭るべき所を祭る。云々。烏ぞ得て来り歆《う》けざらむ乎。今、孔子を祭るは必ず学に於いてす。其の気類亦想ふべし（『朱子語類』第三）（＝先祖ではないその他の者を祭るがごときは、また、その祭るべきものを祭ることである。うんぬん……。どうして来臨して、その祭りを受けないということがあろうか。今、孔子を祭るのに必ず学校において祭っている。またその気、つまり精神が同類だということを思うべきである。）」と言っている。これはもっともらしく聞こえる。しかし、また『性理字義』などには、異った姓の養子の祭りは先祖の霊が受けない、という道理をうるさいほど論じている。儒者が孔子を祭り、それを孔子が受けるという道理があれば、その

ら、かく前後そろはぬ説も出来るなり。さるを信《ウベナ》ひ居る人も有るは、いと怪しく可笑《ヲカシ》き事なり。

すべて赤県の教訓《ヲシヘ》どもには、余《アマ》りに狡意《サカシラ》すぎて人情を*乱《ミダ》り、道を害《ツコナ》ふ事、この類多く有り。

序《ツイデ》なれば此所《コヽ》に記す。こは*南秋江が鬼神論に見えたる事なるが、*李子と云ふ者に、何者か問ひけらくは、凡ソ人於ル㆑母ニ有リ㆑連ルヿ㆓骨肉ヲ㆒乎。と云ひければ、李子が云へるは、子見ル㆓五穀ヲ㆒乎。種㆓於テ土ニ㆒而生長スル也。其ノ枝節根葉。皆出テ㆓於種ニ㆒而无シ㆔一モ属スルヿ㆓於土ニ㆒。種者父也。土者母也。是ノ故ニ先王之制。同姓之親。*百世不㆑婚ヤ。而メ母族ハ无シ㆑親。夫レ母ハ也功与㆑父同メ而不ル㆑連ネ㆓骨肉ヲ㆒則有リ矣。と云ヒければ、

家を継ぎ続ける養子の祭りは、ますます受けるべき道理があるのだよ。何事に対しても、むなしい空疎の論をもっておしはかろうとするから、このように前と後とでは、辻褄の合わない変な説もできるのだ。そのようなのを納得して信じている人もあるのは、大変妖しくおかしなことなのである。〕

すべて中国の教訓などには、あまりにもこざかしくて人情を乱し、道理を害することなどの類が多くあるのだ。

〔ついでなのでここに記そう。これは南秋江の『鬼神論』に見えていることだが、李子という者に何者かが質問して、「凡そ人の母に於ける骨肉を連ること有り乎（＝だいたい人は、その母との間において、骨肉（血縁）がつながっていることがありますが。）」と言った。そこで李子が答えて、「子五穀を見る乎、土に種て生長する也。其の枝節、根葉、皆種に出て一も土に属することなし。種は父也。土は母也。是の故に先王の制、同姓の親、百世婚せず。而して母族は親なし。夫れ母は功父と同じくして骨肉を連ねざること則ち有り矣（＝私が五穀である栗、ヒエなどの五つの穀物を

関羽—三国時代の蜀の人で、漢の勇将。軍神として関帝廟に祭られている。**天妃**—中国の海神の名。**泥む**—なじむ。執着する。**赤県説**—中国風に物事を考えて言うこと。**信ふ**—同意する。聞き入れる。**烏ソ**—ナンゾ。どうして……であろうか。焉とも書く。いずくんぞ。**聞ゆ**—聞こえる。**性理字義**—宋の陳淳の撰。『北溪字義』のこと。**言痛く**—うるさい。度がすぎる。**推む**—おす。おしはかること。**乱る**—みだれる。ばらばらになる。**南秋江**—前出（169頁）。彼の『鬼神論』は、寛文二（一六四三）年の刊。**李子**—戦国時代魏（ギ）の李悝の撰した書物の名前だが、ここは著者の李をさす。**親**—身内。親族のこと。

その者《ヒト》かへりて、其ノ母に云へるは、昨《キノフ》聞《ク》二於李子《ニ》一。母无《シ》レ恩二徳於我《ニ》一と云て、其ノ後は母に仕《ツカ》ふること、粗略《オロソカ》になりける。と云ふ事見えたり。此ノ類の事なほ有ルべし。一向に赤県語を信《ウベナ》ふ人には、まゝ此ノ類の*癡人《シレビト》あり。よく思ひ回《メグ》らすべき事なりかし。

また孔子の、非《〆》二其《ノ》鬼《ニ》一而祭《ルハ》レ之《ヲ》諂《ヘル》也と云へるを、淫祀《ハ》無《シ》レ福。また鬼神は、其ノ族類に非ざれば、其ノ祭を歆《ウケ》ずなど云へると、強会《ヒキアハ》せて解《ト》くことなれども非説《ヒガコト》なり。此《コ》は、徂徠の論語徴に、此《コレ》孔子有《テ》レ所《ル》レ譏而言《フ》。但《シ》未《ダ》レ審《ニセ》三其《ノ》爲《ルヲ》二何人一也。其《ノ》義則与下答《ヘタル》二*樊遲《ニ》一。務《メ》二民之義《ヲ》一敬《〆》二鬼神《ヲ》一而遠《サカル》上之《ニ》相発《ス》。と云へるにて、更に動くまじくこそ思《オボ》ゆれ。また敬《〆》二鬼神《ヲ》一而遠《カル》レ之《ニ》可《シ》レ謂《フ》レ智《ト》。

吾カ友*鈴木ノ朗いはく。遠之の二字、俗《ヨ》の儒者など、遠《サクル》レ之《ヲ》と訓《ヨ》む事なれど、いとも不敬の訓《ヨミ》ざまにて、孔

見ると、土に種をまいて成長するものだ。その枝や根や葉は、皆が種から出て一つも土に従属するものはない。種が父なのだ。土が母なのだ。この理由で先王の定めとして、同姓の親族は長い間結婚しなかった。そういう理由で母族は親族ではないのだ。さて、母の功は父と同じであるが、血縁としてつながらないことが、即ちあるのだ。）」と言った。そこで質問した人が家へ帰って、その母に「昨日李子に聞く、母我に恩徳无《な》し（＝昨日、李子に聴いたよ。お母さんは私にとっては恩恵のない人だよ。）」と言って、その後は母親に仕えることがいい加減になった。ということが、南秋江の著書に見えている。この類のことはなおあるに違いない。ひたすら中国の言葉を信じる人には、時としてこのような愚か者がいるものだ。よくよく熟考しなければならないことなのであるよ。」

また、孔子が「其の鬼に非ずして之を祭るは諂《へつら》へる也（『論語』「為政篇第二」）（＝自分の家の祖霊ではないものを祭るのはへつらっているのである。）」と言っているのを、「淫祀は福無し（『礼記』「曲礼下」）（＝妖しいものを祭るものには福はない。）」とか、また、「鬼神は其の族類に非ざれば、其の祭を歆《うけ》ず（『春秋左氏伝』）（＝神霊はその親族でなければ、その祭りを受けない。）」などと言ったのとひき合わせて解釈することがあるが、これも間違っている。これは荻生徂徠の『論語徴』に「此《これ》孔子譏《そし》る所有て言ふ。但し未だ其の何人為るを審《つまびらか》にせざるなり。其の義即ち樊遲《はんち》に答へたる。民の義を務め鬼神を敬して之に遠ざかると。相発す。（＝これは孔子がそしるところ

子の語気*に非ず。遠《カル》レ之《ニ》とこそ訓べけれと云へり。此レ実に然ることなり。従ふべし。僅にヲといふを二といふの違ひなれど、敬と不敬の太《イミ》じき違ひとなる。これテニヲハの妙なる所なり。

と云へるは、樊遲への答へなるを。此《コレ》をも都《スベ》ての人に及びたる語と思ふは、また謬《アヤマリ》なり。然るは樊遲は、孔子も、小人ナル哉と、長息《ナゲキ》たるばかりの癡人《シレビト》なれば、

があって言ったのだ。ただし未だに、その人が誰であるのかを明らかにしてはいない。その意味は、すなわち樊遲に答えた「人民が正しく義務をつとめ、鬼神（霊）に対してはこれを尊敬して、これから遠ざかっていることから来ていることだ。」と言っているので、少しもその意味が変わることはないと思われる。また、「鬼神を敬して之に遠かる。智と謂ふ可し（『論語』「雍也」）（＝鬼神《霊》を尊敬しながらも、これから遠ざかっている。これを智慧というべきである。）」

〔これについて私の友人鈴木朗が言っているよ。「遠之」の二字を、世間の儒者などは「之《これ》を遠ざくる」と訓《よ》むことであるが、大変ふとどきな訓み方であって、孔子のことば遣いではない。「之に遠ざかる」とこそよむべきだ、と言った。これは本当にもっともなことであり、従うべきである。僅に、「を」というのと、「に」というのとの違いではあるものの、敬と不敬という大変な違いになるのだ。これが「テニヲハ」という助詞の大変優れたところなのである。〕

と言っているのは、樊遲への答えであるのを、これもすべての人に及んでいる言葉と思うは、また間違いである。それは樊遲は「孔子すらも小人であるかな」と、嘆いたほどの愚かな人であるからなのだ。

癡人―愚かな人。**樊遲**（ハンチ）―春秋時代の魯の人で、字は子遲。孔子の弟子である。**鈴木ノ朗**―鈴木朗。本居宣長の弟子。腴が正しい。**語気**―話し方。ことばつき。

なほ此ノ人の才の鈍《ニブ》かりしこと、論語を披き見て知るべし。

鬼神に褻事《*ナレツカフ》ることの過《スギ》たりけむかし。然る故に、其を矯《タメ》むとて、斯《カク》は教《ヲシ》へたるなるべし。また未《ダ》ニ能《ク》事《ヘ》レ人《ニ》焉《ゾ》能《ク》事《ヘム》レ鬼《ニ》と云へるは、季路《*ママ》への答へなり。此《コレ》をも諸人に及びたる語と思ふは、また謬《アヤマリ》なり。子路は剛勇《タケキ》にすぎたる壮士《ヲノコ》なれば、察《オモ》ふに幽冥の理を信《ウベナ》はず。形も見えぬ物に、事《ツカフ》るなどは、益《ヤク》なき事にも思ひて、鬼神を侮《アナド》り、それに事《ツカ》へて、不敬《ヰヤナ》き事もありけむかし。又然らでも、然る事も有らむかとの心配《*コヽロシラビ》にて、汝などは、いまだ人に事《ツカ》ふることさへ、能《ヨ》くも学《マナ》ばで、焉《*イカ》で鬼神に事へまつることを得べきぞと、鬼神の可畏《カシコ》き事を知らしめて、彼《カレ》が不敬なきやうにと、誡《イマシ》めたるなるべし。

〔なお、この人の才能が鈍くて劣っていたことは、『論語』を開いてみて知るべきだ。〕

鬼神（霊）に慣れて仕えることに人々が過ぎたのであろうか。そうであるから、それを直そうとして、孔子がこのように教えられたのであろう。また、「未だ能く人に事《つか》へず。焉ぞ能く鬼に事へむ（『論語』「先進」）（＝まだよく生きている人に仕えることもできないのに、どうして死者の霊に仕えることができようか。）」と言ったのは、子路への答えなのだ。これをも多くのもろもろの人に及んでいる言葉と思うのは、また間違いである。子路はきわめて強く勇ましい男であるから、私が考えるところ、幽冥（幽界）の道理を認めず、姿や形も見えないものに仕えるなどということは、役に立たないことだと思い、鬼神（霊魂）を軽くみて、それには仕えるに際し、不敬のこともあったのであろうか。またそうでなくても、そのようなこともあろうかと気づかいをして、「お前などはまだ人に仕えることさえよく学ばないで、どうして死者の霊に仕え祭ることができようか。」と、鬼神（霊）の怖れ多いことを知らさせて、彼子路が不敬をしないようにと、戒めたのに違いない。」

〔子路が幽界の道理を知らなかったであろうと思うのは、鬼神（霊）に仕えることを尋ねて、すぐに人の生死のことを尋ねたことでも知るべきである。〕

子路が、幽冥の理を知らざりけむと思ふは、鬼神に事ふることを問て、*やがて死生の事を問へるにても知るべし。

凡《スベ》て孔子は、その問《トフ》人に依て、同事も、其ノ答の別なるは、誰もよく知れる事なり。又問て曰く。此ノ語の同シつゞきに、子路が、又死を問ひける答に、不レ知《ラ》レ生《ヲ》焉《ソ》知《ラ》レ死《ヲ》乎と云へると。家語に、子貢が、死者有《ル》レ知《ルヿ》乎将無《キ》レ知《ルヿ》乎と問けるに、孔子答へて、吾《レ》欲《レハ》レ言《ムト》二死之有《リト》レ知《ルヿ》。将《ニ》*恐《ル》二*孝子順孫妨《テ》レ生《ヲ》以送《ラムヿヲ》レ死《ヲ》。吾《レ》欲《レハ》レ言《ムト》二死之無《シト》レ知《ルヿ》。恐《ル》下不孝之子棄《テ》二其親《ヲ》一而不《ムヿヲ》上レ葬《ラ》。賜*不《シ》レ欲《セ》レ知《ラムト》二死者《ノ》有《ルト》レ知《ルヿ》与《ヲ》レ無《キ》レ知《ルヿ》。非二今之急《ニ》一後自《ラ》知《ラム》レ之《ヲ》。と云へるとを、一ツ

すべて孔子は、その尋ねる人によっては同じ質問でも、彼の答えが異なっているのは、誰でもがよく知っていることである。また、人が孔子に尋ねて言った。この言葉の同じ続きに、子路がまた死のことを尋ねたが、孔子の答えは、「生を知らず焉《なん》ぞ死を知らん乎《や》（『論語』「先進」）（＝生のことがまだ分かっていないのに、どうして死のことが分かろうか。分かりはしない。）」と言ったという。また『孔子家語』「致思篇八」に、子貢が「死者知ること有る乎。將《はた》知ること無き乎（＝死者というものは、その死を知ることがありますか。それとも死を知ることがないのですか。）」と尋ねたのに対し、孔子が答えた。「吾れ死の知ること有りと言むと欲れば、将に孝子順孫の生を妨て、以て死を送らむことを恐る。吾れ死の知ること無しと言むと欲すれば、不孝の子、其親を棄てて葬らざらむことを恐る。賜《し》、死者の知ること有ると、知ること無きとを知むと欲せずし、今の急に非ず、後自ら之を知らむ（＝私が死について知っていることがあると言おうと望むと、よく親に孝養する者が、生者のことを妨げても、死者を厚く葬ろうとするのを怖れるものだ。私が死について知っていることが無いと言おうと望めば、不孝な子がその親を棄てて葬らないことを恐れるのだ。

褻—なれる。**季路**—子路の間違いか。**心配**—気をくばること。**焉で**—どうして。焉（イヅクンゾ）からきた言葉。**やがて**—すぐさま。直ちに。**将（マサ）ニ**—正に。よく。それとも。**孝子順孫**—よく父祖に孝養するもの。**賜（シ）**—孔子の弟子である子貢の名。

意に解《ト》く人あり。誠にさる事なれるか、若《モシ》くは事異《コト》なるか。

予いふ。子路に答たる語と、家語なるとは、詞《コトバ》は似たれども、意《コヽロ》は甚く異なり。然るはまづ、子路に答たる語の意は、汝も吾も、かく生レ出たる物には有れど、何《イカ》なる理に依て、何《ナニ》として生れ出たりと云ふこと、吾レながら更に知られぬに非ずや。然るを況《イハム》や。心見もせぬ事なるを。死て後の事を、何として知ルべきぞと云へるなり。死て知る事の有無を云へるには非ず。

もし強《シヒ》て、これを死て知る事の有无を知らず、と云へるなりと解《ト》かば、不レ知《ラ》レ生《ヲ》といへるは、斯《カク》して居るも、死たるか生《イキ》たるか、知らずと云へる事となるをや。然る事にてはあらじかし。*

また家語なる、欲《スレハ》レ言《ムト》ニ死之有《ルヲ》レ知《ル┐》。云〻の語

賜《し》よ。お前は死者がいろいろと、知ることがあるかないかを知りたいと思うな。今、すぐには出来ないが、後になれば自然とこの事が分かろう。」」と言ったのとを、同じ一つの意味に解釈する人がいる。本当にそうなのですか。または違っているのですか。」

私が言った。子路に答えた言葉と『孔子家語』にあるのとでは、言葉は似ているけれども、その意味は非常に違っている。それはまず第一に、子路に答えた言葉の意味は、「お前も私も、このように生まれ出てきた者ではあるが、どのような道理によって、どうして生まれ出たかということは、自分ながら一向に分からないのではないのか。それなのに、ましてやまだ試みてもいないことなのに、死んだ後のことをどうして知りえようか。」と、言ったのである。死んでからそれを知ることが有るのか無いのかを言ったのではない。

〔もしも強いて、これを「死んでから知ることの有るか無いかを知らない。」と言ったのであると解釈したならば、「生を知らず」と言ったのは、「このようにしているのも、死んだのか生きているのか分からない。」と言ったことになるのだよ。そのようなことではないのだよ。〕

また『孔子家語』にある「死の知ること有るを言むと欲すれば云々（＝死者が知ることがあると言おうと望んだならば、うんぬん。）」の言葉は、文面のように、死んで後に知ることが有るのか、無いの

は、文面の如く、死て後、しる事の有無を云へるなり。偖また此ノ語は、甚しく道の害《サマタゲ》となる語にて、思ふに、此は後ノ人の、孔子に託《カコツ》けて云へる物にて、決《キハ》めて孔子の語ならじとぞ所思《オボ》ゆる。

すべて家語なる事ども、此ノ類*いと〱多し。

然《シカ》いふ故は、此ノ語に、死者しる事の有無を究《キハ》めず、語《コト》を左右に託《ヨ》せて、云ひ遁《ノガ》れはしたれども、後自《ラ》知《ラム》レ之《ヲ》など言へるより及ぼして、其ノそこの情《コヽロ》を推量《オシハカ》るに、実には、死者しる事なしと、究めたるの語勢なり。然るから此ノ語を信《ウベナ》ひたる、和漢の識者等《コトシリタチ》、大凡《オホカタ》は死者を知ること無し、と云ふに決《キハ》めたり。

鬼神を有无に究めずと云フも、此レ等の*習気に因リてなるべし。

かを言ったものだ。さて、またこの言葉は非常に道理の妨げとなる言葉である。これを私が考えると、これは後世の人が孔子にかこつけて言ったものであって、決して孔子の言葉ではないと思われるのだ。

〔すべてにおいて『孔子家語』にあることなどは、この類《たぐい》のことが大変多いのだ。〕

このように言う理由は、この言葉に死者が知ることの有る無しを明らかにせずに、言葉を左右に片寄せて、言い逃れをしているのだ。けれども「後自ら之を知らむ（＝後になればおのずからこれを知るだろう。）」などと言っていることから考えを及ぼして、その底にある心情を推察すると、本当には「死者は知ることができない。」と、言い究めている語勢である。それだから、この言葉を納得した日本や中国の、知識人たちの殆どの者は、「死者が分かることはない。」というのに決めてしまったのだ。

〔鬼神（霊）のことを有るか無いかで追究しないというのも、これらの習慣になった気分が原因であるのに違いない。〕

かし―意味を強める終助詞。　**いと〱**―非常に。大変。　**習気**―習慣に従って自然に身につく気分。

孔子の意《コヽロ》は然らず。死者しる事ありと、堅《カタ》く云ひ教《ヲシ》へてすら、生《ナマ》さかしらの徒、または実《マ》意《ゴヽロ》うすき輩《トモガラ》などは、死者の霊其ノ所に容《カタチ》を現《アラハ》さねば、自然に怠慢《オコタリ》の情《コヽロ》おこりて、生《イキ》たる人に事《ツカフ》る如くには有らぬわざなり。況《マシ》て知る事なしと云ひ、また知ることを有無に決《キハ》めざらむには、先祖を祭るにも、誰《タレ》も*礼文《カザリ》一ト通《ワタ》りの事に成ゆきて、誠心《マゴヽロ》には事《ツカ》へぬわざなり。何《イカ》で孔子は、さる*浮薄《ウキ》たる事いひて、人を惑《マド》はし疑《ウタガ》はしめむ。死者しる事ありと云ひて、孝子順孫の、生を妨《サマタ》げて送るばかり、実《マコト》ノ意おこりて、厚きに帰《オモム》きたらむには、知る事を有無に究めず、人をして、祭祀に怠慢の情を漫《ハビコ》らせむより、*こよなく優《マサ》りて、真に道の本意なるべし。殊に生を妨《サマタ》げて、死を送るばかりの*孝子順孫ならむには、然《シカ》してば《ママ》、父母の

孔子の心はそうではない。「死者が知ることがある。」と強調して教えておいてすら、こざかしい者たちや、誠の心が少いやからなどは、死者の霊魂がその場所に姿を現わさないので、自然に怠惰な心がおこってしまって、生きている人に仕えているようではないやり方をするのだ。ましてや、人が死を知ることはないと言ったり、また知ることができるか、できないかを決めようとするのは、先祖を祭るのにも、誰でもがそのお飾りを一通りのことにしてしまって、真心から仕えないやり方となるのだ。どうして孔子がそのような軽々しいことを言って、人を惑わし疑いをおこさせることをしようか。死者に知覚があると言って、父祖に孝養する者の生を妨害して、葬送ばかりに本心を傾けて、手厚く葬式をすることに心が向かってしまったならば、死者の知ることについて、その有るか無いかを究めずに、人々に祭祀に対して怠惰の心をはびこらせるよりは、この上もなく勝れていて、真に道理の本意となるのだ。ことに生を妨げて、死者を葬送するだけの孝子順孫であったならば、そのようにしていては父母の己を恵む心に背いて、かえって不孝になるのだ。などとよく諭《さと》し教えたならば、必ずその教えに従うに違いない。

また、同じ書「孔子家語」にあるが、曽子が孔子に向かって言った。「古への人なんすれぞ其の親を死とせむや云々（＝昔の人は

我を愛《メグ》む意に悖《*モト》りて、却《カヘリ》て不孝なるべしなど、能く諭《サト》したらむには、決《キハ》めて其ノ教へに従ふべし。

また同シ書に、曽*子の曰く。古《ヘ》之人胡爲《ソ》レ而死《トセム》二其《ノ》親《ヲ》一也云〻。孔子《ノ》曰之《テ》レ死《ニ》而致《ス》レ死《ト》乎。不仁不レ可《カラ》レ爲《ス》也。之《テ》レ死《ニ》而致《ス》レ生《ト》乎。不智不レ可《ラ》レ爲《ス》也。

但しこは礼記の檀*弓を採《ト》りて、記《カケ》りと見えたるが、最初《ハジメ》に挙たる徂徠の説に、謂《フ》二之《ヲ》有《ト》一者《ハ》*権在《ル》レ彼《ニ》者也。謂《フ》二之《ヲ》无《ト》一者《ハ》権在《ル》レ我《ニ》者也云〻。と云へるも、此ノ語に原《モト》づけるなるべし。

と云へるも、同シ類の語ゆゑ、人の能く引出る事なれども、是はた孔子の語とは聞えず。

どうして自分の親を、本当に死んでしまったものとしようか。するはずがない。うんぬん。)」それで孔子が言った。「死に之《ゆき》て死と致す乎、不仁為す可からざる也。死に之《ゆき》て生と致す乎、不智為す可からざる也（＝死者を弔《とむら》いに行き全く死者とみなすのは、慈愛のないことであって、そうしてはならない。死者の所へ行ってまだ生きている者のように振舞うのは智恵がないのであって、道理に合わないからしてはならないのである。）」

〔ただしこれは、『礼記』の「檀弓」の箇所を採って書いたものと見えているが、最初にあげた徂徠の説に、「之を有と謂ふ者は権《ハカリ》彼に在る者なり。之を無と謂ふ者は権《ハカリ》我に在る者なり。云〻（＝死者に知覚があるという者は、ハカリがあちらにある者である。死者に知覚がないという者は、ハカリが自分の方にある者である。）」と言っているのも、この言葉に基づいたものなのだ。〕

と言っているのも同じ類の言葉なので、人がよく引用することであるが、これも果して孔子の言葉とは考えられないのだ。それは、

礼文―飾ること。装い。**浮薄たる**―軽々しい。いい加減な。**こよなく**―この上なく。非常に。**孝子順孫**―前出（211頁）。孝子滋孫ともいう。**悖る**―そむく。反する。**曽子**―孔子の高弟。『孝経』を著したとされる。もっとも『孝経』は孔子説、曾子説、曾子門人説など作者はさまざまに言われている。**檀弓**―まゆみの木で作った弓。ここは『礼記』の篇名で、「姓は檀、名は弓」という魯人の名前をとって名づけたという。**権**―ハカリ。計量する器。

然《サ》るは死者しること無しと云ひ、或は有無に究めずて、*不仁と爲《ナ》らむよりは、知る事ありと云て、*不智と云はれむとするぞ、孔子の意なるべき。然るを有無に決《キハメ》ずて、仁智ともに兼たる人と云ハれむ事を思はゞ、其《ソ》は既に不仁不智の人なり。孔子は爭《イカ》でさる心《コヽロ》汚《キタナ》き事ならむ。能く論語を通読《ヨミワタ》すに、孔子は、仁と云ふ事を、殊更《コトサラ》に、*やむ事なき物に云へり。仁あらば、智も其ノ中に籠《コモ》り有るをや。曽子の語に、古之人*胡㆑爲《ソ》而死《トセム》㆓其親《ノヲ》㆒也。と云へるぞ、却リて真の道には、*符《カナ》ふべけれ。

よく考へて、家語なる語どもの、孔子の意とは*反対《ウラウヘ》なる事を悟るべし。家語のみならず、余の書等《フミドモ》に、孔子の語とて記しあるにも、此ノ類多ければ、よく論語と比《クラ》べ見て、取捨すべき事なり。さるを*俗には、孔子の語とだに云へば、此所《コヽ》と彼所《カシコ》と、打合ハぬ事をも、強て解《ト》きおく人も有るは、甚《イト》愚なる事なりかし。

「死者は知ることがない」と言い、あるいはその有る無しを決めないで、不仁（愛情がない）となるよりは、死者に知覚があるといって、不智（聡明でない）と言われようとするのが、孔子の心であるはずだ。それなのに有る無しで決めてしまわずに、仁と智ともに兼ね備えている人と、他から言われようと思うならば、それはすでに不仁（慈愛がない）、不智（智恵がない）の人である。孔子はどうしてそのような心の汚い人であろうか。よく『論語』を読み通すと、孔子は仁という事柄を、わざと特別なものに言っている。仁があれば智もその中に入っているものであるのに……。曽子の言葉に「古の人胡為《なんすれ》ぞ其の親を死とせむ也（『孔子家語』）（＝昔の人がどうして自分の親を、本当に死んだものとしようか。）」と言っているのが、かえって、真実の道理にはよく適合していよう。

〔よく考えて、『孔子家語』にある言葉などが、孔子の心とは反対であることを悟るべきである。『孔子家語』だけではなく、他の書物などにも、孔子の言葉として記してあるのに、この類《たぐい》のが多いから、よく『論語』と読み比べてみて、取捨選択するべきである。それなのに世の中では、孔子の言葉とさえ言えば、ここの箇所とあちらの部分とでは、符合しないことをも無理に解釈した人もあるのは、甚だ愚かなことなのだよ。〕

私篤胤がいつも言っているのは、「『人が死んで、そのことを知覚することはない。』と言ったり、思ったりする人は、きっと親不

おのれ常に云ふは、人死て知る事なしと言ひ思ふ人は、必不孝の人なむめりと云ふ。然《サ》るは先祖を祭り親を祭るも、みな真心《マゴヽロ》より出て爲《ナス》には非ず。たゞ文飾《カザリ》ひと通りにて、実に慎終追遠の誠心至らず、云ひもて行《ユ》けば、僞巧《イツハリ》の所爲《シワザ》なればなり。偖また此所《コヽ》には、最《イト》よき*因《チナミ》なれば云ふべし。論語に、祭《ルヿ》如《ク》レ在《スガ》　祭《ルヿ》レ神《ヲ》如《シ》ニ神在《スガ》一。とあるを、大概《オホカタ》の儒者の解《トケ》るやう、只に敬と云ふ事をのみ、*言痛《コチタ》きまでに云ひて、神霊は、実には無《ナ》きものなれども、在《ア》る如く心得て、事《ツカ》へよと云ふ如く解《ト》く*めり。*もとも神霊《カミ》は目前《マノアタリ》に、その形状《カタチ》を現《アラハ》し給はねば、

孝な人であろう。」ということだ。それは先祖を祭り親を祭るのも、みな偽りのない真心から思ってするのではない。ただ、祭りの飾りなどを一通りするのみであって、本当に「終りを慎み遠きを追う（『論語』「学而」）（＝人の終わりの死をおろそかにせず、慎んで葬儀をし、先祖の祭りも手厚くする。）」の誠の心には至っていないのだ。話を詮《せん》じ詰《つ》めれば、偽りの所業であるからなのだ。さてまたここで、大変よいゆかりがあるから言ってあげよう。『論語』「八佾」に「祭ること在《いま》すが如く、神を祭ること神在すが如し（＝ご先祖を祭る時には、ご先祖がそこにおられるように心をこめてし、神をお祭りする時には、その神がそこにおられる如くうやうやしくする。）」とあるのを、たいていの儒者の解釈の仕方は、ただ敬うということだけをくどいほど言って、神のみ霊というものが、本当には無いものであるが、有るように心得てお仕えをせよ。……というように解釈しているようだ。もっとも神の霊は目の前にその姿を現わされないの

不仁—仁徳がない。いつくしみがない。無情。**不智**—さとくない。智恵がない。**やむ事なき**—並々ではない。特別な。**胡爲ソ**—ナンスレゾ。なぜ。どうして。**符ふ**—かなう。適合する。よく合う。符（フ）はわりふで、ここは合うことを意味する。**反対**—表と裏とが入れかわること。あべこべ。**俗**—世の中。**因**—ちなみに。ゆかり。縁。**言痛き**—くどい。うるさい。**めり**—のようだ。の様子だ。**もとも**—もっとも。

しか釈《ト》きても、宜《ヨ》きやうなれども、未《タ》委しからず。
然《サ》るは此ノ事は、孔子の神を祭れる状《アリサマ》を、其ノ弟子等の親《シタシ》く見て、形容し云へるなる事は、論なき物から、

徂徠の説に、祭《ルコト》如《シ》レ在《スガ》とは、*古経の文にて、祭《ルコト》レ神《ヲ》如《シ》二神在《スガ》一とは、其ノ経文を釈《トケ》るなり。故に孔子の語を引て、證せるなりと云へるハ非説《ヒガコト》なり。此は礼記の祭儀、また家語に、孔子の其ノ親を祭るに、容《カタチ》を文《カザ》る事なくて、毎《ツネ》に神を祭るには、容《カタチ》を整《トヽノ》ふる事を専《ムネ》と教へたるには、替《カハ》りたるを見て、子貢が其ノ故を問へるに、孔子の云へるは、容を盛《サカリ》に整《トヽノフ》る事は、公《オホヤケ》の祭に与《アヅカ》る時などこそ、然《シカ》すべき業《ワザ》なれ、親に事ふるの道にあらず。と云へるなどゝ、向《ムカ》へ思ふに、こハ孔子の、自身《ミヅカラ》祭をなしたる状《サマ》を、弟子の記しおけるといふ、旧説に従フべし。

孔子は、宋儒などの云ふ如き、理屈を思ひてには有るまじく、唯《タヾ》に神霊あらむには、見え

で、そのように解釈してもよいようであるけれども、まだこれらはくわしく説明されていない。
それは、このことは孔子が神を祭る様子を、その弟子たちが身近に見て形容して言ったことは、論じるまでもないものであるからだ。

〔徂徠の『論語徴』の説に、「祭ること在すが如し（＝先祖の霊を祭るのに、そこに霊がおられるようにする。）」と言うのは、古い経書の言葉であって、「神を祭ること神在すが如し（＝神をお祭りするのに、その神が眼前におられるようにする。）」と言うのは、その古い経書の文を解釈したものである。だから、孔子の言葉を引用して証明したのである。……と言っているのは間違った説である。これは『礼記』の祭儀や、また『孔子家語』にある、孔子が「其の親を子が祭るのに形式を飾ることをなくして、常に神を祭るのには形式を整えることを大切にせよ。」と教えていたのとは、変化しているのを見て、子貢がその理由を尋ねた。すると孔子が言ったのは、形式を盛大に整えるのは、公の祭りにあずかる時などにこそ、そのようにしなければならない行為なのだよ。親に仕える時の方法ではない、と言ったなどとある。これに対して考えると、これは孔子がみずから祭りをした様子を、その弟子が記録しておいたという旧説（『論語集注』）に従うべきである。〕

孔子は宋の儒者たちの言うような、理屈で考えてのことではなく、ただ神の霊があるならば、見えなさらなくても実際に人の傍へ寄

給はねども、実に寄来《ヨリキ》て坐《マシ》ます故に、其ノ情《コヽロ》にて祭りたるなるべし。然れば佗《ホカ》より見て、其ノ容を記し、又その文を釈《ト》かむには、今までの註釈の如く、云ふより外はなき如くなれども、何とやらむ、履《クツ》を隔《ヘダ》てゝ、痒《カユ》きを掻《カ》くとか云ふ心地《コヽチ》するなり。然りとて予《オノレ》その義《コヽロ》を述《ノベ》むとするに、彼《カ》の情《コヽロ》あまり有リて、言《コトバ》たらずと云ふ如くにて、実に書《カキ》とり*回《ガタ》し。然れども、今強《アナガチ》に思ひおこして、予が神を祭る心を推《オシ》て、孔子の情《コヽロ》を云はむには、先《マヅ》おのれ鬼神を祭るには、赤県学者の如く、鬼神を疑《ウタガ》ふ心さらに無ければ、

天神地祇、また死者の神霊を*おし並べて云ふ。

其ノ祭に臨《ノゾ》みて、現人《ウツシビト》に物言ひ事《ツカ》ふると、

ってきておられる故に、その気持ちになって祭ったのに違いない。だから他より見てその様子を記し、またはその文を解釈しようとするには、今までの注釈のようにいうより他はないようである。しかしながら何となく、「靴をへだてて足のかゆい所をかく。」という気分がするのだ。そうかといって私がその意味を述べようとするのに、あの、「心あまって言葉が足りない。」というようであって、実に表現しがたい。しかしながら、今、無理矢理に思い出して私が神を祭る心からおしはかり、孔子の心情を言おうとするならば、まず、自分が鬼神（霊）を祭る時には、中国の学者のように、鬼神（霊）の存在を疑う心はさらさらないから……。

〔ここでは天の神、地の神さらに死者の霊魂もすべて一様にして言っているのだ。〕

その祭りに臨んで、現実に生きている人にものを言い、仕えるの

古経―古い経書。経書は中国の聖人、賢人の著述。 **回し**―難い。前出（203頁）。 **おし並ぶ**―おしならす。すべてを一様にする。

其ノ意さらに異《コト》なる事なく、譬《タト》へば、貴人の襖《カミブスマ》を一重《ヒトヘ》へだてゝ坐《マシマ》す所にて、事《ツカ》へ奉《マツ》るが如し。されば孔子の神を祭りたるも、此ノ如くなりけむと思はるゝなり。吾不《レハ》レ与《ラ》レ祭《ニ》如《シ》レ不《ルカ》レ祭《ラ》と云へるも、実に然る事なりかし。

但し斯《カ》くいはゞ、甚《イミ》じき*大言《コトアゲ》の如く思ふ人もあるべけれど、さるは、孔子の言行は、凡人には、絶てなき事と思ふよりの俗意にて、云ふにも足らず。凡《スベ》て真の道より出たる情は、誰も同シ事にて、鬼神のことを能く弁へたらむには、更に珍しからぬわざなり。祭《ル》レ「神《ヲ》如《シ》二神在《スカ》一」と云ふ語も、物〻しく書籍《フミ》に記《シル》し有リて、殊にかやうの真心なる所爲ハ、余の西戎人《カラ》どもには、いとも有リがたき事ゆゑに、おどろきて、事〻しき*注釈どもゝあれど、真の道に志を帰《オモム》けたらむには、誰も〱斯有《カヽル》べき事と思へば、予ハさしもおどろかずなむ。

偖また大抵の人の説に、まづ生《ウマ》るゝ事をよく知て、其ノ後に、死て後の事をも、知るべし

とその心は一向に違うことはない。例えば、貴人が自分との間に襖だけをへだてておられる所で、仕え奉っているようなものだ。だから、孔子が神を祭ったのも、このようなことであったろうと思われるのだ。「吾祭に与らざれば祭らざるが如し（『論語』「八佾」）（＝私は自分が祭りに参加しなければ、私の心は神を祭らなかったように感じる。）」と言ったのも、本当にそのようなことなのであるのだよ。

〔ただし、このように言えば、非常な大言のように思う人もあるだろう。しかし、それは孔子の言行というものが、普通の人には絶対にできないこと、と思うことから起こった俗な考えであって、言うほどのものではないのだ。すべて真の道理から来た心情は、誰でもが同じことであって、鬼神（霊）のことをよく理解できたならば、一向に珍しくないことである。「神を祭ること神在《いま》すが如し（＝神さまをお祭りするのに神さまがそこにおられるようにしてする。）」という言葉も、大袈裟に書物に記してあり、ことにこのような真心から生じる行為は、他の中国人たちには、大変ありえないことだから、驚いてものものしく注釈した書物などがある。しかし、真実の道理へ心を向けたならば、誰しもがこのようにある筈《はず》だと思うから、私はそれほど驚かずにいるのだよ。〕

さてまた、たいていの人の説に、まず人間は生まれることをよく理解してから、そのあとで死んだ後のことも分かってよいのだ。として、その根拠にいつも引用して言うことは、まず『春秋左氏

とて、其ノ拠《ヨリドコロ》に、毎《イツ》もひき出て云ふ事ハ、まづ左伝に、*子産が云へる、人生始《メテ》化《スルヲ》曰《フ》レ魄《ト》。既《ニ》生《ス》レ魄《ヲ》陽《ヲ》曰《フ》レ魂《ト》。

この子産が語にては、魄と云ふハ、人生《ウマ》るゝに、始て其ノ父母より受たる、体《カラダ》となるべき物を云へる如く聞えたり。偖こそ*杜預も、魄者形也と註せり。然るを又*淮南子などには、*魄者陰之神也と云ふ説もありて、彼《カレ》此混《コレマギ》らはしく、朱子など二説ともに取りて、此《コレ》をも彼《カレ》をも、*説得好《トキエテヨシ》など讃美《ホメ》て、更に前後あはぬ説どもを多く云へれど、其ノ弁は煩《ウルサ》ければ、こゝに云はず。

と云ひ、また礼記の祭儀に、孔子の語なりとて、*人生有レ気有レ魂有レ魄。気也者神之*盛《ナル》也。魄也者*鬼之盛《ナル》也。衆生必死《ス》。死《スレハ》必帰《ス》レ土《ニ》。

伝』に、子産が言っている「人の生始めて化するを魄《はく》と曰ふ。既に魄を生ず、陽を魂と曰ふ（＝人が生れてから最初に成り変わったのを魄（目、耳などの肉体）という。すでに魄ができると、陽（霊的精神）もでき、これを魂という。）」

（この子産の言葉では、魄というものは人が生まれるときに、初めてその父母から受けた肉体となるべきものを言っているように聞こえたのだ。それだからこそ杜預も、『春秋左氏経伝集解』に「魄は形なり」（肉体は形体である。）と注したのだ。それなのにまた、『淮南子』巻十六などには、「魄は陰の神なり（＝肉体は人の陰にある神（霊）である。）」という説もあって、あれこれとまぎらわしい。朱子などはこの二説をともに採っていて、これもあれもともによく解釈しえていて良い、などと褒めている。さらに前と後とでは、辻褄の合わない説などを多く言っているものの、その述べていることはわずらわしいから、ここでは触《ふ》れない。）

……と言い、また『礼記』の「祭儀」に孔子の語であるとして、「人生て気有り。魂有り魄有り。気は神の盛なるなり。魄は鬼の盛なるなり。衆生必ず死す。死すれば必ず土に帰す。此を鬼と謂

大言―大口。からいばり。たいげん。**事々しき**―おおげさな。**子産**―春秋時代の鄭の大夫。**杜預**―晋の人で呉を討ち、後に『春秋左氏経伝集解』を著した。**淮南子**―前漢の淮南王劉安の撰。**魄者陰之神也**―原著は「魄人陰神也」とある。また、『鬼神新論』では陰は「侌」とする。**説得好**―言うことがよい。『朱子語類』三・鬼神にある言葉。**人生有気有魂有魄。気也者……**この語句以下は、『礼記』「祭儀」第二十四に、「気也者……百物之精也」とある。**盛**（サカン）―みちあふれる。**鬼**―力のある魂。又は死者の魂。

此ヲ謂フレ鬼ト。魂気帰スレ天ニ。此ヲ謂フレ神ト。合テ二鬼ト与ヲレ神而享ルハレ之ヲ教之至也。骨肉*斃レテ二于下ニ一化ソ為ル二野土ト一。其ノ気*発二揚シテ于上ニ一。為ス二*昭明*君蒿*悽愴ヲ一。此レ*百物之精也。とあるなどを引て、人の生《ウマ》るゝと死るとは、陰陽二つの気の、聚《アツマ》ると散《チ》るとにて、聚《アツマ》れば人となり、散《チ》りては元《モト》の陰陽に復《カヘ》る。其《ソ》は薪尽《タキヾツキ》て煙《ケムリ》の騰上《ノボリアガ》るが如く、何所《イヅク》に帰《オモム》くと云ふ事なく、*消散《キエウス》るなり。死生人鬼一《ヒト》つにして二《フタ》つ、二ツにして一ツなり。

*徂徠の鬼神論に、有无者鬼神之迹也云〻。有之与レ无代〱*嬗《ユヅリ》。愈〱出テヽ愈〱新ニ。愈〱動テ愈〱不レ屈セ。周之言ニ曰ク。薪昷テ而火伝フ。未レ見二薪火之為ルヲ一レ二。亦孰カ知ラム二焔続キレ焔逝ニク者如キヿヲレ斯ノ夫。而知ルレ道ヲ者見ハル二其ノ常ニ无キヲ一レ死焉。是ヲ以遂古之无キレ*疆リ。盈ツ二*六合之中ニ一。洋〻*乎トメ莫シレ非ルヿ二是物ニ一也。云〻と云へるは、先儒の説とは、少く異にして大きに同じ。

子孫の祭を為《ナ》すに及びて、来《キタリ》*格《イタ》ることは、

ふ。魂気天に帰す。此を神と謂ふ。鬼と神とを合て之を享るは教の至なり。骨肉下に斃れて化して野土と為る。其の気上に発揚して、昭明焄蒿悽愴を為す。此百物の精なり（＝人は生まれてきて気（見えない力）があり、魂（陽の気の精神）があり、魄（陰の気の肉体）があるのだ。気は神（心）の満ち溢れているものであり、魄（肉体）は鬼（精神）の満ち溢れているものである。すべての生きているものは必ず死ぬ。死ねば必ず土に帰る。これを鬼というのだ。魂と気は天に帰る。これを神（心）という。鬼と神とを合わせて、これをうけるのが教えの極地というものだ。人の骨や肉は下に倒れて死に、土にかくれて野の土となる。その気は上で盛んになって、大変明るく強く匂って痛ましく悲壮なものになる。これがすべての生き物の精なのである。）」などとあるのを引いて、人が生まれることと死ぬこととは、陰陽二つの気が集まるのと散るのとであって、集まれば人となり、散ればもとの陰陽に帰るのだ。たとえると、それは薪が尽きて燃えなくなり、白い煙が上に昇るようなものであって、どこかへ行くということもなく、消えて見えなくなってしまうのである。死と生、人と鬼（精神）とは一つであって二つ、二つであって一つなのである。

〔荻生徂徠の『鬼神論』（「私擬対策鬼神一道」）に「有無は鬼神の迹なり云々。之が有り無しと代々嬗《ゆず》り、愈《いよ》々出でて愈々新に、愈々動て愈々屈せず。周の言に曰く。薪尽て火伝ふ。未だ薪火の二つ為るを見ず。亦孰か焰、

子孫はこれ祖先の気なる故に、彼此《カレコレ》もと一気なれば、祭祀《マツリ》に其ノ誠を尽《ツク》す時は、同気相感

焔に続き逝く者斯の如きことを知らむ。而して道を知る者は、其の常に死無きを見る。是を以って遂に古の疆《きわま》り無き六合の中に盈《み》つ。洋々として是の物に非ること莫《な》し。云々（＝有るか無いかは鬼神（霊）の迹（なしたことの跡）である。うんぬん。此が有ると無いとは時代、時代に移り変わって、ますます出でてますます新しくなり、ますます動いてますます屈しない。周の言葉に言っている。「薪は尽きても火を伝えている。未だかつて薪と火とが二つであるのを見たことはない。また誰が知ろうか。焔が焔に続くようにして、死んで逝く者がこのようであることを。そして、道理を理解できる者は、常に死の無いのを見ている。これでもって遂に古から無窮であり、天下に広く充満して、これが物でないことはないのである。うんぬん。）」と言ったのは、先人の儒者たちの説とは少し違っているものの、大体は同じなのである。」

子孫が先祖の祭りをするのに際して、先祖の霊がやってくることがある。これを子孫は、「これは先祖の気（精神・エネルギー）であるから、それもこれももともとは、一つの気（精神）なので、祭祀にその真心を尽くしてする時には、同じ気（精神）が、お互

斃（タオ）レテ―倒れて死ぬこと。**発揚**―盛んになる。奮いおこす。**昭明**―明らかなこと。**焄蒿（クンコウ）**―強い臭い。**悽愴**―痛ましくて悲しい。**百物**―すべての生物。万物。**消散る**―見えなくなる。消える。**徂徠の鬼神論**―徂徠著の『私擬対策鬼神一道』に、以下の文がある。**嬗リ**―ゆずる。続く。移り変わる。**疆（キワマ）リ**―無窮。限りない。**六合之中**―六合は東西南北上下の六つの方角を言い、天下のこと。世界。**洋々トシテ**―ひろいさま。充満するさま。**格（イタ）る**―いたる。致す。

じて、感格あるなり。など云り。

まづ祭儀なる、人生有《リ》レ気云〻の語を、孔子の語なりと云ふこと信《ウケ》がたし。然るは論語に依て熟《ツラ〳〵》考ふるに、孔子は此《カ》やうに、隠《カク》れたるを索《モト》め、知らざる事を、云ふ人とは見えねばなり。按《オモ》ふに此《コ》は決《キハ》めて、後ノ世の小ざかしき者の、孔子に託《カコツ》けたる妄説なる事論なし。然るは、いま一層《ヒトキザミ》、この上を問て、しか陰陽聚《アツマ》りて人と生《ウマ》れ、気魂魄と云ふ。三つの奇物《アヤシキモノ》を生じて、かく活動《イキハタラ》き、また陰陽消散《チリ》て死る時は、其ノ魂ハ天に発揚《アガ》り、魄ハ土に帰《カヘ》る事は、何の理に因て然るや。また同気相感ずるとやらむ。其ノ子孫にのみ、別《ワキ》て感格ある事は、如何《イカ》なる理に依て然るやなど、*窮問《キハメトヒ》たらむには、何《イカ》にとか爲《ス》る。爰《コヽ》に至りては、百千《モヽチヾ》の聖人*額《ヒタヒ》を*蹙《シヾ》めて、考へたりと

いに感じ合って、感応して現れることがあるのだ。」などと言っている。

まず『礼記』の「祭儀」にある、「人生れて気有り。云々（＝人は生まれると精神、つまりエネルギーができる。うんぬん。）」の語が、孔子の言葉であるということは納得できない。それは『論語』によってよく考えると、孔子という人は、このように表面に見えていないことを探したり、知らないことを言う人には見えないからである。考えてみると、このことはきっと後世のこざかしい学者が、孔子の言葉にかこつけた、いい加減な説であることは論ずるまでもない。それはいま一段とこの上のことを尋ねて、「このように陰陽の気が集まって人と生まれ、気・魂・魄という三つの妖しいものを生じて、このように活動をする。そしてまた、陰陽の気が消え失せて死ぬ時は、その魂（精神）は天に昇り、魄（肉体）は土に帰ることとは、どのような道理によってそうであるのか。また同じ気が互いに感じ合うとか言っている。が、それはその子孫にのみ特別に感応があることは、どのような道理によってそうなのであるかなどと、徹底的に究め尋ねたならばどうするのか。ことここに至っては、百人千人もの多くの聖人が額を寄せあって、いくら考えても分かることはできないのに。……だからこそ孔子は、『論語』「先進」で、「生を知らず、いずくんぞ死を

も、知る事能《アタ》はじをや。偖こそ*孔子は、不レ知《ラ》レ生《ヲ》焉《ソ》知《ラム》レ死《ヲ》とは云へりけれ。

この語の意は既に云へり。

然れば人の生《ウマ》るゝ始のこと、死て後の理などを、推慮《オシハカリ》に云ふは、甚《イト》も*益なき事なれば、只に古伝説を守りて、人の生るゝ事は、天津神の*奇妙《クスシクタヘ》なる*産霊《ムスビ》の御霊に依て、父母の生なして、死《シヌ》れば其ノ霊《タマ》、永く*幽界《カクリヨ》に帰《オモム》き居るを、人これを祭れば、来り歆《ウク》る事と、在《アリ》の侭《ママ》に心得居りて、強《アナガチ》に其ノ上を穿鑿《タヅネ》でも有るべき物なり。其《ソ》は此ノ上の所は、人の智《サトリ》もては、実に測《ハカ》り叵《ガタ》く、知りがたき事なればなり。孔

知らむ（＝まだ生きることもよく分からないのが、どうして死ということが分かるものか。）」と言ったのだなあ。

この言葉の意味は、すでに私が言っている。

そうであるから人が生まれる始めのことや、死んで後の道理などを推量して、かれこれ述べるのは大変無駄なことである。だから、ただひたすらに古い記紀などの伝説を大切にして、人が生まれることは、天の神の不思議で霊妙な万物を生み出す神の御霊によって、父母から生まれ、死ねばその霊は長く幽界に出向いて帰っている。それを人が祭れば、こちらへやってきて享《う》け入れることだ……とあるがままに心得ていて、無理矢理にそれから先きを穿鑿《せんさく》せずに、そのままにしておくべきことなのである。それは、これ以上のところは人の智恵のみでは、本当に推測するのがむずかしく、知りがたいことであるからなのである。孔子も「其の知らざ

窮メ—きわめる。**額**—ヒタイ。原文は「額」とある。**蹙めて**—近づけて。**孔子は……**—以下に、「曰、未知レ生、焉知レ死」と「未」の字が『論語』にはある。**益なき事**—すでに本居宣長が、これについて「無益の空呼に候」（『答問録』）と言っている。**奇妙なる**—奇異にして不思議な。**産霊**—天地万物を生む霊妙な力。**幽界**—隠世とも。死後の世界。死んだ人の行く所。

子も於テ㆓其ノ所ニ㆒㆑不ル㆑知ラ蓋闕*如ス也と云ひ、また述テ而不㆑作ラ信ソ而好ム㆑古*ヲなども云へるに非ずや。其ノうへ*霊異を現《アラハ》す事は、同気相感じてなりと云はば、其ノ子孫たる者の禱《イノ》らぬ限りは、霊の無《ナカ》るべき理なるに、然はあらで、霊の祟《タヽリ》を爲し、又福を与《アタ》へたるためし多く有り。さるは、左伝成公が十年に、晋ノ景*公が夢に、大*厲被ムリ㆑髪ヲ及フ㆑地ニ。搏テ㆑膺*ヲ而踊テ曰ク。殺ス㆓余カ孫ヲ㆒不義。

*杜預が注にいはく、厲ハ鬼也。趙氏之先祖也。八年晋侯殺ス㆓趙同趙括ヲ㆒。故ニ怒ル。

余得タリ㆑請フヿヲ㆓於帝ニ㆒矣。壊テ㆓大*門及ヒ寝*門ヲ㆒而入ル。公懼レテ入ル㆓于室ニ㆒。又壊ル㆑戸ヲ。公覚テ召ス㆓桑田ノ巫*ヲ㆒。巫言カ如シ㆑夢ノ。

注に曰く。巫云ク。鬼怒ル。如シ㆓公ノ所ノ㆒㆑夢ル。

と見え、此ノ祟《タヽリ》終《ツヒ》に止《ヤマ》ずて、景公は死《ミマカ》りた

る所に於て、蓋《けだ》し闕如すなり（『論語』「子路」）（＝君子はよく知らないことについては、考えてみるのを省いて黙っていたらよいのだ。）」と言い、また「述べて作らず信じて古を好む」（『論語』「述而」）（＝先人の道を述べるだけで、私が作りはしない。先人の道を信じて先人のことを好むのだよ。）」などと言ったのではないのか。その上に霊が奇異を現わすことは、同じ気が互いに感応してそれが出来ると言えば、その子孫である者が祈らない限りは、霊がないはずの道理である。それなのに、そうではなくて霊が祟りをなし、また逆に福を人に与えた例が多くあるのだ。それは、『春秋左氏伝』の「成公十年伝」に載る晋の景公の夢に、「大厲髪を被むり地に及ぶ。膺を搏て踊て曰く。余が孫を殺す不義なり（＝大きな悪鬼が長い髪をのばして地に垂らし、胸を叩いて踊りながら言った。私の子孫を殺すのは道に背いた悪いことだよ。）」

〔杜預が『左氏経伝集解』の注に記している。「厲は鬼なり。趙氏の先祖なり。八年晋侯趙同趙括を殺す。故に怒る（＝厲《幽霊》は鬼である。趙氏の先祖である。八年に晋侯が趙同趙括を殺した。だから怒ったのだ。）」〕

余帝に請うことを得たりと。大門及び寝門を壊《やぶり》て入る。公懼《おそ》れて室に入る。又戸を壊《やぶ》る。公覚て桑田の巫を召す。巫が言、夢の如し。（＝私は帝にお願いをする許しを得たとして、正門と寝門《奥の門》とを破って入った。公は恐れて室に入った。又、戸を破った。景公は夢から覚めて

りき。此ノ一ト事を以ても、人死ては、魂魄消散《チリウセ》て、知る事なしと云ふ説の、妄なるを悟るべし。骨肉は朽《クチ》て土と成《ナ》れども、其ノ霊《タマ》は永く存《ノコ》りて、かく幽冥より、現人《ウツシヒト》の所為《シワザ》を、よく見聞居る*をや。

但シ此等の事をも、*理学者流の論ひには、已が心と迷出す事なりとして、彼の瓜《ウリ》を踏て、*蟾《カヘル》なりと思へる法師の、地獄に堕《オチ》たる夢見たりし類の事を、多く取リ出て云ふ事なるが、みな一を知りて、二を知らぬ論ども

桑畑にいる巫女を召された。巫女が言ったのが、公の夢と同じであった。〕」

〔『集解』の注で言っている。「巫云く、鬼の怒る。公の夢《ゆめみ》る所の如し（＝巫女が言った。鬼（霊）の怒ることは、景公が夢に見たところと同じである。〕〕

とみえている。この鬼（霊）の祟りは遂に止まないで、景公はお亡くなりになった。この一事をもって考えても、人が死んだあとは魂（精神）と魄（肉体）とが消え散ってしまって、あとは何も分かることがないと言う説が、間違っていることを悟るべきだ。骨も肉も朽ち果てて土となっても、その霊は永く残ってこのように幽界から、こちらの現に生きている人々の所業を、よく見たり聴いたりしているものなのだよ。

〔ただしこれらの事をも、宋儒の性理学者風の論法では、己の心が迷い出すことであるとして、あの瓜を踏みつけて蟇《ひきがえる》であると思った法師が、地獄に落ちる夢を見たという類のことを、たくさん持ち出して言っていることである。しかし、どれもみな一を知っていても、次の二というものを知

闕如―欠けている。省く。**古**―先人。昔の人や昔の話。**霊異**―すぐれて不思議なこと。神異。**景公**―春秋時代の宋・晋・斉・魯の君主が、それぞれ景公と呼ばれたが、こは晋の景公のことである。**大厲**―大きな悪鬼。厲（レイ）はたたる悪鬼。**膺**―むね。**杜預**―晋の人で、呉を討った。後に『春秋左氏経伝集解』を著わす。**大門**―正門。**寝門**―寝殿の門。**巫**―巫女（みこ）。神に仕える女。**をや**―…ものを。であるのになあ。**理学者流**―宋代の儒学は性命と理気とを論じ性理学と称し、略して「理学」と言った。その「性理学者風」という意味である。**蟾**―ひきがえる。

にて、偏《カタクナ》なり。その弁こゝには処狭《セ》く煩《ウルサ》ければ洩しぬ。
○序《ツイデ》なれば記す。朱子の文集に、人の死て、その霊永く尽《ツク》ること无しと云ふを、世俗粗浅の知見なりとて、必如《ナラバ》二此《ノ》説《ノ》一。則其《ノ》界限之広狭。*安頓之処所。必有《ラム》二可《キ》レ指《シ》‐言《フ》者一。且自二*開闢一以来。積至《テル》二于今一。其《ノ》*重併*積畳。計《ニ》已《ニ》無《ム》二地之可レ容《ル》矣。是《レ》又安《ソ》有《ラム》二此《ノ》理一耶。と云へるは、理をいふも限りあるべきを、天地も朱熹が心の如く、狭《セマ》き物と思へるにや。

又*昭公が七年に、*鄭ノ国にて、*伯有と云フ者の霊《タマ》の祟《タヽリ》をなし、或ル人の夢に見えて、云ゝ《シカ〳〵》の日に、駟帯公孫段を殺《コロサ》むと云ヒけるが、

この二人は、伯有を殺したる者どもなればなり。

果して其ノ言の如くなりしかば、国人ども甚じく《ママ》畏れ騒ぎければ、子産が計《ハカ》らひにて、伯有が子等を、*大夫と云ふ職《ツカサ》になし、彼ノ霊を和《ナゴ》め祭らしめければ、其ノ祟《タヽリ》やみぬとぞ。*子大叔と云ふ者、子産にその故を問ひければ、

らない論ばかりであって、偏っていて公平な見解ではない。それへの言葉は、ここでは記すところも狭く少くて、煩わしいので止めることにした。

○序《つい》でだから記すと、朱子の文集（『朱子文公文集四五問廖子晦』）に、人が死んでから、その霊が永く尽きることはない、というのを、世の俗な人は荒くて浅い見解であるとして、「必ず此の説の如くならば、則ち其の界限の広狭、安頓の処所は必ず指《ゆび》し言ふ可き者有らむ。且つ開闢《かいびゃく》より以来積て今に至る。其の重併積畳《じょう》計るに已に地の容る可き無《なか》らむや。是れ又安《いずくん》ぞ此の理有らむ（＝本当にこの説の通りであるならば、すなわちその世の限界の広さ狭さや、よい所を得られる場所を、必ず指示できる者がいよう。かつ、この天地の開き始めよりこの方、積み重って今に至っている。その重り合わせや積み重ねなどをはかろうとしても、すでに大地で受け入れられないのではないか。これまた、どうしてこのような道理がありえようか。）」と言っているのは、道理を述べるのにも限界があるはずなのを、天地も朱熹の心のように狭いものと思っているのであろうか。

また昭公の七年に鄭の国で、伯有という者の霊が祟りをなした。それは、ある人の夢に出てきて、「かくかくの日に駟帯《してい》公孫段を殺すよ。」と言ったが……

〔この二人は伯有を殺した者たちであったからである。〕

……はたしてその言葉のように、二人とも殺されてしまったので、国の人々が非常に恐れて騒ぎ立てた。それで子産の計《はか》らいにより、伯有の子たちを大夫という宮職につかせ、かの伯有の霊をなぐさ

子産が云へるは、鬼有《レハ》レ所レ帰《スル》。乃不レ為《サ》レ厲《ヲ》。吾《レ》為《ス》二之《カ》帰《ヲ》一也。と云へること見えたり。同気相感じたるに有らでも、其ノ霊著明《イチシル》きこと斯の如し。

此ノほか斉ノ*彭生、晋ノ*申生などが祟をなせる。魏*武子が妾の父が、魏*顆によろこび云へる類の事。いま数ふるに暇あらず。

然るを、朱子これにもまた説を造《ツク》りて云はく、人鬼之気。則消散而無レ余《リ》矣。其《ノ》消散亦有《リ》二*久速之異一。人有下不《ル》レ*伏《セ》二其《ノ》死《ニ》一者上。所二以《ナリ》既《ニ》死《ソ》而

め祭らせたので、その祟りは止んだ、ということだ。子大叔という者が、子産にその理由を尋ねたところ、子産が言うのには、「鬼帰する所有れば乃ち厲を為さず。吾れ之が帰を為す也（＝鬼《霊》の帰っていく所があれば、すなわち祟りをしない。私はこの伯有の霊が帰るようにしたのだ。）」と言ったことが見えている。同じ気（精神）が互いに感じ合ったのではなくても、その霊の存在がきわめて明らかなことはこのようである。

〔この他に斉の彭生、晋の申生などが霊となり祟りをなしたことや、魏武子の妾の父が魏顆に喜びを言った類《たぐい》のことは、今、数えるのに暇がないほど多いのだ。〕

それなのに朱子がこのことにも、また説を作って言っている。「人鬼の気、則ち消散して余り無し。其の消散亦久速の異有り。人其の死に伏せざる者有り。既に死して此の気散ぜず、妖を為し

安頓―配置する。よい所を得る。**開闢**―世界の開け始め。天地創造。**重併**―かさね合わせること。**積畳**―つみ重ねること。**昭公が七年**―『春秋左氏伝』の「昭公七年伝」のこと。**鄭**―春秋時代の国。周の宣王の弟桓公を祖とする。**伯有と…殺む**―「壬子、余将レ殺レ帯也。明年壬寅、余又将二殺一段也」。**大夫**―官名。夏・殷・周時代では、卿の下、士の上に位置した。**子大叔**―本居大平文庫本には「子叔」。**斉ノ彭生**―大きな豚になって現れた人。**晋ノ申生**―晋の恵公が改葬したので、怒って幽霊になって出てきた人。**魏武子**―『春秋左氏伝』「宣公十五年」にみえる人。**魏顆**―春秋管（カン）の人。父の死後にその妾を殉死させて、他へ嫁せしめなかった。**久速之異**―遅い早いの違い。**伏す**―したがう。受け入れる。服従する。

此《ノ》気不レ散《セ》。為《シ》レ妖《ヲ》為《ス》レ怪《ヲ》。

篤胤云。不レ伏《セ》二其死《ニ》一とは、猛《タケ》き人の軍などに出て、戦ひ死たる。又は暴悪人《アラブルヒト》の刑戮《ツミナ》はれて死たる。或は自ラ縊《クビ》れ、自ラ刎《クビハ》ね、または甚く寃《ウラミ》を抱《イダ》きて、殺されたる人などを云ふなり。然《サ》やうの死を為《ナ》したる者は、魂魄もとの陰陽に復《カヘ》り得ずして、妖怪の事を為《ナ》すとなり。

如《キ》二人之凶死及《ヒ》*僧道《ノ》一。既《ニ》死《ソ》多《ク》不レ散《セ》

篤胤云。其ノ注にいはく。僧道務《メテ》養《フ》二精神《ヲ》一。所三以《ナリ》凝聚《ソ》不《ル》レ散《セ》。と云へり。新井君美ぬしは、僧道ハ僧と道士なり。と云ハれたり。此は然もあるべし。

若《キハ》二聖賢《ノ》一則安《ムス》二于死《ニ》一。豈有《ラム》下不レ散《セ》而為《ス》二*神怪《ヲ》一者上乎。如《キ》二*黄帝*堯舜《ノ》一。不レ聞《カ》三其既《ニ》死《ソ》而為《スヿヲ》二*霊怪《ヲ》一也。と云へり。此は子産が晋ノ国へ往《ユキ》ける時に、*趙景子といふもの、伯有猶能為《クラム》レ鬼乎。と問ひけるに答へて、能《クセム》　人生始《テ》化《スルヲ》曰レ魄《ト》。既《ニ》生《ス》レ魄《ヲ》。*陽《ヲ》曰《フ》レ魂。

怪を為す所以なり（＝人の霊魂の気は、すぐに消え散ってしまって、残って余ることはない。その消えたり散ったりするのには、また遅いのや早いのとかの違いがある。だから、人によってはその死を受け入れない者が出てくる。すでに人が死んでいてもこの気が散じなかったから、妖しいことをし怪をする由縁なのである。）」。

〔篤胤が言う。「その死に伏せず（＝死んでしまっても、その死を受け入れずに従わない。）」とは、勇猛な人が戦争などに出陣して戦死したのや、またはひどい悪人が処罰されて死んだのや、あるいは自ら縊死《いし》したり、みずから首を刎《は》ねて死んだり、または非常な恨みを抱いて、殺されてしまった人などのことをいうのである。そのような非業の死を遂《と》げた者は、魂（精神）と魄（肉体）とが、本来の陰陽の気に帰りえないで、妖しいことをするのである。〕

「人の凶死及び僧道の如き、既に死して多く散せず。（『朱子語類』巻三）（＝人が災いで死んだ時や、僧侶や道士のようにすでに死んでいても、多くはその気が散ってなくならない。）」

〔私篤胤が述べると、その『朱子語類』の注にこう言っている。「僧道務めて精神を養う。凝聚して散ぜざる所以なり（＝僧侶や道士たちは、精神を強く養生するのを日夜務めている。だから、このことがその気が凝り集まって散らない理由なのである。）」と言っている。新井君美大人は、「僧道とは僧と道士である。（『鬼神論』）」と言われている。これはその通りであろうか。〕

杜預が注に、魄《ハ》形也。陽《ハ》神也と云へり。篤胤謂《オモ》ふに、此ノ語、人より魂までの十二字は前にいへる如く、推《オシ》量《ハカリ》の説にて、此所《コヽ》には無用の余り物の如し。能《クセム》用《ルヿ》ニ物《ノ》精《ヲ》ニ云ゝと連続《ツヾ》きて、いと能く聞《キコ》ゆる事なるをや。

「聖賢の若《ごと》きは則ち死に安んず。豈《あに》散ぜずして神怪を為す者有らむや。黄帝・堯・舜の如き其の既に死して霊怪を為すことを聞かず也（『春秋左氏伝』昭公七年伝）（＝聖人賢人のような人は、すなわちその死が来ると安らかに受け入れるものだ。それがどうして気が散らないで、妖しいことをする者があろうか。黄帝や堯や舜のごとき人が、すでに死んでから妖しい怪をなしたことは聞かないのだ。）」と言った。これは子産が晋の国へ行った時に、趙景子という者が「伯有猶能く鬼為らむや（『春秋左氏伝』昭公七年伝）（＝伯有は、なおまだよく祟《たた》る鬼（怨霊）でいるのですか。）」と尋ねると、子産が答えて言った。「能くせむ。人、生まれ始て化するを魄と曰ふ。既に魄を生ず。陽を魂と曰ふ（前書）（＝それはよくできるでしょう。人が生まれて最初に形を成すのを魄（肉体）という。すでに魄ができてから、次の陽すなわち霊妙な精神を魂と言っている。）」

（杜預の注には、「魄は形なり。陽は神なり。（＝魄は肉体であり、陽は精神である。）」と言っている。私、篤胤が考えると、この言葉、つまり人から魂までの十二字は、前にも言ったように推測の学説であって、ここでは無益で余計なもののようだ。「能くせむ。物の精を用いること云々（＝よくできよう。さまざまなものの精気を用いることは、うんぬん。）」と続いて

僧道—僧侶と道士。**神怪**—不思議なこと。怪しいこと。**黄帝**—中国古代の帝王。**堯舜**。**霊怪**—不思議で怪しいこと。**趙景子**—中軍の副将で、名は趙成。**陽**—宇宙のもとである陰・陽二気の一つ。**舜**—古代の聖天子である堯と

孰ゝ《ツラく》考ふべし。

用ルコト二物ノ精ヲ一多キトキハ則。魂魄強シ。是ヲ以テ有二精*爽一。至ル二於神*明ニ一。匹夫匹婦ノ*強死タモ。其ノ魂魄猶能ク*憑二依ス於人ニ一。以テ為ス二淫*厲ヲ一。況ムヤ*良霄ハ。

伯有がことなり。

我《カ》先君穆*公之胄*ニ。云ゝ。而シテ強死ス。能ク為ルモレ鬼ト不*ナラ二亦宜一乎。と云へるは同シ趣にて、何《イカ》にも然《シカ》あらむと思はるゝ如くなれど、此レも例の信《ウケ》がたし。然《サ》るは子路などの如く、軍*陣に赴き、刃《ヤイバ》に挂《カヽ》りて死たる者の、*厲《タヽリ》を為《ナサ》ざりしは如何《イカ》にぞや。此レも大抵《オホカタ》の人の説には、子路などの如き達士は、死生ともに一理なる事を知て、死に安むじ、其ノ気沈滞すること無く、散尽《チリツク》る故に、厲《タヽリ》を為《ナ》さずと云へり。此亦実《マコト》しけれど、達*士と云ふにも非ず、死に安むじたる

こそ、よく分かることなのだよ。よくよく考えるべきである。」

「物の精を用ること多き時は、則ち魂魄強し。是を以て精爽有り。神明に至る。匹夫匹婦の強死だも其の魂魄、猶能く人に憑依して、以て淫厲を為す。況んや良霄は（『春秋左氏伝』昭公七年伝）（＝物の精気を用いることが多い時、すなわち精神と肉体が強くなる。これをもって明るいさわやかさが生じ、神のように明らかなところに到達する。愚かな男、おろかな女らの一般人の非業の死ですらも、その霊はなおよく他人に乗り移って、悪い祟りをするのだ。ましてや良霄などは、もっと祟るのである。）」

〔伯有のことである。〕

「我が先君穆公の冑に、云々。而して強死す。能く鬼と為るも亦宜《むべ》ならず乎（＝わが先きの君、穆公の子孫に。うんぬん。そうして非業の死を遂げたのである。彼がよく鬼（霊）となったのも、もっともなことではないのか。）」と言ったのは、同じ趣旨からであって、いかにもそうであろうと思われるようである。しかしこれも、いつもの如く信じ難いことなのだ。それは子路などのように、戦場に出向いて刃《やいば》にかかって死んでしまった者が、祟りをなさなかったのはどうしてなのか。これもたいていの人が説くのは、子路などのような見識のある人物は、死も生もともに一つの道理であることを知っていて、死ぬことに安んじたので、彼の気は沈滞せずに散り尽くしたから、祟らないのだ。」と言っている。この説はまた、本当

には有らで、甚く*寃《ウラミ》を抱《イダ》きて死たる者の、厲を為《ナサ》ざりし事も有り。又寃もなく強死もせざりし人の、年経《トシヘ》て灼然《イチジル》く、その*霊異を現《アラ》はしたる事も有り。さるは左伝僖公が三十一年に、*衛ノ成公が夢に、その先祖康叔と云ふ者の霊告《ツゲ》て、相奪《フ》ニ予享《カヲ》一と云へること見えたり。

朱子語類に、問《フ》。死者《ノ》精神既散《ニス》。必頼《テ》ニ生人祭祀《ニ》*昰《スニ》レ誠《ヲ》以聚《マリ》レ之《ニ》。方《ニ》能《ク》凝聚《ス》若《キ》下相奪ニ予享《カヲ》一事《ノ》上如《キヤ》ニ伊川所《ノル》レ謂《ハ》

らしいものの見識のある人というのでもなく、死に安んじたのでもなくて、非常な恨みを抱いて死んだ者が祟りをしなかったこともある。また恨みもなく非業の死でもない人が、年を経てから大変不思議な霊異を現したこともある。それは、『春秋左氏伝』の「僖公三十一年」に衛の成公の夢に、その先祖康叔という者の霊が告げて、「相《しょう》、予が享を奪ふ（＝夏の相が私の祭りを奪おうとする。）」と言ったことが見えている。

〔『朱子語類』に「問ふ。死者の精神既に散ず。必ず生人祭礼に誠を尽すに頼て、以て之に聚まり、方に能く凝聚す。相、予が享を奪ふ事の若き伊川の謂はゆる別に是れ一理の如きや、否さるや。曰く云々。或は是れ他に這《こ》の念有れば、便《すなわち》、這《こ》の夢有り。知る可からず（＝質問する。死者の精神が既に散った。その後は必ず生きている人が祭礼に誠意を尽くすのを頼りにして、これにより死者の精神が集まる。本当によく固まり集まるのだ。衛の成公の夢に、「相が私の祭りを奪おうとしている。」ということなどは、程伊川の言うところの「また別の一理でもあろうか。いや、違うのか。曰

精爽―明るくさわやかなこと。**神明**―神のように明らかなこと。**強死**―殺されたり自殺すること。非業の死。**憑依**―霊などが乗り移ること。**淫厲（インレイ）**―わざわい。たたり。**良霄（リヨウショウ）**―春秋時代の鄭の人。字は伯有。殺されて厲鬼となり人を殺した。**穆公**―春秋時代の秦の賢君。西戎（チベット）を占領した。**冑**―血すじ。あと。**宊（ムベ）**―宜の異体字。うべなう。なるほど。もっともである。**軍陣**―陣営のこと。ここは戦場の意であろう。**厲**―レイは悪い霊のことであるが、篤胤はタタリとよんでいる。**達士**―見識の高い人。**寃**―冤の俗字。うらみ。**霊異**―霊妙。大変不思議なこと。**衛**―周代の国が衛。**昰ス**―尽す。「盡」の略字。

別ニ是レ一理ノ二否《サルヤ》。曰云々。或ハ是レ佗ニ有レハ二這ノ念一便有リ二這ノ*夢一也。
不レ可ラレ知ルと云へるは、例の強説*なり。

また前に引出たる。晋ノ景公に厲《タヽリ》を爲《ナシ》たる。趙氏の先祖も、その始め、非命に死たるには有らねども、景公に、その*子孫《ウマゴ》等《ドモ》を殺されし故に、怒《イカ》りて厲を爲したるに非ずや。

この類の事、この余《ホカ》にも、なほ多くあり。

また聖賢は、死に安むずる故に、*神怪を爲《ナサ》ずと云ふも強説《シヒゴト》なり。黄帝堯舜などを挙《アゲ》たれども、此ノ輩の神怪なかりしとて、聖賢なる者ども、誰《タレ》も〳〵死に安むじて、神怪の事なし。と云ふの、徴《アカシ》には爲《ナ》るべくもあらず。然るは孔子の、死て遙《ハルカ》に後ノ世に、神霊灼然《イチジル》かりし事あり。

さるは宋ノ仁宗が代に、王曽字ハ孝先と云ヒし者あり。此レが父は、年いたく老に至るまで、子のなかりしが、

く。うんぬん。あるいはこれは、他にこのような思いがあれば、すなわち、この夢があるのだ。分かろうとする必要はないのだ。〕と言っているのは、例の無理な押し付けの論である。〕

また、前に引用した晋の景公に祟りをなした趙氏の先祖も、その初めは非業の死を遂げたのではないが、景公にその子孫たちを殺されたので、怒って祟りをなしたのではないのか。

〔この類《たぐい》の祟りのことは、この他にもなおたくさんあるのだ。〕

また、聖人賢人は死を安んじて迎えるから、怪しいことをしないというのも、無理に押しつけた説である。黄帝・堯・舜などを挙げているけれども、この人たちに怪しいことがなかったからといって、聖人賢人である人たちだれしもが、死に安んじて怪しいことはないとの根拠にはなしようもない。それは孔子が死んでのち、はるか後世に、その神霊のいちじるしかったことがあるからだ。

〔それは宋の仁宗の代に、王曽、字は孝先という者がいた。彼の父は非常な老齢になるまで子供がなかった。この人がいつも文字を書いた紙を大切にして拾い集め、汚れたのまでも洗い清めて、これを焼くことは勿論のこと、決して一文字も粗末にしなかった。すると、ある一夜の夢に孔子が彼の背中を撫でて、「私はお前が文字を書いた紙を、大切にすることを怠らないのに感心しているが、惜しいことだが、お前は大変年老いていて、学問が大成できる年齢ではないのだ。だから、曽参をお前の子として生まれさせて、大いに家を起こさせてあげよう。」と言った。ところが果して、

常に文字を書《カキ》たる紙を貴みて、拾《ヒロヒ》集め、汚れたるをば、洗ヒ浄めて、これを焚くなど、更に一文字も、麁略にせざりしに、一夜の夢に、孔子その背を撫て云へるは、吾《ワレ》汝が、文字かきたる紙を貴むことの、怠りなきを感思《メデ》へど、惜むべし、汝いたく年老て、学の成ルべき齢なし。故に曽参を汝が子に生れしめて、大に家を興さしむべしと云ひしが、果して一人の男子を生《ウミ》ければ、即チその名を曽と命《オフ》せ、さて孔子の云へる如く、其ノ家を興しけりと云ふこと、*日記故事と云書に見え、また*明ノ大祖が世に、南京といふ所の、学問所の地は、もと多くの屍を、埋めたる地なればとて、*万人坑と号《ナツ》けしが、空曇《ソラクモ》り雨降《フ》る時などは、往来の人、亡霊《ナキタマ》の爲に悩《ナヤマ》されて、死る者さへ有ければ、其ノ地に寺を建て、*醮《マツリ》をなし、祟《タヽリ》を和《ナゴ》めむとしけるに、猶止《ヤマ》ずて、瓦《カワラ》をうちなどするに、僧ども甚じく畏れければ、大祖が云へるは、孔子は大聖人なれば、決《キハ》めて此ノ厲《タヽリ》を鎮《シヅ》むべし

一人の男子を妻が生んだから、そこで子の名を「曽」と名づけた。それから孔子が言ったように、その子は家を起こしたということが、『日記故事大全』という書物に見えている。また、明の大祖の時代に南京という所の学問所の地は、もと多くの死体を埋めた土地であるからと言って、万人坑と称したのが、空がどんよりと曇り、雨がしとしとと降る時などは、往来する人が幽霊のために悩まされ、死ぬ人さえ出てきた。そこで、その土地に寺を建てお祭りをして、祟る霊をなだめようとしたが、なお止まないで瓦を打ったりなどしたので、僧たちが大変恐れたから、大祖が言われた。それは「孔子は大聖人であるから、必ずこの祟りを鎮めるはずだ。」とい

這—この。これ。**強説**—しいごと。無理矢理通す説。押しつけの説。**子孫**—まご。子孫のこと。**神怪**—怪しいこと。**日記故事**—『日記故事大全』のことで、七巻より成る。清の張瑞図の校。**明ノ大祖**—明の始祖。朱元璋。**万人坑**—多数の死体を合葬した墓。**醮**—祭る。酒を供えて神を祭る。

とて、孔子の*木主《カタシロ》を其ノ所へ迂《ウツ》しけるに、亡霊これより祟を止《ヤメ》けりと云こと、*群談採余といふ書《フミ》に見えたり。此は其ノ證《アト》ある事なれば争ひ叵し。
　また*五雑俎にも、余於《テ》二*曲阜《ニ》一見《ル》二孔子手《カラ》植《タル》桧《ヲ》一云ゝ。*孔林十里ノ中。雲*木参《ル》レ天《ニ》上无《ク》二鳥巣一无《ク》二鴉声一。下无《シ》二*荊棘*蒺藜刺《ノ》レ人《ヲ》之草一。聖人生前不レ語《ラ》レ怪《ヲ》。乃身後著《スヿ》二霊異《ヲ》一若《シ》レ此《ノ》。豈亦以《テ》二神道《ヲ》一設《ケム》レ教《ヲ》耶。抑〳〵或《ハ》有《テ》二地霊一*呵二護《スル》之《ヲ》一也。などとも見え、猶この余《ホカ》も何くれの書に、かゝる類の事、また感応ありし事なども、見えたりしかど、今悉くは得ものせずなむ。

若《モシ》くは、孔子をいまだ聖賢に至らずと爲《セ》むか。又孔子は、死に安《ヤス》むぜざりしにや。理を以て推《オシ》たる論ひには、斯《カ》く打合ハぬ事のみ多ければ、只死ては、其ノ霊幽冥に帰《オモム》き居る者なる事を心得て、厲《タヽ》る厲《タヽ》らぬ共《トモ》に、その霊と成りての情《コヽロ》は、知ラれぬこと故に、測《ハカ》り難《ガタ》しとして、強《シヒ》て其ノ理などは、云ふべき事には非ず

って、孔子の人形《ひとがた》をそこへ移したところ、幽霊がそれからは祟るのを止めてしまったということが、『群談採余』という書物に見えている。これは、その証拠があるので争い難い。
　また、『五雑俎』にも「余曲阜に於て孔子手づから植たる桧を見る。うんぬん（＝私は曲阜において、孔子がみずから植えたという桧を見た。うんぬん。）」とか、「孔林十里の中、雲木天に参る。上に鳥巣無く鴉の声無く、下に荊棘蒺藜人を刺すの草無し。聖人生前怪を悟らず。乃《すなわ》ち身後霊異を著《あらわ》すこと此の若《ごと》し。豈《あに》亦神道を以て教を設けむや。抑《そもそも》ゝ或は地霊有て之を呵護するなり。（＝孔子の墓の十里もの広い中に、雲のような高い木が天を目指し、上には鳥の巣が無く鴉の声も聴こえない。下には刺《とげ》の多い茨《いばら》や、刺のある薬草など、人を刺す草木がない。孔子は生前には、怪しいものについては語らなかった。そうして彼の身が死後に霊異を現わしたことは、このようにあるのだ。これをどうしてまた、神の道をもって教えられようか。そもそもあるいは、地の霊があってこの地を守護なされるのである。）」などとも見えている。なお、この他にも何やかやの書物に、このような類のことや、また、霊の感応があったことなども見えていたけれど、今はその総《すべ》てを得て記したのではない。）

それでなければ、孔子をまだ聖人賢人に到達しない人だとしようか。また孔子は、死に安んじなかったのであろうか。理屈をもって推し進めた論には、このようにうまく合致しないことのみが多い。だからただ、死んでしまってからは、その霊が幽界に向かっ

なむ。

　倩また人死て霊を為すことを、*文海披沙《ママ》といふ物に云へるは、孔子之聖不㆑能《ハ》㆑使《ルヿ》㆓天下《ヲメ》宗《トセ》㆑王《ヲ》。而既《ニ》没《スル》之後*林木十里。無《シ》㆓復荊‐棘鳥巣㆒。*関荘繆之賢。不㆑能《ハ》㆑保《ツヿ》㆓其《ノ》*首領《ヲ》㆒。其《ノ》没《スルヤ》乃為《リ》㆑神《ト》。禦《キ》㆑*灾《ヲ》*捍《ヒ》㆑患《ヲ》家〱 敬《シ》戸〱 奉《ス》。*高郵《ノ》女士為《メニ》㆑蚊《ノ》所㆑*嗜《マ》。僅《ニ》露《ハメ》㆓其《ノ》筋《ヲ》㆒死《ス》。而立《ツ》㆑廟《ヲ》*蚊蚋不㆑能《ハ》㆑入《ルヿ》。是《レ》皆生不《ル也》㆑如《カ》㆑死《ニ》。生《ハ》以《テ》㆑形《ヲ》運《シ》。而死《ハ》以《テ》㆑神《ヲ》運《スル》 故也。*王子符《カ》*論衡《ニ》。極《テ》*詆《リテ》㆓*子胥*江湖

て帰っているものであることを納得して、祟る祟らないかは、ともに孔子が霊となってからの心情が分からないから、計りがたいとして無理に、その理屈などを言うべきではないのだ。

　さてまた、人が死んで霊になることを、『文海波抄』という書物に言っているのは、「孔子の聖、天下をして王を宗とせしめること能《あた》はず。而して既に没するの後、林木十里、復た荊棘鳥巣なし。関荘繆《びょう》の賢、其の首領を保つこと能はず。其の没するや乃ち神と為り、灾《わざわい》を禦《ふせ》ぎ患を捍ひ家々に敬し戸々奉ず。高郵の女士蚊の為めに嗜まる所、僅に其の筋を露はして死す。而して廟を立つ。蚊蚋、入ること能はず。是れ皆生の死に如かざる也。生は形を以て運し、而して死は神を以て運する故なり。王子符が『論

木主—みたましろ。ひとがた。祈禱に用いる人形。**群談採余**—『群譚採余』のこと。明の倪綰撰の十巻より成る書。**五雑俎**—明の謝肇淛の撰で十六巻のもの。**曲阜**—周の初めに曲阜といい、周公が魯の治める縣とした。孔子の生まれた地である。**孔林**—孔子の墓所。山東省曲阜県の北にある。**雲木**—「雲」は高いたとえ。雲のように高い木々。**荊棘（ケイキョク）**—茨のとげ。棘の多いこと。**蒺藜（シツレイ）**—刺のある薬草。**呵護**—守護する。**文海披抄**—明の謝肇淛の著。八巻より成る。写本『新鬼神論』には、この「倩また人…」から「…見解（サトリ）の人も有るなり」までの十四行はない。**林木十里**—林の古木が十里も続くこと。**関荘繆（カンソウボク）**—三国時代に活躍した蜀の関羽の封号で、宋の高宗の時に贈られた。**首領**—くび。こうべ。又はかしら。頭目。**灾**—わざわい。**捍ヒ**—捍（カン）は防ぐ。守る。ただし「動く」の意もあり、ここは「ハコビ」とでも篤胤は訓ませたかったのか。**高郵**—漢時代に置かれた県名。**嗜ム**—かむ。食う。**蚊蚋（ブンゼイ）**—蚊。蚋も蚊のこと。**王子符**—清の沈衍慶。ここは王充のこと。篤胤の記憶違い。**論衡**—後漢の王充の著述で三十巻から成る。**詆（シカ）**

之妄《ヲ》一。至《ル》レ曰《フニ》下使《テ》二子胥《ヲ》一生《ル》時数百千人不レ能《ハ》レ越《ルコト》レ水《ヲ》。一子胥之身煮《ラル》二＊湯鑊之中《ニ》一。其《ノ》神安《ムカ》在《ルヤ》。豈＊怯《ク〆》二於湯鑊《ニ》一勇《ナル》二於江水《ニ》一哉《ヤト》上。其言《ノ》＊陋《シ》矣。と云へり。此ノ論平穏《オダヤカ》にして、いと〱感《メデ》たし。赤県州《カラクニ》にも、稀《マレ》には斯《カ》く卓越《スグレ》たる、見解《サトリ》の人も有るなり。

また新井君美主の論に、それ水は至て清けれども、氷＊を結ぶ時は明カならず。神至て明なれども、形を成《ムス》ぶときハ明ならず。氷解《トケ》ては清にかへり、形《カタチ》散じては明に復《カヘ》る。故に＊冱《サム》るは霊ならずして、夢ハ霊に、生《イケ》るは霊ならずして、死せるは霊なり。人死して厲をなす事、これに同じと云はれ、又俗《ヨ》に謂《イハ》ゆる、生霊《イキ》の事を論ひて云ハれしは、死るが厲をなすは、神その形を去ればなり。生《イケ》るが妖をなすも、また神形を去ればなり。只死せる物は、神永く形を去る。生《イケ》るものは神明ありて、其ノ形を出入する事あるなり。譬へば形ハ屋舎なり。神はこれ主人なり。神ながく形を去るは、一《ヒト》たび家を去りて、＊万里の外に行留《ユキトヾマ》るなり。神明に出入す

衡』に極て子胥江湖の妄を誑りて、子胥を使て生る時、数百千人水を越ること能はず。一子胥の身湯鑊の中に煮らる。其の神安むか在るや。豈湯鑊に怯くして江水に勇なるやと。其の言、陋し矣（同書の巻二「生不知死」）（＝孔子のすぐれた徳をもってしても、天下の人をして王を尊いおおもととすることができなかった。そして孔子が没した後に、樹や林が十里も続く彼の墓地には、また茨の棘や鳥の巣などはなかった。関羽の才智をもってしても、そのかしらの地位を保つことはできなかった。彼が死ぬと神霊になって災いを防ぎ、患いから守った。それで家々が関羽を尊敬し戸毎に彼を祭った。高郵の女性が蚊に嚙まれてしまい、僅かにその筋肉をあらわにして死んでしまった。それで廟を建てると、蚊はその中へ入ることはできなかった。これは皆、人の生は死には及ばないからである。人は生きている時は形体をもって動き、死んでしまえば、形のない精神（エネルギー）をもって動くからである。王子符（王充）が、その著『論衡』で非常に子胥が世の中のでたらめを叱って、「子胥をして生まれる時は、数百人、千人の多くの人が川を越えることができない。一人子胥の肉体は釜の中で殺されてしまったよ。その精神がどうして安んじていられようか。どうして釜ゆでにおびえていて、河の水には勇ましいのでしょうか、と言うに至った。」この言葉は拙く悪いものである。）」と言った。この論は穏当なものであって、大変良いものだ。中国にも稀れには、このようなすぐれた見解を持った人もあるのだ。

る物は、朝に家を出て、夕に家に帰るなり。家を去る事は、遠き近きハ異なりといへども、其ノ家を出て、営《イトナ》む業《ワザ》ある事は、彼此《カレコレ》ともに同きが如し。と云ハれたるは、実に然もあるべし。と思はるゝ程《バカリ》なれど、此は

〔また、新井君美大人の『鬼神論』に「それ、水は大変清らかであるが、氷を結ぶ時は少し濁っている。精神は非常に明らかであるが、形体を造る時は明らかではない。氷は解けて清らかに帰り、形体は散って明るきに帰る。だから、目覚めているのは霊ではなく、夢が霊になるのだ。生きているのは霊ではなく、死んだのが霊なのである。人が死んでから厲《れい》（祟り）をするのは、これと同じ道理である、と言われた。また世間でいわゆる、生霊のことを論じて言われたのは、死んだのが祟りをするのは、精神がその肉体を去ったからである。生きている人が怪しいことをするのも、また精神が肉体を去ったからである。ただ死んだものは、その精神が永く肉体を去る。生きている者には、精神があってその肉体を出たり入ったりすることがあるのだ。たとえると肉体は家屋である。精神は、これは住む主人である。精神が永く肉体を去ってしまうのは、一度、わが家を去って、一万里もの遠方の外で行きとどまるのである。精神が出入りするというのは、朝に家を出て夕べに家にきちんと帰ることである。家を去るのに、遠いのと、近いのとでは違っているといっても、その家を出てそれぞれに営む職業があることは、かれもこれもともに同じであるがごとくである。」と言われたのは、本当にそうなのに違いない。……と思われるほどである。し

リ―叱る。そしる。**子胥**―春秋の楚の伍員の字。**江湖**―三江五湖の略で、世の中のことをいうが、ここは揚子江のことか。（237頁）**湯鑊（トウカク）**―人を煮て殺す古代の酷刑。**怯**―おそろしく。おびえる。さける。**陋シ**―陋（ロウ）を「いやし」と訓み、悪い、粗末だの意味。**氷**―原文は「冰」とあり、凍ること。**貶る**―覚める。**万里**―一万里。遠い所。

宋儒の説などに依りて、論らはれしにて、例の推慮《オシハカリ》説《ゴト》なれば如何《イカヾ》あらむ。猶この主《ヌシ》の論ひに、亡魂の人の身に寄《ヨ》りて詩を賦し、文字を書《カケ》る事、また遊魂の人に代《カハ》りてよれる事、また人を欺ける事など云ハれしおもむき、実には信《ウケ》がたき説なれども、一ト通《ワタリ》うち聞《キ》けるには、甚《イト》おもしろき論どもなり。此は彼《ソノ》論を披《ヒラ》き見て、己《オノ》かじゝ定むべき事なりかし。

かしこれは、宋の性理学者たちの説などにより論じられたものであって、いつもの推量の説であるから、いかがなものであろうか。疑わしいものだ。なお、この新井白石大人の論じたのに、亡き人の魂が人の体に憑依《ひょうい》して、詩をうたったり文字を書いたことや、また遊離した魂が人に代って憑依することや、また人を欺いたことなどを言われた趣旨は、本当には信じがたい説であるけれども、ひと通りさっと聴くのには、大変おもしろい論などでもある。これは、かの『鬼神論』という書を開いて読んで、それぞれが決めなければならないことなのだよ。」

扨《サテ》また仏者の云ふ輪廻*てふ事あり。然るは、何某《ナニガシ》は何某の再《フタヽビ》生《ウマ》れたるなり。また前身は虫にて有りき、獣《ケダモノ》にて有りき、など云ふの類なり。儒者これを破りて云ふは、死る者は、神と形と相《アヒ》はなれ、形は朽《クチ》て土と成り、神は風火の如く、散《チリ》て知る事なし。譬《タト》へば木草の花の、今年咲《コトシサケ》るは、往年《イニシトシ》の花ならぬが如く、又川ノ水の、今日《ケフ》流るゝは、昨日《キノフ》流れし水ならぬが如し。死たる人の、また復《カヘ》らぬ事も、此《コレ》に等《ヒト》し。また人の生るゝ事は、木ノ実《ミ》より、

さてまた、仏教信者がいう輪廻ということがある。それは誰それは何某の生まれ変わりなのだ。また前生は虫であったとか、獣であったなどという類である。儒者がこの論を論破して言うには、「死んだ者は精神と肉体とが互いに離れてしまって、肉体は朽ちて土になり、精神は風や火のように散ってしまって分からなくなる。例えて言うと、木や草の花が今年咲いたのは、過ぎし年の花ではないようなものだ。また川の水の今日流れているのは、昨日流れていた水ではないようなものだ。死んでしまった人が二度とまた生き返らないことも、これと同じことなのだ。また人が生まれることは、木の実より木が成長するように、梅の実は梅の樹となり、桃の実は桃の樹に成長する。梅の実は桃の木にはならない。桃の実も梅の木になることはない。どうして人が再び生まれたり、

木の生《オフ》るが如く、梅実《ウメノミ》は梅樹《ウメノキ》となり。桃実《モヽノミ》は桃ノ樹と生《ナ》る。梅ノ実は桃ノ樹とならず。桃ノ実も梅ノ樹と成る事なし。いかで人死て再《フタヽビ》生れ、また禽獣虫魚に生《ウマ》るゝ、といふ理の有らむや。とやうに云ふめり。然るを仏者更《サラ》に承引《ウケヒ》かず、然らば晉の羊祜*が金環を見知《ミシ》り、

此は晉書に、祜年五歳時《ノ》。令《ム》三乳母《ヲ〆》取《ラ》二所《ノ》レ弄《スル》金環《ヲ》一。乳母曰。汝先《ニ》无《シ》二此《ノ》物一。祜即詣《テ》二鄰人李子《カ》東垣桑樹《ノ》中《ニ》一探《リ》二得《タリ》之《ヲ》一。主人驚《テ》曰。此《レ》吾《カ》亡兒所《ノ》レ失《フ》物。云‐何《メ》持‐去《ル》。乳母具《ニ》言《フ》レ之《ヲ》。李氏悲惋*《ス》。時人異《トス》レ之《ヲ》。謂《フ》二李氏《ノ》子《ハ》即祜之前身《ト》一也。

また鮑靚が、井に墜《オチ》て死たる事を、おぼえ居たるなどは、

これも晉書に、年五歳。語《テ》二父母《ニ》一云《ク》。本是《レ》*曲陽《ノ》李家《ノ》兒。

また鳥や獣や虫や魚に生まれるという道理があろうか。…このように言っているようだ。それなのに仏教者は一向に承知しないで、それではと晉の羊祜が金環を見知っていた故事を引用するのだ。

〔此は晉書に「祜、年五歳の時、乳母をして弄する所の金環を取らしむ。乳母曰く。汝先に此の物無し。祜、即ち隣人李子が東垣桑樹の中に詣て之を探り得たり。主人驚て曰く。此れ吾が亡兒失ふ所の物。云何《いか》にして持去る。乳母具《つぶさ》に之を言ふ。李氏悲惋す。時の人之を異とす。李氏の子は即ち祜の前身と謂ふなり。（『晉書』三十四「列伝巻第四羊祜」）（＝祜が年齢五歳の時に、乳母に命じて玩具にするための金の環《かん》を取らさせた。乳母が言った。「貴方は以前にこのようなもので遊んだことはない。」すると祜はすぐに隣りの李氏の東の垣の桑の木の中に入って、この金環を探し出した。隣りの主人が驚いて言った。「これは死んだ私の子が失くしたものだ。どうして持ち去るのか。」そこで乳母がくわしくこれらのことを説明した。李氏は悲しみ嘆いた。当時の人々はこれを不思議に思った。この李氏の子が即ち祜の前生である。）…と言っているのだ。」〕

また、鮑靚《ほうせい》が井戸に落ちて死んだことを覚えていたことなどは、…

〔これも『晉書』に「年五歳父母に語て云く。本《もと》是れ曲陽の李家の兒、九

輪廻（リンネ）―衆生が六道での生死をくり返すこと。**羊祜**（ヨウコ）―字は叔子。泰山南城の人。**悲惋**（ヒワン）ス―悲しみ嘆く。惋はおどろき嘆くこと。**曲陽**―県名で、漢や後漢の時代に、よく置かれた。

九歳堕《テ》レ井《ニ》死《ス》。其父母訪問《スルニ》皆符*験《アリ》。

いかにと云へば、儒者ここに至りて、更に弁《ワキマ》ふる事能《アタ》はずして、これ妄説なりなど云ひて、強《アナガチ》に云ヒ破らむとすめり。

爰《コヽ》に物部《ノ》徂徠の論ひに、謂《フ》三人死《シテ》帰《スト》二乎造化《ニ》一者《ハ》。昧《キ》二乎夫《ノ》一《ニ》一者也。化《シテ》為《ルモ》二異物《ト》一亦何《ゾ》所《ナラム》レ不《ル》レ有《ラ》。不レ可《カラ》レ為《ス》二典*常《ト》一。亦何《ゾ》*拘拘《タラム》乎と云へるは、普通《ヨノツネ》の儒者の、強《シヒ》て云ひ破らむとする類にはあらで、甚《イト》ゞ感《メデ》たし。仏者の謂《イハ》ゆる、輪廻やうの事も、希《マレ》ゞには実に有る事なり。其《ノ》故は、何なる故に依て然りとも、更に知り難き事なり。此は神の*幽冥《カミ》なる御所為《ミシワザ》なればなり。然るを儒者の、絶《タエ》て無き事なりと云ふは偏《カタクナ》なり。また仏者の、此レを竝《ナベ》て然りと云ふも、いよ〳〵僻言《ヒガコト》なり。実には、輪廻といふ説は、釈迦法師の、民を導《ミチビ》くとて、甚《イト》

歳井に堕て死す。其の父母訪問するに皆符験あり（『同書』九十五「列伝第六十五芸術（＝年齢が五歳の時に鮑靚が父母に語って言った。私はもとは曲陽の李家の子供です。九歳の時に井戸に落ちて死にました。これを聴いたその両親が李家を訪問すると、すべてが合致したのである。」）」

これをどう思うか。…と問うと、儒者らはここに至って、一向に理解することができないで、「これは間違った説である。」などと言って、無理矢理に論破しようとするようだ。

ここに物部（荻生）の徂徠が論じたのに、「人死して造化に帰すと謂ふは、夫の一に昧《くら》き者なり。化して異物と為るも、亦、何ぞ有らざる所ならむ。典常と為すべからず。亦、何んぞ拘拘たらむか（『私擬対策鬼神一道』）（＝人が死んで天地自然に帰るというのは、それは第一に物事にくらいものである。変化して違ったものになっても、また、どうして存在しないものとなろうか。常に守るべき道とはなすべきではないし、またどうして、このようなことにこだわる必要があるのか。）」と言ったのは、世間の普通の儒者が無理に論破しようとする類ではないので、非常にすばらしいことである。仏教徒のいっている輪廻のようなことも、ごく稀には本当にあることなのである。その理由とは何か。いかなる理由によってそうなるのかは、一向に分かりにくいことである。これは神の奥深くて霊妙な御所業であるからである。それなのに儒者たちが、「絶対にないことである。」と言

稀《マレ》にある事を種《タネ》として、造《ツク》れる説《コト》なり。天竺の人、いかに愚《オロカ》なりとて、更に徴《シルシ》なき事は、*信《ウク》まじければなり。仏法に云へる説ども、大概はこの類にて、彼ノいはゆる、偽《イツハリ》を*讐《ウ》らむと欲《ホリ》して、真を*仮《カ》る。と云ふの所為《シワザ》なり。

さるは彼ノ国にも、*訛《ヨコナマ》りながらに、天津神の伝への、少シは存《ノコ》りけむ。と思はるゝを種《タネ》として、*天堂、*梵天、*帝釈と云ふ物を説《ト》き、夜見《ノ》国の訛りならむと*𢡟《オボ》しきを種として、地獄を説《ト》き、海宮の伝へと𢡟《オボ》しきを付会して、龍宮といふことを、説けるなどを以て知るべし。

うのは、素直でなく偏《かたよ》っているのだ。また、仏教徒がこれを「すべてそうである。」と言うのも、ますますもって間違った言説である。実際のところ輪廻という説は、釈迦法師が人民を導こうとして、ごく稀にあることを素材にして作った説である。インドの人がいかに愚かであるからといって、全く根拠のないことは信じないからである。仏教の教えで言っている説などは、たいていこの類のものであって、「あのいわゆる偽りを口実にしようとして、真実を偽る。」というような仕業なのである。

〔それは、あの国でも少し曲げてはいるものの、天の神の伝えが少しは残っていたのかと、思われることを材料にして、天堂・梵天・帝釈ということから説いて、死後に行くという夜見の国の、訛《なま》った言葉であると思われるのを素材にして、地獄があると説き、海神の御殿の伝説と思われることにこじつけて、龍宮ということを説いたことなどをもって知るべきである。〕

符験—割り符のように合うこと。合致する。**典常（テンジョウ）**—常に守るべき道。**拘拘（コウコウ）**—拘はこだわる。拘泥する。物事にこだわり過ぎて伸びないこと。**幽冥**—奥深くて霊妙なこと。この幽冥を篤胤は「カミ」とよんだ。**信**—本気にする。疑わない。**讐らむ**—かこつける。口実にする。**仮る**—いつわる。まにあわせる。**訛り**—言葉がくずれること。ここはなまって曲がった言葉のこと。**天堂**—極楽世界。**梵天**—宇宙創造の主で梵天王の略。帝釈天と仏像の左右に侍る。**帝釈**—天帝の釈迦姓という意味。欲界六天の第二天である忉利天の主で、阿修羅を征服した。**𢡟しき**—覚しきで、思われること。「𢡟」は「覚」の古字。そのように見受けられること。

能く弁へて、知見狭《コヽロセマ》く、猾《ミダ》りに無き事なりなどは、云ふべき事に非ず。徂徠の*舎利記と云ふ文《フミ》に、後世ノ儒者所レ見《ル》多《ク》不レ及《ハ》二*浮屠者《ノニ》一と云へるが如く、凡《スベ》て僧《ホウシ》の徒《トモガラ》、学問せぬ人などは、幽冥の事、奇怪《アヤシ》き事にも、さのみ惑《マド》ふ事なきを、*不熟《ナマ〳〵》に漢学せる人は、却《カヘ》りて知見狭《コヽロセマ》くなりて、幽冥の事、その余《ホカ》も、奇異《アヤシキ》にわたる事をば、一向《ヒタスラ》に云ひ破らむと為《ス》るなり。

常に見ること无《ナ》きを以て、奇異《アヤシ》き事を信《ウケ》がはざるは、いと愚《オロカ》なる事にて、此レも徂徠の論語徴に、剖《テ》レ樹《ヲ》以《テ》求《ム》二花《ヲ》於其《ノ》中《ニ》一。烏《ソ》能《ク》見《ム》レ之《ヲ》。謂《テ》二之《ヲ》无《ト》一レ花可《ナラム》 乎哉。と云へるが如し。

もとも、世には*妄《ミダリ》なる虚言《ソラゴト》を云ひ、又は嗚呼《ヲコ》なる者も有りて、*犬神外法《イヌガミゲハウ》やうの事を為《ナ》して、人の眼《マナコ》を掠《カス》め、或は天狗、狐狸などの類、その佗《ホカ》にも、奇異《アヤシ》き事する者の多く有て、人を

このことをよくわきまえて、心も狭くむやみに「無いことである。」などとは言うべきことではない。徂徠の『舎利記』という書物に、「後世の儒者見る所、多く浮屠の者に及ばず（＝後の世の儒者たちの見て考えたところは、多くは僧侶たちの考えに及ばない。）」と言っているように、すべて僧侶たちや学問をしない人などは、幽界のことや奇怪なことにも、それほど迷うこともない。それなのに、いい加減に漢学をした人はかえって心が狭くなり、幽界のことやその他のことでも、奇異に及ぶことをひたすらに論破しようとするのだ。

〔いつも見ることがないのを理由に、怪しいことを信じないのは大変愚かなことであって、このことも徂徠の『論語徴』に「樹を剖《さき》て以て花を其の中に求む。烏《いずくん》ぞ能く之を見む。之を花无《なし》と謂て可ならむ乎哉（＝木を切り裂いて花をその中に求める。どうしてよく花を見られようか。これを花が無いと言ってもよいのであろう。）」と言っている如くである。〕

もっともこの世には、でたらめな偽りごとを言ったり、または愚かな者もいる。そして犬の霊を使う妖術のようなことをして人の眼をかすめたり、あるいは天狗や狐、狸などの類、その他にも怪しいことをする者が多くいて、人をたぶらかすことがある。故に怪しいことだとして一途に恐れ迷うのも愚かである。その信じられるのと信じられないのとを、よく理解し区別して迷わないのが、

誑《タブラカ》す事あれば、奇異《アヤシ》き事とて、一向《ヒタスラ》に懼《オソ》れ惑《マド》ふも愚《オロカ》なり。よく其ノ信《ウク》べきと、信べからざるとを弁《ワキマ》へて、惑《マド》はざるをこそ、真《マコト》に智《サトリ》の大なる人と云ふべけれ。

扨また鬼神の事をいふ毎《ゴト》に、誰《タレ》もよく引出る事なるが、赤県州《カラクニ》宋と云ふ代に、張*横渠と云ふ者、よく巧《タクミ》に*臆度《オシハカリゴト》するをのこなり。

その下吏《シタヅカサ》をして、一ツの祠《ホコラ》を毀《コボ》た令《シメ》むとしけるに、其ノ下吏が両脚《フタツノアシ》、ともに*軟柔《アシナヘ》に成りて、歩行《アユミユク》こと叶はざるを、強《シヒ》て輿《コシ》に乗《ノリ》て、其ノ祠に至り、神像を打《ウチ》*剖《ワリ》て見るに、中《ナカ》に一ツの*合《ハコ》ありて、其中《ノ》に白き大虫《オホムシ》ありて、

これこそ本当に智恵の偉大な人というべきだよ。

さてまた、鬼神（霊魂）のことに言及する度に、誰もがよく引用することであるが、中国の宋という時代に、張横渠という者……

〔よく巧みに推量する男である。〕

彼がその部下の下級役人に命じて、一つの祠を破壊させようとしたところ、その下級役人が両足ともに、足なえになって歩くことができなくなった。それを無理に輿に乗り、その祠にやってきて神像をうち割って見ると、その中に一つの箱があり、その箱の中

舎利記—徂徠の著。**浮屠**—僧侶。**不熟に**—ナマナマニ。未熟なこと。中途はんぱ。**娭**—妄。でたらめ。**犬神外法**—犬の霊を使う妖術。白石の『鬼神論』にも見える。**張横渠**—白石の『鬼神論』には南軒張とあり、張敬天のこと。**臆度**—推量すること。**軟柔**—足がなえて歩行がむずかしいこと。**剖**—さく。切り開く。**合**—器の名前で、箱のこと。

走《ハシ》り出たるを、捕《トラ》へて油《アブラ》もて煎殺《ニコロ》しければ、下吏が脚《アシ》の痛《イタ》み忽《タチマチ》に愈《イエ》けると云フこと、*性理字義といふ書に見えたり。此ノ所為《シワザ》などは、何《イカ》にも雄《オ》ゝしく、猛《タケ》き事の如くなれども、物の情《コヽロ》を、能く思はぬ逸心《ハヤリゴヽロ》の徒《トモガラ》などは、真《マコト》に優《スグ》れて尊き神の上をも、此レ等に準《ナゾラ》へて、測《ハカ》り言《イハ》むと構《カマフ》るは、甚《イト》も〳〵*嗚呼《ヲコ》なる事なり。

我カ翁の云く。*迦微《カミ》とは、天地の諸《モロ〳〵》の神等《タチ》を始メて、其《ソ》を祀《マツ》れる社に坐《マシマ》す御霊《ミタマ》をも申し、又人は更にも云はず、禽獣木草の類、海山など、其ノ余何《ホカナニ》にまれ、尋常《ヨノツネ》ならず、優《スグ》れたる徳《トク》の有て、可畏《カシコ》き物を、迦微《カミ》とは*云フなり。抑〳〵《ソモ〳〵》迦微《カミ》は、如此《カクノゴト》く種ゝ《クサ〴〵》にて、貴きもあり。賤《イヤシ》きもあり。強《ツヨキ》もあり。弱《ヨワキ》も有り。善《ヨキ》もあり。悪《アシ》きもありて、心も行《シワザ》も、其ノ状ゝ《サマ〴〵》に随《シタガ》ひて、とり〴〵なり。貴き賤きにも、段段《キザミキザミ》多くし

に白い大きな虫がいて走り出した。それを摑まえて油で煮殺してしまうと、下級役人の足の痛みはすぐに治ってしまった。ということが『性理字義』という書物に見えている。この所業などはいかにも雄々しくて、勇猛なことのようである。けれども、物の心をよく考えない気負い立つ連中などが、本当にすぐれて尊い神のうえをも、これらのことに準《なぞら》えて推しはかって言おうと構えるのは、大変愚かなことなのだ。

わが宣長翁が言われるのには、「カミ（迦微）というのは、天と地のもろもろの神たちを初めとして、その神を祭った神社にまします御霊を申している。また人は言うまでもなく、鳥や獣や木や草のたぐい海山など、その他何であろうと並々ではない優れた徳をもっていて、賢明なものをカミとはいうのである。そもそもカミは、このようにさまざまであって、貴いのもあれば賤しいのもある。強いのもあれば弱いのもある。良いのもあれば悪いのもあって、心も所業も、そのカミの状態に従ってさまざまなのである。尊いのにも賤しいのにも段階が多くあって、最も賤しい神の中には強い徳が少くて、普通の人にも負けるのさえいる。かの狐などが怪しい業をすることには、いかに賢明で巧妙な人でも絶対に追いつくことはできない。本当に神ではあるけれども、いつも犬などにすら押え込まれる程度の、卑しい獣なのではないか。し

て、最賤《イトイヤシ》き神の中には、*徳《イキホヒ》少《スクナ》くて、凡人《タヾビト》にも負《マク》るさへ有り。彼ノ狐など、怪《アヤシ》き態《ワザ》を為《ナ》す事は、何《イカ》にも霊利《カシコ》く、巧《タクミ》なる人も、*挂《カケ》て及ぶべきに非ず。真に神なれども、常に狗《イヌ》などにすら、制せらるゝ程《バカリ》の、微《イヤシ》き獣なるをや。然れど、さる類の、いと賤《イヤシ》き神の上をのみ見て、何《ママ》なる神と云へども、理を以て向ふには、可畏《カシコ》き事なしと思ふは、高《タカ》き卑《イヤシ》き、威力《チカラ》の甚く差《タガ》ひ有る事を弁へざる僻《ヒガ》事なり。と云ハれしを思ふべきなり。

徂徠の天狗説といふ文に、夫《レ》神者聡明正直《ナル》者也云ゝ。故《ニ》或《ハ》以《テ》為《リ》レ神《ト》為《リ》レ仙《ト》。或《ハ》以為《リ》レ仏《ト》。為《リ》二*菩薩《ト》一。為《リ》二*羅漢、

かしながら、そのような類の大変卑しい神のことのみを見て、どのような神といえども、道理をもって向かったならば、恐れ多いことはないと思うのは、高いものと卑しいものとでは、その威力が非常に違っているのを理解していない心得違いなのである。（『古事記伝』三之巻「神代」）」と言われたのを考えるべきである。

〈徂徠の『天狗説』という文に、「夫れ神は聡明正直なる者なり。云々。故に或は以て神と為り仙と為り、或は以て仏と為り、菩薩と為り、羅漢・明

性理字義―宋の陳淳撰。『北渓字義』が本来の書名。**鳴呼**―愚かなこと。**迦微**―迦は梵語のカ音を表す字。古代の人が天地万物を支配していると考えた存在。霊威。**云フなり**―以下にある「すぐれたるとは…」から、人のなかの神や天狗などのことを述べた宣長の文十行ほどを、篤胤は省略している。**徳**―トクで、立派な行いや人物をいうが、篤胤はイキオイとよみ、勢いにしている。威徳のこと。**挂て**―「掛けて」で、決して、少しも。絶対にの意味。**菩薩**―大乗仏教で論師（修行者）をいう。**羅漢**―阿羅漢の略で、小乗仏教の聖者。

*明王《ト》一。為《リ》二*魑魅、罔両《ト》一。各〱*狃《テ》二其《ノ》所《ニ》レ見《ル》建《ツ》二之《カ》名稱《ヲ》一。
といへるは、略《ホヾ》この心ばへに符《カナ》へり。*しかすがに徂徠なり。

彼ノ祠《ホコラ》なりし虫も、初メ下吏が、己が住所《スミカ》を*毀《コボタ》むとて、来る事を知りて、渠《カレ》が両脚を軟柔に為たりしは、いといと奇怪《アヤシ》き行《ワザ》にて、真に神なれども、捉《トラ》はれて煎殺《ニコロ》されたるは甚拙《イトツタナ》く云ふ験《カヒ》なき*有形なり。凡《スベ》て世に狐狸など、其ノ余も種種《クサグサ》*まが〱しき物ありて、*禍行《マガワザ》する事は、その本は、みなかの禍神の心より為《ス》る事にて、人の是を制する威力《イキホヒ》ある事は、*直《ナホ》毘《ビ》ノ神の御霊《ミタマ》の、*ふさはりたるなり。然れば直く正《タダシ》く、雄〻《ヲヽ》しき大丈夫《マスラヲ》 魂《ダマシヒ》を、固《カタ》めたらむには、狐狸など凡て賤《イヤ》しき妖物《マガモノ》には、悩《ナヤマ》されじとぞ思ふ。然るは自《ミヅカラ》には、正き神の御霊賜《タマハ》りて、禍《マガ》にかつ理の有ればなり。

王と為り、魑魅罔両と為り、各々其の見る所に狃《なれ》て、之が名称を建つ（＝それ神は賢明で正直な者である。うんぬん。故にあるものはもって神となり仙人となり、あるものはもって仏となり菩薩となり、阿羅漢や聖王となり、さまざまな化け物となるのだ。それぞれがその見るところになじんでしまって、これらの名称をつけたのだ。）」と言っているのは、ほぼこの宣長翁のお考えに適《かな》っている。さすがに徂徠の言だけはある。」

あの祠にあった虫も、初めは下級役人が自分の住いを毀《こわ》そうとしてきたのを知って、彼の両脚を足なえにしてしまったのは、非常に奇怪な仕業《しわざ》であって、その虫は本当に神なのである。しかし、人間につかまって煮殺されてしまったのは、大変拙く劣っていて言うかいもないほどのありさまである。すべて、この世には狐や狸などその他にも、さまざまないまわしいものがあって悪いことをする。そのことの根本は、みなかの禍神《まがかみ》（悪神）の心からすることであって、人がこれを制する威力があるのは、ナオビノ神（善神）の御霊と適合しているからである。そうだから、直く正しく雄々しい丈夫《ますらお》の魂を強く堅めたならば、狐や狸などのすべての卑しい妖怪には悩まされないと思うのだ。それは己《おのれ》には正しい神のご精神をいただいて、災いに勝つ道理があるからである。

〔中国の書物『史記』「殷本記第二」に、「妖は徳にかたず（＝妖怪は徳のある者には勝てない。）」と言っているのは、少々はこの意味にかなってい

赤県籍《カラブミ》に、妖は徳にかたずと云へるは、少シく此ノ心*ばへに称《カナ》ふめり。又かの国唐と云ひける代に、天竺国より渡りたる法師の、人を呪《ノロ》ひて、或は活《イカ》し、或ハ殺しなど。心侭にしけるを、*傅奕といふ者を呪ひたるに、傅奕はさらに覚ゆることなく、却リて彼ノ法師の死ける事など思ふべし。

然れども、何《イカ》ほど勝《スグ》れて、猛《タケ》く*雄ゝ《ヲヽ》しき人と云へども、妖物《マガモノ》に勝《カツ》こと能《アタ》はずして、誑《タブラカ》さるゝ事も有るは、此《コ》は彼の禍津日ノ神の御荒《ミアラ》び甚《イミジ》き時は、禍神ども所得て騒《サワ》ぎ立ち、直毘ノ神の御威力《ミチカラ》にも、及ばぬ事あると同シ理なり。然ればいかに猛き人なりとも、誑さるま

よう。また、あの国の唐といった時代に、インドから渡ってきた法師が人を呪詛《じゅそ》したり、あるいは生かしたり、あるいは殺すなど心のままにしていたので、唐の傅奕《ふえき》という人を呪詛したところ、傅奕は一向に感じることもなく、かえって呪詛した法師が死んでしまったことなどを、考えるべきである。」

しかしながら、どれほど優れていて勇猛で雄々しい人であっても、妖怪に勝つことができないでたぶらかされることもある。これは、かのマガツヒノ神のご乱業がひどい時には、マガ神（災いの神）たちが場所を得て騒ぎ出し、ナオビノ神のご威力でも及ばないことがあるのと、同じ道理である。そうだから、どれほど勇猛な人であっても、たぶらかされはしないと堅く決めてしまうのは、な

明王―聡明な君。聖王。**魑魅罔両**―さまざまな化け物。**狃テ**―なれて。**しかすがに**―普通は、「それはそうだが、しかし」と肯定しながら、さらに判断するが、ここは「さすがに」の意であろう。**毀む**―こわす。**有形**―形があること。ここは「ありさま」の意か。様子。**まが〳〵し**―いまわしい。**禍行**―悪いしわざ。よこしまな行為。**直毘ノ神**―ナオビノカミ。災いをとりのける神。イザナミノ神のみそぎの時に生まれた神。**ふさはる**―ふさわしくなる。適合する。**心ばへ**―意味。おもむき。**傅奕（フエキ）**―仏法をそしった人。唐の人で、地位は太史令。**雄ゝしき**―偉大だ。

じと、固《カタ》く決《キハ》めては、云ひ難き事なり。

因《チナミ》に記す。世ノ人の心正く猛き人は、妖怪に誑さるゝ事なし。と云フの口実に、よくいふ事なるが、孔子の、*陳蔡の間に飢《ウエ》ける時に、いと大キなる男の、*皀《クロ》き衣《キヌ》に高き冠《カムリ》きたるが来て、人ゝを*駭《オドロ》かしけるを、孔子の、子路に教へて、打倒《ウチタフ》させけるに、大キなる鯰《ナマヅ》にて有リけるを、終《ツヒ》に打殺して皆ゝ喰《ク》ひ、日頃の飢《ウエ》をしのぎける、といふこと。又漢の代に、*董仲舒と云者の所へ、人の来りて、明日は必雨降《フラ》むと云ひければ、董仲舒が云へるは、穴に住《ス》む物は、能く雨をしるとぞ。汝は必ス穴に住む獣なむめり。と云ひければ、其ノ人忽《タチマチ》に狐と成リて、逃行《ニゲユキ》ける。といふ事などを、引出る事なるが、此レ等《ラ》は真にいと雄々しき行《ワザ》にはあれど、此ハ妖怪に悩マされぬと云ふのみ、誑されたるには論なし。さるは鯰ハ*鱣《ウナギ》の如き魚、狐は狗に似たる獣なるを、共に人と見たるは、此者どもに、眼《マナコ》を掠《カス》められたるに非ずして何ぞ。実に惑ハされぬとならば、鯰をば鯰と見、狐をば狐とこそ見るべき事なれ。かく正く賢しき人ゝの、狐鯰に誑されし上は、少し其ノ上をゆきて、尋常

かなか言いがたいことなのである。

〔ちなみに記してみよう。世間の人が、心が正しくて勇猛な人が妖怪にたぶらかされることはない…ということの口実として、よく言うことがある。それは、孔子が陳と蔡との間で飢えた時に、大変大きな男で黒い衣服に高い冠を着けたのが出てきて、人々を驚かした。それを孔子は、弟子の子路に教えて打ち倒させたところ、大きな鯰《なまず》であったので、逆にうち殺して皆で食べ、日ごろの飢えをしのいだ、…ということがある。また漢の代に、董仲舒という者がいる所へ人がやってきて、「明日は必ず雨が降るだろう。」と言ったから、それに対して董仲舒がいうのに、「穴に住む生物は、よく雨の降ることが分かるものだよ。お前はきっとその穴に住む獣であろう。」と言ったら、その人はたちまち狐に変わって逃げて行った。…ということなどは、よく引用されることである。しかしこれらは、真に大変勇ましい所業ではあるけれども、これは妖怪に悩まされないというだけのことだ。たばかされたことには間違いがない。それは鯰は鰻《うなぎ》のような魚で、狐は犬に似た獣であるのを、それをどちらも人と見てしまったのは、この者たちに眼をくらまされたのではなくして何であろうか。本当にまどわされないとするならば、鯰を鯰と見、狐をば狐とこそ見るべきなのだ。このように正しく賢明な人々が、狐や鯰にたぶらかされた以上、劣ることが少しその上の普通の人が、これらに悩まされることが、どうしてないことがあろうか。それなのに世俗では、自分自身が狐や鯰を人と思って見ながらも、他の人がこれに悩まされたのを、ひどく笑う者もあるのは、これもかの五十歩逃げた人が百歩逃げた人を笑った類とでも言えるものだ。どれほ

の人には、悩さるゝも、などか无《ナカ》らむ。然るを俗には、自《ミツカラ》は狐鯰を人と見ながら、人の是に悩されたるを、甚く笑ふ者もあるは、此レも彼ノ五十歩にして、百歩を笑ふ類とや云ハまし。何《イカ》に猛き人なりとも、誑さるまじと、固く決《キハ》めては、いひがたしとは、此故なり。

亦問て云く。普通《ヨノツネ》の論に、神に*御像代《ミカタシロ》を設《マウ》くる事は、甚《イミ》じき*非事なり。木石金土の如き無情の物に、いかで効験《シルシ》あらむ。祈《イノ》りて*感格ある事ハ、固《カタ》く念《オモヒ》を凝《コラ》したる、己《オノ》が心より感じ出すなり。と云ふ。此ノ論はいかに。予云ふ。其《ソ》は彼ノ*虚霊不昧自己固有の*神明を、感得するとか云ふ類の事を、歓《ヨロコ》び居《ヲ》る徒の、常にいふ

ど勇猛な人であっても、だまされまいと堅く心に決めてしまうのは、なかなか言いがたいこととは、この理由からである。」

また私に質問して言った。「世の普通の論に、『神に人形《ひとがた》を設けることは、非常に間違ったことである。木・石・金・土のような非情のものに、どうして効果があろうか。祈って感じて験があるのは、堅く思いこらした自分の心から感じて生じるものだ。』と言っているが、この論はどうか。」私が答えて言った。「それは、かの私心がなく霊妙で不明のことがなく、自分固有の精神を感じ得るとかいう類のことを、喜んでいるともがら、つまり、朱子学派

陳蔡の間―陳と蔡という小国の間。この話は白石の『鬼神論』にも引用されている。**皀き衣**―皀きはかんばしいの意だが、ここは皁衣（ソウイ）のことで、黒い衣のことである。**駭かし**―おどろかす。**董仲舒（トウチュウジョ）**―漢の広川の人。景帝の時に博士となる。武帝が儒教を国教としたのは、仲舒の功である。**鱣**―セン。こいの一種とか、うみへびとかふかに似た大魚の名とかさまざまにいうが、篤胤は「ウナギ」とよませている。**御像代**―おんひとがた。祭礼の時に神体の代りとして置くもの。**非事**―僻事。間違ったこと。**感格**―感じ至る。**虚霊不昧**―私心がなく霊妙で不明のことがないこと。**神明**―神。ここは精神で、人の心のこと。

事にて、更に神の事を知らぬ論なれば、すべて云ふに足らず。

此ノ余にも、*程伊川が、今人以テレ*影ヲ祭ル。一髭髪不レハ二相似一。則所レ祭ル已ニ是レ別人。といへる語を引て論ひ、また*朱熹の、有レハ二其ノ*誠一則有リ二其ノ神一。无レハ二其ノ誠一則无シ二其ノ神一。など云へる語をひきていふ者もあれど、みな非説なり。殊に朱熹の云へるなどは、彼の仏即是心。心即是仏など云へると全《モハラ》おなじ意にて、実に煩《ウルサ》き*漫説《ミダリゴト》なり。勤〻《ユメ〳〵》惑ふべき事に非ず。もし強て、*像代《カタシロ》を設クるを、非事なりと云はゞ、儒者の、祖《オヤ》などを祭るとて、神主と云ふ物を設くるも非事なり。然るは、彼の神主は、即チ像代なればなり。

然れども少《イサヽ》か云べし。木石金土などを以て造《ツク》りたる像代《カタシロ》に、祈りて効験《シルシ》ある事は、其の禱《イノリ》をかくる人の念じたる、某〻《ソレ〳〵》の神霊より来りて、験《シルシ》あるにて、更に疑ひなし。

但シ殊《コト》なる由縁《ユヱヨシ》ありて、その*御霊宲《ミタマシロ》の鏡、または太刀などにて在《マシ》す類は、此は固《モト》より其ノ御霊の、それに留《トヾマ》

たちの常に言うことであって、一向に神のことを知らない者の論であるから、すべてが言うに足りないつまらない論なのである。」

…と。

〔この他にも、程伊川が「今の人、影を以て祭る。一髭髪相似されば、則ち祭る所已に是れ別人（『河南程氏遺書』）（＝現今の人は絵姿をもって祭っている。一本でも髭や髪が似ていなければ、すなわち祭っているものは、既にこれは別人である。）」といった言葉を引いて論じ、また朱熹の「其の誠有れば則ち其の神有り。其の誠無ければ則ち其の神無し（『朱熹集注』）（＝その真心があればすなわちその神《精神》がある。その真心がなければすなわちその神《精神》はない。）」などと言っている言葉を引用して述べる者もあるが、みな間違った説である。ことに朱熹の言っていることなどは、あの「仏即ち是れ心、心即ち是れ仏」などと言っているのと全く同じ意味であって、まことにうるさいでたらめな説である。決して迷うようなことではない。もしも無理にひとがたを神前に設けるのを、間違ったことであると言うならば、儒者たちが先祖を祭ろうとして、神主《かんぬし》というものを設けるのも間違ったことである。それは、かの神主がすなわち人形《ひとがた》であるからである。〕

しかしながら私も少し述べたい。木・石・金・土などをもって作ったひとがたに祈って効験のあるのは、その祈禱する人の念じた、それぞれの神霊が集まって来て、霊験があるのに全く疑いはない。

〔ただし違った特別な理由があり、そのみ霊代《たましろ》が鏡であったり、または太

りましますにて、今云ふ限りに非ず。爰《コヽ》には只に新《アラタ》に設けたる、像代などの事をいへるなり。思ひ混《マガ》ふべからず。

何《イカ》に念《オモヒ》を凝《コ》らしたりとも、心を赴《オモム》くる方*なくては、失《ウシナ》ひたる物の、忽《タチマチ》に在所《アリカ》を知るばかりの霊は、己が心とは出来《イデコ》ぬわざなり。志を赴《オモム》くる方《カタ》ありてこそ、感応《シルシ》も有るべき事なれ。此は事旧《コトフリ》たる譬《タトヘ》なれど、石と金とを轔《キシ》*りて、火を出すと同シ理にて、石も金も、火を含《フク》みたる物なれども、石一つにて、打《ウ》つことなれば、火出る事なく、金一つにても、同じ事なり。

此は金と金、石と石、木と木にても同じ事なれど、其《ソ》

刀などであられる類は、これはいうまでもなくその霊は、その鏡や太刀におとどまりなされているのであって、今、言っていることに該当しないのだ。ここで言っているのは、ただ新しく設けられたひとがたなどのことを言っているのだ。考え違いをしてはいけない。〕

どのように思いを廻《めぐ》らしたとしても、心を向かわせる方向がなくては、紛失したものの在りかを、すぐに分かるほどの霊は、己の心からは出てこない所業なのだ。己の気持ちの向かう方向があってこそ、感応もありうることなのだ。これは古くさい譬《たと》えであるが、石と金属とをこすり合わせて火を作るのと同じ理屈であって、石も金属も火を含んでいるものであるが、石が一つだけあって、それを打つことがなければ、火を発することはなく、金属一つでも同じように火を発しはしない。

〔これは金属と金属、石と石、木と木でやっても同じことなのであるが、

程伊川—程頤（テイイ）。宋の洛陽の人。世に伊川先生と称された。**影**—絵の姿や形。**朱熹（シュキ）**—朱子の名前。『論語孟子集注』を著す。**誠**—まこと。まごころ。**漫説**—でたらめ。妄言。**像代**—神や人の代りとして祭るもの。**御霊宲**—ご神霊の代りとして祭るもの。宲（ホウ）は宋の諡字である。宲には「おさめる」という意味がある。**方（カタ）**—方向。手段。**轔る**—こすり合わせる。

が中に、専《ムネ》とある物を以て、こゝには譬《タト》へたるなり。最《モト》も人も奇異《アヤシ》き霊《タマ》のある物にて、其ノ霊を凝《コラ》して祷《イノ》るときは、神それに感《メデ》て、応験《シルシ》あるなり。此ノ理に、能く思ひを*潜《ヒソ》めて、考へたらむには、今の疑《ウタガ》ひは、自然《オノヅカラ》に晴《ハレ》なむ。然れば木像石像などやうの物も、人信心《マコトノコヽロ》を発《オコ》して祈《イノ》れば、神霊これに寄《ヨリ》て実に神なり。人祈らざれば、神霊去《サ》りて只に木像石像なり。木ならむには、薪《タキヾ》ともなすべく、石ならむには、礎《イシズヱ》とも為すべし。

然れども此は、道に情《コヽロ》ある者の、忍《シノビ》がたき事なり。赤県州、唐といひける代に、*狄仁傑と云ふもの、*江淮といふ地より南なる、小祠小廟を、一千七百ばかり、毀《コボ》ちけりと云フを、*甚《イト》たけき所為なりとて、人の煩《ウルサ》く誉《ホム》る事なるが、此レ等の事も、道に志ある人は、大きに心得あるべき事なり。又狄仁傑が、斯《カヽ》る所為しけれども、神の祟《タヽ》らぬをもて、怪む人も有れど、本文に論ふ

その中でも主となるものをもって、ここでは譬えたのである。〕もっとも人にも奇怪な霊があるものであって、その霊をひとつに寄せ集めて祈る時は、神がそれに感じられて霊験があるのだ。この道理をよく胸中に納めて考えたならば、今の疑問は自然になくなるだろう。だから、木像や石像などのようなものも、人が誠の心を発して祈れば、神霊がこれにより真《しん》に神となるのだ。人が祈らなければ、神霊は去ってただの木像や石像になってしまう。木であるならば薪にもなりうるし、石であるならば礎《いしずえ》にもなるに違いない。

〔しかしながらこれは、教えの道に心を寄せる者には忍びがたいことである。中国で唐といった時代に、狄仁傑という者が江淮《わい》という所から南にある小祠、小廟を千七百ほど破壊してしまったのを、「大変勇猛な所業である。」と言って、人がうるさいほど褒めたのである。しかし、これらの事も道理に志を持つ人は、大変注意しなければならないことである。また狄仁傑がこのような所業をしたけれども、神の祟りがないのを怪しむ人もあろうが、この本書で私が論じたようなものなので、一向に怪しむこともないのだ。〕

世間の諺に「鰯《いわし》の頭《かしら》も信心から」、つまり、つまらないことでも、信ずる人にとってはありがたい、ということがある。これは本当にそうなのであって、中国で鮑魚《あわび》を祭った祠に祈って霊験があっ

如くなれば、更に怪むに足らず。
俗《ヨ》の諺《コトワザ》に、鰯《イワシ》の頭も信心がら《ママ》。と云ふ事の有る。これ実にさる事にて、赤県にて、*鮑魚を祭りたる祠《ホコラ》に祈りて、感応《シルシ》ありし事、また途《ミチ》の傍《カタハラ》なる立樹《タチキ》に打かけたる草鞋《ワラグツ》の、幾千ゝ《イクチヾ》となく積《ツモ》りたるを、*草鞋大王と号《ナヅ》けて、祭りたるに、効験《シルシ》ありしと云ふの類、和漢に多くあり。扨また云ゝの神とさし奉らで、只に草鞋鮑魚を的《メアテ》に禱《イノ》りて、効験ありしなどを以て、神霊のより来て、*感格あると云ふを、疑ふ人もあらむか。此は鮑魚草鞋などの如きは、人の惑ひ信ずるに付て、*遊鬼《ウカレガミ》ところ得て寄《ヨ》り来り、その効験を著《アラ》はしたるなるべし。

たことや、また道の傍にある立ち木にかけた草鞋《わらじ》が、幾千となくたくさん積み重なっているのを、草鞋大王と名づけて祭ったところ、効験があったという類の話が日本や中国に多くある。さてまた、これこれしかじかの神として奉らないで、ただの草鞋、鮑魚を対象として祈り、効験があったことなどをもって、神霊が寄って来て感じ至り霊験のあったというのを、疑う人もあろうか。これは鮑魚、草鞋などの如きものは、人間が迷って信じるのに付け入って、さまよう鬼神（霊魂）が場所を得て、寄り集まってその効験を表わしたのに違いない。

潜む―うちに蔵している。中に収めている。**狄仁傑**―唐の名臣で、太原の人。この事柄は『旧唐書』や『新唐書』などにみえる。**江淮**―江蘇・安徽の地の称で、揚子江と淮水の流域。**たけき**―強い。勇しい。荒々しい。**鮑魚**―塩づけにした臭い魚。**草鞋大王**―わらじの神。**感格**―感じ至る。感応する。**遊鬼**―さまよう霊魂のこと。

此は新井君*美ぬしの云はれし如く、或ハ人の遊魂の憑《ヨ》りつきて怪をなす事も有るべし。草鞋大王の霊ありしも、実は其ノ辺《アタリ》なる、*老鋪兵《フルキツハモノ》の死けるが、其ノ霊の*憑藉《ヨリ》て、怪をなしけるなりと、*五雑俎に見えたり。

また更に人の禱《イノ》らぬにも、古《フル》き器物《ウツハモノ》、また年旧《トシフリ》たる木草なども、怪をなす事あり。此レ等も例《カ》の悪神《アシキカミ》の御心にて為《ナ》す事《ワザ》か。

*捜神記と云ふものに、孔子の語とて、我聞《ク》物老《レハ》則*群精付《ク》レ之《ニ》。といひて、亀蜆草木魚鼈の類までも、久しき物は、神憑藉《ヨリツキ》て、怪をなす。と語れる事見えたり。

此は然も有るべし。

また夫《ソレ》までも無く、実に草鞋鮑魚に霊《タマ》ありて、効験を現はしたるも知るべからず。此は*山田の曽富騰《ソホド》の、天《アメ》の下の事を、尽《コト〲》に知れる神なるを以ても悟《サト》るべし。

この事は、古事記を読て知るべし。

また若《モシ》くは、実《マコト》に神の御心にて、有情物《コヽロアル》と

〔これは新井君美大人が『鬼神論』でいわれたように、あるいは人のさまよう霊魂が、憑依して怪異をなすこともあるだろう。草鞋大王の霊があったのも、本当はその附近にいた老いた勇士で死んだ者の霊が、憑依して怪異をなしたのであると、『五雑俎』「巻十五事部三」に見えている。〕

また一向に人が祈らないけれども、古い器《うつわ》物または、長年経った木・草なども怪異をなすことがある。これらもあの悪い神のみ心によってなされる所業であろうか。

〔『捜神記』という書に、孔子の言葉として「我聞く、物老れば則ち群精之に附く（＝私は聴いている。ものが時を経て老いると、その時には多くの精霊がこれによりつくのだ。）」といって、「亀・蜆・草・木・魚・鼈《すっぽん》の類までも、永く生きたものは、神霊が憑りついて怪異をなす。」と、語ったことが見えている。これはそうもあるべきことだ。〕

またそのことを言う迄もなく、本当に草鞋や鮑魚に霊魂があって、効験を表わしたのかも知れないのだ。これは山田の案山子《かかし》が天下のことは、ことごとく知っている神であることをもって、理解するべきである。

〔このことは『古事記』を読んで知るべきである。〕

また、もしくは本当に神のみ心によって心の有るものとなされたものであろうか。または草木の類も人こそ知らないが、実は心があるのかも分からないのだ。冬の虫、夏の草というのがあって、

為《ナ》し給へるか、又は草木《キクサ》の類も、人こそ知らね、実には有情ならむも、知ルべからず。冬*虫夏草と云が有りて、冬は虫と化《ナリ》て、夏は又草となる物さへぞ有なる。此は実に測《ハカ》り難き*事なり。猶此等《ナホコレラ》の事は、今少し委《クハシ》く云ハまほしけれど、所狭《セ》ければ、此所《コヽ》には漏《モラ》しぬ。

冬は虫となり、夏にはまた草となるものさへあるのだ。これは実に考えがたいことである。なお、これらのことには、もう少し詳しく言及したいのであるが、紙面も少ないので、ここでは書くのを省略した。

〔このようなことのみではなく、すべて神の身のうえの推測しがたいことは、仏教が日本へ渡来してから両部神道とか言って、どこそこの神は本地観音菩薩であられる。あるいは大日如来にてあられるなどと言っている。また、古代に祭り奉った神のことを、さらにこれをさしおいて譬えていう

是のみならず。凡《スベ》て神の上の測り叵き事は、仏道わたりて以来《コノカタ》、両部*とか云ひて、某の神は、本地*観音菩薩*にて坐《マシ》ます。或は大日如来*にて坐すなど云ひ、また古へに祭り奉れる神の事をば、更におきて、譬へば安芸

君美ぬしの云はれし―『鬼神論』にある。本書の五二二頁。**老鋪兵**―鋪に永く並べる意があり、『五雑俎』に老鋪兵とあり白石は、これを「フルツワモノ」とよんだ。年を経た兵の意味。**憑藉て**―よって。**五雑俎**―中国明代の随筆。一六一九年の成立。**捜神記**―晋の干宝撰で二十巻より成る。鬼神妖怪の説を集めて記したもので、その巻十九に「吾聞…」とある。**群精**―もろもろの魂魄。精霊。この部分、『五雑俎』では、蜆が蛇で、鼈（スッポン）は鱉（ベツ）となっている。**山田の曽富騰**―山の田にあるかかし。そほどは「そほちひと」の略。『古事記』では歩行が不能でも、天下をよく知っている神とされている。**冬虫夏草**―夏には頭を地に入れて尾が草のようであり、冬には地上に出て動く虫で薬用にする。**難き**―がたい。むずかしい。難の原文は「叵」。**両部**―両部神道の略。仏教と神道とを合わせた宗教の一派。**本地**―人を救うために神となって出現した仏や菩薩。**観音菩薩**―衆生に慈悲を垂れる菩薩。**大日如来**―密教の本尊。

の厳《イツク》嶋に坐すは、*須佐之男《スサノヲ》ノ命の御子、*市寸島比売《イチキシマヒメ》ノ命に坐すを、天竺ノ国の、*弁才天女といふ神なりとて、祭り奉る類いと多かり。さるを更に咎《トガ》め給ふ事もなく、剰《アマサヘ》に感応の坐ますなど。いと〳〵大らかに、かつは奇異《アヤシ》く、誠に測りがたきは、神の御上なり。あなかしこ。漫《ミダ》りに議《ハカ》りまをし奉るべき事にあらず。

又問て云く。此レ等の類の怪《アヤシ》き行《ワザ》をなす事は、皆遊鬼《ウカレガミ》の為《ナ》す行《ワザ》とならば、何といふ差別《ワキタメ》なく、憑託《ヨリツク》べきを、木にては椿柳《ツバキヤナギ》など。草にては芭蕉《ハセヲ》などのみ。大概は定マりたる如く、然《サ》る事のあるは何ぞや。予云ふ。此は甚く*穿《ウガ》ちたる問ひごとなり。此は鬼神の心にて、然《シカ》ある事なれば測《ハカリ》難し。然れども強《シヒ》て今試《コヽロミ》に云はゞ、椿柳芭蕉などは、神の憑籍《コリ》よき故由あるらむ。と思へばすむ事なり。獣も多き中に、狐狸などの、奇怪《アヤシ》き行《ワザ》を為すこと、勝《スグ》れたると、同じ心ば*へなり。摠《スベ》て斯《カ》やうの事ど

と、安芸の厳島におはしますのは、スサノオノミコトのみ子である、イチキシマヒメノミコトであられるのを、インドの国の弁才天女という神であるといって、祭り奉っている類が大変多いようだ。それなのに一向にお咎めなさることもなく、さらにそればかりではなく、霊験のあられますことなどは、大変非常におおらかであり、かつ怪しくて本当に考えがたいのは、神のお身の上のことである。ああ恐れ多いことだ。みだりやたらに論じ考え奉るべきことではないのだ。」

また質問して言ったのがいる。「これらの類が怪しいわざをするのを、すべてさまよう霊魂のなすわざとするならば、どれという区別もせずに憑りつくべきであるのに、木では椿や柳などであり、草では芭蕉などだけだ。たいてい決まっているかのように、そのようなことがあるのはどういうことなのか。」私が答えて言った。「これは非常に的を得た質問で有る。これは鬼神（霊）の気持ちで、そのようになされていることなので推し測りがたいのだ。しかしながら無理矢理に、今こころみに言うならば、椿や柳や芭蕉などには神（霊）が憑依し易い原因があるのだろう、と思えばすむことである。獣も多くいるなかに、狐や狸などが奇怪な所業をするのに勝《まさ》っているのと、同じ意味なのだ。すべてこのような奇怪なことがらは、無理にその趣旨を明らかにしようとはせずに、鬼神（霊）の所業にしておいて、分かりにくいことであるから、

も、強て其ノ旨を究《キハ》めむと為《ヤ》ず、鬼神の所為《シワザ》にして、知りがたき事なれば、知り難しとして、置《オ》くべき事なり。世には限りもなく、奇異き事の有るものにて、或は有情の物の無情の物となり、

其は*世説なる、*望夫石の古事、また皇国にては、*姨石《ウバイシ》等《ナド》の類。

或は無情の物の有情と化《ナ》り、

さるは小麦《コムギ》の*蛾《ヒムシ》となり。杉菜《スギナ》の蟷螂《カマキリ》と化《ナ》るたぐひ。

あるは男かハりて女と化《ナ》り。女変《カハ》りて男とな

分かり難いとしておくべきことなのである。この世には、途方もなく奇怪なことがあるものであって、あるいは心のあるものが心のないものとなり…

〔それは『世説新語』にある望夫石の故事や、また皇国日本では姨《うば》石などの類である。〕

あるいは心のない者が心のある者になり…

〔それは小麦がかいこのさなぎとなり、すぎ菜がかまきりに化ける類だ。〕

あるいは男が変わって女となり、女が変わって男となるのだ。

須佐之男ノ命—スサノオノミコト。イザナギ、イザナミノミコトの子でアマテラスオオミカミの弟。**市寸島比売ノ命**—イチキシマヒメノミコト。アマテラスオオミカミとスサノオノミコトが、天の安の河で誓約したとき生まれた三女神の一。**弁才天女**—吉祥天ともいい、インドでもっとも尊敬された女神。日本では七福神の一つとして信仰されている。弁財天とも書く。**穿つ**—よく指摘する。的を射る。**心ばへ**—意味。趣意。わけ。**世説**—宋の劉義慶の著。『世説新語』のこと。**望夫石**—湖水省の北山の石で、夫を見送った妻が化して石となったという。『幽明録』にも「…昔貞女有。女其ノ夫従役走赴国難攜弱子餞送此山立望面死形化為石」とある。**姨石**—姥（ウバ）石で、日本全国に点在する老女のうずくまっている形の石。姥を老女とするのと、乳母とするとの二つの傾向がある。**蛾**—かいこのさなぎ。又はその羽化したもの。ひひるむし。

り、

さるは*漢書に、*哀帝が建平年中に、予章といふ地の男、化して女となり。人に嫁《トツ》ぎて子を生《ウメ》ること見え、*晋書に、*恵帝が*元康中に、安豊と云ふ地の女、化して男となり、十七八歳に至て、*性気成《ナ》る。と云ふ事あり。此ノ類いま挙《アグ》るに暇《イトマ》あらず。

或は人変《カハ》りて物となる。

そは*淮南子に、*牛哀と云ふ者、疾《ヤミ》て七日に至り、虎と化《ナ》り、其ノ兄を搏《ウチ》殺すといひ、*隋書に、*文帝が七年に、相州と云地の*桑門《ホウシ》、長二丈《タケ》計《バカリ》の蛇となり、樹《キ》を繞《メグ》りてみづから*抽《ヌ》く。とある類、なほ多有《カ》り。さて此レ等の物に化《ナリ》たるを、*本草綱目に論ひて、*至淫なる者は、化して狐となる。*至暴なる者は、化して虎となる。心の変ずる所、変ぜざる事を得ず。と云ひ、新井君美主も、此ノ説を好《ヨシ》として、それ暴悪の心ある者ハ、人にして、いまだ化せざるの虎なり。貪慾の心ある者は、人にして、いまだ化せざるの狼なり。其ノ化する所の者は、僅に形のみ、心一トたび変じなば、気をも変ずべく、気一トたび変じなば、形をも変ずべし。など云

〔それは『漢書』に、哀帝の建平年間に、予章という土地の男が変化して女となり、人に嫁《とつ》いで子を生んだことが見える。『晋書』に恵帝の元康年中に、安豊という土地の女が変化して男となり、十七、八歳になると男の精力が備わったということがある。この類の話は、今、引用するのに時間がないほど多いのだ。〕

あるいは人が変化して物となってしまうことだってあるのだ。

〔それは『淮南子』第二に、牛哀という者が病気にかかってから七日経過したとき、虎に化してその兄をうち殺したという。『隋書』には文帝の七年に、相州という土地の僧侶が、長さ二丈（六メートル強）ほどの蛇となり、樹木の周りをめぐって、自らその木を引き抜いた、とあるような類がなお多くある。さて、これらの物に化したのを、『本草綱目』で論じて、非常に淫らな者は化して狐となる。非常に乱暴な者は化して虎となる。心の変わるものは変わらないことがありえない。…と言っている。さらに新井君美大人もこの説を、その著『鬼神論』で良いとして、「そう。乱暴で非道な心のある者は、人であってもまだ化していない虎なのである。非常に欲望のふかい心の者は、人であってもまだ化していない狼なのである。その変化する所のものはわずかに姿形のみである。心がいったん変化したならば、気（精神・エネルギー）をも変化するに違いない。それで気が一度変化したなら、形をも変化するのだ、などと言われたが、これは強引な説である。この論の如くであったなら、人が石に変化したのを、その人に元から石の心があったとしようか。このようなことは、無理にその理屈を

ハれたれど強説*なり。此ノ論の如くならば、人の石に化《ナリ》たるをば、其ノ人もとより石の心ありしとせむか。かゝる事は、強て其ノ理を云はむとするに、甚く究《キハマ》る事のみ多ければ、只に神の所為なれば、知ラれずとして置くべき事なり。
○扨また男の女と化《ナ》るは、陰の陽に*勝《カツ》なれば、国の亡ぶる験《シルシ》なりと云ひ、又は賢人の位を去る験なりとも云ひ、また女の男に化《ナ》るは、婦政*の行はるゝ験なり。また賤人《イヤシキヒト》王となるの験なり。など云へども、此は大概は、国の亡びたる時、また婦政の行ハれし時など、計《ハカ》らずも、此《カ》やうの事のありしを、後より付会*して、其ノ理を論へるにて、赤県人の癖《クセ》なり。何事も无《ナ》かりし

言おうとするので、非常に行き詰《つま》って窮することだけが多い。だからこのことは、ただただ神のみ業であるから、分からないことだとしておくべきことなのである。
○さてまた、男が女に変化したのは陰の気が陽の気に勝ったからなので、国が亡びる前兆であるといい、または賢人が位を去る前兆であるとも言っている。また女が男に変化するのは、婦人の政治が行われる前兆である。また賤しい人が国王となる前兆である、などと言っている。しかしこれは、大抵は国が亡びてしまった時や、または婦人の政治が行われた時などに、思いがけなくこのようなことがあったのを、後になってからこじつけて、その理《ことわり》を論じたものであって、中国人の癖なのだ。何事もなかった時にも、

漢書―後漢の班固の撰。百二十巻。その巻二十七に、この記事がある。**哀帝**―漢の哀帝のこと。在位六年。**晋書**―唐の太宗が命じて編集したもので、百三十巻。その巻二十九にこの記事がある。**恵帝**―西晋の第二代の孝恵帝のこと。在位十七年。**元康**―二九一年から二九九年までの九年間。**性気**―性的気力。**淮南子**―前漢の劉安の撰。二十一巻。**牛哀**―魯の人。虎となり兄を殺したという。**隋書**―唐時代に勅撰された正史。八十五巻。**文帝**―隋の第一代の帝。初め北周に仕えて相国となり隋公に封ぜられた。**桑門**―法師。出家。僧侶。**抽く**―引き抜く。**本草綱目**―明の李時珍の撰。五十二巻。林羅山が長崎で入手し、寛文十二年に翻刻された。**至淫なる者**―非常にみだらな者。**至暴**―大変乱暴なこと。**強説**―無理な説。**陰の陽に**―陰陽は相反する二種の気で、男は陽で女は陰とした。底本には「侌の昜に」とある。**婦政**―婦人が政治を司ること。**付会**―こじつける。

時にも、かゝる事の多かりしをば、不知気《シラヌゲ》にて居るなり。日蝕の事を知らで、古へは甚じく畏れ、また*麒麟の出る事は、聖人の*祥瑞なりとて、*こと〴〵しく云ひつれど、其ノ後もしば〳〵出たる時は、麒麟に非ず。などさへ云ふも、いと〳〵可笑《ヲカシ》き事ならずや。明の*張和仲と云ふもの、此等の付会を云ふ者をさして、欺天之学なりと云へるは、*尤《ウベ》なることなり。

などの類、この余《ホカ》にも、なほ奇異《アヤシ》き事ハ、云ひ尽し難く、書《カキ》つくし難く、凡《スベ》て世ノ中に有《アリ》とある事ども、みな大に奇異き、天地の神等《カミタチ》の、大に奇異き、御所為《ミシワザ》に生《ナ》る事にて、此ノ天地の、大にあやしき物なるを始めて、己《オノレ》が身の大に奇異《アヤシ》く、云へば*云ふまに〳〵、思へば思ふまに〳〵、彌益益《イヨヽマスマス》大に*奇《クスシ》く*異《アヤシ》くて、更に凡人《タヾヒト》の少《チヒサ》き智《サトリ》もて、*千重《チヘ》の一重《ヒトヘ》も、知られねば、彼の赤県人《カラビト》の如く、狭《セマ》く拙《ツタナ》き空理《ムナシゴト》もて、測《ハカ》らむとせずて、大直毘神《オホナホビノ》の、直《ナホ》く正《タヾシ》

このような男と女の成り変わることなどが多かったのを、知らないふりをしていたのである。日蝕のことを知らないので、古代では非常に太陽の欠ける日蝕を恐れた。また麒麟の出現することは、聖人の現れるめでたいしるしであるとして、大袈裟に言ったものの、その後もしばしば出現した時には、「それは麒麟ではない。」などとさへ言うのも、大変おかしなことではないか。明の張和仲という者が、これらのこじつけを言う者をさして、「欺天の学（天をあざむく学問）である。」と言ったのは、もっともなことである。

このような類はなお他にもあり、なお奇怪なことは言い尽くしがたく、書きつくしがたい。すべてこの世の中のありとあらゆることどもは、みな大変不思議な天と地の神たちの、大変不思議なご所業によってできることである。そして、この天地の大変不思議なものを初めとして、自分の身体も大変不思議で、言えばいうままに思えば思うままに、いよいよますます大変不思議な霊妙なものである。それで更に普通の人の少ない智恵をもってしては、千分の一をもわからないから、あの中国の人のように、狭く拙い空論をもって考えようとはしないで、オオナオビノ神の素直な正しい心をもって、神代の正しい伝えごとをよくよく学んだならば、鬼神（霊魂）のうえのことのみならず、万事のはからいに間違える所はないのだ。天《あま》つ御神、地《くに》つ御神の大きなご所業こそ、ああ

き心もて、神代の正き伝説《ツタヘゴト》を、熟々〱《ヨク〱》学《マナ》びたらむには、鬼神の上の事のみならず、万の*心得に違《タガヒ》誤《アヤマ》る*ふしは有らじ。天津《アマツ》御神《ミカミ》。地津《クニツ》御神《ミカミ》の大御所為《オホミシワザ》こそ、阿那《アナ》奇異《アヤシ》く、甚《イト》も〱*奇霊《クシビ》なりけれ。

不思議な、非常に大変霊妙なものなのである。

○鬼神新論の後《シリヘ》に自《ミヅカラ》いふ。此ノ書かける事ハ、今年文化二年と云ふ年の、*弥生《ヤヨヒ》の末の十日ばかり、何《ナニ》くれと書置《カキオケ》る事ども、一つに書集《カキツメ》て見ばやと思ひて、物《モノ》しける序《ツイデ》に、*つら〱思へるやう、漢学《カラマナ》びにも、古学とて誘《イザナ》ふ人々、何レも〱前代《サキツヨ》の儒者ども

○『鬼神新論』の巻末に篤胤自らが言う。この書物を書いたのは、今年文化二（一八〇五）年という歳の弥生（旧暦三月）の末（下旬）の十日ほどのことである。何だかんだと書いておいたことどもを、一部の書として書きあつめて見たいと思って著した。そのついでによくよく思ったのは、漢学においても古学といって誘う人々は、どの人もどの人も前代の儒学者たちより、

麒麟—古代の想像上の動物で、形は鹿に似て尾は牛に蹄（ヒヅメ）は馬に似て、頭に一つの角があり生物を食わないとする。**祥瑞**—めでたいしるし。**ことぐ〱しく**—おおげさに。**張和仲**—明の崑山の人。著に『篠菴集』がある。**尤なる**—もっともな。**まに〱**—物事のなりゆきにまかせること。**奇く**—不思議な。霊妙な。**異く**—奇怪な。霊妙な。**千重の一重**—千分の一、数多くあるうちの僅かな部分。**心得**—たしなみ。覚悟。はからい。**ふし**—くぎり。箇所。**奇霊**—不思議なこと。霊妙なこと。**弥生**—陰暦の三月。**つら〱**—よくよく。念を入れて。

に、勝《スグ》れたる様《サマ》に物言へども、鬼神の事を論《イ》ふのみは、後の*説《トキゴト》に*拄《カヽ》づらひて、古へに符《カナ》へる宜《ヨロシ》き説のなきは、未ダ考へ尽《ツク》さゞるなれば、何《イカ》で此ノ事をも、*一トくだり書て、驚《オドロ》かさばや。と思ひて、*頓《トミ》に心に浮《ウカ》べる事ども、一ツ二ツとかきいで、又人の問《ト》ひに答《コタ》へたる趣《オモムキ》をも、此レかれと記《シル》したるに、思《オモ》ほえず、斯《カ》く*転《ウタ》て有る物とは成《ナリ》にたり。かく紙の数《カズ》多くなりては、*枕言《マクラゴト》しるせる中に、埋《ウヅ》み置《オカ》む事も、さすがにて、斯《カ》く別巻《コトマキ》とはなしぬ。

かく書《フミ》めける物と成ては、世の竝《ナミ》に何ともかとも名づけでは、得《エ》あらぬ業《ワザ》なれば、今まで和漢の識者《コトシリビトタチ》等の、論ひ置《オカ》れし書どもの多有《オホカル》に合せて、更に新《アラタ》に記《カケ》るてふ意《コヽロ》もて、鬼神新論と名《ナヅ》けつ。抑《ソモ〳〵》鬼神の上《ウヘ》を云

勝れているかのようにものを言っている。しかし鬼神（霊魂）のことを論ずることのみは、後世の解説にかかわりあって、古代にかなったよい解釈がないのは、いまだ考えを出し尽していないからである。そして、どうかしてこの鬼神（霊魂）のことをも、その一部でも書いて読む人を驚かしてやろうと思って、にわかに心に浮んできたことなどを、一つ二つ書き出したのである。また人の質問に返答した時の趣旨を、いろいろと書き記したところ、思いがけなくもこのように、いよいよ進んで普通ではない書物となったのである。このように紙数が多くなっては、常に言いならわしていることを記したものの中に、放置しておくこともさすがにできなくて、このように別の書物にしたのだ。

このように書物めいたものができてしまっては、世間並みに何とかかとか、書名をつけなくてはならないのである。それだから、今まで日本や中国の学識ある人たちが、議論なされた書物などが多いのに併せ、さらに新しく私が書いたという意味をもたせて『鬼神新論』と名づけたのだ。そもそも鬼神（霊魂）のうえをいうのは大変むずかしい所業なのであるとして、まず『易経』という中国の書物に、「鬼神の情状を知る者は惟々聖人然りと為す（＝霊魂の様子が分かる者は、ただ聖人がそれに該当するの

ふ事は、甚《イト》ゞ難《カタ》き業《ワザ》なりとて、まづ*易《ヤク》と云ふ赤県籍《カラブミ》に、知《ル》ニ鬼神之情状《ヲ》一者惟《ハ》〳〵聖人為レ然《リト》といひ、また南秋江と云者の鬼神論に、雖ニ弁《ソ》レ之《ヲ》*皓一首。言《テ》レ之《ヲ》*更僕《ト》一。未レ易《カラ》レ尽《シ》と云ひ、新井君美主も云ハれしは、鬼神の事、まことに言《イ》ひ難し。只《タヾ》言ふ事の難きのみに非ず。聞《キ》く事また難し。たゞ聞クことの難きのミに非ず。信ずる事また難し。信ずる事のかたき事ハ、これ知ることの難きにぞよれる。然れば能《ヨク》信じて後に、よく聞《キク》とし、能く知て後に、よく信ずとす。能く知らむ人に非ずして、*争《イカデ》かよく言ふ事を得《ウ》べき。

だ。)」と言い、また南秋江という者の『鬼神論』には「之を弁じて皓首、之を言て更僕と雖も未だ尽し易からず（＝このことを論じて要点が明らかになったり、これを語って長い時間をかけても言い尽くせないものだ。)」といっている。新井君美大人も、その著『鬼神論』で述べられたのは、「鬼神（霊魂）のことは実に言いがたい。ただ言うことのむずかしいのみではなく、聴くこともまたむずかしいのだ。ただ聞くことがむずかしいのみではなく、これを信じることもまた困難なのだ。信じることが困難なのは、これは霊魂のことを理解することのむずかしさからきているのだ。それだから、よくこの鬼神（霊）のことを信じて後によく聞くとし、よく理解しえて後に、よく信ずることにするのだ。よく理解できる人でなくて、どうしてよく言うことができよう

説—諸説。意見。解説。挂づらふ—かかわりあう。たずさわる。関係する。一トくだり—文章の一行。一節。頓に—急に。俄に。転て有る—いよいよ普通ではない。異様な。枕言—常に言い習わしている言葉。易—『易経』のこと。皓首—要点が明らかである。首はかなめ。‥更僕未易尽—侍従の人を交代させるほど長くかかっても言いつくせないこと。長い時間をかけても言い尽くせないほど多いこと。争か—いかで。どうして。

云ふこと実に難しとこそ云べけれ。など云ひ置《オカ》れて、和漢の人ゝ、誰《タレ》も〳〵言ひ難く、知がたく、信じ難き事になし置《オキ》たるを、未《イマダ》三十《ミソヂ》にもならぬ、*条《ヲヂ》なき篤胤が、*ざえ短《ミジカ》く、見ルこと聞く事の少《スクナ》きをも省《カヘリミ》ず、かく容易《タヤス》げに書出《カキイデ》たるを、さこそは、人のをこなる所為《シワザ》と見給ふらめ。

然れどこは、大直毘ノ神、神直毘ノ神の、直《ナホ》く正《タダシ》き御霊《ミタマ》賜《タバ》りて、天の下に鳴神《ナルカミ》なす聞え給ひし、鈴屋ノ大人の、世に異《コト》なる*智《サトリ》ます御心もて、神代の奇《クシ》き由縁《イハレ》を、見し明らめ、教へ給へる。其ノ*訓言《ヲシヘゴト》に依て、かき出たるなれば、ゆめ篤胤が狡意《サカシラ》とな思ひ給ひそ。然《シカ》は有れど、己《オノレ》いまだ*言語《コトダヒ》の道に委《クハシ》からねば、其ノ文辞《フミコトバ》の拙《ツタナ》く、*事ゆかぬにつきて、自《オノヅカラ》に人の疑《ウタガ》ひを受《ウク》る事もありな

か。言うことは実にむずかしいものだ、とこそ言うべきである。」などと言いおかれているのだ。このように日本や中国の人々が、誰もが言いがたく理解しがたく、信じがたいことにしておいたものを、まだ三十歳にも足りない拙劣な平田篤胤が、学問も浅く、見ることや聞くことの少いのも反省しないで、このように気安く書き出したものを、それこそ人から愚かな所業と見なされることであろう。

しかしながら、これはオオナオビノ神、カムナオビノ神の素直で正しいみ心をいただいて、天下に雷鳴をとどろかされた、鈴屋の大人本居宣長先生の世の人々とは違った、大変よく道理をご理解なされたみ心をもって、日本の神代の不思議なことの由来を、『記紀』をよく読んで明らかにして教え給わった。その教え諭《さと》された言葉によって、私篤胤が書き始めた書物であるから、決して篤胤のこざかしさとはお思いくださるな。そうは言っても、私はまだ学問の道にも詳しくはないので、その文章も拙劣で納得のいかない所もあるから、自然と人から疑いをかけられることもあるだろう。それについては読む人が私に悪い個所を教えて下さいますようにお願いする次第だ。このようにして、この書物を書き終わったのは、同じ年、つまり文化二（一八〇五）年の五月半ばのことであったのだ。　平田の篤胤

む。其《ソ》は見む人さとし給はれがし《ママ》。斯《カ》くて、この書《フミ》かき終《ヲヘ》ぬるは、同じ年の五月なかばになむ有りける。ひらたの篤胤。

文政三年と云ふ年の春、考へ訂せる事ありて、少か書き改めつ。

我が*伊吹ノ舎大人の著はし給へる御書等は、*都て百部に余れるが中に、此の鬼神新論はしも、最初《イヤハジメ》に物し給へるが、其論ひの正く明カなるは、鈴木ノ朗*主、藤井ノ高尚主などの序《ハシガキ》に、称《タヽ》へられたるが如くなれば、今更に申すに及ばず。然れば早く世に弘まりては有ルなれど、由《ユヱ》ありて、其ノ稿《シタガキ》を改め給へる処

文政三（一八二〇）年という歳の春に、自分の考えを訂正したことがあり、少しばかりを書き改めたのである。

私たちの伊吹の舎大人平田篤胤先生のお著しになったご著書などは、すべてで百部に余るほどである。しかしその中でも、この『鬼神新論』という書こそは、それこそ大変早いころに書き著されたものである。しかも、その論の正しく明らかなことは、鈴木朗さまや藤井高尚さまなどが、その序文にたたえられているようであるから、今さら言う必要もない。それだから早くより世に広まって読まれていたけれど、理由があってその原稿を改めなされ

条なき—拙劣である。弱い。**ざえ**—才能。学識。学問。**智**—ここでは悟りで、道理を知ること。**訓言**—訓戒の言葉。教え諭す言葉。**言語の道**—尋ね問う道。つまり学問のこと。**事ゆかぬ**—納得がいかないこと。**伊吹ノ舎**—平田篤胤の号。伊吹酒屋とも書く。**都て**—すべて。都にはすべて、全部の意味がある。**主（ヌシ）**—人の尊称。

も有り。*はた我レも彼《ヒト》も互に写し伝へたれば、写シ誤《ヒガ》めたるも多かるは、甚《イト》*飽《ア》かぬ事にこそ。いかで*刻本《ヱリマキ》をと思ふ時《ヲリ》しも、同門なる美濃ノ国人*市岡殷政も、同じ心に*相議りて、即《ヤガテ》*桜木に彫成て、*普く同志の人ゝに示すなむ。かくて此御書、*原本《モトツマキ》には、普通《ナラハシ》の如く、漢土陰陽など云状に書れたるを、今悉く赤県会易など云字《カタ》に書キ改めたるは、予《カネ》て師命を受たるに依てなり。見む人古写本と異なるを、訝《イブカ》る事勿れ。

かく云は、下野ノ国人　*亀山嘉治

た箇所もある。また私も人もお互いに『鬼神新論』を写し伝えたので、写し間違えたところも多いから、非常に満足しないでいた。どうかして版本にしたいと思っていた時に、ちょうど同じ平田門下である美濃の国（今の岐阜県）の人である市岡殷政《しげまさ》も私と同じ考えなので、相談してまもなく板木に彫ることが完成して、広く同じ考えの人々に示すことになったのである。かくしてこのご本の原本には、世の慣習のように漢土陰陽などというように書かれていたのを、今、そのすべてを赤県会易などという字に書き改めたのは、かねがね前もって師の命令を受けていたから、そのようにしたのである。これを読む人は、古い写本『鬼神新論』の文章とは違っているのを、不審に思うことがないようにして下さい。

このように述べているのは、下野の国（今の群馬県）の人、亀山嘉治《よしはる》である。

はた―やはり。または。しかしながら。あるいは。**飽く**―いやけがする。十分すぎて厭になる。**刻本**―版木にきざんだ書物のこと。刊本、板本のこと。**市岡殷政**―篤胤没後に入門した美濃の庄屋。**相議る**―お互いに相談する。**桜木**―板木。印刷ができること。**普（アマネ）く**―ひろく。広くゆき渡ること。底本の普は普の本字。**原本**―原書。もとになる本。**亀山嘉治**―勇右衛門と称し、下野国（今の栃木県）の豪農。平田鉄胤の門下。元治元年武田耕雲斎と行動を共にし、越前敦賀において斬首された。年二十六。

解説

一　新井白石と『鬼神論』

1　白石の生涯

常陸国の下妻城主多賀谷宣家が、関ケ原の戦で滅亡したので、浪人となった新井勘解由が新井白石（一六五七〜一七二五）の祖父に当たる。白石の父は、この人の四男正済《まさなり》であり、正済は十三歳で江戸へ出てから、さまざまな経歴を積み、ようやく三十一歳の時、上総国久留里城主二万石の土屋家へ士官することができたのである。

これより二十六年後、白石は父正済の五十七歳の時、すなわち明暦三年（一六五七）に土屋邸内に生まれた。幼名を与五郎といい、通称（呼び名）を伝蔵、名は君美《きんみ》で、白石はその号である。彼の著書『折たく柴の記』（一七一六起筆）その他によると、白石の母千代も武家の出身で、和歌や物語を好み、囲碁・将棋などもでき、すべての面で教養豊かな女性であった。白石は七歳の時に疱瘡にかかり、九歳になると秋・冬に一日、四千字もの手習いをした。この頃に父の手紙の代筆をするほどにもなった。十七歳の折、中江藤樹の『翁問答』を読み、学問に志すとともに、詩歌・文章をみずから作るようになったのである。

白石は二十一歳の時、子の代になっていた土屋家を父とともに追放されたが、以後、貧窮の中で学問に励んだ。翌二十二歳の時には母が死亡し、角倉了仁や河村瑞軒から縁談を持ち込まれたが、これを断っている。彼は二十六歳の折に、時の大老堀田正俊に仕え同年父と死別した。その後堀田家の家臣の娘と結婚している。三十歳に達してから木下順庵に入門し、やがてその高弟となった。長男が生まれた三十五歳の時に、堀田家を去り浪人となり、本所に私塾を開いた。元禄六年三十七歳にして木下順庵の推挙により、甲府藩主徳川綱豊に仕え、『大学』を進講する身分になった。ちなみに記すと、この年には元禄文学の華である西鶴が没し、翌年に芭蕉が亡くなっている。

さて、十六年後の宝永六年、白石五十三歳の時に、ようやく綱豊が五代将軍綱吉の後を継ぎ、六代将軍家宣となった。それで白石は武家諸法度などを作って、政策の面で幕府を支える役をした。彼は五十五歳になると従五位下筑後守に任ぜられ、かつ千石の知行を与えられるようになった。家宣への進講は十九年間に一二九九回に及んでいる。一年六十回に近い多さである。

徳川家宣の没後も幼い家継に仕えたが、紀州の吉宗が八代将軍になると、左遷されて晩年は不遇であった。しかし、この不遇時代に白石は多くの著述を著している。それらは根本的には朱子学に拠っているものの、千石という比較的軽い身分ではあったが、ある時期には徳川幕府の中枢を支えたほどの能吏であっただけに、現実の社会や政治への関心から生み出されたものが多い。彼の学問的領域は主に三方面から成っている。日本語学の研究書である『東雅《とうが》』（一七一九）や、歴史家としての著『藩翰譜《はんかんぷ》』（一七〇二）、『読史余論』（一七一二）、さらに地理研究家としての『西洋紀聞』（一七一五）などがある。なお、白石の学問を理論的にうちたてたものに『鬼神論』がある。この書は儒学者としての白石が、鬼神（霊魂）の世界への理論的追究を試みたものである。また『折たく柴の記』は、彼の自伝であり、白石の学問の生い立ちをよく知らせてくれる。政治家兼儒者であったせいか新井白石には、正面から古典や学問を論じたものはあまりない。しかし、いかにして学問に志し、どのようにして学者になっていったのかは、彼の『折たく柴の記』を読めばよく分かるのである。

それでは新井白石の学者への道のりをふり返ってみよう。彼が享保元年六十歳の時から、長い年月をかけて執筆したとみられる。『折たく柴の記』は、上・中・下三巻三冊よりなっている。上巻には祖父母や両親をめぐり、とくに父の教訓を記し、白石の生い立ちを叙述している。中・下巻は幕府の政治に関することを述べ、とくに金・銀・銅の貨幣の製造量をめぐって、くわしく記述している。その序によれば、

今はいとまある身となりぬ。心に思ひ出るおり〳〵、すぎにし事共、そこはかとなく、しるしをきぬ。

（『新井白石全集』第三巻に拠る。以下同じ）

とあり、政治を離れてからの晩年に執筆したことがよく分かる。さらに「外《ほか》ざまの人の見るべきものにもあらねば」と記し、白石の子や孫にのみ読ませるつもりであったらしい。

白石の六歳の夏に、上松という人が「此兒《このこ》文才あり、いかにも師をえらびて、学ばしめらるべし」といってくれたが、頑固な昔人《むかしびと》たちは、

むかしよりいひ伝へし事あり、「利根《りこん》・気根《きこん》・黄金の三ごんなくしては学匠《がくしよう》になりがたし」といふ也。此兒利根こそむまれつきたらめ、なをいとけなくしてその気根の事もはかりがたし。家富めりとも見えねば、黄金の事心得られず。

というのである。利根、つまり知能と、気根すなわち根気、さらに家が金持ちではなくては学者にはなれないのに、この子供は知恵のみはあるが、根気があるかどうかは分からないし、さらに白石の家が貧乏であったから、とても学者にはなりえないという評価なのである。

彼の父親は、せめて物を書くことだけは習得させてやろうと、手習いをさせた。白石はこの十代の時のおのれをかえり見て、

十七の時に斯道《しどう》にこゝろざせし時より、をしへみちびく人もありなむには、今の我にもあらじ。

と、十代の時に師事する人のいなかったことを、ひどく悔み、家が常に貧しいので必要な本は人から借りて見たり、記しておくべきものは、手づから写していたので、自分の読んだ本は多くはない。だから、学問の道において不幸

なことが多かったのは、自分に及ぶものはない。―とまでおのれの学問的な不遇を強く述べるのである。それでも白石は、これほどまで自分が学べたのは、

つねに堪がたき事に堪ふべき事をのみ事として、世の人の一《ひと》たびし給ふ事をば十《と》たびし、十たびし給ふ事は百《もも》たびせしによれる也。

と述べているのだ。つまり、新井白石をして今日のような地位にあらしめた根本は、一に忍耐、二に努力、それも人の十倍もの努力をなしたというものなのである。

このように貧乏を意識していた白石が、無闇《むやみ》に金に執着していたかというと、そうではなかったのだ。彼が二十二歳の時に、当時天下に並ぶものがないといわれた豪商から、

必ず天下の大儒ともなり給ふべき御事也。我亡兄のむすめの候なるに、あはせまいらせ、黄金三千両にもとめ得し宅地をもて学問の料となして、ものまなび給ふやうに、

と誘われるが、この時白石は、社会で求められるほどの儒者になった時に、三千両の黄金に屈したという疵《きず》が大きいとして、この大変よい縁談を断るのである。さらに白石は、父からの教訓として、かるがるしく神仏に誓って物を言ってはならないとか、貨《くわ》と色《しき》、つまり金銭と色欲の二つを慎むべきものだなどとしているのである。

以上のように白石が学者として成り立った根本は、努力と忍耐とにあったのだ。

2 『鬼神論』の成立期と諸本

白石こと新井君美がこの世を去ったのは、享保十年（一七二五）五月十九日のことであり、六十九歳に達していて、江戸時代としては長寿の方であった。前述の如く白石は正徳元年（一七一一）に従五位下筑後守に叙せられて、一千石

を領したものの、六年後に吉宗が紀州家より入って将軍になると、彼は致仕することになる。時に六十歳であり、五十代は彼が華やかに活躍した時代であり、職を辞してから享保十年六十九歳にして死去するまでの十年間を、晩年とでもいうべきであろうか。この晩年に『折たく柴の記』その他多くの著述がなされたのである。

致仕してから死去するまでの十年間を晩年とすれば、宝永元年（一七〇四）に徳川家宣が江戸城の西ノ丸に入った時、四十八歳の白石が寄合に列せられ、同六年に家宣が将軍になると同時に、白石も幕府に深くかかわり、翌年には従五位下筑後守に任ぜられている。この幕府に仕えた期間が彼の最盛期であり、熟年期とでもいえようか。三十七歳で甲府に出仕して主君が将軍になるまでの十五年間は、順調に仕事を積み重ねた時代であり、これこそ彼の壮年期といえよう。

さて、このような生き方をした白石は、いつ『鬼神論』を執筆したのであろうか。これについては、早くは明治四十年刊（昭和五十二年再刊）の『新井白石全集』に例言としてあるもので、これには、

鬼神論は著作の年月を考え得ずと雖、蓋し晩年に成りたる者なるべし。　（『同全集』第六巻・一頁）

と、明治四十年四月に編集者が記している。この全集本の底本は、国書刊行会所蔵の元・亨・利・貞の四集より成る、いわゆる四巻本である。その冒頭には、

鬼神論元集　筑後守源君美著

とある。この明治の晩年説が長く続き、昭和五十一年刊（改訂版）の宮崎道生氏の『新井白石序論』（初版昭和二十九年）でも、

この著作はどういう機縁によって成ったものかは不明であるが、その論述の形態や内容から受ける感じでは、恐らく白石の晩年に属するものであろう。

とされている。このように一般的には晩年になったと考えられているのである。

ところが、一九七五年（昭和五十年）刊行の岩波書店『日本思想大系35新井白石』の巻末解題で、友枝龍太郎氏は、

この論が何時作られたか、全く確証はない。しかしその内容を検すると、祭祀考には、朝鮮やキリシタンの事が出てくるのに、この鬼神論には、それが少しも出てこない。用いられた資料は、朱子学を中心として、中国のものが圧倒的に多く、それに仏教と日本のものが少し附加されている。恐らく、五三歳の朝鮮聘礼の建議並びに宣教師シドッチ取調べ以前のものであろう。何歳まで遡らせ得るかは確言できない。（同書、五八四頁）

と記されている。明治四十年以来の晩年成立論に対し、宣教師シドッチ取調べ以前、白石五十三歳以前であろうとの新説を提出されたのである。しかし、この説にいう朝鮮の書というのは、「今朝鮮の国中にても大明の祀典に倣て其祭おこたらざるよし、彼国の書に見えけり」として、白石の『祭祀考』には書名も挙げずに漠然と述べているのみである。白石と朝鮮との関わりは、すでに天和二年（一六八二）二十六歳の時、大老堀田正俊に仕えた折に朝鮮の使節と詩の唱和をしており、ある程度朝鮮の知識を有していたのである。この「彼国の書」が『祭祀考』に初めて登場したとも考えられないのである。

もともと『祭祀考』そのものの成立時期が不明なのである。この書の中でキリスト教にふれた記述も、天主教の犠牲者の記事以外はあまり見られないのである。むしろ、「明にはすなはち礼楽あり。幽にはすなはち鬼神ありて、礼の楽記にみえたるは」（『新井白石全集』六巻・四八五頁）とあって、『鬼神論』に近い記述も見えるのだ。「祭祀考」が『鬼神論』に近いといえば、その内容も似ているのだ。中国の霊を説明するのに伯有を採りあげており、日本のものでは八所御霊その他を細く記している。その内容は『鬼神論』での引用の仕方とほぼ同じなのである。つまり、『祭祀考』と『鬼神論』とは、あまり時間がへだたっていない時に書かれたものであろうと考えられる。ところが両書ともに成立年代は不明なのである。しかし、『祭祀考』の終わりの方に見える「微臣の惑文」とか、「愚

臣がおよぶ所にあらず」の「微臣」「愚臣」は、明らかに仕官している新井君美のことであるから、彼の致仕以前にこの書は成ったのである。また、『祭祀考』の最後には「謹で以てこれを呈る」とあるのは、将軍家又はそれに近い人への献上書を意味していると言える。最盛期の白石には『鬼神論』や『祭祀考』を執筆する暇があったとは考えにくい。だが、五十五歳の時、いったん致仕を申請し、幕府を去る決心をしてから、現実に辞職した享保元年(一七一六)五月までの五年間は、たしかに白石は、「従五位下筑後守」であったのである。さらに致仕を決意してからは、彼の心を占める重要なことは政治ばかりではないはずだ。

ここで白石の各著書への署名を考えてみよう。

白石がまだ幕臣ではない元禄十五年(一七〇二)の『藩翰譜』には、「源君美撰」とあり、辞職してからの享保九年(一七二四)の『読史餘論』にも、その三巻の末尾に「源君美」とだけ署名している。ところが任官翌年の正徳二年(一七一二)の『国書復号紀事』は、その書名の下に「筑後守従五位下源君美」とあり、巻末にも「正徳壬辰春三月筑後守従五位下源君美書」と記している。任官したのがよほどうれしかったのだ。さらに在官最後の正徳六年(享保元・一七一六)六十歳の時の『折たく柴の記』の下巻末にも、「筑後守従五位下源君美」と記しているのである。

さて、『鬼神論』は、刊本では「鬼神論上　筑後守従五位下源君美著」と記し、写本の四巻本なども「筑後守源君美著」としている。なお、享保五年の『高子観遊記』や、同八年の『本佐録考』には、「筑後守源君美」とあるので、筑後守はかなり後になっても使用している。ただ「従五位下」は管見するところ、やはり正徳二年から六年までである。これからすると、『鬼神論』は正徳年間の成立となる。なお、上・下二巻本の上巻末近くに、「人は目に見えないものは疑ってしまう」という壮年期ならば、口にしそうな語句がある。目に見えないものを、さらに推し測るということは考えていない。人間というものは老いて晩年にもなれば、さまざまな体験もし「鬼神」そのものに接することだってありうるのだ。この点、白石が『鬼神論』や『祭祀考』を、致仕後の老年期に執筆したとは考えがたい。「筑後守従五位下」と稱した白石の活躍期に成立したものと考えられるのである。

次に「本」そのものを検討したい。『鬼神論』には写本と版本とが存在する。写本も元・亨・利・貞からなるいわゆる四巻本と、上・中・下の三巻本、さらに一巻本などがある。もっとも多く存在する四巻本は、明治四十年の『新井白石全集』を初めとして、昭和三十年平凡社刊の『日本哲学思想全集』第八巻所収のものなど多くが底本としているのである。ところが近年、友枝龍太郎氏が『日本思想大系』（岩波書店刊）の底本として、東北大学蔵の一巻本写本を採用された。それは巻末に識語を有する唯一のものであるということと、寛政十二年刊本より先に立つものであるという理由からである。

この巻末にある「寛政元年」の識語であるが、享保十年五月に新井白石が没してから、六十四年目に当たるのが寛政元年なのである。幕府の命により子孫の新井成美が、この年に白石の著述を幕府に献上することになったので、「寛政元年写」の白石著述の写本が、あれこれと加えられたことであろう。その一部が後年伴信友の所有となり、さらに東北大学の蔵するところとなったのであろう。

たしかに東北大学蔵の一巻本は、巻頭の書名の下に「筑後刺史　源君美著」とあり、巻末の識語には「寛政改元己酉正月望日写畢之」とあり、寛政元年写に間違いはない。ただ、ここで一番問題になるのは、それ以前に白石が正徳年間に書いたと思われる自筆稿本に、もっとも近いものはないのか、ということである。友枝氏は寛政十二年（一八〇〇）の刊本は、この東北大蔵写本より十一年も遅れていると考えられているが、この刊本の出願は、寛政十二年より実に三十年も前の、明和七年（一七七〇）になされているのだ。白石の死後まだ四十五年に過ぎないのである。

それは、『享保以後大坂出版書籍目録』に

白石先生鬼神論　二冊

校正著　高　孟彪（甲斐）

板元　藤屋彌兵衛（高麗橋一丁目）
出願　明和七年十一月
許可　明和七年十二月廿七日（同書、八七頁）

とあることで判明する。つまり寛政元年よりはるか前に、版本の基である稿本『鬼神論』上・下二冊がすでに出来上がっていたのである。このことは寛政十二年の版本の刊記を見ればさらに明らかなものとなる。版本の巻末には、

明和庚寅冬御免
寛政庚申秋出版
　　　　　高麗橋通
　大坂書鋪　藤屋彌兵衛
　　　　　心斎橋通
　　　　　河内屋太助

とあるからだ。この「明和庚寅冬御免」とあるのと、『書籍目録』の「許可　明和七年十二月廿七日」とあるのとが、正しく一致するのである。許可を得てから三十年後に刊行されたのは、よほどの理由があったからであろう。この板元の藤屋彌兵衛は『享保以後板元別書籍目録』によると、享保十年十月から天保六年までに、何代かで実に五百部ほどを出版した大阪の大出版社なのである。相板の河内屋太助も二百部余りを出版した中堅書肆なのであり、この二人の相板（合同出版）で、『鬼神論』上・下二冊が、新井白石の死後七十五年目の寛政十二年に公刊されたのである。江戸の方でも、『享保以後江戸出版書目』（三四七頁）に

寛政十二年秋　鬼神論全貳冊　白石著 高芙蓉校
　板元売出し　藤屋弥兵衛

売出し　　　前川六左衛門

とあり、大阪と同様にして売り出されたのである。その際、書肆の考えで天山真逸という漢学者に序文を依頼したのであろう。

なお、寛政十二年刊の版本の見返しには、

芙蓉高先生校定

白石先生鬼神論

浪華書屋　文金堂梓

とある。この高芙蓉は出願の時に、「校正者　高孟彪（甲斐）」とある人で、通称を大島逸記、姓は高で芙蓉と号した。甲斐の出身で後に京都に住した漢学者であり、印章・印譜の著が多い。甲府の縁で、白石の『鬼神論』の校訂をなしたのであろう。天明四年に六十三歳で没しており、校訂の成った明和七年は四十九歳の壮年であった。さぞ『鬼神論』の稿本校定は厳密になされたことであろう。

以上のように上・下二冊から成る版本の稿本は、すでに明和七年十一月に当然完成していたのであり、その一ケ月後には出版許可となっている。それが何らかの事情により刊行が三十年近くも遅れてしまったのである。しかも、この版本の稿が年月の知られているものの中では、一番古いと言えるので、本書では、この一般的な刊本を底本とした次第である。

なお、余談ながら白石の著述によっては、願い出たものの幕府により、その出版が許可されずに稿本を没収されてしまったものもある。白石研究者があまり関心を寄せていないが、白石の著述を研究する上では、大きな意味を持つものと言える。

それは『文化餘編《ママ》』という著述が没収されていることである。これは『享保以後大坂出版書籍目録』に

文化餘編　四冊
作者　新井白石（江戸）
板元　吹田屋多四郎
出願　宝暦七年五月

（付記）此の書は御上筋の差構あり、そのため此年八月十五日没収さるる旨仰付らる　（同書・四四頁）

とあることから分かる。宝暦七年（一七五七）は、白石が死んでから三十二年ほどである。それでもこの『文化餘編』は役所から差構え、つまり出版が禁止され、その原稿が没収されるほどの、危険な思想を盛り込んだ書なのであった。同じ『享保以後大坂出版書籍目録』には、巻末の「絶板書目、（売買差留　開板不免許）」の項に、

宝暦七丑年八月　文化録篇《ママ》
御公儀筋之差構有之、願写本（稿本）取上、開板不免許申渡　開板願出人　吹田屋多四郎　（同書・六頁）

とあるのも、同じことを表現しているのである。

この『文化餘編』又は『文化録篇』四冊が現存すれば、恐らく現在の白石研究が大きく見直されるほどの、何らかの急進的思想が含まれている可能性が強い。だいいち『文化……』と題する書物の多くは、文化年間や文化文政の時代を表わしているものが多く、白石のように時代、年号とは関係なく、『文化餘（録）編』と題した著述はあまりみられないのだ。この四冊本の稿本がもし今後現れたならば、新井白石のまだ知られていない進歩的思想が判明することであろう。

3 『鬼神論』について

前節で述べた時期に成立し、筆写本もかなり存在し、刊本としても版行された『鬼神論』について述べてみたい。まず『鬼神論』の冒頭を現代語訳してみると、「鬼神のことはまことに言いがたい。ただ言うことがむずかしいのみではなく、聞くこともまたむずかしい。ただ聴くことがむずかしいのみではなく、信じることがまたまたむずかしい。信じることがむずかしいのは、それは知ることがむずかしいことからきている。だから、よく信じてから後によく聞くこととし、よく知りえてのちによく信じることである。だから、よく知りうる人でなくして、どうしてよく言いうることが出来ようか。鬼神について言うことは、本当にむずかしいと言うべきである。」と、白石は言うのである。

この『鬼神論』は朱子のいう鬼神説を主なる参考として構成しており、さらに他の書物を広く引用して、白石独自の鬼神論、すなわち霊魂観を展開したものである。以下に白石の文を引用すると、

先づ天にしては神といひ、地にしては祇《き》といひ、人にしては鬼といふがよし、周礼に見えたり。かく其名異なれど、誠は陰陽の二つ気霊なれば、通しては是を鬼神ともいふ也。

と記していて、陰陽の二つの気が鬼神に通ずるものとしている。さらに続けて、この陰陽二つの気といっても、もともとは一つの気であって、「屈《くぐ》める」ものと、「伸《のぶ》る」ものとであって、その気が凝って伸るのを陽といい、帰って屈《くぐ》めるのを陰と言っている。陽のなかにまた屈伸がある。陰のうちにまた屈伸がある。ただし、陰陽を鬼神であるとは言うべきではない。その屈めるのと伸るのとが自然に妙であるのを鬼神と言うのである。だからこそ鬼は陰の霊、神は陽の霊というのである、と白石は、「『朱子語類』八七祭義」の文章を引きながら、鬼神とは何かを述べ

ている。

次ぎに魂魄の論として、『春秋左氏伝』にある子産の言葉に、「人始て化するを魄と云、既に魄を生じて陽なるを魂といふ」があるとし、人間が生まれ出る初めは、わずかに父母の気を受けることが出来る。それで父母の気を結合させて胎生する。これは魄がすでにできたのである。その魄がやや集まって動くことがある。動くのは陽である。だから、これを魂というのだ。故に、人の知覚は魂に属し、形体は魄に属している。陽を魂として陰を魄としている。魂は陽の神であって、魄は陰の神であると普通には言っている。また、気を魂とし、精を魄としてもいる。―などと子産の言葉を引用している。

これに対して白石の立場としては、

彼是を通して考るに、人の生ると死するとは、陰陽二の気のあつまると散るとの二つにして、あつまれば人となり、散《ちり》ては又鬼神に帰る。其魄の地に降るが故に鬼と名づけ、其魂は天にのぼりゆく。ゆくは伸《のぶる》の謂《いひ》なれば、

故に神と名づけぬ。

と論じている。白石は初めに鬼と神の二つに分けて考えている。続いて彼は二つの集まった気は、本来、天地の気であるから、散ってはまた天地に帰っていく。天地へ帰るからこそ魂と魄とを合わせて、これを「人鬼」とも名づけているのだ。―と説くのである。さらに、そうは言っても天地の間に生まれ出るもので、いったい何か天地の気が生み出せないものがあろうか。あの人もこの人も、ともに一つの気が生み出したものだ。これはただ人にのみ限らずに、物の人におけるのもまた、ともに一つの気が生み出すものである。―と説くのである。

白石は人間の死に対しても、「また人が死んでその魂魄《こんぱく》のごときものは、常に天地の間に満ち満ちていて、その気とともにめぐって行き止むことはない。その気の尽きることはないようである。」といい、霊魂が永遠に尽きないようだと主張している。このように説きながらも白石は、「天地にすら、その気の如きは消長がある。人はすで

に生まれた時から、死というものに帰するようになっている。死んだ人の気など、どうして尽きることがないはずはなかろうか。」と述べて、死んだ人の気というものの尽きることもあるのだ、とも主張するのである。さらに彼は、この気というものに対しては、「およそ魂は気について、その気はまた形につくものである。形が強ければ気も強い。形が弱ければ気もまた弱いものとなる。だから魂《たま》は気によって強く、魄《はく》は形によって強いのである。」と説くのである。いずれにしても、白石の論理は、「魂は気、魄は形」ということであろう。そして魂魄にも、また強いのと弱いのとがあるというものである。

このように鬼神の論を、朱子や『春秋左氏伝《しゅんじゅうさしでん》』などを引用して述べてから、白石はさまざまな例をひいて怪異を語るのである。幽霊の例としては、鄭の伯有の話を引いている。伯有が厲《れい》（祟《たた》る霊）となったので、子孫が伯有の祭りをしたところ、その祟りは止んだ。伯有が鄭の国の政治家で、その勢力が盛んであったから、精神と肉体がともに強かった。それらの強い人が殺されたので厲《れい》となったのである。普通に長く生きて天命を終えた人や、若くして長い病気に犯されて死んだ者の気（精神・エネルギー）は散ってしまう。しかし、勇気のある人が戦死したり、悪人が刑死したり、あるいは自殺したり、無実の罪で殺されたり、急病で死んだり、婦人のなかで深く恨んで死ぬ女性は、皆ことごとく死後にその気が散ることができないので、天地の間にあって妖をなし怪をなし、厲をなし疫をなすものだとしている。要するに、徐々に生気を無くして死んだ者は、気が散《さん》じて妖怪にはならないが、急に思いがけなく死んだ者は、その気が残って妖怪になるというのである。

かくして白石は、生霊《いきりょう》に関しても、

生けるが妖をなすも、又、神《しん》、形をさればなり、たゞ死せるものは、神ながく形をさる。

と述べ、生霊は一時的に肉体から精神が離れた現象としてとらえている。なぜ肉体から精神が離れてしまうかというと、愛執の深い愚夫愚婦が深く思い込むと、その精《せい》が内に凝り固まって、その神《しん》が外へ出てしまうからだとしている。この場合の精は、魂とか生命のもとを指しており、神も心を意味する程度であろう。

死んだ人が物を言うことに対しての白石の見解がある。

鬼は幽に霊にして明に霊ならず。故に鬼の出る事、多くは死をもってす、

と述べて、幽霊は夜に多いが、人によっては明るいうちでも出現しうるとし、物を言うばかりか詩を賦し文字を書き、およそ人のするくらいのことは、すべて出来るのが幽霊であるとしている。さらに、人が死んでから鬼となったり、鬼がまた人と成ることは、あちらで死に、こちらで生まれることであって、この事はただ、その人みずからの行き来によるものであり、天地や父母の気を受けて生まれたものではないとしている。幽霊はあくまでもひとりの人が作り出したものだという見解なのである。

かくの如く白石は、人が初めて気を受けて形を作ろうとする時、その生まれる気はもっとも強いので、死んで散《さん》じようとする気も、この生まれる気に感じて、たちまち元の所へ引っ返すことがある。人が死んだ時に受胎していた女性が、死者の傍近くに立ち寄ると、死体がたちまち動き出すことは、世に多くある。それは生まれる気の方が強いという証拠にもなると説いている。

白石は『鬼神論』の終わりの方で、鬼を信じる者は、目にも見えず耳にも聞こえないものを恐れるとして、通俗な信仰者の至らないことを指摘するのである。さらに結末に近く、

聖人の教はしかはあらず。…中略…孝悌忠信の外にもとめず。是、詩書執礼の如きは、稚《つね》に宣《のたき》ふ所にして、彼怪力乱神のごときは語りたまはざるゆへならんかも。

と、『論語』にある言葉を引用して、孔子の言動に賛同している。つまり白石も孔子と同じく、教養ある人々は、「怪力乱神」のごときもの、鬼神のごときものに対しては口に出して話さない、表立って問題にはしないものだとするのである。

ともあれ、新井白石が中国の書物を縦横に引用し、孔子の言葉を重んじながら鬼神、すなわち霊魂の存在や悪霊の存在に言及し、それらが生ずる理由を、彼なりにかなり論理的に説いたのが、この『鬼神論』一篇であると言えよう。

なお、近年の『鬼神論』の研究論文には、大川真「新井白石の鬼神論再考」（日本歴史・二〇〇四年七月号）。近藤萌美「新井白石の礼楽構想と鬼神論の関係性」（寧楽史苑・二〇〇八年。五三号）など、新しい視点からのものがみられる。

二　平田篤胤と『鬼神新論』

1　篤胤の生涯と学問観

平田篤胤《あつたね》（一七七六〜一八三四）は、『雨月物語』が出版された安永五年（一七七六）の八月十四日に、出羽の国（今の秋田県）の秋田郡の久保田城下に、秋田藩士の四男として生まれた。桓武天皇の御子、葛原親王より三十五代の後裔《えい》ということである。父親は、この秋田藩の大番組頭として百石を給された大和田清兵衛祚胤である。篤胤は幼名を正吉といい、養子鐵《かね》胤の『大壑《だいかく》君御一代略記』によれば、平田篤胤は八歳の時に、中山氏に儒学を学び、十一歳で叔父から医学を学んだという。また、俗説に拠れば実母が早く死んで継母に逆待されたので、兄から一両の金を貰って江戸へ出奔したという。いずれにしても江戸へ出たのは、寛政七年（一七九五）、篤胤二十歳の時であった。江戸へ移ってからの篤胤は、貧困の中で勉強を続け、二十五歳の折に備中松山藩の軍学師平田氏の養子になった。山鹿流の兵学者であった養父は、五十石取りであり、この時は江戸定府、つまり江戸に定住して勤務をしていたのである。この際に彼は意を決して、「平田半兵衛篤胤」と名のったのである。

翌享和元年（一八〇一）に、彼は沼津藩士石橋常房の息女織瀬二十歳と結婚した。篤胤は二十六歳である。当時としては珍しい恋愛結婚であったという。この年の春に本居宣長の著述を初めて読み、感動したので、この時から古学への志を立てたという。文化元年（一八〇四）二十九歳の時には、江戸で国学者として門戸を構え、この折に入門した者が三名あったという。以後、毎年門人が少人数ながら増えていったのである。篤胤一代では五五三人に達している。文化元年（一八〇四）には、夢の中で本居宣長に対面しており、翌二年六月には宣長の実子本居春庭に書簡を送って、正式に入門している。同年十一月に『鬼神新論』が成り、本居大平や春庭に送っている。彼の表現によれば三十路に足りない頃に完成したと言う。

生活のために篤胤は、文化四年三十二歳の時には医師も兼ねて業とし、二、三年続けている。文化六年（一八〇九）三十四歳の頃から国学その他の講義を熱心にした。『御一代略記』によれば、

今年、山下町へ移り給ヒテ、弘ク古道ノ講演ヲ始メ給フ。次々儒道仏道、オヨビ諸道ノ大意ヲモ講ジ給フ。

とあるように、三十代半ばにしてさまざまな分野の学問を説き教えていたのである。この頃に『古道大意』『俗神道大意』『歌道大意』などを次々に著していた。

その内文化八年（一八一一）の暮れから翌年にかけて、駿河の府中（今の静岡）にいた門人の家に籠って、『霊能真柱《たまのみはしら》』などを執筆し始めたのである。この書は篤胤の神道学の中心となる霊魂観と死生観を明らかに示していて、本居宣長の学問を継承しながらも、独自の思想体系を作り出し、平田学とでもいうべき平田篤胤の学問の中枢をなす画期的な著述である。同じ九年の八月に妻が死亡し、完成した『霊能真柱』は翌年に刊行されている。二十六歳で結婚した篤胤は、翌年長男を設けたが、一年後に早く世を去り、三十歳の時に長女が生まれ、その三年後に次男も生まれたのである。夫とともに二人の子の世話をしていた妻の織瀬は、文化九年（一八一二）の八月二十七日に死去した。時に三十一歳であり相思相愛の仲も、わずか十一年で永遠の別れとなったのである。

その後、四十五歳になった文政三年（一八二〇）十月に、篤胤は初めて天狗小僧寅吉に逢い、三年後に『仙境異聞』を著すことになった。同年には『古今妖魅考』もあり、ますます篤胤は霊界に関心を向けている。翌年四月に初めて再生の人、勝五郎に会って、『勝五郎再生記聞』を書いている。この頃の彼は、『霊能真柱』以来続いた篤胤の新

しい研究領域である、神仙の世界、霊魂の世界への追求に熱心なのであった。

五十代の後半に入る頃からは、易及び暦まで研究領域が広がり、著書も多くなっている。文政六年（一八二三）には、松山藩籍を辞退し上洛して、自分の著述を仙洞御所に献上したり、和歌山にいた本居大平に逢い、伊勢参宮ののち、松坂へ寄って本居春庭に対面した。さらに宣長の墓に詣でて江戸に帰っている。その後、天保九年（一八三八）、六十三歳の時には平田姓のままで、もとの大和田姓に戻ることもなく、郷里の秋田藩士となったのである。しかし徳川幕府は、篤胤の思想を穏健ではないとみて、天保十二年（一八四一）の正月一日に、江戸から秋田への退去と、著述差止め（禁止）の命令を出したのである。秋田の地で悶々として二年を過した篤胤は、同地において天保十四年（一八四三）九月十一日に没した。辞世は

おもふことの一つも神につとめをへずけふやまかるかあたら此世を

であった。

篤胤は後年に自分の生い立ちを回想して、

拙者幼少ノ時ヨリ、万ニ勝ツテ、書物ヲ読《ヨム》コトが好デ、漸々《ヤウ〱》物心ヲ弁《ワキマ》ヘル時分ニ、思ヒマシタルニハ、及バズナガラモ、何トゾシテ、学問ヲ以テ世ニ名ヲ輝カシ、功《イサヲ》ヲ立テバヤト志シテ、…

（『伊吹颸《いぶきおろし》』上）『平田篤胤全集による。以下同じ。）

と述べたように、幼少より読書を好み学問好きなのであった。そして「どうかして学問の道をもって、この世に名をとどろかせて功績を立てたいもの」と志したのである。

篤胤自身は己の学問を、古道学・暦学・易学・軍学・玄学の五つの分野にわけて考えているが、彼の学問観を探るためには、これらの中では、当然、『古道学』が、その主なる対象になるのである。篤胤は、『入学問答』のなかで、

学問は種々御座候中に。何の学問が広大なると申すに。我が古学ほど、大なる学びはこれ無く候。

と言い、この「我が古学」の道については、この『入学問答』の初めに、
天皇命《すめらみこと》の。天下を治め給ふ御政の本をも、人道の本をも知り候学問ゆゑ。古学と申し。その道を指して。古道とは申候事に候。

と定義しているのである。そして、この文の前には、上代の事実の上に備わっている真の道を、少しも外国風の説を混じえずに、純粋の古意、古言書をもって素直に説明した上で、天皇の政治や人道の本《もと》をも知りうる学問が、古学というものであると説くのである。

さらに篤胤は、この古《いにしえ》を学ぶことを世間の人が「和学」と申していることは、はなはだ不当な名称である。それはわが師宣長翁が、『玉かつま』や『うひ山ぶみ』などで、論じおかれたように、世間で学問というのは、「漢学」のことを申していて、皇国日本のいにしえを学ぶことを、神学、和学、国学などと申すのは、すべて漢土を中心にし、日本を脇にした言い方であり、こうあってはならないことであるが、古代ではただ漢籍の学びのみがあった。しかし、近世になってからは、皇国の学びを専門とする者たちが多くいるから、漢籍の学問を区別して、漢学とか儒学とかいい、この皇国の学問を主としてただ学問と申すべきである、と強く主張しているのである。

また篤胤は、おのれの「古学」を人々に説くに当たり、次のような態度をとっている。それは、彼の著述である『気吹颸《いぶきおろし》』の巻下の文で、現代語訳すると「どうかして世に広がっている間違ったことを正しくし、人々の惑いを開いて私の古道、真実の趣旨を弘めようとするのに際して、世間の皆が思っていることとは違って、大変、他の流派の学問をきびしく責めて攻撃し圧《お》しつぶします。これは物事に対しておだやかに処せられている人たちには、非常におとならしくない学風であり、説き教える方法だとさげすまれよう。しかしこれには、どうしてもこのようにしなければならない理由があるのです。その理由というのは、俗世間で言い考えていることなどは、たいてい十に

七、八は、まぎらわしく考え違いをしていることどもであるから、そこへずか〳〵と私が根本とする古道の本当の趣旨ばかりを言っていては、人の心の中に入りかねます。だからそこの所を取り除いて、古道にひき込むようにしなくては、入門しかねるからであります。」などと記してから、自分の学風が他人の説や、外の学問に対して攻撃的である理由を説くのである。

さて、このような学問観をもっていた篤胤には、いかなる文学観、物語観が存在したのであろうか。

篤胤の文学観は、その著『歌道大意』にみられる。それは、昔の歌は意《こころ》も詞《ことば》も美しくみやびやかである。現今の小歌やはやり歌が、意も詞も汚く卑しいのは、雅と俗との違いにある。詠《うた》いあげたところでは、古と今、雅と俗との違いが大変大きくして、全く同じものとは言えないが、同じ歌には違いない。それだからこそ、卑しい男やいやしい女が口ずさんで唄うのを、つまり「歌」といっているのだとしている。そして、

さて、ウタと云（ふ）詞のわけは、元来心に思ふことを言にあやをなし、長めて云ひ出るをウタフと云（ふ）。其のウタフといふ言ばを直に体言にウタと云って名にしたもので…

と定義づけている。国語学にも通じた篤胤らしい見解である。さらに、歌というものを詠《よ》み出すもとの起源は、どのような所、いかなる事によって出来るものかというと、もののあわれを知るところから発生するものである。とも述べていて、ものの哀れを知る境地から詩歌が発生するとしている。これは師宣長の文学論「もののあはれ論」と同じである。

なお、「歌はウタフものである」という単純にして素朴な見解を示した篤胤の物語観の方は、どのようなものであろうか。篤胤にはこれといってまとまった物語観はないものの、『源氏物語』に対しての部分的な見解はみられる。それは、紫式部を讃美する文章が『歌道大意』にみられるのだ。篤胤は『続古今和歌集』に載っている紫式部の

わりなしや人こそ人と云はずとも自から身をや思ひすつべき

という歌に詠まれた通り、「例え人はどのように言っても、自分から自分を見限って捨るべきではない。」と言い、続けて「右の歌に人こそ人と云はずとも」と言ったのは、いかにも強く雄々しい心である。それだからこそ、『源氏物語』という名高い書を数十巻も著してこの世に残し、天地とともにその美名を残されたのだ。篤胤が広く外国の書物も読んで考えてみたところ、この大きな地球に多くある国々にも、紫式部ほどの作品を著した女性は、本当にどこにもいない。もっとも中国にも、曹大家などという有名な才女がいて、中国の物語を編纂したこともあったけれども、その作品は紫式部の『源氏物語』の足許《もと》へも寄れるような作品ではない。本当に女性の才能が示したものとしては、天地の始めより、これからの将来にも決して二度と出現しないと思われるほどの作品が『源氏物語』であると、手放しの褒めようなのである。

平田篤胤も歌人であって、和歌はよく分かるから、和歌の面から紫式部を考察し、『源氏物語』に関しても、このような見解を抱いたのである。

2 『鬼神新論』の書名

書名の問題を考えてみたい。現存する『鬼神新論』の写本の多くが、『新鬼神論』とあるので、篤胤の初稿は『新鬼神論』と題したと考えられているが、果してそうであろうか。

一九七三年岩波書店刊の『日本思想大系』本の「文献解題」の「写本について」で、現在知られている七種について述べている。それによると本居文庫本、早大三冊本、日大本の三種には、中村一匡《よしただ》（名の訓みは鈴木典常による。）の文、書写年月、書写者の名などがなく、他の四種、つまり無窮会本、蓬左文庫本、豊橋市立図書館本、早大二冊本の四種は、文化五年夏目甕麿《みかまろ》の筆写本を、さらに文化十三年に和田正以が五人目に転写したもの（無窮会本）。同様に安政三年小嶋義信（六人目、蓬左文庫本）、文政七年羽田野敬雄（三人目、豊橋市立図書館本）、文化十三年和田正以（五人目、早大二冊本）による転写本であるとしている。つまり、現存の写本のうち、年月を付したものは、みな文化五年の夏目甕麿の写本から、さらにそれぞれ何人もの人によって転写されたものばかりである。また、夏目甕麿その人は遠江の名主であり、本居宣長、春庭の門人であって、平田篤胤とは直接関係のない人物である。篤胤が本居大平に贈った『新鬼神論』を、甕麿が松坂の宿に借用して、人に写させたというもので、この夏目による文化五年写本ならいざ知らず。これを基としたさらなる転写本類は、あまり意味のないことになる。しかも、それらは文化十三年（一八一六）から安政三年（一八五六）にかけてで、かなり後年になってからのことである。それで中村一匡の文や書写年月などのない三本の内から、東京大学蔵の本居文庫本を、日本思想大系本の底本とされたのであろう。

しかし本当に文化二年十一月に、平田篤胤が本居大平に送った『新鬼神論』の写本以外に、篤胤の原本を写したものはないのであろうか。ここに架蔵の写本『鬼神新論』を紹介したい。これには題簽、内題ともに『鬼神新論』とあり、書写した人物は鈴木典常である。彼は「誓詞帳」や「門人姓名録」には、いずれにも、

板倉周防守殿藩中　文化二年乙丑　典常　鈴木十兵衛

とあり、文化元年の田河権六、青木五郎治、中村半平一匡につぐ四番目の入門者であり、いずれも板倉周防守の家来である。それでは次に架蔵写本、『鬼神新論』に載る鈴木典常の「あとがき」を記そう。

鬼神新論をうつしをはりたるしるへに

日の本の。神の御末の。流れきよらかなる大御国にも。おのがまゝなるをのこのいて来て。世を乱せるもの久しかりしを。東照《アズマテル》御祖神《ミオヤノカミ》の。かしこき御稜威《ミイツ》に。あらふる人はつみなはれて。御世《ミヨ》は平穏《オダヒ》にをさまりぬれ

ど。なほ非常のそなへにとて武士《モノノフ》の家には専《ムネ》とつはものの道を学ぶことになむありける。典常《ノリツネ》東西《ニシヒガシ》（マヽ）をしりそめしほどよりひたすらに劒をまはすわざを好みて。そを学びつゝも。なを何くれとこの道のわざにのみ心いそがしくて。文《フミ》のまなびをせざりし事のほいなくはぢかはしく。老となるに至りては。かのほそをかむとかいふことゝそなりにたり。さりとて今まなばむとするに。ざえ乏しければうば玉の夜の山路の八衢《ヤナマタ》を。燈火なくて行にひとしく。いかにたとるべきかはと過しぬるに。平田ぬしの。このふみつくらして。おのれにうつしてよとあつらへらるゝに。つたなき文手《フミテ》をものするまに〳〵。はしめをはりを。つばらかによみつゝも。はじめて。鬼神《カミ》のとふとく可畏《カシコ》く。あやに妙なる。真の道のおもなきをなむさとりぬる。夢のさめたる心地などいふも。かゝることをやいふべからむ。平田ぬしの古への道に実《マメ》〳〵しく。そのいさをしきこと尋常のもの学びする人とは。おなじひにもいふへきかはと。おのが拙きこゝろにも。いと〳〵めてとう。此ふみのねもごろなるに。おもほえず。涙さへぬくひあへずなむ。文化四年といふとしのながつき　鈴木典常

以上の文から、篤胤の四人目の門人鈴木典常が、文化四年九月に書写したことが分かる。典常は武士の家に生まれたから劒道を好んではげんでいる内に老人となってきた。その折、平田先生が、この書を著されて自分に対し「写せ」と頼まれたので、このように書写したと明記しているのである。数えるほどしかいない門人に、平田篤胤が『鬼神新論』の書写を依頼したことがよく分かる文である。後年の刊本はいうまでもなく、このような写本も書名は『鬼神新論』である。文化三年七月の鈴木朗の序文も、同年六月の藤井高尚の序も、いずれも『鬼神新論』としており、『鬼神新論』が正しい書名であると考えられるのである。

3 『鬼神新論』の意義

平田篤胤における「鬼神」は、いうまでもなく新井白石と同じで、鬼は死者の霊魂で、神《しん》は天地の神霊の意味に使っている。つまり霊魂と神霊を指しているのである。

この「鬼神」をめぐっての論として平田篤胤は、三十歳になるかならない頃に『鬼神新論』を著している。この書の成立に関しては、門人中村一匡が記した「鬼神新論の成つるゆゑよし」を読めばよく分かる。今、これを現代語訳してみると、「鬼神の論としては、唐倭《からやまと》（中国や日本）の知識人の著した書物が多くある。しかし、すべて推量の説であって、本当の趣意にかなったのは無い。だから『それらの書物を一つに論じて決めてしまい、この道で迷っている人々を悟して下さい。』と、われわれ門人が平田先生にお願いをした。すると、先生もかねてより「鬼神」の論を著すことを思い立たれていたから、早くも執筆にかかられて、霊魂の根本のことを論じて正しくされ、この書を著されたのである。」と述べている。

このようにして『鬼神新論』を三十歳前に書き、三十歳の文化二年に人々に贈ったものの、その後この著に満足せずに、四十五歳の文政三年（一八二〇）に、補足訂正したくなり、新しく書き直したのである。といっても全面的に書き直したのではなく、部分部分に○印をつけて文章を加えた程度である。しかし、この文政三年成立の『鬼神新論』が、間違いなく篤胤が「鬼神」を論じた、もっとも正確な書といえるものであり、しかも後年弟子たちの手によって、この書の板刻が成り刊行されている。故に本書が、最終稿本つまり完成本といえるので、この版本『鬼神新論』を底本とした次第である。

また後年に書かれた平田鉄《かね》胤の『大壑平先生著撰書目』によると、

此書は、俗の儒生、孔子の道を学びて、其意を得ず鬼神を蔑視することを憤り、論語をはじめ諸書より孔子の言行の、鬼神に及べる事どもを引て徴論し、和漢古今の儒生の、鬼神を論じたる説どもも看破して、鬼神の有なる事を誨《さと》されたる書にて、此は師の三十未満なりし時に、草稿せられたるを、世にもれ伝はりて、見し人多き書なるが、後に次々増訂を加へて、往時の本よりは、大きく精密なる書と成れり。

とあって、『鬼神新論』の完成への経緯が述べられている。ここで注目されることは、「鬼神（霊魂）のあることを教え導かれた書物」であることと、篤胤の三十歳未満で草稿ができあがっていたものを、さらに次々と書き改められて、くわしい書物になったという二項であろう。

篤胤自身も、「あとがき」で、三十歳にもならず才能もなくて、見聞の少ないのもかえりみずに、やすやすと簡単に書いたこの書物を、世間の人々は愚かな所業だとみることであろう。しかし、これは本居宣長先生が、世の人とは違った知能で、神代の不思議ないわれを明らかになされて、お教えくださった教訓のことばにより、書き始めたものであるから、決して篤胤の利口ぶったふるまいであるとは思って下さるな、と言っているほどだ。

鬼神の論がむずかしいものであることを述べるために、篤胤が新井白石の言葉を引用しているのも興味深いものがある。それは、新井君美大人も「鬼神のことは本当に言うのがむずかしい。ただ言うのがむずかしいのみではなく、鬼神のことを聞くのもまたむずかしい。聞くことがむずかしいのみではなく、信ずることもまたむずかしい。信じることがむずかしいのは、これは鬼神を理解することがむずかしいことからきている。だから、よく信じてから後によく聴くことにし、よく理解してから後によく鬼神を信じることだ。よく理解できる人でなくて、どうしてよく言うことができようか。言うことは本当にむずかしいとこそ言うべきである。」などと言われて、中国や日本の人々のだれしもが、言いがたく理解しがたく信じがたいこととなしておいたことを、三十歳にも足りない篤胤が簡単に書き出したのを、人々は愚かな所業とみるであろう。…と言って、白石の『鬼神論』が重要なものであることを述べている。

かくして篤胤は、荻生徂徠や伊藤東涯の説を批判している。彼の立場は、すべてが鬼神《かみ》の有る無しを決めないで論じるのは、逃げる言い方である。本当に有ると主張しようとすれば、奇怪な事に渡ってしまって、道理の外のことであるように聞こえてしまう。鬼神がないと言おうとすれば、鬼神《かみ》の証拠《あと》があり大変明らかであるので、どうしようもない。もともと、このように人々の間違った説を、明らかにすることは、情ない所業のようであるから、私篤胤を憎んであれこれと悪く言う人もあるだろう。しかしただ、間違った説であるとだけ主張しても、それらの説を、まだ見たこともなく聞いたこともない人たちが、どのような理由から、その説が悪いのだ。と言うのであろうか、といぶかしく思うのが私篤胤の考えである。だから私の著である『鬼神新論』を読む人は、私の罪をゆるして下さい。…というものである。

平田篤胤が『鬼神新論』を著す時に、日本の学者の従来の説を検討したのは勿論のことである。しかし、彼の念頭に絶えずあったのは、中国で古代から言われてきた鬼神の論であった。まず彼は、孔子の言と行のなかで「鬼神」に関するものを、『論語』と『中庸』からとり出して、中国の史実に合わせて説き明かし、古伝説に照らしてその事実が存在することを教え諭《さと》して、すべて神祇にかかわることを古意をもって解釈するのだ、と言うのである。

次に彼は、さて、多くの人が天と鬼神とを別のものとして議論している。これは本当にそうしなければならないことである。しかし、霊妙な威力があることと不思議なことがあるのとは同じことで、それらを相通わせて「鬼神」といっている。『中庸』の文に「鬼神の徳それ盛んなるかな」とあり、『春秋左氏伝』にも「鬼神は人を実《こ》れ親しむに非ず」などという類が多い。これらは皆、天地の神を広く鬼神といったのだ。もしそうでなくても、これは天も鬼神も実在の物であることを明らかにしようとするものだから、一つにまとめて「鬼神」と言っている。また、天にあるのを「神」といい、地にあるものを「祇」といい、人にあっては「鬼《き》」といっている。また、「神は伸という意味である。鬼は帰という意味である。」などという類の説は、非常にうるさいほど多いが、一様にここでは、ただ「鬼神」というのである。…と己の「鬼神」の立場を明確にしてから、孔子のことを考えている。その孔子がよく鬼神の奇にして妙であるいわれを悟っているのは、孔子が並みの人より勝れているところであって、普通の人が孔子にとても及ばない所であるとしている。孔子の言葉である「我を知る者はそれ天か」の天についても、孔子は天上に本当の神があって、世の中のすべてのことを司っていることを、よく悟っている。…と述べている。

このことから篤胤は、

世の中のことはすべて天神地祇の、奇妙《クシビ》なる御所行《ミシワザ》に洩たる事なく、別《コト》に迅雷風烈なとは、神の荒《スサ》びにして、いとも可畏《カシコ》く

と、世の中のことはすべてが天神地祇、つまり神のなせるわざであるとしている。そして篤胤は、この世には善悪両方の神があると主張するのである。この考えで篤胤の独自な所は、善神と悪神とでは、その神性が各々異なっている。それは黒と白ほど違ったもので、善神であっても、その御心にかなわずお怒りになる時には、悪いことを絶対にしないわけではない。悪神であっても、時としては善《よ》い事をすることがあると、考えた点である。

さらに篤胤は、死後の世界についても、明確に説いている。重要な所なので原文を引用したい。

只《タダ》に古伝説を守りて、人の生るゝ事は、天津神の奇妙《クスシクタヘ》なる産霊《ムスビノタマ》の御霊に依て、父母の生《ウミ》なして、死れば其ノ霊、永く幽界《カクリヨ》に帰《オモム》き居るを、人これを祭れば、来り歆《ウケ》る事と、在の儘に心得居りて、強《アナガチ》に其ノ上《ウエ》を穿鑿《タツネ》でも有るべき物なり。其は此ノ上の所は、人の智《サトリ》もては、実に測叵《ガタ》く知りがたき事なればなり。

このようにして篤胤は、幽界に人が死後行くことを明言し、さらに『春秋左氏伝』より晉の景公の夢の故事を引いてのち、人が死んでからは魂（精神）も魄（肉体）もともに消え散って、「知る事なし」という説が間違っているのを悟るべきである。骨肉は朽ちて土となってしまっても、その霊魂は長く残っていて、このように幽冥の世界

から現世の人々の所業を、よく見聞きしているのだ。…と明言するのである。

かくの如く結論づけてから篤胤は、霊魂不滅の説をうち出している。死後の霊魂の存在を説くところでは、朱子の言葉である「其の死に伏くせず」をとり上げ、篤胤の解釈は「其の死に伏くせず」とは、勇ましい人が戦いなどに出て死ぬことや、また乱暴者が刑罰に処せられて死ぬことや、あるいは自分で首をくくって死んでしまうことや、自分で首を切って死んだ人、または大変な恨みを抱いて殺された人などを言うのである。このような死に方をした者は、霊魂がもとのように陰陽に帰ることが出来ないので、化け物になるというものである。

要するに篤胤は『鬼神新論』を書くことによって、百年ほど前の新井白石の『鬼神論』における「魂魄」の説から、少しでも進もうとして、篤胤なりに鬼神の存在を証明しようとしたのである。それに際して中国では孔子の説、日本では本居宣長の説を重視しながらも、鬼神というものの存在を彼なりに明確に説くとともに、神というものの霊妙で不思議なことを説いているのである。

このように『鬼神論』と『鬼神新論』とを見てくると、新井白石にはどうしても儒教の大きな枠から外へ踏み出せないところがある。同様に平田篤胤にも、その信じる神道、つまり神への深い信仰がその根底にあるので、常に彼の書くものには「神」が出てくるのであろう。だから白石、篤胤ともに鬼神の「鬼《き》」、つまり人間の霊魂だけを、全面的に追求したとは言い難いところが、いささか残念である。ともあれ、この世における神霊というものの存在を、平田篤胤が世の人々に訴えたかったのが、この『鬼神新論』一篇であると言えよう。

4　『鬼神新論』への評

新しい論が提出されれば、必ず世間から批判されることになる。平田篤胤の『鬼神新論』も、まさに例外ではなかった。
まず彼の友人伴信友が直ちに『論鬼神新論草稿』を書いた。信友は若狭国小浜藩士で、宣長の没後に門人となり、平田篤胤とは親しかった。そのせいかこの文では彼は表だって篤胤を攻撃していない。むしろ『尚書』（詩経）など中国の書を引用して、中国と日本との違いを述べ、篤胤への遠慮からか、己の中国観や儒者への考えを記している。『古事記』や本居宣長に重きを置いている篤胤の学風を揶揄《やゆ》するかのように、伴信友は実証的な己の学問のあり方を述べ、「どこの国にも神代の正しい事実の伝説はない。神の性格、国の性格のすべてが乱れていることが多いと聞いている。それにつけても、皇国日本には天地の開け初めから、神代のことが正しく伝わっており、その正しいままに十分ととのっていて、真《まこと》の道が栄えている。神のみ国の並ぶことのない尊いことは、いよいよますます明快である。だから、他国においての神というものの存在を、知っているのか知らないのかということの、確認を見出すのは無駄でつまらないことなので、折角の時間をこのような事に費《ついや》すのは、大変惜しいと思われる。」と、それとなく篤胤の態度を批判している。
もっとも伴信友は、この『論鬼神新論草稿』の「あとがき」とでもいうべき「平田君」という文には、「私は文章を書くことが大変下手なので、雅文と俗文とを混ぜて書いてしまった。言い方がうまくなく分かりにくいことが多いでしょう。貴方への書なので敬語で書かなければいけないのを、それでは文章が長くなり、言いたいことも言い尽くせないので、未熟な人に説くようにして書いたものです。私の心の隅々までご理解できるように、故意にしたことです。お見逃し下さい。」と平田篤胤に謝っているほどである。ところが、伴信友が文化四年六月二十三日付けで、本居大平へ送った書簡には、
新鬼神論無益の書にて、漢意人の為には悦ばるべけれど、中々の道を敷施さんためには便あしかるべし
（渡辺金蔵著『平田篤胤研究』一一三頁）

と、まことに手きびしいのである。後に二人が不仲になるのも必然的であった。

江戸期の批評は伴信友に代表させることにして、近代ではどのように『鬼神新論』が受けとられたものであろうか。

平田篤胤のよき理解者は山田孝雄《よしお》博士（一八七三〜一九五八）である。戦前の東北大学教授であり、のち神宮皇学館学長をつとめた人である。彼はその著『平田篤胤』（昭和十五年、宝文館刊）において、

孔子が鬼神の存在を信じたる事を論証し、和漢古今の儒生の鬼神を論じたるものにつきてその説を駁撃して、鬼神の実在することを論じ、以て自家の神霊存在説の根拠とせしものにして、この一編は要するに篤胤の幽冥観の緒論とも総論ともなれるものなり。　（同書・一三二・一三三頁）

として、平田篤胤の学問における『鬼神新論』の意義を、高く評価しているのである。

その後、三木正太郎氏に「『鬼神新論』考」（初出、昭和二十八年二月、大阪社会事業短期大学紀要第二輯。後に昭和四十四年刊『平田篤胤研究』所収）があり、ここで同氏は、文化三年に成った『新鬼神論』（無窮会蔵本）と、一般に流布している文政三年成立の版本『鬼神新論』との間に於ける相違点を細く追求されて、文化二年以後の篤胤学の進展を示す箇所が所々に見出されるとしている。また、篤胤の幽冥観は、版本より八年ほど前に著された『霊能真柱』において、すでに確立されていたと考えられている。

その後田原嗣郎氏がその著『人物叢書平田篤胤』（昭和三十八年刊）で『鬼神新論』は、「殆ど宣長の所説をそのままに述べたものと考えてよい。ただ問題は宣長の鬼神論が『古事記』に即して古代人の意識をあきらかにしていった結果において得られたものであると異《ママ》なり、この書が儒教の鬼神論に対抗して、国学の鬼神論をうちたてるという目的意識において展開されていることである。（同書、一一四頁）」とされた。たしかに宣長の説の引用がみられるが、殆どそのままに述べたとの批評は、篤胤にとっては心外であろう。

比較的新しいものとして、子安宣邦氏の『平田篤胤の世界』(二〇〇一年刊)がある。ここで氏は、「篤胤は、儒者たちと同じ土俵にのぼって鬼神をめぐる議論を展開しようとしている。(一六八頁)」とされ、「彼の立場に即していえば、鬼神の有無にあいまいな儒者たちの議論にかわって、自分が鬼神の実有を証明してやろうとの意気込みで『新鬼神論』をものしたのである。(同頁)」と述べられ、三十歳前の平田篤胤の立場を明確に把握されている。篤胤がいう「人の生まれながらの性によって鬼神を敬《うやま》うのだ」ということに根拠を置いて展開されるのが篤胤の鬼神論なのであるとされている。同氏はさらに「人情」のうちの神への信心を根拠にして鬼神の実有を説くことによって、篤胤の思想が近世においては一定の位置を占めていると述べられていて、前述の田原氏とは違い、かなり篤胤への理解を示されている。同じ子安氏には『(新版)鬼神論』(二〇〇二年刊)があり、同様に「人情」のことを述べるとともに「死後の霊魂が生者と幽明その境を異にしながらも、しかし、共同のサークルにあって生者をみまもっているという幽冥観」(同書・八四頁)が篤胤のものであるとされたのである。

さらに二〇〇二年刊の鎌田東二氏著『平田篤胤の神界フィールドワーク』でも、『新鬼神論』において、人間の生死が陰陽二気の集散によるものであるとする儒教の説に対して、平田篤胤は人の誕生は天津神の霊的な産霊《むすび》の霊の働きによるものであり、死ねば人の霊魂が黄泉《よみ》にいくと述べ、儒教の鬼神論に反論して、わが国の神道を明らかにしたものとされている。

以上のように管見するところの、近世・近代・現代の篤胤の研究書では、どちらかといえば、篤胤の説に肯定的なものが多いようである。なお、かなり存在する雑誌論文には、言及しなかったことをお詫びしたい。

跋

去年の冬、急に足腰に痛みがきて病院に行くと、老齢の医師から「もう歳《とし》だから」と言われて、それほど熱心に診察してもらえなかった。考えてみると、後期高齢者に仲間入りしてから、すでに五年余り経った。日本人男性の平均寿命を越えると、みな思うことは一つである。つまり、生の行き着く所の「死」であり、さらに、その死の先がどのようになっているのかだ。肉体が朽ちれば何もかもなくなってしまうものなのか。

人間の死に関しては、キリスト教の信者は「天国に召される。」と称し、仏教徒は「来世があって、善いことをすれば極楽へいき、悪事をすれば地獄へ堕《お》ちる。」などと言っている。イスラムでも「来世の天国への保証として、現世でなさねばならない規範がある。」のだ。つまり、どの宗教も死後の来世を大きな問題としているのだ。平均寿命を越えれば、やがてやってくる死。当然、死ねばそれまでで、何もないのか。それとも死後に何かがあるのかが、大きな問題として迫ってくる。人間の生命は肉体が動かなくなるとともに、何もかも消え失せてしまうのか。それとも霊魂・精神と称される何らかのエネルギーが、この世に残って何かをなしうるのか。生命の根源とでも言いうる大きな問題にぶつかるのである。

さて、十年ほど前に拙著『霊犬ジローの日記』（ハート出版）を読まれた知人から「幽霊のよい小説を書いて下さい。」と頼まれたことがある。しかし、菲才の身には『雨月物語』のような名作を思い出すと、とてもその気にはなれなかった。さりとて、独自の霊魂観を樹立するのには、時間や体力に問題がある。その時ふと思い出されたのが、十余年も前に定年退職した、日本女子大学大学院での演習であった。新井白石の『鬼神論』と、平田篤胤の

『鬼神新論』をテキストにした演習のことである。十名ほどの真摯な院生諸姉と、二年にわたって読んだものである。その時の資料が手許に残っていたので、ひとつ筆者なりに現代語訳と注をつけてみようと思い立ったのである。近世の霊魂研究の代表書とでも言える、『鬼神論』と『鬼神新論』に訳をつけて紹介することにより、せめて霊魂研究の一歩ともなればと思った次第である。それに際し、『鬼神新論』の版本を提供された京都の書肆「大地」や、出版を引き受けて下さった笠間書院編集部のご厚意も忘れがたいものがある。

かくして上梓されたのは、三百頁ほどの小冊子ではあるものの、原文と現代語訳とを上・下に載せて読み易くしてある。その文中で白石は「人が死んでから、その魂魄《こんぱく》のごときものが、常にこの天地の間に満ち満ちていて……遂に尽きることがないのではないか。」（本書・三一頁）と言い、また篤胤も「人は生きていた時の心も、死後に霊となってからの心も、少しも違うところのあるはずがない。」（本書・二〇四頁）とも述べているのだ。我々もいとしい子や、面倒を見なければならない人に対して、死後もなお、例えわずかな期間でも、じっと見守ってやりたいものである。篤胤が言っている。「骨肉は朽て土と成《ナ》れども、其ノ霊《タマ》は永く存《ノコ》りて、かく幽冥より現人《ウツシヒト》の所為《シワザ》を、よく見聞居るをや。」（本書・二二七頁）これが人の心というものであろう。

どうか高齢者は勿論のこと、青・壮年の方々も、本書を読まれて、果して霊魂はあるのかどうかを、それぞれの立場でよく考えていただければ幸いである。

平成二十四年二月

浅野　三平

著者プロフィール

浅野三平（あさの　さんぺい）

昭和７年２月　名古屋市に生まれる
昭和29年　東京大学文学部國文学科卒業
昭和32年　東京大学大学院修了　文学博士（東京大学）
京都女子大学・日本女子大学各教授を経て、現在日本女子大学名誉教授

〈作品〉
『霊犬ジローの日記』（ハート出版　平成11年）、『戦火の夏』（早稲田出版　平成13年）、『「坊っちゃん」を叱る――私の教師論』（早稲田出版　平成16年）、『スピリチュアル犬ジローの日記（文庫版）』（幻冬舎　平成19年）、『父娘で航く世界一周』（文芸社　平成22年）

〈研究書〉
『秋成全歌集とその研究』（桜楓社　昭和44年）、『校註春雨物語』（桜楓社　昭和46年）、『近世中期小説の研究』（桜楓社　昭和50年）、『新潮日本古典集成　雨月物語癇癖談』（新潮社　昭和54年）、『全対訳日本古典新書春雨物語』（創英社　昭和56年）、『春雨物語　付春雨草紙』（桜楓社　昭和58年）、『上田秋成の研究』（桜楓社　昭和60年）、『中浜東一郎日記　第三巻（校訂）』（冨山房　平成５年）、『近世国学論攷』（翰林書房　平成11年）、『八雲と鷗外』（翰林書房　平成14年）、『近世文学続攷』（おうふう　平成17年）、『増訂秋成全歌集とその研究』（おうふう　平成19年）

原文＆現代語訳　鬼神論《きしんろん》・鬼神新論《きしんしんろん》

2012（平成24）年２月26日　初版第１刷発行

著者　浅野三平

装幀　笠間書院装幀室

発行者　池田つや子

発行所　有限会社　笠間書院
〒101-0064　東京都千代田区猿楽町2-2-3
☎03-3295-1331㈹　FAX03-3294-0996
振替00110-1-56002

NDC 分類：121.5

ISBN978-4-305-70582-2

シナノ印刷
（本文用紙：中性紙使用）